Communication Theories

Origins, Methods, and Uses in the Mass Media

[第 5 版]

传播理论

起源、方法与应用

21 世纪新闻传播学基础教材

■ [美国]Werner J.Severin / James W.Tankard,Jr.著
郭镇之 主译

中国传媒大学出版社

作者致词

It is a great pleasure to know that the fifth edition of *Communication Theories* has been translated and published in China. We hope it will introduce our Chinese colleagues to some of the communication theories and research current in the West, especially in the United States. We thank both Dr. Zhenzhi Gou and her able assistants at the Tsinghua University for undertaking the difficult task of translating such work across two very different cultures, and the Communications University of China Press for printing this text. I know that Dr. James W. Tankard, Jr. would share my best wishes to all our readers in China.

Sincerely,
Werner J. Severin, PhD.

得知《传播理论》第五版在中国翻译出版，我非常高兴。通过这本书能够向我们的中国同行介绍一些当前在西方、特别是在美国运用的传播理论和研究方法。我们感谢清华大学的郭镇之博士和她能干的助手承担了这一艰巨的任务，因为在非常不同的文化之间进行翻译是很困难的。我们也感谢中国传媒大学出版社出版这本教材。小詹姆士·W. 坦卡德博士虽已故去，但请允许我们一同向这本书的中国读者致以最衷心的祝愿。

诚挚的，
沃纳·J. 赛佛林博士

作者简介

沃纳·J. 赛佛林（Werner J. Severin）博士是第一位到中国富布莱特新闻学者。他于1984—1985年受邀来华工作。他在复旦大学和上海外国语大学任教，并到南京大学、中国人民大学、中国社会科学院新闻研究所和北京广播学院（今中国传媒大学）做讲座。他七次到九个亚洲国家旅行，其中到中国两次。沃纳·J. 赛佛林在密苏里新闻学院获得学士和硕士学位，在麦迪逊威斯康星大学获得博士学位。他的职业媒介经验包括在欧洲当摄影记者的七年，其后在美国的一家日报、一家国际通讯社和一个全国性画报社工作。除了合著《传播理论——起源、方法与应用》一书之外，他还在《新闻和大众传播季刊》《广播与电子媒介学刊》《音频视频传播评论》上发表过学术文章。

小詹姆士·W. 坦卡德（James W. Tankard, Jr.）2005年8月12日逝世前是奥斯汀得克萨斯大学新闻学的名誉退休教授。他在布莱克斯堡的佛吉尼亚工艺学院获得科学学士学位，在查珀尔希尔的北卡罗莱纳大学获得科学新闻报道硕士学位。他于1970年在斯坦福大学获得博士学位，论文题目是《关于作为传播通道的眼神接触》。坦卡德博士作为美联社的撰稿作家和记者，为美国的好几家报纸工作过。他是《统计先驱》的作者，是《基础新闻报道》《印刷和数字媒介写作》《如何建构社会科学理论》《信息时代的大众媒介》以及5个版本的《传播理论：起源、方法与应用》的合作者。坦卡德是1988—1994年间《新闻学专论》的主编，他还被列入《当代作家》《美国名人录》《美国教育名人录》。

目录

第一篇

改变中的媒介景观

PARK Ⅰ The Changing Media Landscape

当我们进入所谓“信息时代”之际，大众传播领域面临的挑战比以往任何时候都更加激烈。大众传播的内容是否会影响社会价值观？如果是，会产生什么影响？这种影响是怎样产生的？人们怎样从大众媒介中获取知识和信息？人们怎样形成他们对周围世界的基本看法？大众传播在这一过程中起了什么作用？媒介领域出现诸如互联网、数字电视等新的进展，各种媒介之间的界限日益模糊，在这些新形势下，大众传播正在发生怎样的改变？

回答诸如此类的问题无疑可以试用几种不同的方法。但在本书中，我们建议通过科学的方法来研究有关大众传播的问题。科学建立在经验论和逻辑性基础上，是了解、预测及控制周围世界的有力工具，在一个逐渐由信息组成的世界中更是如此。

科学方法的基础是理论的建构与检验，第 1 章讨论了用于大众传播领域的理论的本质。它讲述了 20 世纪 90 年代传播学者致力于研究的一些问题。新传播技术的发展带来不断变迁的媒介景观。第 1 章还概括了媒介景观的变化，这些变化反过来也影响到大众传播理论本身。

第1章 大众传播理论概述

我们生活在一个迅速变化的媒介环境之中。仅仅几年前，大多数人还从来没有听说过多媒体或互联网。现在，你几乎找不出一张看不到这两个词的报纸。

媒介环境发生了许多变化，有时甚至是惊人的变化。报纸的发行量和读者人数下降已经有一段时间了。美国电视从五大网（ABC、CBS、NBC、FOX，以及公共广播）结构变为50个频道的有线系统，据说有望达到500个或更多频道。录像机使人们可以在家中观看电影，人们还可以录制电视节目，从而改变了观赏时间。一些杂志通过万维网的网页或只读光盘出版。旧的新闻传播方式正在被所谓的新式新闻所取代。广告在新的传播景观中保住了一席之地。人们花费很多时间在电脑聊天室中访问其他人，网络游戏给参与者带来了新的体验。

由科幻小说作家吉布森（William Gibson）创造的名词**电子空间**（cyberspace）已经成为一种流行说法，比喻电子传播发生的那个空间。

在美国，电脑的销量已经超过了电视机（Powell，1995）。而且调查显示，个人电脑的使用已经开始减少收看电视的时间（Lieberman，1995）。我们似乎正在快速进入一个新的、用户主动的、多媒体的传播环境。新的媒介环境有一个特征，即承认所有的信息都是相同的，即数字化的。

所有这些变化究竟会把我们带往何处？这个问题的答案尚不明显。人们是否真的愿意放弃一些乐趣？例如在早晨喝咖啡时阅读手中的报纸，或是在一天结束时坐在客厅沙发上阅读自己心爱的杂志。一种可能性是，任何新媒介都将在旧媒介的旁边占据它们的位置，而旧媒介不会消失。过去已经发生的变化遵循一个共同的模式：新的传播技术并没有完全挤走旧的传播技术，而是引发旧的传播技术承担新的角色。比如说，电视没有使广播消失，而是导致了新类型的广播节目，包括谈话节目和特定类型音乐等形式。

无论大众传播采取何种形式，它都将继续在我们的生活中发挥极其重要的作用。大众传播是社会的耳目。它为社会提供做出决策的途径；它为社会提供认识自身的集体声音。它是传达社会价值观的主要方式。

大众传播的概念

新技术带来的变化之一恰恰是对大众传播定义的质疑。过去，大众传播的定义一直是相当明确的。**大众传播**（mass communication）可以用三项特征来确定：

1. 它针对较大数量的、异质的和匿名的受众。
2. 消息是公开传播的，在时间安排上通常可以同时到达大多数受众，在特征上是稍纵即逝的。
3. 传播者一般是某个复合组织，或者在某个复杂的组织之下运作，这通常需要庞大的开支（Wright，1959，p. 15）。

但是，诸如互联网新闻组和邮递名录、听众电话参与的广播谈话节目、万维网、多频道有线电视，以及像内附电脑光盘的书籍等混合型的东西，就很难归类说它们是否属于大众传播了。

新的媒介环境的一些特征如下（McManus，1994）：

1. 以往印刷技术和广播技术之间的清晰界限正在逐渐消失。
2. 我们正在从媒介缺乏的状况转为媒介过剩的状况。
3. 我们正在从将传播内容灌输给大众的泛播转变为针对群体或个人的需求设计传播内容的窄播。
4. 我们正在从单向的媒介转变为互动的媒介。

新闻教育学者科尔（Richard Cole）曾评说道："各种媒介之间的区别日益模糊。报纸越来越像杂志和广播电视了。"（Fonti，1995，p. 16）

新的媒介环境

我们生活在传播系统迅速更新的时代。互联网的发展日新月异，并已经在经济的发展中起到重要作用。数字电视等新技术发展预示了互联网之外的其他领域正在酝酿巨大的变革。现在人们用**媒介融合**（media convergence）一词来描述互联网、电视、有线和电话等服务的合并，在以前，这些服务是界限分明的。技术是媒介整合的原因之一，越来越多的媒介内容已经被数字化。

电子商务开始在我们的生活中发挥重要作用。德克萨斯大学开展的一项调查表明，电子商务已经成为社会中的重要力量，1998 年的互联网经济总值达到 3500 亿美元（Glass，1999）。自万维网应用以来，仅仅五年的时间内，互联网经济已经开始与传统的经济领域持平：能源（2230 亿美元）、汽车（3500 亿美元）、电信（2700 亿美元）（Indicators Report，1999）。

数字电视

数字电视（digital television，DTV）是一种新型电视传送系统，它能够提供1400到1500个可供受众选择的电视频道，其中的一些频道可以提供信息和数据服务、互动购物等服务。数字电视是一种以数位方式传输信号的系统，传统电视则利用连续变化的信号进行传输（sam's digital television report，1999）。数字电视还利用MPEG-2技术对电视信号进行压缩。数字化和压缩技术结合起来，使得原先需要六个频道进行传送的信号现在只需要一个频道。**高清晰度电视**（high-definition television，HDTV）是数字电视的一种特殊形式，它利用原频道的全部容量传送分辨率非常高的画面。大多数数字电视不是高清晰度电视，但是与我们现在已经适应的电视相比，这些数字电视能够提供更清晰的图像和更高质量的声音。要接收数字电视信号，要么需要买一台新的数字电视机，要么需要在现有电视机的基础上加一个转接器。数字电视还提供一个控制盒，观众可以利用这个控制盒进行不同形式的互动。1997年4月3日，美国联邦通信委员会通过了数字电视的标准。美国所有的商业电视台必须在2003年5月之前实现数字传输（sam's digital television report，1999）。

数字电视的主要优点在于能够提供更高分辨率和不易受干扰的画面，更高质量的声音，更多可供选择的频道，更大传输容量的图像和数据（例如演讲文本等），以及更多的用户互动。其中一种互动形式可能是录像点播频道，用户可以根据需要随时选择他们想看的电影。

从这个意义上讲，人们开发的数字电视系统是独立于互联网的。有些观察家认为，在将来，大多数人会通过数字电视而非互联网来进行互动购物、理财和收集信息（Higham，1999）。

互联网

互联网（Internet）是许多电脑连在一起组成的网络。这个网络可以连续地传递电子消息，这些消息包括电子邮件、文件传递以及个人或电脑之间的双向传播。

互联网曾经作为国防部和科学交流的一个网络使用了大约20年。1993年发明的名为马赛克（Mosaic）的网络技术迅速吸引了普通用户。马赛克是万维网上的一个浏览器，它可以使人们更便捷地获取网上的资源（Maney，1995b）。有了马赛克，用户只要简单地确定箭头指向并按下鼠标，就可以进入网络资料库，并且很容易就可以浏览在线图表。由于能够提供更容易、更快捷的进入方式，网景（Netscape）迅速取代了马赛克，成为最流行的网络浏览器。

在开发便利的用户型网络浏览软件的同时，万维网本身也在各地迅速发展。利维（Levy）形容说，互联网建立在“无限频道传播、社区构建、电子商务和完全互动的基础之上，其互动性模糊了信息提供者和信息消费者之间的界限。”

(Levy, 1995, p. 58)

1998年1月，德鲁奇（Matt Drudge）利用其网页宣布，《新闻周刊》（*Newsweek*）隐瞒了克林顿总统和白宫实习生莱温斯基（Monica Lewinsky）之间的绯闻。自此开始，互联网被赋予了充当新闻媒介的新角色。有专家认为，德鲁奇的事例大大提升了互联网作为消息来源的地位，其效果不亚于海湾战争之于美国有线电视台（CNN），不亚于肯尼迪遇刺之于电视行业（Lissit, 1998）。

公众获取信息的另一转折点发生在1998年9月11日，这一天，《斯塔尔报告》（*Starr Report*）在网上公布。那是历史上网络交通最忙的一天（Clothier, 1998）。有些人曾经质疑是否应该在网上公布克林顿和莱温斯基之间绯闻的细节。抛开这些质疑不论，互联网是将长达445页的报告在同一时间告知全体公民的最有效率的方式。

互联网的三种最普遍的使用形式是电子邮件、新闻组和邮递名录、万维网。

1. **电子邮件**（e-mail）。数以百万计的人现在用电子邮件进行沟通。要发送电子邮件，不必是经验丰富的互联网使用者，通过美国在线（American Online）和奇才（Prodigy）这样的网上服务系统，许多普通用户也可以做到。
2. **新闻组和邮递名录**（newsgroups and mailing lists）。新闻组和邮递名录是一种电子消息共享系统，对同一话题感兴趣的人可以通过它们交换信息和看法。目前共有两万个新闻组，涵盖了各种类型的话题。有些人感到，从新闻组中获取消息比报纸和杂志更快更好；但更为重要的也许是，新闻组允许消息的消费者对消息做出一种迅速的反馈，而报纸和杂志却做不到。
3. **万维网**（World Wide Web）。万维网也就是我们所知道的WWW或网络（Web），是指一个电脑系统群，在这个系统群中，许多电脑上的信息可以迅速、方便地被多个其他电脑获取。现在网络用“页”（page）作比喻，用户只要在页上活动的单词或地址上按一下鼠标，就可以从一页移到另一页，这些网页可能分布在全世界不同的电脑上。随着像马赛克和网景那样的用户友好型网络浏览软件的开发，用户在网上移动可以变得非常简单。

对网站的关注程度通常用**点击次数**（hits）来衡量，也就是网站被用户点击的次数。时代—华纳公司的寻路者（Pathfinder）服务据称每周获得超过100万次的点击；《阁楼》（*Penthouse*）杂志宣称其网站每天获得200万次的点击；宣传电影《舞娘》（*Showgirls*）的网站宣称每天获得超过100万次的点击。但是，真正花费一定时间并接触一些信息的访问只占点击总数的1%（Chao, 1995）。

许多商业公司都建立了网页，可它们常常对如何最大程度地发挥网页的作用缺乏清楚的想法（Maney, 1995a）。这好像仅仅是“你得有一个网站”的感觉。出现这个问题的部分原因，是网站被看作用来做广告的地方，这表现出用旧媒介的思维方式看待新媒介的趋向。最好的网站不应该仅仅宣传赞助商的观点，而应是互动的，网站应为用户提供多种参与在线活动和资源的途径。

在1996年的总统竞选中，政治候选人开始将网站列入竞选活动，这种行为延续了下来。1999年，布什（George W. Bush）的网站（www. georgewbush. com）报道了一些州长等政治人物为布什做出的担保，并提供了为竞选做志愿者和捐款的机会。网站上还公布了竞选活动的支持者名单。

好莱坞影星和职业运动员已经开始建立自己的网站，通过这些网站，他们可以直接讲述自己的故事，而无需经过新闻媒介的过滤。拥有网站的著名影星包括Cindy Crawford（Cindy. com）、Leonardo DiCaprio（Leonardo. com）、以及Kelsey Grammer（Kelseylive. com）。一些运动员也拥有自己的网站，例如棒球运动员Albert Belle和足球运动员Mia Hamm均通过athletedirect. com拥有自己的网页。

互联网还为发展中国家提供了新的机遇。中国政府将网络视作进入21世纪的跳板。1998年中国约有30万网民，到2000年，这个数字预计达到400万（Ramo，1998）。虽然对一些诸如时代华纳寻路者等西方网站仍然采取封堵方式，但是中国政府似乎越来越不想管制人们接触网站的内容。

也有人批评互联网。散文家伯克荻（Sven Birkerts）认为，从印刷文化向电子文化的转变会导致语言的枯竭。他说，电子传播导致一种电报式的“苍白语言”（Birkerts，1994，p. 128）。他预言，我们将会看到，像双关语、正话反说、反讽、戏谑这样精巧形式的语言日渐减少。

互联网和万维网的另一个缺点是它们迫使人们离开真实世界，迫使人们离开坚实的基础：土地、树木、花朵和阳光。斯托尔（Clifford Stoll）是几本网络书籍的作者，他说，问题的关键是：“人们花三四个小时坐在电脑前，而不花时间与家人、配偶、社会在一起。”（Haring，1995，p. 7D）

许多互联网和在线服务的用户还逐渐懂得，对于接收到的信息他们应采取一种更加怀疑的态度。互联网和商业在线服务的用户应考虑他们从这些渠道得来的信息的准确性。由个人传递的信息可能是相当可靠的信息，但也可能是流言、推测、故意误导的言论或者彻底的欺骗。人们从新闻组或按名录发送的电子刊物中获取的信息，较之在报纸或杂志上印刷发表的信息，有一个重要的不同，那就是：它们的真实性没有经过编辑的核实。网页可能以隐性的方式将信息和广告混合在一起而读者却不察觉（见方框1.1）。在这种情况下，就更加需要记者和其他专业传播者。这些人有能力评估信息，证实陈述的准确性，可能更重要的是，他们能够给予一些指导，说明什么是重要的、有用的，什么不是这样。

一些专家认为，互联网未来发展的方向将主要取决于市场因素（Abrahmson，1998）。也就是说，互联网的发展方式将允许其在很大程度上由广告支撑。

方框 1.1　网页的可信度

许多网页将信息和广告混合在一起，传统大众媒介通常不采用这种方式。下面这个案例就是关于这种混合的。美国前公共卫生部长库伯（Everett Koop）是公共卫生问题的权威人物。库伯医生的网页（DrKoop. com）的设计是用来教育公众健康问题的。

网页上有个社区伙伴项目的报道，上面列举了被称作“全国最创新和最先进的保健机构”的一些医院和保健中心的名单。医疗道德专家豪泽（Joshua Hauser）指出，这实际上是广告，那些医院是付钱进入这个名单的。

来源：Noble（1999）.

代理人

随着信息流动速度的加快和个人可选择的频道数目大量增加，人们很可能需要帮助，将可利用的信息加以分类。正如麻省理工学院媒介实验室（MIT Media Lab）主任尼葛洛庞帝（Nicholas Negroponte，1995）所说，当你面对 1000 个或更多的频道时，在频道上随波逐流并不是一个有效的搜索策略。

帮助人们对信息进行分类的工作可能采取电脑机器人（computerized robots）、**代理人**（agents）或数字管家（digital butlers）等形式。使用这些名称的机器具有一定程度的人工智能，经编程后可为我们做各种事情。当我们离开电脑时，只要我们指定要其寻找的特定信息，它们就会花时间替我们搜寻。在工作的过程中它们会了解主人的信息需求。比如，它们向我们提供一条条的信息，并给我们标出哪些用了，哪些没有用。其后，这些知识可以用于修改后续的搜索标准。经过一段时期后，代理人会逐渐了解我们的偏好，并搜索符合这些偏好的信息内容。

这些代理人也可能具有一定程度的拟人化的外形，以便我们与之互动。一种可能的形式是一张能表达各种表情的脸，或是高兴，或是痛苦，告诉我们有关搜索进展的情况（Maes，1995）。也许就在不久的将来，另一个可能的形式是，我们的办公桌案头将放置一个 8 英寸高的全息模型人，我们可以通过语言与之交流（Negroponte，1995）。我们还可能拥有许多不同的代理人，它们可各自完成特定的任务。某些代理人甚至能够向其他代理人委派工作。

新式新闻

新式新闻（New News）这个术语是在 1992 年总统选举中发展起来的。从某方面来说，它指总统候选人在谈话节目、音乐电视中出现，并在像《今日秀》（*The Today Show*）这样的电视网节目中接受内容广泛的采访。《滚石》（*Rolling Stone*）一书的作者卡茨（Jon Katz）似乎最早采用这个术语。他说：“新式新闻是一个随意的调制品，它部分是好莱坞电影和电视电影，部分是流行音乐和流行艺术，它混合了流行文化和名人杂志、小报式电视节目、有线电影和家庭录像的成分（Katz，1992，p. 39）。

新式新闻在实际操作中的例子包括：佩罗（Ross Perot）在《拉里·金直播》（*Larry King Live*）节目中宣布他将竞选总统；克林顿作客《阿森尼尔音乐厅》（*Arsenio Hall*）节目并演奏萨克斯管；布什总统出现在音乐电视中；《今日秀》节目对佩罗进行两个小时的采访。**旧式新闻**（Old News）的主要代表是三大电视网的晚间新闻节目、三家主要新闻杂志以及普通日报。

新式新闻的特点之一是将信息和娱乐结合起来，就像我们看到布什出现在音乐电视中、克林顿表演萨克斯管那样。这样做的部分原因大概是希望把政治新闻做得有趣些，尤其是对青年观众而言。卡茨说："年轻的观众和读者认为，常规的新闻对他们的日常生活来说并无特别用处。"（Katz，1992，p. 40）

新式新闻的另一个特点是候选人直接面对公众，而没有新闻记者在中间干预。电视网晚间新闻节目中播出的候选人的精选同期声变得越来越短，在1992年前5个月的总统选举中下降到7.3秒的长度（Taylor，1992）。正如罗森（Jay Rosen）所说："热线电话节目、漫谈节目、有线电视—卫星公共事务网、800号头免费电话、候选人为选民制作的录像带或小册子等全都承诺在没有新闻记者介入的条件下提供信息和进行政治对话。"（Rosen，1992，p. 20）

实际上，与旧式新闻模式相比，新式新闻模式确实给候选人提出了不同的问题。《新共和》（*The New Repulic*）杂志的作者金斯利（Michael Kinsley）研究了总统布什在一次白宫记者招待会上被问及的问题和佩罗作客《今日秀》节目时观众打电话问的问题（Kinsley，1992）。白宫记者团最关心的问题是竞选的进程，而打电话给《今日秀》节目的观众主要向佩罗提出了一些影响市民的实质问题。由此看来，观众提问引出的信息对市民跟踪竞选活动更加有用。一些作者认为，新式新闻的种类不仅仅包括对总统竞选活动的报道。卡茨认为斯通（Oliver Stone）的电影《肯尼迪》（JFK）是新式新闻的主要例证之一。他说，这部电影反映的是"美国生活中狂热的、有时是可怕的潜流"，而这些在旧式新闻中并未提及（Katz，1992，p. 38）。

某些情况下，旧式新闻在过去自称的强项方面也落后于新式新闻，例如传送的时效性和报道的生动性。一些观察家认为，互联网上关于埃克森—瓦尔德斯（Exxon-Valdez）漏油事件的信息"比传统的新闻报道更生动、更及时"（Fillmore，1993）。

卡茨认为，新式新闻最终会取代旧式新闻。他写道："传统新闻，即旧式新闻是乏味的、令人困惑和低劣的，每次尼尔森调查、每个发行报告、每个季节的财务报告书都表明，文化达尔文主义正在破坏新闻业。"（Katz，1992，p. 39）但是，也可能新式新闻和旧式新闻各有所长，并终将共存。根据这种思路，一个关于旧式新闻和新式新闻影响力的调查显示，对新式新闻的采用并没有减少对传统新闻来源的使用（Miller，Chew，and Yen，1993）。调查还发现，就给予人们竞选活动信息和信念而言，旧式新闻来源比新式新闻来源更为有效。

广告的变化

目前，广告业正处于一个变革阶段，其主要原因是媒介环境正在发生巨大的变化。传统上针对广大匿名受众的大众媒介广告可能是一种行将消亡的传播形式。如果人们已经开始使用信息代理人（information agents）或**知识机器人**（knowbots 或 knowledge robots）来浏览信息的话，广告业将不得不重新界定自己的角色（Rust and Oliver，1994）。大众媒介广告（mass media advertising）已经在向数据库市场营销（database marketing）方向转变，在新的营销手段中，广告商通过数据库中的信息甄别潜在的买主，然后派送直接的促销广告（Fox and Geissler，1994）。

一些作者认为，21 世纪的市场营销将集中在互动式多媒体（interactive multimedia）方面，广告部门必须在信息高速路上找到传播信息的新使命（Rust and Oliver，1994）。许多网络广告已经开始针对个体顾客。其中的一种形式是根据顾客最近的一次购买信息，以电子邮件形式向他们推荐产品。网络上的广告定位可以走得更远。比如说，在 Amazon. com 或 CDNow 网上，可以根据人们正在浏览的书籍或唱片信息向他们提供实时的建议。这种技能叫作**协作式过滤**（collaborative filtering）（Lach，1998）。整合营销传播（integrated marketing communication）这一新领域的开拓可以看作是对传播业变化的反应和人们为界定比广告更广的领域而作出的努力。

理论的作用

理论是科学的终极目标。**理论**（theories）是一种概述，它总结了我们对世界运行方式的理解。大众传播领域以前的许多理论都比较模糊。人们借助于民间传说、传统智慧和“常识”来指导大众传播的多数实践。有时，许多假设根本没有被讲出来或写下来。还有时，它们采用的形式是过于简炼的格言或谚语。如果通过调查研究对其进行检验，对许多假说是有益处的。可能的结果是，格言或谚语得到证实，或受到反驳，或仅仅在一定限度内得到部分证实。无论是哪一种情况，都可以使媒介从业者采取的行动立足于更加坚实可靠的基础。在发展理论的过程中，我们总是试图解释很难理解的一些东西。理论的基本目标是把陈述或命题程式化，使其具有一定的解释力。这些理论化的陈述可以采用多种形式：

1. **如果—那么**（if - then）陈述。比如：“如果一个年轻人看了许多暴力电视节目，那么他或她就会有侵犯行为。”

   在研究传播的过程中，没有多少命题可以完全用**如果—那么**的陈述方式进行表达，一个更通用的形式是**更可能**（is more likely to）陈述。
2. **更可能**陈述。比如：“一个收看暴力电视节目的人比收看非暴力电视节目的人更可能采取侵犯行为。”

3. **X越如何，Y就越如何**（the greater the X，the greater the Y）陈述（见 Hage，1972）。比如：“看的暴力电视节目越多，采取的挑衅行为就越多。”
4. 类似**导致**（leads to）等词的陈述。比如：“收看暴力电视节目比收看非暴力电视节目导致更多的侵犯行为。”

传播科学家主张，我们每个人都有一些类似理论的想法，既然如此，为什么不试着让理论变得更加完善呢？科学家们相信，我们最应该信任的，是那些已经受到检验并证实具有一定普遍性和预测能力的各种陈述，这些陈述说明了事物运作的方式，构成了科学的理论，是有用处的。正如社会心理学家勒温（Kurt Lewin）在一段经常被引用的话中所说的：“再没有什么比好的理论更实用的了。”（1951，p. 169）

传播理论旨在提高我们对大众传播过程的理解。有了更好的理解，我们在预测并控制大众传播行为的效果方面就会处于一个更加有利的位置。

大众传播理论的目标

大众传播理论较为具体的目标包括以下几个方面：

1. 解释大众传播的效果。这些效果可以是有意的，比如在选举中向公众传播信息；也可能是无意的，比如增加了社会中的暴力。
2. 解释人们用大众传播来做什么。在许多情况下，考察人们用大众传播来做什么比考察传播效果更为重要。这个思路认为，传播的受众扮演着更为主动的角色。之所以更加重视受众的主动性以及他们对大众传播的使用而非大众传播的效果，主要基于两个因素。一个因素是认知心理和信息处理方法。另一个因素是传播技术的转变，这些转变使得用户更加松散，用户选择范围更广泛，传播内容更加多样，以及各个用户更能积极参与传播内容。
3. 解释用大众媒介学习的机制。一个至今还没有完全得到回答的重要问题是，人们怎样从大众媒介中学习？我们会看到，概略思想可以部分地回答这个问题；班杜拉（Albert Bandura）的社会学习理论（见第13章）对此也多有助益。
4. 解释大众媒介在形成人们价值观和观点方面所起的作用。政治家和一般大众常常认为，大众传播在人们世界观和价值观的形成方面扮演了极其重要的角色。有时，他们可能夸大其辞，无事实根据地批评特定的节目和电影。不过，他们凭直觉认为，大众媒介的内容对社会价值观产生着影响，这无疑也是有一定根据的。这是一个重要的领域，必须进行更深入的调查研究。

大众传播的效果

即便是在这个不断变化的环境中，大众传播的效果仍然是大众传播研究人员和理论家担心的主要问题。大众传播的效果也一直是20世纪大多数时候人们担心的主要问题。一些最早的电影，包括《一个国家的诞生》（Birth of a Nation），曾引起共同的疑问，即它们是否可能对观众产生不良影响。20世纪50年代是幽默连环画的黄金时期，在这一时期，人们非常担心这些书刊会对年轻人产生腐蚀作用（Lowery and DeFleur，1995）。第一次世界大战期间，宣传的显著力量也引起了人们对大众传播效果的早期关注。

我们在第13章中将会看到，有关大众传播效果的思考经历了许多阶段。最早时期的一些看法认为，大众传播对受众具有强大的影响力。人们将这种大众传播效果观称作**枪弹论**（bullet theory）或**皮下注射论**（hypodermic needle theory）。这种观念认为，受众是一个个孤立的人，是脆弱的靶子，很容易受到大众传播消息的影响。现在已经没有哪个传播学者认为枪弹论是对大众传播效果的准确解释了；但是在某些时期，一些公众仍然持有枪弹论的观点。一战后，人们曾普遍比较畏惧宣传的威力，这就是枪弹论观念的一种体现。

经过若干年对大众传播运作方式的深入研究，大众传播学者认定：枪弹论或皮下注射论是不准确的。这个新的观点最初反映在两本书——《人民的选择》（*The People's Choice*，Lazarsfeld，Berelson and Gaudet，1944/1968）和《选举》（*Voting*，Berelson，Lazarsfeld，and McPhee，1954）中，是从20世纪40年代有关总统选举的宣传研究中得出的。新的观点认为，大众传播消息的威力比人们预料的要小得多。有关这个观点的主要论述叫做**有限效果模式**（limited-effects model），是克拉珀（Joseph Klapper，1960）在其著作《大众传播的效果》（*The Effects of Mass Communication*）中提出的。这种模式认为，人们对大众传播的消息通常有很大的抵制力量，这种抵制是由几个因素造成的，包括个体从其他方面接收的对其不同观点的支持消息，以及人们在接收消息时的各种心理过滤机制。

更新的研究对大众传播思想进行了进一步修正。这些新的研究恢复了大众传播的部分威力，尽管没有恢复到“枪弹论”认为拥有的威力那么大。像议程设置假说（the agenda - setting hypothesis）、教养理论（cultivation theory）这样的方法，在大众传播中被称为适度效果论。其他诸如沉默的螺旋（the spiral of silence）等理论在特定情况可以被称作大众传播的强大效果论。不仅大众传播的效果可大可小，而且还可能有不同种类的效果。用社会科学的话来说，在探索大众传播可能产生的效果的过程中，可以研究许多不同的因变量。

一些效果可能是传播者有意要获得的，如选民阅读报纸对其了解政治候选人程度的影响。另一些效果可能是无意的，如电视暴力节目对侵犯行为倾向的影响。总的来说，不管是有意效果还是无意效果，传播理论学家对两者均有兴趣。

如果把各种可能产生的传播效果类型组织在一起，成为一个框架或表格，对人们认识这个问题是有帮助的。图 1.1 就是拉维奇和斯坦纳（Lavidge and Steiner，1961）建立起来的框架。这个模式分六个步骤，每一步都必须在上一步完成的基础上才能进行。六个步骤可以归纳为三个方面或范畴：认知、情感、意愿。**认知**（cognitive）是关于我们对事物的知识，**情感**（affective）是关于我们对事物的态度，**意愿**（conative）是关于我们对事物采取的行为。一些媒介从业者可能只对模式中某一部分感兴趣，比如说，记者可能只对达到认知效果有兴趣。相较而言，广告创意者可能对六个步骤均感兴趣。如果某个社论作者想让读者去投某位候选人的票，那么他可能也会对六个步骤均感兴趣，当然，在这种情况下，要将模式当中的购买（purchase）一词换成投票（vote）。

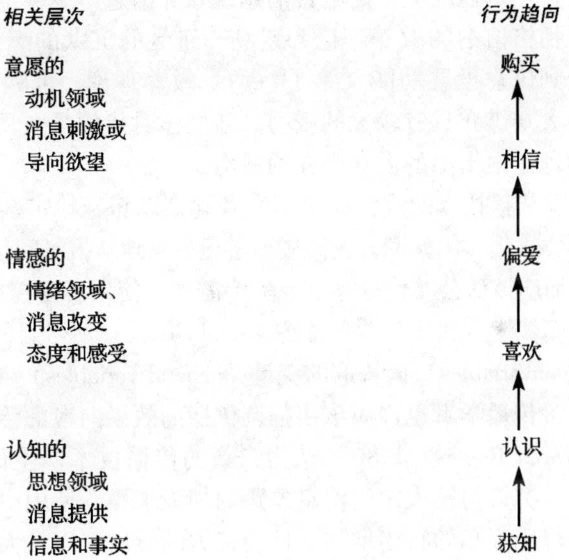

图 1.1 传播效果阶梯模式

来源：Adapted from R. Lavidge and G. A. Steiner，“A Model for Predictive Measurements of Advertising Effectiveness.” *Journal of Marketing* 25（1961）：61，published by the American Marketing Association.

大众传播理论发生的变化

大众传播理论正在发生变化，也许它还需要更多一些变化，才能跟上媒介发生的变化。下面是一些显著的变化：

1. 比以往更强调对大众传播的使用。随着向更新媒介形式的转化，受众行为的重要作用将变得更清晰。

2. 向认知科学或信息处理思路的转变（Beniger and Gusek，1995）。这至少包括三个方面：

a. 自变量由说服变量（比如消息来源的可信度）向话语（即所用语言的本质）和构造（在媒介中事件是怎样包装和表现的）等概念转变。

b. 因变量由态度（对某个对象或反对或支持的评价）向认知（关于某个对象的知识或信念）转变。

c. 重点由改变（比如，态度改变和行为改变）转向重构（认知事件模式的改变，或者对真实的社会建构）。

技术革新的一个结果是，把电视认作向每一个人传达基本相同消息的一个统一的或单独的系统，已不再可能了。对这一点的认识会影响到很多理论，因为这些理论都在一定程度上假定电视消息或媒介消息是一律的（Webster，1989）。这些理论包括格伯纳的教养理论和诺利—纽曼的沉默的螺旋理论（第13章），也多少涉及到议程设置功能（第11章）。教养理论、沉默的螺旋理论、议程设置功能认为大众媒介具有较大的威力。新媒体时代的受众具有分散性，这种特点会削减上述理论中指出的大众媒介的威力。

总之，传播技术的改变要求研究者尝试以超越特定媒介或技术细节的方式将传播理论公式化。比如说，我们应该避免单一地从报纸阅读或电视收看等方面去总结理论，而应该从公共信息寻求、陪伴需求、使用者可控程度等方面去总结理论。这样，我们就能达到社会学家海格（Jerald Hage）所号召的目标，即由特定的常量（specific nonvariables）向普遍的变量（general variables）转变（Hage，1972）。

另外，传播学者也许应该由强调传播的效果向考虑传播的社会影响转变。罗杰斯（Everett Rogers，1986）认为，新的传播技术产生的一些重要的社会影响是：失业、穷人与富人之间信息差距的加大、媒介使用中性别不平等的加剧、信息超载、侵犯隐私的行为增加、社会权力的分散，以及大众媒介受众的分化。

批判理论和文化研究

并不是所有的传播学者都采用科学的方式来研究大众传播。多年以来，大众传播研究一直存在两种方式——经验学派和批判学派（Rogers，1982）。**经验学派**（empirical school）的特点是定量调查和实证分析（将知识建立在观察和实验的基础上）。经验学派通常比较重视大众传播的效果，而忽视大众传播发生的广泛文化背景。**批判学派**（critical school）更接近哲学思维，强调传播发生的广泛社会结构，重视谁是传播系统的控制者。一些批判理论家有马克思主义的倾向。

这两种方式的区分至少可以追溯到20世纪40年代早期拉扎斯菲尔德（Paul F. Lazarsfeld）的著作。拉扎斯菲尔德的说法是管理研究（administrative research)和批判研究（critical research)。管理研究是指为媒介机构服务的研究。这种研究基本符合罗杰斯指出的实证研究范畴。拉扎斯菲尔德的研究也大多属于这一领域。批判研究来自社会研究中的马克思主义方法。不过后来，其重点由阶级冲突转为社会中的控制作用。拉扎斯菲尔德曾提到，20 世纪 40 年代研究电台音乐的阿德诺（Theodor W. Adorno）是典型的批判理论家。

批判学者倾向于批评实证学者，认为他们不恰当地将物理科学的方法用于人类和社会，认为他们的调查过于狭窄，认为他们忽视了媒介所有权和控制权的重要性。实证学者倾向于批评批判学者，认为他们没有提出证据就做出结论，认为他们用争论代替学问，认为他们总是不厌其烦地重复一些基本观念而不加入新知识，德弗勒（DeFleur, 1998）对批判学者的批评更是毫不留情，他干脆将大众传播理论进步缓慢的原因归罪于定性研究和批判理论研究倾向。

大众传播研究的另外一种方式是文化研究（cultural studies)。文化研究学者加入批判学者的阵营，批评实证学者使用的科学方式。文化理论家致力于研究大众媒介创造的象征环境，研究大众媒介在文化和社会中所起的作用。传播学者凯里(James Carey）曾利用文化方式严厉批判了很多大众传播研究。这位学者认为，一种传播的传输模式（transmission model）控制了大众传播研究，在这种传输模式中，传播被视作“基于控制目标的远距离信号或消息传输”（p. 3)。他提出一种替代性的模式，这种模式叫做传播的仪式观点（ritual view)。这种观点的导向“不是在空间上扩展信息，而是在时间上维系社会；不是传授信息的行为，而是再现共享的信仰”（p. 18)。基于这一观念，凯里认为，跟获得信息相比，读报纸的行为在更大程度上是参加一种宗教聚会——在此情况下，某种世界观可以得到体现和确认。

媒介环境变化引起的理论性问题

媒介环境的变化给传播理论家带来了新的挑战。为了应付新媒介，传播理论应该如何变化？为了应付新媒介，应该采用何种方式来推进理论？下面三种方式可能有利于开发理论，来处理电子空间里的传播：

1. 重视与新媒介相关的主要理论性概念。这些概念包括互动、多媒体、超文本、超级链接、媒介整合、数字信息，以及其他。在用于理论之前，这些概念需要澄清和阐释。另外还需要开发其他概念。
2. 研究如何将现有理论应用于新的传播环境。比如，议程设置理论和教化理论在电子空间里的运作方式是否与传统大众媒介相同？如何修正现有理论应对传播的新形式？
3. 开发新理论和新研究方式来处理新媒介。菲德勒（Roger Fidler）的媒介变形（mediamorphosis）观念就是新理论的一个例证，这种观点试图解释新媒介对现有媒介的影响。

本书第17章“电子传播的理论”将探索这三种方式。

结论

本书是关于大众传播的科学研究的。科学研究的最后产物便是理论。大众传播理论的目的在于增进我们对大众传播运作的了解。大众传播理论试图将大众传播的各种现象加以科学解释，使之系统化，并加以验证。大众传播理论的基本目标是试图尽可能完善地解释关于大众传播运作方式方面的问题。其中一些比较重要的问题是有关大众传播效果的，另外一些比较重要的问题是关于人们怎样按照他们的目的和需求使用大众传播的。

大众传播理论可以帮助媒介从业者更好地从事传播工作。人们也可以用理论把大众传播的效果告知消费者或其他对此有兴趣的团体。

传播领域正在进行激烈的变革。因为新的媒介技术赋予用户更多的控制权，所以大众传播的概念本身也正经历变化。传播理论需要做出调整，以适应这些变化。在新的传播环境中，一些现有的理论可能经得住检验，其他的则需要修改，以适应新的情况。

【关键词】

情感的（affective）：出自拉维奇和斯坦纳（1961），传播效果的范畴之一，指我们对待事物的态度。

代理人（agent）：一种为用户收集信息或提供其他服务的软件程序。

枪弹论（bullet theory）：又称作**皮下注射论**，一种早期大众传播效果**理论**，认为受众是一个个孤立的人，是脆弱的靶子，很容易受到大众传播消息的影响。

认知的（cognitive）：出自拉维奇和斯坦纳（1961），传播效果的范畴之一，指我们对事物的知识。

协作式筛选（collaborative filtering）：根据人们正在网上浏览的产品，向他们提供实时的产品（例如书籍和唱片）建议。

意愿的（conative）：出自拉维奇和斯坦纳（1961），传播效果的范畴之一，指我们对事物采取的行为。

批判学派（critical school）：大众传播研究的一种哲学方式，强调传播发生的广泛社会结构，重视谁是传播系统的控制者。

电子空间（cyberspace）：电子传播发生的比喻性空间。

数字电视（digital television，DTV）：以数位方式而非利用信号的渐进变化旧方式进行传输信号的系统。

电子邮件（e-mail）：通过**互联网**传送的电子消息。

经验学派（empirical school）：大众传播研究的一种途径，其特点是定量调查和实证分析（将知识建立在观察和实验的基础上）。

高清晰度电视（high－definition television，HDTV）：**数字电视**的一种，利用旧式频道的全部容量传送分辨率非常高的画面。

点击（hits）：网站被用户选中点击的次数。

皮下注射论（hypodermic needle theory）：见**枪弹论**。

互联网（Internet）：许多电脑连在一起组成的网络。

知识机器人（knowbots，knowledge robots）：用来扫描信息网络的信息**代理人**。

有限效果模式（limited－effects model）：认为大众传播效果相对较小的理论。

邮递名录（mailing lists）：见**新闻组和邮递名录**。

大众传播（mass communication）：出自赖特（Wright，1959），针对大量的、异质的、匿名的受众的传播；消息是公开传播的，在时间安排上通常可以同时到达大多数受众，在特征上是稍纵即逝的；传播者一般是某个复合的组织，或者在某个复合的组织之下运作，这种传播通常需要庞大的开支。

媒介融合（media convergence）：曾经孤立的服务系统整合到一起，这些服务包括互联网、电视、有线电视以及电话。

新式新闻（New News）：卡茨（Jon Katz）1992年提出的术语，指信息和娱乐的混合，通常与政治新闻相关。

新闻组和邮递名录（newsgroups and mailing lists）：一种电子消息共享系统，对同一话题感兴趣的人可以通过它们交换信息和看法。

旧式新闻（Old News）：指三大电视网的晚间新闻节目、三家主要新闻杂志、普通日报。

理论（theory）：一种或一系列可以检验的概述，总结了我们对世界运行方式的理解。

网络（Web）：见**万维网**。

万维网（World Wide Web，WWW）：又称作**网络**，一种系统，在此系统内，许多电脑上的信息可以迅速、方便地被其他多个电脑获取。

【讨论题】

1. 以科学的方式研究大众传播的优点是什么？
2. “新媒介环境”有哪些特点？
3. 我们正进入一个由用户控制的传播系统，它的标志有哪些？
4. 当我们进入一个由用户控制的新的多媒体传播环境时，“大众传播”这个概念发生了什么变化，它是否已经失去原有的意义和用处了？
5. 网上报纸会代替你手中的印刷报纸吗？如果是，为什么？如果不是，又为什么？

6. 什么是“代理人”？它们将怎样改变我们思考大众传播的方式？
7. 什么是新式新闻？新式新闻的例子有哪些？新式新闻可以做旧式新闻做不到的哪些事情？
8. 大众传播可能产生的各种类型的效果有哪些？
9. 公众已经表现出担忧的大众传播效果有哪些？
10. 对大众传播效果的看法贯穿整个大众传播理论的历史，现在它们已发生了变化。描述一下这些变化。

第二篇

大众传播的科学方法与模式

PARK Ⅱ Scientific Method and Models of Mass communication

科学理论的强大优势在于它建立在观察的坚实基础上。我们可以很容易编织出许多不同的大众传播效果理论，有些是非常宏大的（其中不乏吓人的），但是，正如我们在开始时说明的那样，我们的理论应当是经过科学验证的，这意味着，理论最终都应是可以通过观察来证实的。这不仅结束了那些在永远得不到解决的问题上的长期争辩，同时也意味着，我们的理论更可能与现实世界相联系，因而也就更有实用性。

传播科学家还发展了传播模式，而科学的模式与科学的理论不尽相同。模式的作用比较有限，它通常用来确认某个过程或现象的关键要素。构建理论一般是用来解释传播现象的，而构建模式只不过用来描述传播现象。然而，传播的过程实在是太复杂了，描述性模式能够帮助我们很好地理解它。

第 2 章叙述了用来发展和验证传播理论的科学方法，第 3 章列举了有助于详细理解传播过程的模式。

第2章
科学的方法

在我们生活的世界中，科学起着对未经验证的假说进行监督的作用。科学方法与其他获得知识的方法的不同之处，就在于它建立在观察和利用“真实”世界的证据（经验主义）检验假设（假说）的基础上。在科学方法发展起来之前，建构真理通常采用的方法包括直觉、权威和固守（Cohen and Nagel，1934）。

对于我们持有的很多信念来说，我们之所以以为它们是正确的，原因就在于**固守**（tenacity）。家庭、社会和同伴的强化以及不断地重复支持了我们的固有信念。所以，即使我们没有可信的证据，即使我们的信念是错误的，我们也会固守它们。许多我们信以为真的事情是一代代地传给我们的，没有人对它提出质疑，因为对于这些事情似乎有普遍的共识。早在公元前270年，古希腊的天文学家阿里斯塔克斯（Aristarchus of Samos）就已经提出日心说（即所有的行星都围绕着太阳运转）。然而，几个世纪以后，罗马天主教会采用了与他们的宗教思想相符合的地心说（即地球是宇宙的中心），并在一千多年时间里一直认可此说。基督教徒认为，公元391年亚历山大图书馆之被烧，就是要毁掉阿里斯塔克斯的作品。

对于我们的政治经济体系以及我们在家庭、社会、制度、种族、宗教方面的信仰，我们很少提出质疑。商业广播主免费使用公共电波，联邦政府不情愿对媒介集团应用反垄断法指控，商业因素影响媒介内容，对于上述问题，学习传播的学生很少提出质疑。

坦（Tan，1981，p. 11）指出，当我们觉得自己的信仰出现问题时，我们常常求助于**权威**（authority）。我们可能依赖专家，我们认为他们比我们自己，甚至比几乎其他所有人都要有能力，而且可信。这些权威（医生、律师、教授）可能是能力已经得到证实的专业人士。还有一些人之所以成为政治、道德和宗教信仰问题的权威，是因为他们处于拥有决策权的地位，我们尊敬的是他们所处的地位（见方框2.1）。

方框 2.1　海塞姆（Ibn al-Haytham）的革命

审视了过去一千年的各种观点，帕沃斯（Richard Powers）认为海塞姆的观点最好。海塞姆生于约公元965年，出生地位于当今的伊拉克。800多年以来，一直存在两种解释视觉的理论，一种理论是欧几里德（Euclid）和托勒密（Ptolemy）提出的，另一种理论是亚里士多德提出的，这两种理论均比较协调完整。

海塞姆指出，看太阳的时候会感到阳光刺眼，这表明光线产生于眼睛之外，反射到眼睛之内。他使用的数据推翻了以前很多理论。符合数据的唯一解释是光线产生于眼睛之外。

托勒密利用了数据和理性；亚里士多德的立场纯粹是主观猜测……论断需要超出理论的东西，需要经得起观察的东西。坚持经验的方法是海塞姆真正革新的核心……（Powers，1999，p. 82）

如上所说，罗马天主教的权威们曾认为地球是宇宙的中心。这样的观点符合他们的宗教思想，因为《圣经》上说："上帝将地球置于它管辖的基础，永远不可改变。"

无论我们求助的这些思想来源看来多么有力，多么权威，但它们的意见常常是不一致的。于是，我们有时会转而依靠自己的**直觉**（intuition）。直觉建立在我们的个人价值观、早期社会影响或常识的基础上。我们固守的许多信念都是建立在直觉基础之上的。直觉经常主张一些不言而喻的事情，比如很久以前，对许多人来说，太阳围着地球转便是不言而喻的。

不幸的是，虽然直觉、权威、固守的方法较之科学的方法更容易导致谬误和偏见，但是今天我们还一直在使用它们。科学的方法之所以更可靠是因为科学的信念（理论）是被客观地证实的（根据真实世界的现象进行验证）。我们可以分析一张报纸在本地竞争对手消失前后内容的变化，测量它的内容在数量和种类上的不同。它开始是作为一份面对竞争的日报，而后是一份垄断性的日报，前后可能有所变化。我们可以对它的读者进行随机抽样，考虑他们对报纸的意见，这样我们就可以很好地了解读者对该出版物的看法。如果要就某个给定的题目对一批特定的听众做演说，那么我们可以设计一个实验，通过实验了解几种演说方法中哪一种最有效果。

在以上任何一种情况下，我们依赖的都是"真实世界"的数据而不是权威、固守和直觉。如果我们使用的研究方法不存偏见，如果我们采用的措施可信而且有效，如果我们的发现可以重复验证，那么我们就比相信直觉、依赖权威或凭借固守更可能接近"真实"。

本书讨论的内容涉及许多学科或领域的研究发现。几乎所有的研究发现都是利用科学的方法得来的。在本书中，这些方法离不开社会科学和行为科学。在探讨传播理论的基本特征和用途之前，我们应该先考虑科学的一些特征。

科学中的想象

19 世纪伟大的科学家赫胥黎（Thomas H. Huxley）曾将科学定义为“经过训练的和有组织的常识”，并认为，理论建构是你在“生活中每时每刻”都在做的事情。

相对论之父爱因斯坦说：“所有的科学不过是每天想法的改进而已。”

这并不是说一流的科学就不需要大量的想象——想象存在于对重要调查领域的发现能力，存在于对未知关系和原因的洞察能力，存在于将抽象的假说变为现实世界中可测变量（可操作的定义）的转化能力，存在于设计测量工具掌握难以理解的数据的操作能力，它还存在于科学的其他方面。哥白尼将太阳视为太阳系的中心就是出于想象。这种想象打破了托勒密的天文学，15 个世纪以来，该学说一直宣称地球是中心，是主体，宇宙中所有其他的物体都围绕着地球旋转。同理，对伽俐略而言，也正是出于想象，他认识到使用新的仪器——小望远镜——观测天空的可能性，从而证实了托勒密理论的错误。以此方式，伽俐略创造了现代的科学方法：他制造了仪器，进行了实验，并且公布了结果。

伽俐略的工作证实了哥白尼的行星围绕地球转的理论是唯一可信的理论。但是，罗马天主教会命令伽俐略“既不能保留也不能捍卫”（Kane，1992）他的发现。正如新思想经常遇到的情况那样，很多人认为他们的权威性受到伽俐略发现的威胁，于是他们无所不用其极，压制他对宇宙的新观点。[布鲁诺斯基（Bronowski，1973）的电视片对此做了极好的简介，新近更详尽的叙述见赖斯顿（James Reston）的《伽俐略的一生》（*Galileo*：*A life*）一书。]

教会宣判伽俐略有罪，在审讯中用酷刑威胁他，强迫他宣布放弃自己的“谬误”发现，并声明他“公开放弃、诅咒并深深憎恶”他的著作的荒谬和错误。69 岁的伽俐略视力衰退，被迫在软禁中度过了人生的最后 8 年。359 年后，教会才正式承认了它的错误（Cowell，1992；Montalbano，1992）。

在研究某个题目或问题时，每个科学家都会采取一种途径或倾向。这种方式决定了科学家应用的概念、问题、思路及程序，它也决定了检验的假说和最后产生的理论。由此来说，**途径**（approach）是验证某个理论的框架。

正如我们可以经常观察到的，科学所要完成的任务就是理论，换句话说，理论就是科学的全部，是科学研究的产品。理论可以解释、预测或帮助发现事实之间的系统关系。科学家利用理论概括（抽象表述）现实的本质。在我们的领域中，我们希望对人们进行交流的方式进行概括。理论经过证实，就可以帮助我们预测特定事件的结果。在这种情况下，理论的目标就是对传播的过程和效果做出预测。

科学的累积性本质

像所有的学问一样，科学也是积累而成的，它建立在前人所有工作的基础之上。牛顿爵士在3个世纪之前就对此作了总结，他说："如果说我看得更远的话，那是因为我站在巨人的肩膀上。"（Whitman，1976）他的这句话被视为科学史上的缄言。

科学的社会学创始人之一默顿（Robert K. Merton）曾指出，牛顿的格言"不仅仅适用于科学，它形象地说明了实际上在所有领域中知识和文化的增长，不管你提到的是哪一个领域"。默顿又说："牛顿的格言意味着，没有任何一个发现者是从一片空白开始的。它否定了伟人观念。"（Whitman，1976）

学问和科学积累的本质是因其**可传达性**（transmissibility）才成为可能的，它能够克服地理、语言障碍和社会、经济、政治体制差异。可传达性之成为可能，部分原因是，科学就像所有的知识一样是对现实的抽象。任何一门学科的特定语汇都是由各种抽象方式组成的。

要达到累积，学者们必须共享研究的途径或方向，或至少拥有一套共同的学术价值观。有些人认为，学问要跨越社会阶层和政治系统进行传达，就必须在很大程度上做到"独立、客观、非情绪化及非伦理判断"（Westley，1958，p. 162）。

科学的发现可以通过对现实世界进行客观地观察而得到证实。然而，假说之得到证实，从来不会毫无疑问。它只被证实为由某种给定的原因导致的最可能的结果或效果。比如，我们可以说，一个受教育比较多的人比受教育少的人花在阅读报纸上的时间可能要多。这个结论虽然在多数情况下是正确的，但不会在任何情况下都正确。

为检验某个假说的抽象化或概念化定义，首先必须对观察和测量变量的方法进行可操作性界定。还是上面那个例子，我们可以用花在正规教育上的年数来定义受教育程度，再用每天花在阅读某种日报上的平均时间来定义报纸的阅读量。然后，可以作出比较，看受教育较多的组与受教育较少的组每天平均花在阅读报纸上的时间有什么不同。关于可操作性界定将在下面进一步说明。

科学的非伦理本质近年来广受关注。原子科学家之间关于发展原子弹和氢弹的持久辩论众所周知。在越战进入高潮之际，一位哈佛大学的科学家支持开发凝固汽油弹。虽然这种武器用于战争会对平民造成灾难性后果，但他说，他还是要做这项工作，因为道德争议与他所从事的领域无关（《纽约时报》，1967年12月27日，p. 8）。

另一方面，也有学者认为，"不受价值观影响的研究是一种妄想。"1989年10月召开的以此为主题的诺贝尔会议声明，"我们已经开始认为，科学是一种更主观及更具相对性的事业，是出于社会意识形态和态度，并在其影响下进行的工作——马克思主义、女性主义就属于这些意识形态和态度"（《纽约时报》，1989年10月22日）。

1978年，索尔仁尼琴（Alexander Solzhenitsyn）在哈佛大学的一次演讲中指出："从法律上讲，你们的研究者是自由的，但是他们仍受到当时风尚的左右。"

科学的历史充满这样的事例，即有人企图将哲学和政治观点强加于科学的结果之上，使科学的结果服从于未经检验的、事先想好的观点（通常是建立于直觉、权威或固守的基础上），或适应当前的政治政策。前面提到的权威们对伽利略证实哥白尼假设（太阳，而非地球，才是太阳系的中心）的反应就是一个众所周知的例子。20世纪，李森科（Trofim Lysenko）将马克思主义原理作为教条强加给前苏联的农业科学和遗传学研究。他拒绝传统的遗传学理论，并宣称，植物，甚至动物的本质都会因为环境的改变而受到根本的影响。与这种看法相反的讨论与实验都被禁止了。据说，前苏联的农业因此而倒退了25年（Salisbury，1976）。更近的例子是，一位美国政府的顶尖科学家指控白宫的管理及预算办公室将预定送交国会的证词文本做了改动。他说，这个改动使"他对全球变暖影响所作出的结论看上去不如他的本意那样严重和肯定"（Shabecoff，1989）。

对现实的科学概括

科学家追求对现实的本质做出概括。要做到这一点，他们反复检测（重复检验）关于现实的概括（假说），直到获得足够的证据，使得这些概括可以被暂时地称作定律。在科学上，对科学概括的检验是通过有控制的观察来完成的。一个科学家必须显示，那些能够对实验结果提供不同解释的任何变量都已得到控制。其他研究者使用同样的方法重复实验能够得出相同的结论。科学研究的可重复性和可证实性是监督欺骗和偏见的卫士（见方框2.2）。

方框2.2　艾米丽的测试

艾米丽·罗萨（Emily Rosa）是科罗拉多州莱乌兰德的一个11岁的孩子，为参加四年级的科学节，她设计并实施了一个实验。她的研究质疑了另类医学中的一个著名疗法——治疗式接触。在这种疗法中，治疗师并不接触病人，而是在病人身体上方移动双手，操纵一种他们称作"人体能量场"的地方。一些著名大学和护理学校均教授这种方法，世界各地的一些医疗保健中心也在实践这种方法。

艾米丽作了一个实验，她利用一个屏风将她和治疗师分隔开来。利用抛硬币进行选择，她将自己的手放在治疗师左手或者右手的上方，然后她要治疗师确定她的手的位置。如果能够辨别艾米丽的能量场的话，那么治疗师应该也能够指出艾米丽的手的位置。

在涉及21个医师的280次测试中，治疗师的表现没有超过或然率。能够正确指出艾米丽的手的位置的次数占总次数的44%；而如果随意猜测的话，他们本应该猜对50%（Kolata，1998）。

艾米丽的发现刊登在《美国医药协会会刊》上，引起该治疗领域的混乱。

科学的假说

一旦研究者认识到某个问题需要解决，不管它是实践问题还是理论问题，他便会去寻找有关这个问题的已有知识（常常是一个围绕某一方面的“为什么”的问题。例如，为什么一些人较早成为新媒介技术的采用者，而其他人则相对滞后?）。在查阅特定领域的现有“文献”（以前的知识）之后，就提出一个假说。假说保证对问题答案的探索不是随意的，而是具有指导意义的。

正如前面指出的，科学的最终产品是能够作出预测的理论。一个**假说**（hypothesis）或科学命题通常以条件形式（“如果…，那么…”）构成。虽然人们通常并不明确说出这些假说，但是人们假定在所有其他因素都相同的条件下不难作出这种陈述。一旦建立了这种条件关系，科学家处理的就是一种因果关系。原因叫作**自变量**（independent variable），而结果，即我们想要解释的现象，叫做**因变量**（dependent variable）。科学家们最终寻求的还是这种因果关系。科学家们假定，他们的研究对象是自然现象或自然的一部分，它们按照自然的顺序排列，而非超自然排列的结果。这意味着研究对象是确定的，研究者要找出能够解释它们的因果关系。

当一个科学学科发展时，它一般趋向于作最简化的解释。一位作家恰如其分地说：“最简化的解释就是用最少的命题说明最大的变化。”（Westley，1958，p. 167）换言之，科学就是试图以最简略的概括来解释尽可能多的现象。科学的双重目标就是在简化的同时寻求对问题的解决。如果科学家在工作中使用的是合乎规律的、有序的或者说自然的数据，则人们假设，最终整个宇宙都是可知的。众多科学追求对未知领域的理解，追求最终的结论。

虽然每个科学家在处理问题时都会采用某种途径或方向，但科学本身关注的却是一些有关事实的问题，例如“是什么”，“存在着什么”，“发生了什么”，“什么时候发生的”，而不是评价的问题，例如“什么是对的”或“什么是应该的”。这并不是说，社会科学不处理意识形态、态度和价值观系统的问题，而是说，当社会科学家在选择或建构其研究方法时，必须考虑观察者或调查者在这些领域内的偏见。价值观的问题，或者说应该怎么样的问题，是宗教、伦理和哲学领域处理的问题，而不是科学所要承担的职责。

防止偏见或欺骗

就像逻辑学和科学方法领域两位著名学者曾经说过的那样：“科学方法只宣称证据担保下的确定性，却以此获得了比迄今设计出的所有其他方法更多的逻辑确定性。”（Cohen and Nagel，1934，p. 396）

科学方法要求将其发现提交给这一领域的其他工作者（通常通过出版或在

学术会议上演讲的方式），以便他人在不同场合重复试验这些结果。这样就可以对所采用的目的、方法和结果进行审慎的核实，还可以让其他科学家在此基础上进行调查研究，以便建构理论（亦即科学的累积性）。

正如前面提到的，防止科学研究中的偏见和欺骗依赖于成果的发表和对结果的重复实验。研究者应记住很多问题：

· 本学科的同行们能否同意：假说已经过有效的检验？
· 从这些资料、数据中得出的结论是否合理？
· 从这些资料、数据中概括出的结论是否来自被检验的现象范围之内？或所做的结论是否超出了这些资料、数据能够解释的范围？
· 发现的成果能否被重复？

意外的发现和新的方向

1940年，哥伦比亚大学应用社会研究所的研究人员开始调查大众媒介对政治行为的影响。他们从俄亥俄州伊利县选择了四组登记选民，这是一个典型的县，历届总统大选中这个县都参与了全国大选的投票。在整个竞选期间的各个阶段，研究者分别对这些选民进行了面访，以确定哪些因素对他们投票意向的影响最大。伊利县调查的设计方案是为了显示大众媒介在投票决定中的影响力。两位研究人员说："为了确定大众媒介导致如此变化的方式，这个调查进行得很深入。"

然而，调查者发现的却是"人际接触对于人们投票决定的影响比大众媒介更经常，而且更有效"。研究者作出的解释是，从媒介传播出的信息首先到达意见领袖那里，然后，这些意见领袖将他们听到或看到的信息传达给那些与己有关的人或跟从者，这些人是接受他们影响的。这个过程就被叫做两级流动传播（two-step flow of communication）。（详细内容见第11章）

因为研究的设计中并没有预期人际关系的重要性，两级流动传播的概念是在数据记录最不充分的基础上得出的。因此，后来研究者们进行了许多次研究，以证实和完善这一概念。在科学史上，许多研究都产生过意外的发现，并导致全新的调查研究方向（见方框2.3）。

从一开始，科学就对已经存在的成果和规律提出质疑。建立新的原理需要重复的检验，正是因为这一点，科学的过程本身会导致新发现，对现已接受的东西表示怀疑。一旦发现了新的证据，理论就会得到修改和精炼。科学家相信，没有一种理论是终极的或无可争议的。

对大众传播研究中的偏见进行检验的一个例子是哥伦比亚大学的著名社会学教授甘斯（Herbert J. Gans）写的一篇论文，他对其他三位研究者的成果进行了检验。三位研究者的发现是在两份广泛流传的调查报告中公布的，其内容是说美国的新闻记者将自由派或左倾的偏见强加于新闻报道中，误导了美国人民（Gans，

方框 2.3 或许?

1989 年 3 月，犹他大学的两位科学家震惊了科学界，他们宣布发现了一种简单的方法，通过这种方法，可以利用“冷聚变”获得无限的、便宜的、安全的能源。这些声明并没有按照惯例首先在科学书刊上发表，而是直接在记者招待会上宣布。这两位科学家并没有邀请同行对他们的发现进行事先的审阅，并拒绝提供重复发现所需的细节，因此受到广泛的批评。最后，因为其他科学家无法重复这个过程，人们将犹他大学的这两位科学家称为“欺骗的、拙劣的、彻底的假货”。

然而，冷聚变的遗风并没有清除，总有一些关于某些奇怪热量的轰动发现，并公布了一些怪癖的结果。一篇近期的文章写道：“让人吃惊的是，尽管对冷聚变的批评已经长达 10 年，但是冷聚变的说法不仅依然存在，而且显然在地下科学界颇有势头。世界各地仍有科学家静悄悄地承认自己成功地取得了某项令人急欲获知的惊人成果，如果不是完全推翻了热聚变现状的话。”（Broad，1999）

1985）。甘斯质疑了那些研究者分析数据和报告成果的方法。他说，他们的研究途径严重地偏离科学方法论，而且，尽管人们一再要求这些研究者发表或公布他们研究方法的细节，他们并未公开这些信息（p. 30）。甘斯认为，根据已经公布的这两项研究的内容，它们：

1. 将政治观点隐藏于貌似客观的研究中，突出强调了支持该观点的数据资料；
2. 报告的对新闻记者调查的结果并未准确地反映出新闻记者对调查问题所作的回答；
3. 违反了基本的调查方法，即，首先从对单一问题的答案中引申出观点，然后将答案处理成使人感觉强烈的观点，这些观点使新闻记者显得好斗而且激进；
4. 忘记了对受访者作出的承诺，从而违反了科学规范；
5. 提供了关于新闻记者个人背景和所谓政治见解及价值观的大量资料，却没有任何证据能够证明这些资料与新闻记者进行新闻报道的方法有关（pp. 29 – 33）。

科学中的道德和欺骗

最近，科学中的道德成为一个主要的争议问题（Comstock，1994；Hilts，1994a；Willwerth，1994）。美国政府机构及其合同方在孕妇、士兵、囚犯、精神病人及普通民众身上进行核接触试验，但未告知他们并征得他们同意，这些事件近几年被一一揭露出来。加勒格尔（Gallagher，1993）和尤德尔（Udall，1994）写过在内华达州和犹他州使用死囚犯做核试验的事件。威尔沃斯（Willwerth，1994）写了在心理学试验中使用精神病人的情况，这些受试者是在未获知真实信息的情况下表示同意的。布莱夫曼—米勒（Braffman - Miller，1995）则谈到非法辐射药物实验，这些实验将美国人像豚鼠一样用作试验品（见方框 2. 4）。

方框 2. 4　不道德和欺骗性的研究

最近的两篇文章揭露，医生在不知情的病人身上进行医药试验的行为呈增长趋势。随着私人医生跟医药制作与测试公司之间合作的大量增长，临床研究成为几十亿美元的产业。病人被当成商品在医药测试公司和医生之间来回买卖。公司和医生之间的协议非常隐秘，政府官员也无从得知，因为这一产业将研究协议归类于公司秘密，并且禁止医生泄漏相关信息（Eichenwald and Kolata，1999a，1999b）。

1999 年前期，美国退伍军人事务部中止了在它的一个主要医疗中心进行的所有研究，原因是这个医疗中心不符合人体试验的道德准则。大约 100 位研究人员在这个中心从事 500 项试验。这些试验中的很大部分与精神病人有关，有时研究人员有意让病人停吃处方药，使他们重新发病，这样研究人员可以观察其后果。

在另外一些试验中，研究人员故意给受试者吃一些使他们的症状更加恶化的药物，这样可以观察病情进一步发展可能发生的情况。联邦官员发现，病人对这些试验并不知情，于是对此展开调查（Hilts，1999）。

对 50 所科研密集型大学里的 2167 名科学家的匿名问卷调查发现，他们当中 43% 的人在过去三年里收到过医药或生物技术公司赠送的礼物。这些礼物大都是生物材料、实验室器材、旅游活动或者金钱。

在这些收到礼物的科学家中，有一半以上的人表明，赠送礼物的公司希望对他们的工作施加影响。这些影响包括在出版前审阅他们的论文，获得商业用途的专利权等。这些行为极大危害了研究人员的独立性（Stolberg，1998）。

在关于医学欺骗的一篇很长的文章中，有个医生详细讲述了一项研究被撤销的情况。这项研究曾经不仅获得了同事的赞同，而且还影响了英国的一项社会医疗政策。其中的一个研究人员违背了科学道德，在其同事不知情的情况下伪造了统计数字，也使同事的科学信用受到牵连。在这个事例之后，这篇文章还总结了科学研究中的许多其他道德问题（Altman，1998）。

随着科研经费竞争的加剧和学术出版需求的增加，科学骗局和对骗局的揭露越来越多，并成为学术期刊和大众出版物的主要议题，出现这种情况并不让人吃惊（Altman，1994；Hilts，1994b；Levy，1994，Whitely，Rennic，and Hafner，1994；Crewdson，1993；Angier，1993）。科学发现的公布和对它们的重复检验始终是捍卫科学、反对欺骗的措施，由于这些措施，许多欺骗性的成果近些年都被揭露出来。

最近，越来越多的人开始拒绝西方的科学传统。一位物理学教授指出，这是一次浪漫主义的反叛，“不是由那些一直反对科学的宗教原教旨主义者领导的，而是由自认为是知识分子的那些认真的学者和作家领导的”（Park，1995）。他评论说，这些人对现代科学怀有深深的敌意，他问他们，究竟愿意生活在哪个世纪。他指出："也有对奇迹和心灵信仰的复苏现象，流传于社会的各个阶层。"他的结论是：

> 但是，正是科学，才揭露了问题的存在；也正是借助科学，我们才可能解决这些问题。这不是因为科学家们有权说他们更具才智和美德，而是因为，科学是我们将真实从意识形态、欺骗甚至愚昧中甄别出来的唯一途径。

科学探索的过程

科学探索同时采用归纳和演绎。**归纳**（induction）是从科学家观察到的特殊或特定例子得出一般性结论或通则的方法。这种利用数据资料或证据得出一般性原理的方法，通常被称为**经验主义**（empiricism）。归纳的数学表达是从统计推论中得出的：科学家审阅很多案例，从中得出结论。相反，**演绎**（deduction）开始于抽象的原理，并将其应用于具体的例子，这种方法通常被称为**逻辑**（logic）或**理性主义**（rationalism）的方法。科学家用演绎完成从假设（一般原则）向可操作性定义的飞跃，因此，假设能被真实世界特定的现象或情况所检验。

有几个定义可以帮助我们总结到目前为止所学的东西。有两位作者在一本众所周知的比较政治学课本中提出了以下合理的、对我们来说非常有用的定义（Bill and Hardgrave，1973，p. 24）：

概括（generalization）：对两个或两个以上的变量之间的关系所作的一致性陈述，这些变量位于经过准确划分的类别中。

假说（hypothesis）：用尝试性和推测性的方式表达的一种概括。

理论（theory）：一套系统有序的概括，预示有待实证测试的新的观察领域。

定律（law）：经得起严格检验的一种普遍形式的假说。

模式（model）：真实世界的一种理论化和简约化的表达。

尤其重要并须切记的是，模式既不是一种概括的工具，也不是一种解释的工具。（第3章将更详细地谈到模式，特别是传播模式）**模式**是真实世界的一种理论化和简约化的表达，它是对现实的一种同构，或是一种预期的现实。模式本身虽然不是一种解释工具，但对建构理论起着重要而直接的启发作用。在本质上，它能够展示各种关系……从一种模式到一种理论的飞跃通常非常快，以致模式常被认作理论。模式比其他任何概念都更易被误认为理论（Bill and Hardgrave，1973，p. 28）。

实证资料的取得

在大众传播研究中，有几种方法经常被用来获得系统的实证资料。最常用的有调查研究法、内容分析法、实验设计法和个案研究法。

调查研究法

抽样调查法（sample survey）用于回答有关大量受访者感觉方式和行为方式方面的问题，尤其是关于随着时间变化的那些变量方面的问题。调查研究法（survey research）是对一部分人或特定“人口”样本（杂志订阅者、报纸读者、电视观众、一个社区或国家的人口）的研究。如果按照统计学原理进行调查，从样本中得出的概括结论可以推广到全体人口，并且具有相当程度的确定性和可信性。抽样调查法比对所有人口进行的普查花费少。普查（census）是对全体人口做出统计，可以根据实际人口参数做出判断。抽样调查要求调查者在一定程度上或一定可能性范围内［叫作置信区间（confidence interval)］利用对所给样本的统计分析对总体做出概括。

抽样调查还可以通过相关性（correlation）比较变量之间的关系（其目标是回答因果问题）。通常，研究者不能在实验中操纵自己感兴趣的变量（例如年龄、种族、职业）。利用抽样调查可以比较在某一给定特征方面不同的人，以及他们的行为差异（例如不同年龄、职业或教育水平的人对媒介可信度的认识或在媒介使用上的差异）。(见方框 2. 5)

方框 2. 5　检查新闻准确性的调查

使用调查技术的一个例子是利用邮寄问卷的方式检查新闻的准确性。坦卡德和瑞安（Tankard and Ryan，1974）从密西西比河以东 26 个州发行量超过 5 万份的 167 家报纸中随机抽取了 20 家作为样本，在 3 个月的时间中挑选有关科学新闻方面的剪报，并将信封、问卷、剪报和回邮信封寄给与这些科学新闻报道有关的 242 位科学家，要求这些科学家根据对照目录中列出的 42 种错误类型，指出这些文章中可能出现的错误类型，表达他们对一般科学新闻报道的态度，并提供他们最近与新闻界来往的信息。

调查获得 193 份有效问卷（只有两位科学家拒绝合作，13 份问卷因无法投递而被退回）。调查者因此能够指出科学家认为最经常犯的错误类型，科学家赞同或不赞同关于一般科学报道的九种简单陈述的意见，九种用于预测的变量和可见错误率之间的关系［如内容分类（医药学、生物学、社会科学等），报道来源（员工、通讯社等），报纸发行量，以及文章是否署名］。

坦卡德和瑞安报告说，在报纸刊出前经科学家审阅的文章的错误种类平均数为 3. 50，在报纸刊出前未经科学家审阅的文章的错误种类平均数为 6. 69。态度栏中显示，科学家对科学新闻报道的准确性总体上提出了强烈的批评。大多数样本指出，科学文章的标题常常引起误解，而且，对了解研究结果很重要的那部分信息通常从新闻报道中省略掉了（Tankard and Ryan，1974，p. 334）。

对选民态度的调查　科罗拉多大学丹佛公共事务研究生院在“心中的科罗

拉多”电话民意测验中调查了900名登记选民。研究者发现：科罗拉多人对他们的政府、教育系统和当地新闻媒介的信任度很低，近半数的人举不出一名可以作为诚实、正直榜样的政府官员（Roberts，1994）。

内容分析法

内容分析法（content analysis）是分析信息内容的一种系统方法。它是对特定传播者的信息进行分析的一种工具。调查者不像在调查研究方法中那样采用访问民众、要他们回答问卷的方式，也不像在人类实验中那样观察人的行为，而是

方框2.6　媒介的内容分析

报纸和电视的比较

哥伦比亚大学自由论坛媒介研究中心对1995年1月《纽约时报》、《亚特兰大宪法报》、《得梅因纪录报》以及三大电视网ABC、CBS和NBC的晚间新闻报道进行了一次内容分析，研究题目是“报纸头条和电视口号（精选同期声）——真是那样的吗?”，其中得出了这样的结论：在许多重大新闻报道方面，电视可与日报媲美，甚至比日报干得更好；在非重大新闻报道方面，报纸的报道则比电视报道涉及的主题更为广泛。这一研究与长期以来人们所持有的报纸报道在质量和数量上均胜过电视新闻的观点相反（Editor and Publisher，1995）。

电视中的女性

前些年，很多内容分析对电视中的女性形象进行了研究。1999年，三位研究员（Elasmar，Hasegawa and Brain）报道了他们对黄金时间电视的内容分析结果，他们发现在黄金时间里32%的说话角色为女性，跟以前的研究结果相比有了提高。他们将提高的原因归为“美国关于工作女性价值观的渐变”（p. 30）。调查还分析了“民族、婚姻状况、头发颜色、职业化、角色类别、成功程度及外遇”（p. 29）。

要深入了解内容分析在广播电视领域的应用，可以阅读《广播与电子媒介学刊》1997年冬季第41（I）期关于此主题的特刊。

电子空间里的内容分析

随着互联网呈指数级的增长，商业公司自然会对互联网的内容提供“剪报服务”。一项服务是使用“按客户标准事先确定的目录”，从互联网上每天发布的4.5万条信息中筛选出任何一条合乎标准的资料（Newsbyts，1995）。进行内容分析可以“使客户以‘可测量的、可付诸行动的和科学的’方式评估他们的互联网形象，以确定他的‘强势与弱势，机遇与脆弱性’”。

利用内容分析的方法研究自己选定的某段时间和某些地区的传播产品。这种方法曾被表述为对传播内容的“客观化、系统化和数量化的描述”（Bernard Berelson，引于 Budd，Thorp，and Donohew，1967，p. 3）。

要更好地使用内容分析法，可以将之与其他信息联合起来。这些信息可以是信源、信道、接收者以及反馈等因素，也可以是态度、人格或人口统计特点等其他条件。这便可能对传播过程作出预测。在这种情况下，内容分析法是一种跟其他探索方法一起使用的工具，将信息的内容跟传播环境的其他部分连接起来。这样，调查者可以处理传播过程和传播效果的更广泛问题。

在选出想要调查的问题或想要检验的假说后，做内容分析者必须确定想要调查的主体（出版物、新闻广播、时间跨度等）。如果主体很大，就要像在调查研究法中那样进行抽样。接下来必须界定类别，以将信息内容进行分类（这是关键的一步），并且根据客观规则对样本的内容进行编码。可以将经过编码的内容进行分级或者以某种方式加以区分，这样可以得出不同的数值。如果要看内容跟其他变量之间的关系，就可以利用这些数值跟其他变量进行比较。

正如所有的定量研究一样，这些分数必须加以分析（通常是利用统计分析中的资料简化法），并根据那些经过检验的概念或理论解释得到的结果（见方框 2.6）。

实验设计法

实验设计法（experimental designs）是处理因果关系问题的传统方法。实验涉及实验者对某个变量的控制或操纵，并利用客观的、系统的方法对实验的结果进行观察或测量。实验方法是最适于得出因果答案的研究方法。经典的实验能解答一个变量（实验变量或自变量）是否或在什么程度上影响另外一个变量（因变量）的问题。

经典实验研究采用的最简单的形式，是从某个总体中（由实验者根据自己的兴趣做出界定）随机抽出两个配对的组，对其中的一个组实施实验变量（在传播研究中，它可以是一篇新闻报道、一部纪录片、一则宣传等），即为实验组；另一组是控制组。当实验组接受了需要测试的变量后，再对两组进行观察和测量，他们之间的差异便可认为是实验方法造成的效果。

很多实验修改了经典的设计，理由是实际操作上的困难或费用问题。有些实验做得更加复杂，以便解答更多问题（例如，消息的效果能持续多久、不同消息或混合消息的效果、不同自变量之间交互作用产生的效果等等）。

传播者可信度的实验 在传播学研究中，一个经典的实验是由霍夫兰和韦斯（Hovland and Weiss，1951）所做的受众在接收消息内容时传播者可信度（communicator credibility）的影响。研究者将相同的消息传达给两个组，告诉其中一组，消息来自某个高可信度的来源，而告诉另外一组，消息来自某个低可信度的来源。在将消息传达给两个组之前和之后，以及传达之后一个月，分别对这些人的意见进行测量。实验采用了四种不同的话题（每个题目有肯定及否定的两种说法），提供给一些受试者的信息来源是令人信赖的，而提供给另一些受试者的信息来源可信度很低。

每位受试者都接到一份文章，标题是四个题目中的一个，每篇文章的结尾都交代了文章的来源。在阅读文章之前，受试者已在一长串信息来源的名单中指出了他们对每一种来源的信任程度，这个来源列表中包括实验中所用的那些信息来源。在实验中用到的四个高可信度来源被81%至95%的受试者认可；对低可信度来源，只有1%到21%的人认为其可信。

对来源所持的最初态度很明显地影响到受试者对所给文章的评价。尽管文章内容是相同的，但是人们认为那些来自低可信度来源的文章比来自高可信度来源的文章“更不公正”，它们的结论更缺少说服力。研究者的结论是，“对内容特点的判断，如传播中给予的事实对结论的支持程度，受到信息来源差异的显著影响。”（Hovland，Janis，and Kelley，1953，p. 29）

研究者发现，信息来源为高可信度时比低可信度时更容易使受试者的评价向信息来源所支持的方向改变。然而，四周后对观点的测试表明，因来源不同而产生的不同效果已经消失了。对来自高可信度来源的观点的接受程度降低了，对来自低可信度来源的观点的接受程度提高了。此时也测量了受试者对每种传播来源

方框2.7 “自然”实验

“自然”实验通常可以在实验室外进行。传播研究中的一个有计划的自然实验法例子是分别测试法（split-run）法，将一则广告或其他消息采用两种版本发行，并通过电话或面访的形式对每一种版本的相对效果进行评估。方法是把带有广告或消息的商品赠券编码处理，然后根据附在赠券表格上的回答，确认带来了反馈的版本或其他方式。

有时实验者可能对理论性问题或某个假说的检验感兴趣，并且能设计一项恰当的研究用于自然事件中。然后，实验者进行实地调查，“跟踪”这次事件。有关啤酒和麦酒销售中价格广告的效果问题就属于这种例子。这个问题在美国很多地方引起相当大的争论。啤酒制造商、广告业以及对酒类消费、酒的危害、酒后开车感兴趣的消费者团体对此均相当关注。

在1981年5月到1984年4月期间，密执安州的啤酒和其他酒类价格广告经历了被禁、解禁，然后又被禁的过程。研究者（Wilcox，1985）调查了酿造业（啤酒和麦酒）的所有销售情况，样本来自A. C尼尔森公司对密执安州南部65家零售店进行的为期三年、每两个月一次的入店审计报告。研究者还对没有限制价格广告期间（1982年3月到1983年5月）被调查的零售店发行地方广告的数据进行了调查。

数据调查显示，价格广告未受限制期间，零售店做地方广告的百分比明显提高。但刊登价格广告对酒类的销售并无显著效果（Wilcox，1985，p. 37）。

的记忆。在排除了其他的解释后，研究者得出结论说，在那些对低可信度来源消息的信任度增加的受试者中，存在着一种“睡眠者效果”（sleeper effect）；用调查者的话来说，即“随着时间的流逝，对一个不值得信赖的信息来源提供的消息的拒绝程度有减小的趋势”（Hovland，Janis，and Kelley，1953，p. 256）。

实验法的主要优点在于，允许实验者进行控制，并提供内在的严格逻辑。但是很多实验的“人为成分太多”，或设计的场景过于简化，因此，对其发现必须予以调整，才能适应“真实”的世界。正因为这些原因，及其他许多原因，从实验设计中和从调查研究中得出的结果经常看来互相矛盾。传播研究的先驱霍夫兰（Carl Hovland）在将此法应用于态度改变的研究时指出了这个问题，并提出了解决它的建议。他总结道，这两种方法各有所长，在传播研究中，这两种方法都需要（Hovland，1959）（见方框 2.7）。

个案研究法

调查法研究的是很多主体或单位的一种或几种特性，而**个案研究法**（case study）研究的是单一主体（例如某个传播者、新闻编辑室、报纸、新闻特稿社、电视台、广告代理商）的很多特性。个案研究法通常设法了解研究者感兴趣的特定个案在一段时间内的所有事情（见方框 2.8）。

方框 2.8　用内容分析法对电视新闻进行的一次个案研究

伯克维兹（Berkowitz，1990）把内容分析法和实地观察法结合起来，研究了印第安纳波利斯市一个电视网的附属台对地方新闻的选择。他改进了新闻“门”（gate）这个比喻，并根据地方电视台的情况重新确定了“守门”（gatekeeping）这个概念。他在新闻编辑室中将 4 周内可能成为新闻的 391 则新闻全部编码。

伯克维兹发现，除了新闻价值观以外，决定新闻选择的是几点考虑：信息是否容易解释，是否吸引受众，以及是否容易合成。经过 220 小时在新闻编辑室的观察和后来的访谈，伯克维兹得出结论，新闻工作者并不是按照教科书中的新闻价值观挑选新闻，而是凭借直觉、兴趣、重要性及视觉印象来做出选择，虽然这些因素在选择新闻的编前会议中很少提到。

新闻报道形式的布局结构要求对不同类别的新闻报道有适当的配额，这对新闻选择决策的影响几乎等于待选新闻的价值。伯克维兹说：“这有助于解释为什么‘守门人’并不总是赞同以特定种类的新闻、而是倾向于赞同利用不同种类的新闻达到一种平衡的新闻组合”（p. 66）。

作为个案研究的历史　媒介机构的大部分历史同样可被归结为个案研究。在传播研究中的一个例外，是赛伯特（Siebert，1952）做的对英国报业及其法规长达三个世纪历史的研究。在这个非量化的研究中，假说被提出并进行了检验，由此得出结论，从而赋予它科学研究的某些特征。后来的一个例子是肖和布劳尔（Shaw and Brauer，1969）在北卡罗莱纳州对赛伯特的一个命题所做的一次检验，他们用历史方法集中研究了一位编辑，并用社会心理学领域中纽科姆的ABX对称模式进行了预测。个案研究通常无法概括出适用于其他类似情境的规律。由于大部分结果是根据单一例子得出的，而很少作出系统化的假说并进行检验，因此很难也不大可能用它来概括其他情况。不过，这种研究方法能够提出很多观察、观点和洞见，在此基础上，如能利用其他方法继续进行调查，可以得出概括性的结果。

纽曼（Neuman，1989）用一定的篇幅讨论了各种研究方法的局限性，并提出一种“研究的多种方法模式”来克服单一方法的不足之处。

对资料的推论

统计

科学调查者借助统计从研究对象中推导出他们所要概括的总体情况。**统计**（statistics）是用来对收集到的数据资料进行推理的一种工具。统计可以采用很多方法，最常用的一种数据演绎法对大量的资料做出概括，使之变为可处理的形式。这就是所谓的描述统计（descriptive statistics），它提供的信息有资料整体的均值（mean）、中位数（median）、方差（variance）和百分位值（percentiles）。

对我们的目的来说，使用抽样方法（sampling）或概率统计（probability statistics）也许是更重要的，这能让科学家推测总体的特征。统计的这种用法可以使科学家在各种置信水平上从数据中得出推论。科学家使用抽样调查法可以根据样本的数据对被抽样的总体做出推论。这是在指定了科学家愿意接受的置信水平（发生错误的“可能数”）后，在可被计算的参数范围内得出的。比如，一旦确定了错误机会（5%的置信水平指的是二十分之一次的出错机会），就可以根据一群人的随机抽样调查预测出总体平均每天收看电视的时间。如果科学家增加了他们所期望的预测置信水平，那么他们可做出预测的置信区间也会增大。

使用实验法的调查者将受试者随机分成不同的组。随机分配能确保在分配受试者的过程中没有系统性偏差。当实验组接触完所要调查的变量后，就可对变量的效果进行观察和测量。所得的数据要用统计的方法来分析，以确定各组在受实验变量影响方面的差异是否出于偶然，其可靠程度有多高。例如，如果一组受试者接收特写消息并在对待消息态度测量上得高分，那么这种情况仅仅出于偶然的可能性有多大？如果这种可能性很低，并且已经遵守了实验方法的其他基本要求，科学家们就能推断，各组之间的差异是由于接收了不同的处理方式（在这种情况下，就是给予了不同的消息）造成的。

外在效度和内在效度

在对科学发现及从其中得出的概括进行评价时，科学家们会问到有关效度和信度的问题。实验、调查或内容分析是否测量出了调查者宣称要测量的东西？具体来说，**外在效度**（external validity）是关于调查者所观察和测量的现象是否能代表这位科学家想要概括的真实世界现象的问题。

海特（Shere Hite）是三本谈论男女性欲方面事情的书籍作者，她因书中结论所依据的样本的代表性而受到质疑。她的第三本书《恋爱中的女人》（*Women in Love*），是根据对问卷的回答写成的，她寄出了10万份问卷，大多针对妇女群体，回收仅4500份。批评者认为，抽样样本大多来自妇女群体，具有同质性特点，而且样本回收率太低，因而不是有效的抽样样本，不能提供对所有妇女情况的概括，而她的发现却是对总体的概括。她更早的一本书，《海特男子性能力报告》（*The Hite Report on Male Sexuality*），被当时的《纽约时报》书评编辑形容为“社会科幻小说”（McDowell，1987）。

如果要从数据资料中获得结论，在实验研究中就要求**内在效度**（internal validity）。内在效度提出了这样的问题：是否由于实验的处理而导致了差别，或这些差别能否以其他因素来解释。内在效度处理的是那些外在的或替代的变量，在研究设计中它们必须得到控制，以避免它们成为造成任何可观察到的效果的原因。换句话说，除了实验变量（自变量）以外，实验者希望排除任何可以解释获得结果的因素。

操作性地界定假说

就像我们前面看到的那样，将抽象的假说转换成真实世界现象的做法叫作操作性地界定（operationally defining）假说。例如，“孤立于社会的人使用大众媒介的倾向要低于那些与周围生活圈子有社会联系的人”，对这个假说需要用可测量的方式来界定。

调查者对“孤立于社会的人”（social isolate）和“有社会联系的人”（socially integrated）的界定可以用其访问邻居、亲威、同事和其他人的频度来表示，对媒介使用（media use）的界定可以用当事人告知的花费在大众媒介上的时间来表示。然后，可以对那些告知很少与他人有交往的人和那些有相当多社会交往的人加以比较，并对两组受试者中花费在各种媒介上时间不同的子群体的报告加以分析。这时，效度的问题就变成：研究中所界定的对社会联系的测量方法是否确实测量出了实际的社会联系。

信度

信度是测量一致性的问题。**外在信度**（external reliability）是指在用于相同条件下的现象时，某种方法每次测量都能够在可接受的误差范围内提供相同结果的能力。**内在信度**（internal reliability）是指某次测试的不同部分能否提供可资比较的数据。

结论

在就自身感兴趣的方面，各个研究领域的科学家一直在开发和检测关于世界本质的假说，同时，观察、检验、重复、积累和总结的过程也在继续。所有这些，都在为建构理论作贡献，而理论能够解释问题并作出可能的预测。

传播研究中一直存在一个渐进的、长期的转变，即由应用研究向基础研究（有时被不恰当地称为“纯”科学）的转变。像许多其他领域一样，大众传播研究领域正在从解答当前的具体问题转向建构理论，从总体上解答人类如何交流的问题。

【关键词】

途径（approach）：一种框架，在此框架内检测**理论**。

权威（authority）：建构真理的一种方法，其依据是从那些被认为专业的、有能力的、可信的人那里获得的信息。

个案研究（case study）：对单一主体的许多特性的研究。

内容分析（content analysis）：分析消息内容的一种系统方法。

演绎（deduction）：将总体信息应用于个体，通常被称作**逻辑**或**理性主义**。

因变量（dependent variable）：条件关系（因果关系）中我们想要解释的现象中的结果。

经验主义（empiricism）：利用数据资料或证据得出概括。见**归纳**。

实验设计（experimental design）：处理因果关系的传统方法，实验包括实验者对某个变量的控制或操纵，并利用客观的、系统的方法对实验的结果进行观察或测量。

外在信度（external reliability）：在用于相同条件下的现象时，某种方法每次测量都能够在可接受的误差范围内提供相同结果的能力。

外在效度（external validity）：调查者所观察和测量的现象对科学家想要概括的真实世界现象的代表情况。

概括（generalization）：出自比尔和哈德格瑞夫（Bill and Hardgrave，1973，p. 24），对两个或两个以上的变量之间的关系所作的一致性陈述，这些变量位于经过准确划分的类别中。

假说（hypothesis）：科学的前提或假设，由比尔和哈德格瑞夫提出，用尝试性和推测性的方式表达的一种**概括**。

自变量（independent variable）：条件关系中（关于因果关系）我们想要解释的现象的原因。

归纳（induction）：利用科学家观察到的特殊或特定例子得出一般性结论或

通则的方法。见**实证主义**。

内在信度（internal reliability）：某次测试的不同部分提供可资比较的数据的情况。

内在效度（internal validity）：某个实验结果（效果或因变量）只能由实验变量或自变量（原因）解释的状况，其他因素均被排除在外。

直觉（intuition）：一种建构真理的方法，建立在我们的个人价值观、早期社会影响或常识的基础上。

定律（law）：经得起严格检验的一种普遍形式的**假说**。

逻辑（logic）：见**演绎**。

模式（model）：出自比尔和哈德格瑞夫，真实世界的一种理论化和简约化的表达。

理性主义（rationalism）：见**演绎**。

科学方法（scientific method）：获得知识的一种方法，建立在观察和利用“真实”世界的证据（**经验主义**）检验假设（**假说**）的基础上。

统计（statistics）：用来概括总体信息和/或用来对收集到的数据资料进行推理的数学。

调查研究（survey research）：对一部分人或特定“总体”样本（杂志订阅者、报纸读者、电视观众、一个社区或国家的人口）的研究。

固守（tenacity）：一种建构真理的方法，建立在我们总是认为正确的信念的基础上。

理论（theory）：出自比尔和哈德格瑞夫，一套系统有序的**概括**，预示有待经验测试的新的观察领域。

可传达性（transmissibility）：（学问和科学的）克服地理、语言障碍和社会、经济、政治体制差异的能力。

【讨论题】

1. 讨论除科学方法以外建构真理的方法。
2. 从科学的观点看，为什么这些方法是有缺陷的？
3. 哪些研究领域是超乎科学方法之外的，为什么？
4. 想象在科学方法中起什么作用？
5. 什么是科学探索的目标？
6. 科学的累积性本性是什么意思？
7. 什么是假说？怎样使用假说？
8. 什么可以保护科学防止偏见和欺骗？
9. 什么是归纳？什么是演绎？
10. 模式与理论的区别是什么？

第3章
大众传播研究的模式

不论我们是否意识到，也不论过去、现在还是将来，每当我们试图系统地思考、想象或讨论结构或过程时，我们都在使用模式。这种行为的有效性在很大程度上取决于我们的模式在多大程度上符合想要模式化的对象。

在第2章我们讨论了科学方法的本质、理论的作用，以及能够进行预测的好处。我们给模式下的定义是“真实世界的一种理论化和简约化的表达”，我们还引述了两位作者的观点，他们发现模式和理论容易混淆。

如果模式不是理论，那么模式是什么？为什么要用它们？如何评估它们？传播研究中有哪些重要模式？本章将提供这些问题的答案。

虽然模式本身不是一种解释的工具，但它却有助于形成理论。它表明了关系。模式之所以经常与理论相混淆，就是因为两者之间的关系太紧密了。

多伊奇（Deutsch，1952）指出，**模式**是“各种符号和操作规则的一种结构，用来联系已有结构或过程中的相关要点”。模式“对于了解更复杂的过程是不可缺少的”。这是一种选择和抽象的形式，在后面我们会看到，它被使用的广泛程度大大超出我们的意料。因为我们选择了包含在模式中的要点，因此，一个模式就隐含了对相关性的判断，而这种判断又隐含着对模式化事物的一种理论。当然，抽象本身带有过分简化的危险。

模式能为我们提供考虑问题的框架，即使它早期的形式还不能用以进行成功的预测。模式还能指出我们知识中那些隐蔽的漏洞，可以表明需要研究的领域（结论的目标）。经检验失败的模式可以引出改进了的模式。

就像科学方法那样，理论模式的使用将自然科学和社会科学联系起来。在几乎所有的科学领域中，符号都被用来描述科学家希望关注的现实的基本方面。

我们想要模式化的结构和过程是关于人类如何进行传播、尤其是如何以大众媒介进行传播的。这些内容可以是：人在头脑中是如何处理现实的，报纸、电视网、广告代理商或信息机构是如何组织和运作的，信息是如何在社会上流动的，或新发明在社会系统中是如何被采用或排斥的。

模式的功能

多伊奇（1952，pp. 360－361）曾探讨过传播模式在社会科学中的应用。他引述了模式的四种显著功能：组织、启发、预测和测量。

模式的组织（organizing）功能体现在它能对资料进行排序和联系，并能展示资料之间前所未知的相似性和关系。如果一个新模式解释了人们过去未曾理解的事情，它可以作出预测（predictions）。如果模式具有可操作性，那么它暗含的预测可以通过实际检测进行证实。

即使这些预测由于缺乏测量技术暂时不能得到证实，它们仍可作为启发（heuristic）手段，引出新的未知事实和方法。模式也允许一定范围内的预测，这些预测既可能是简单的是/否形式的预测，也可能是有关何时或多少的完全量化的预测。

如果某个模式在预测精确度上达到容许我们对何时或多少做完全量化的预测，那么它就变成了对我们感兴趣的现象的测量（measuring）。如果模式与被模式化的事物之间的联系过程是明白易懂的，在模式的帮助下获得的资料便可形成测量，不论这种测量是一种简单的排序，还是一种完全的比例表。

模式的评估

反过来，这些功能又成为评估模式的基础。

1. 模式的普遍性如何？它组织的材料有多少，组织的有效性有多高？
2. 模式的成效性或启发性如何？它对发现新的联系、新的事实或新的方法有多大的帮助？
3. 可由它得出的预测对研究领域的重要性如何？在某个领域发展的某个阶段，这些预测是否关键？
4. 由模式发展出的测量的准确性如何？

多伊奇（1952）还对模式的评价标准作出下列补充：

1. 模式的原创性如何？或它的不真实性如何？它提供的新见识有多少？
2. 模式的简化程度、手段的经济性、简约性如何？（这关系到模式的效率，或者说它以最经济的方法达到所期望目标的效果。一个无人超越的例子就是爱因斯坦用 $E = mc^2$ 来表达物质和能量转化理论。）
3. 模式的真实性如何？我们可在多大程度上依赖它作为物质现实的代表？（pp. 362－363）

一些早期的传播模式

拉斯韦尔的模式

早期在传播方面拉斯韦尔（Lasswell，1948）提出的一个用文字描述的模式是：

谁（Who）

说了什么（Says What）

通过什么渠道（In Which Channel）

对谁（To Whom）

产生了什么效果（With What Effect）？

拉斯韦尔的模式可普遍应用于大众传播。他暗示，传送同一信息的渠道不只一种。“谁”提出了对信息的控制问题（例如第2章谈到的“守门人”研究）。“说了什么”是内容分析的主题（例如对电子空间中的信息的分析）。传播渠道是对媒介作分析研究。“对谁”是对接收者和受众的分析研究（例如第2章谈到的科罗拉多选民的态度）。第2章谈到的信息扩散研究和传播者可信度研究可视为效果研究。

拉斯韦尔的模式也受到批评，因为它似乎暗示着存在一个传播者和一条有目的的消息。它还被认为过于简单。但是，同任何一个好模式一样，它将关注点集中于传播中那些重要的方面。

传播的数学理论

维纳（Nobert Wiener）在其《控制论》（*Cybernetics*，1948）一书中强调了两个重要概念：传播的统计学基础和反馈，后者是传播学中最常借用的概念之一。

维纳最先强调信号传输的统计学概念。香农和韦弗（Shannon and Weaver）的《传播的数学理论》（*The Mathematical Theory of Communication*，1949）就是建立在这个概念的基础上。他们提出了促进其他传播模式和理论发展的最重要的、最具影响力的因素。在《传播的数学理论》的第二部分，韦弗提出了传播的简图（图3.1），由此产生了传播过程的许多其他模式。在这个模式中，信源（information source）从一组**消息**（message）中挑选一条进行传播。这条消息可以由口语、文字、音乐、图像等组成。**发射器**（transmitter）将消息转变为信号以适合传播渠道使用。**渠道**（channel）是将**信号**（signal）从发射器传送到接收器的中介。在谈话时，信源是大脑，发射器是制造信号（口语）的发音器官，通过空气（渠道）来传送。接收器（receiver）所做的是与发射器相反的工作，将信号重新恢复成消息。信宿（destination）是消息想要传达到的人或物。

香农和韦弗的其他主要贡献是提出了消息由**熵**（entropy）和**冗余**（redundancy）组成的概念，并认为，在抵消渠道中噪音的时候，熵和冗余应该保持平衡以达到有效的传播。简单说来，渠道中噪音越多，就越需要冗余，这又降低了消息的相对"熵"值（例如，在嘈杂的渠道传送无线电消息时，需要重复消息的关键部分，以确保接收）。通过冗余来克服渠道中的噪音，在特定时间内可传送的信息量就会减少。

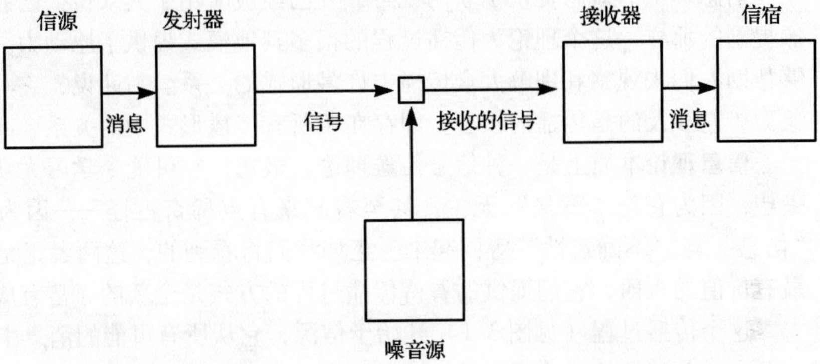

图 3.1　香农的一般传播系统简图

来源：From C. Shannon and W. Weaver, *The Mathematical Theory of Communication* (Urbana: University of Illinois Press, 1949), p. 98.

信息理论的起源　香农是担任贝尔电话实验室的数学研究员及麻省理工学院科学教授时发明信号传送的数学理论的。香农的信息理论产生的直接结果就是1980年代随处可见的数字通讯技术。现在我们有录制数字化音频信号的激光唱盘和磁带（Pollack, 1990），这个技术已迅速传遍整个通信领域，包括电话、收音机和电视机。

一位作家指出，数字技术带来的不仅仅是技术上的转变，而且还有精神上的转变，原因是我们现在利用新的方式来看待和表达现象。香农的理论将我们通常的感知（例如视觉和声音）转化成数字的比特，这种语言可被电脑读懂，从而加快了处理速度（Fantel, 1989, p. 28）。

这个理论是为技术领域开发的，但是它在此领域之外也有着重大而广泛的应用。韦弗当时是斯隆基金会（Sloan Foundation）的科学顾问，他总结了香农数学理论中的主要概论，并指出这种理论在社会整个通信领域的重要用途。《哲学评论》（*Philosophical Review*）称香农理论是"将迄今为止物理科学的各个理论分支统一起来的一个漂亮的例子，而韦弗博士则对这种统一的方向提出了重要的建议"（Burks, 1951）。

随着传播的数学理论逐渐变得广为人知，信息理论被描述为"涵盖的范围非常广、处理的问题十分基本、所达到的结果极为简洁有力”（Shannon and Weaver, 1949, p. 114）。韦弗认为这个理论具有足够的普遍性，可以应用于书面语、音符、口语、音乐、图像、以及很多其他传播信号。**传播**（communication）这个词被用在“非常广泛的意义中，包括某人的想法影响另一人的全部过程（Weaver, 1949, p. 95）。传播的目的被定义为：以广义的行为影响信宿行为的努力（p. 97）。

信息理论的概念提供了新的视野，并已经被应用于大众传播的各种情境。正像提到的那样，这个理论为传播过程的很多其他模式提供了原动力。这一理论能够帮助人们去观察和理解大众传播中许多形式的关系。韦弗说，它具有极高的想象力，它涉及的是传播的核心，即存在于所有传播形式中的关系。

信息理论本质上是一种信号传送理论。最初，它可能令学习大众媒介的学生失望，因为它与“意义”无关，甚至看起来有点稀奇古怪——因为信息理论将“信息”与“不确定性”等同起来。正如我们将看到的，这两者正是这个理论中最有价值的东西，它们提供的看待传播过程的方式是全新的、富有成效的。

这个传播过程（见图 3. 1）开始于信源，它从所有可能的消息中选择其中的一条。这条消息的形式可以是口语、文字、音符、音乐、图像、数学符号、符号式逻辑、身体动作、面部表情或我们拥有的其他形式。发射器处理消息，将其变成适于在渠道中传送的信号。因此，消息只存在于信源与发射器之间、接收器与信宿之间。在发射器与接收器之间传送的只有信号。

当我们使用电话时，渠道就是电线，信号便是通过电线的电流，发射器（送话口）把说话的声压转换成不同的电流。在口语表达中，信源是大脑，发射器是人类的声音机制或发音系统，渠道是空气，而信号则是从一个人的发声系统传达到另一个人耳朵的不断变化的声压。发射器的功能是将消息编码，并且当它被接收时，接收器（此时，是人的耳朵）必须将该消息解码（将通过空气传送的不同声波转为神经冲动，到达信宿，即大脑）。

当然，**信号**有不同的形式，至于哪种形式，要视不同的传播系统来定。我们已经知道，在谈话中，信号是不断变化的声压，通过空气（渠道）传送。在广播和电视中，信号是一种电磁波。而在报纸、杂志和书籍中，信号是纸（渠道）上的印刷文字和插图。渠道是人们用来把信号从发射器传送到接收器的中介。

按照信息理论的术语，**渠道容量**（channel capacity）不是指一个渠道能传送的符号的数量，而是指渠道传送信息的能力，或者说，渠道传送信源产生的信息的能力（Weaver, 1949, p. 106）。当然，所有的渠道，无论它们是电子的、机械的、或人类的，均有其容量的上限。例如，在一定时间内人类眼睛所能分辨并传送的信息大大多于大脑所能处理及储存的信息。后面我们会知道，所有的传播都是由系统链组成的。与其他任何链一样，它们的强度不会超过它们当中最薄弱的环节。渠道的容量还受制于新闻编辑或播音员可使用的空间和时间，以及新闻接收者用于媒介上的时间。

一旦发射器将经过渠道传送的消息编码，接收器就必须将传送来的信号重新组织，通常接收器的操作是发射器操作的反向运动；也就是说，接收器将传来的信号变回消息，并将这个消息传至信宿。在广播电视中，接收器意味着收音机和电视机。在口语中，接收器就是耳机及耳部神经系统。就印刷品而言，接收器是眼睛及眼部神经系统。

信宿是指消息所要传达的人或物。对大众媒介来说，信宿当然就是受众成员——读者、听众或观众。信宿也可以是物，调温器与冷热系统进行传播；调速机与发动机或燃料供给系统之间进行传播；电脑之间也可以通过程序相互沟通。

调温器或调速器提供**反馈**（feedback），使一个系统可以对自己的操作进行修正。麻省理工学院的维纳在其《控制论》一书中首先提出了反馈的概念。在大众媒介中，从信宿到信源之间有许多反馈形式，可以帮助传播者对后续的传播进行修正。读者或听众的来信和来电是一种反馈形式，人们对广告促销活动的反应、广播电视的受众视听率、报摊销量、以及订购数量的增加或减少也都是反馈。在课堂上的反馈形式有很多种，包括迷惑或厌烦的表情，这些告诉教师需要对某个知识点作进一步说明，或到了该换下一个题目的时候了。

有用信息的传递　到目前为止，你可能感到信息理论并不难理解。但是，信息理论最独特的特征和对我们理解传播过程做出的最有价值的贡献可能比较难理解。这种特征和贡献就是信息理论对待信息内容的方式。按照维纳的界定，**信息**（information）一词的使用方式非常特殊。最重要的是，我们不能像通常那样，将信息与意义相混淆（1949，pp. 99～100）。我们每一个人都在接收到的信息中加入自己的理解，在接下来的章节中我们会看到这一点。在传播的数学理论或信息理论中，根据韦弗的说法，信息一词“与你能说什么的相关性要大于你说了什么的相关性”（1949，p. 100）。信息成为对我们在选择某条消息进行传播方面的自由程度的测量。按照信息理论的说法。信息与物理科学中的熵非常相似——它是对随机度的一种测量。**熵**是指一种情境的不确定性或无组织性。在信息理论中，它与人们在组织某条消息时的选择自由度有关。

一条组织性很高的消息没有高度的随机性、不确定性或选择性。在这种情况下，熵或信息很低，因为在接收消息时任何丢失的那部分信息都极可能被接收者补充。例如，由于组成英语的逻辑性，熟悉该语言的接收者可以矫正大部分拼写错误。熟悉所给主题的人能够提供某段文章的缺少部分。后面我们会看到，这种方法可以用来测量文章的“易读性”。

不是熵或信息的那部分消息就叫作冗余。**冗余**是指由控制所用符号的规则决定的那部分消息，或者无法由发送者的自由选择决定的那部分消息。冗余的不必要性体现在，如果它被遗漏，消息仍然是基本完整的或可以补充完整的（1949，p. 104）。当我们使用英语时，有一半的选择受制于语言的本质和使用它的规则。

冗余可以用来抵消传播渠道中的噪音。英语中约有50%的冗余，这使人们在通过有噪音的渠道接收消息时可以对错误进行纠正。然而，在传送过程中通常要重复消息的关键或重要部分（冗余的一种形式），以确保经过有噪音的渠道传送时这些部分能够被收到，例如“将在星期二抵达”，重复“星期二”。

冗余是一种对确定性或可预测性的测量。消息中冗余越多，它所携带的信息就越少。但是，有时增加冗余，可以增加传播系统的效力。

噪音（noise）是指任何附加在信号上而非信源有意传送的东西。噪音可以有很多种形式，最容易让人想起的是收音机中的静电干扰。按照信息理论的说法，噪音也可以是电话、收音机、电视机或电影的声音失真，或电视图像变形和变色，模糊的复制图片，或电报的传送错误。噪音还可以是说话者让人分神的说话方式，它附加到信号上，但并非信源有意传达的东西。

噪音增加了不确定性，但是，根据信息理论，噪音又增加了信息，这种说法既自相矛盾又符合实际。根据韦弗的说法（1949，p. 109），信息理论中的信息可以既有好的涵义，也有坏的涵义。噪音是虚假的信息。对发送者或信源来说，高度的不确定性或自由选择性（熵）是他们所希望的。但从信宿的角度来看，他们并不希望得到由于错误或噪音所导致的不确定性。为了得到有用的信息，信宿必须从接收的消息中删去虚假的信息（噪音）。

从信宿的立场看，噪音还可以是来自渠道以外的干扰因素。明显的例子是，盖过新闻播音的低空飞行的飞机的声音、小孩的哭声、狗吠声、小孩的争吵声。噪音还可以是电影院中的窃窃私语或者某个上课经常迟到的穿着暴露的女人。这个女人显然在传播信息，但是从教师的立场来看，她所传播的信息不是传播者（教师）想要传播的信息。因此，传播者必须增加讲话中的冗余（通常是对要点的重复）以抵消某个干扰信源带来的噪音。

大众传播者通常希望在他或她自身的消息传送过程中把噪音减至最低，并预料消息被接收时会有噪音存在。如前所说，可以通过增加冗余的方式来抵消噪音。要成为一位好编辑，主要所需的就是处理好熵和冗余之间的平衡，即可预测性和不确定性之间的平衡。这反过来，又成为一种功能，编辑据此界定什么是观众想要的，什么是他们能够吸收的，以及什么是他们应该拥有的。当然，所有这些都受制于用于传播的中介。

当传送速度（rates of transmission）低于渠道容量时，通过改进对消息的编码，可以将噪音减少到想要的任何水平。但是，当信息的传送速度超过了渠道容量时，噪音就不能被减少到低于传送速度超过渠道容量时的数量。在大多数传播情境下，个体处理信息的能力是一个限制因素。如果渠道超载，错误就会大量增加。对任何一位传播者而言，在对消息进行编码时最主要的工作就是确定最适度的冗余水平。

信息理论和数字化的未来　理所当然，信息理论为现代电脑和在电子空间中的信息传输奠定了基础。著名的麻省理工学院媒介实验室的创立者尼葛洛庞帝（1995）认为，我们仍在用事物的物质价值（原子）标准而不是信息价值（比特）

标准对事物进行评价。他说，数字化将导致版权法的重新修定，因为我们输送的信息远远超过我们输送的实物。按照尼葛洛庞帝的说法，这会使组织扁平化、社会全球化、控制分散化，以及人际关系和谐化。他预测，民族国家将消失，等级森严和地位观念严重的社会将瓦解，人们将针对想象力而不是地位展开竞争。将不再需要用来传播信息的大型传播公司，因为现在自己在互联网上出版已成为可能。

信息理论的应用　任何人类传播都是由相接成链的一系列系统组成的。系统是指能够以一种或多种形态存在或者能够允许一个或多个事件发生的某个信息链的任何部分（Schramm，1955，p. 132）。一个传播系统可以是电话线、空气，或人类的视觉神经。系统既包括信息渠道，也包括信源发射器、接收器和信宿。要传送信息，各种系统之间必须相互连接。任何一个系统的状态都依赖于与之相连的另一个系统的状态。如果这种连接断裂，信息就无法传递（如当学生在做阅读作业而注意力不集中的时候）。

人类传播包含了很多相互连接的系统。介于两个系统之间的接合部（coupling）或界面（interface），是某个守门人的位置。守门人决定哪些信息可以从这个链条通过以及在多大程度上重复它们。这个原则适用于记者、摄像师、编辑、评论员及其他所有从可利用的众多信息中决定哪些可以用于媒介的人。他们过滤掉的信息有多少？重点被改动的程度如何？被扭曲的程度如何？是由于偏见造成的系统性的扭曲，还是由于无知或疏忽造成的随机的扭曲？一份报纸或一家电台或电视台就是一个守门人，它们决定将哪些内容呈现给受众。守门人必须从所有可利用的地方性的、本州的、全国的和国际的新闻中进行选择。作为信宿的人（读者、观众或听众）也是守门人，根据其个人的需要来选择和解释资料。

然而，与香农所谓的结构性系统相反，人类传播系统是功能性系统（functional systems），也就是说，它们可以学习。因为人类的中枢神经系统能够学习，所以它是一个功能性系统，即它现在的状态取决于它自身过去的活动。施拉姆（Schramm，1955）很早以前就曾指出，信息理论的数学公式是建立在可能性基础上的，而学习改变了那些可能性（p. 132）。这就避免了将香农的数学理论直接应用于人类传播的生硬做法。

传播系统可能是对应的，也可能是不对应的。对应系统（corresponding systems）可以存在于相同状态下。电报发射器（按键）和电报接收器（线圈）接收并重复同一系列的点和画（减去任何进入传送过程中的噪音）。不对应系统（noncorresponding systems）不能存在于相同状态下。例如，给电报操作员的信息与传送的消息不对应，而操作员传送的消息与电线上的电流（对于无线电报来说，通过空气传送的电波）也是不对应的。

按照信息理论的说法，“由于信号沿着一条链传输，通过一个或多个不对应系统相连的两个对应系统会获得相同的状态，”这时，传播才会发生（Schramm，1955，p. 132）。在人类传播中，我们有各种很长的链条（如外国报道）。在到达美国的潜在受众之前，记者或摄像师在中东或亚洲的现场获得的资料要经过许多守门人的层层筛选。每一步，这些资料都有可能被编辑、抛弃、扭曲、重组或改变。

从投入产出比来说，大众媒介的产出相对较高；换句话说，大众媒介是高倍放大器——少数人制作供百万之众收看、收听或阅读的新闻、娱乐、广告和公关信息。这不过是工业革命的又一体现。在工业革命中，通过现代技术的应用，少数人在某个行业工作，制造供大量消费者使用的商品。大众媒介反映了利用企业和工业的经济效率来制造和分配一种叫作“信息”的商品。

大众媒介本身像任何一个群体一样，由各种人群所组成。这个群体要起作用，就必须建立与保持传播网络。传播网络在电子传播和机械传播中的作用与它在各种社会群体中的作用一样重要。施拉姆（1955）从信息理论中引用了许多方法，建议采用新方法研究小群体中的传播活动（p. 143）。这些新概念包括流通（traffic），即大部分话是谁说的，以及说了多少话；封闭性（closure），即这个群体对外人以及外界观念的接受程度如何；以及一致性（congruence），即群体中的成员参与传播的机会是否均等，或是否有些人主要是传播者，而有些人则主要是接收者。

信息理论在易读性中的应用 信息理论中的熵与冗作的概念在消息内容中的直接而实际的应用，是由泰勒（Wilsonl Taylor）在 1953 年发展出的补漏程序（colze procedure）。这种程序为我们提供了一种方法，利用这种方法可以有效地估量某篇为特定受众所写的文章中的熵或冗余。泰勒的程序中删掉了每篇文章中的第某（数字）个字，然后要读者填上漏掉的字。根据填空处在文中出现的频率及被删除字的不同个数，可以表明对于特定受众或个体来说文章有多大的预测性。这里，信息中熵和冗余的概念被用来测量特定受众对特定内容的熟悉程度及读物对特定受众的难易水平。

佩斯利（Paisley，1966）的研究展示了如何用测量熵的方法来确定各种文章样本的作者。他利用字母冗余度确认了许多主题、写作时间、结构和作者均不同的《圣经》和古典篇章。

在一系列研究中（Krull，Watt，and Lichty，1977；Watt and Welch，1982），信息理论被用来测量电视节目的复杂性与观众喜好的关系。其中的一个发现是，静态的复杂性对视觉注意力有反面影响，动态的复杂性有助于吸引注意力。

信息理论的成功应用 芬恩和罗伯茨（Finn and Roberts，1984）认为，很少有研究者将香农的概念用在他们的研究中，因为他们无法分辨香农理论中的两个基本倾向：信源与信宿之间的关系以及传播渠道的技术特性。芬恩和罗伯茨还认为，传播研究者之所以在利用信息理论解决问题方面获得了一些成功，是因为认识到，熵是对信息可能产生的一种测量；传播要发生，信源和信宿之间必须通过一系列共享的信息联系在一起。模式中假定的线性流程模糊了香农的一个最基本的观点——传播事先假定在信号传送之前信源和信宿之间存在一系列共享的消息（pp. 454－455）。

芬恩和罗伯茨认为，香农的模式表明，传播研究——

> 可能需要从渠道的特点和系统中的噪音等主题转向更基本的问题，即关于信源和信宿所拥有消息的最初对应程度（p. 460）。

香农的熵测量法可以用于信号传递技术以外的问题。它使得将微量类别数据作为连续数据来分析成为可能，有了连续数据，就可以运用更复杂、更强大的定量统计方法（McMillan，1953，p. 17；引自 Finand Roberts，1984，p. 459）。

针对韦弗对香农的数学理论的解释以及 30 年来传播研究使用这一模式的方式，研究员里奇（Ritchie，1986）提出了严肃的质疑。里奇的结论认为，可以有三种方式将香农的原理用于传播研究的理论化。第一，如果我们能将问题分解成满足香农假设的次级问题，便可以使用香农的原理。第二，如果我们的问题跟香农的传送问题相似但不能满足他的假设，那么假如我们能够利用自己的数据证实一组新的假设，就可能导出一种与香农的命题平等的理论。第三，我们可以采用香农的假设本身，并根据香农假设的假说进行研究（p. 295）。

奥斯古德的模式

奥斯古德（Osgood，1954）认为，香农和韦弗的技术传播模式是为了解决工程问题发展而来的，从来就不是为人类传播准备的。他自己的模式则是从他的意义理论（theory of meaning）和一般心理语言过程（psycholinguistic processes in general）中发展而来的。

奥斯古德认为，个体同时具有发送和接收的功能，并且将符号的“意义”列入考虑范围（我们已经见到，香农和韦弗的模式对信息的定义特地排除了意义）。香农和韦弗的模式意味着，信源、信宿、发射器和接收器是相互独立的。虽然对机械系统而言这通常是正确的，但对人类传播系统而言却并非如此。在人类传播中，个体既是信源又是信宿，既是发射器又是接收器，通过许多反馈机制对他或她编码的消息进行解码。在这个模式中，“输入”是某种形式的物理能量或某种“刺激”，这种能量或刺激被编码成某种形式，这种形式被转换（解码）成感官冲动。

奥斯古德认为，在一个“口语社会”中，每个人都可以被视为一个跟香农和韦弗模式相对应的完整的传播系统。奥斯古德重新调整了香农的模式，把它变成他所称的一个既能发射消息又能接收消息的“传播单位”（communications unit）。

奥斯古德强调传播的社会本质，将消息界定为某个信源单位的全部输出，这些输出又可以是某个信宿的全部输入。当个体之间谈话时，

> 他们的站姿、手势、面部表情、甚至对物体的摆弄……都可以是消息的

> 一部分，（声音）当然也是消息的一部分……这些……消息事件（对他人产生刺激的反应）既可以是直接的，也可以是间接的——通常的面对面交谈是前者的表现，而书面传播（以及音乐录音、艺术品等）是后者的表现（1954，pp. 2－3）。

施拉姆的模式

施拉姆并没有将技术与非技术的传播像香农和奥斯古德那样截然分开，但他承认他的很多观点来自于奥斯古德的启发。在早期的一系列模式中，施拉姆（1954）从简单的人类传播模式着手，进入更复杂的模式，说明了两个试图沟通

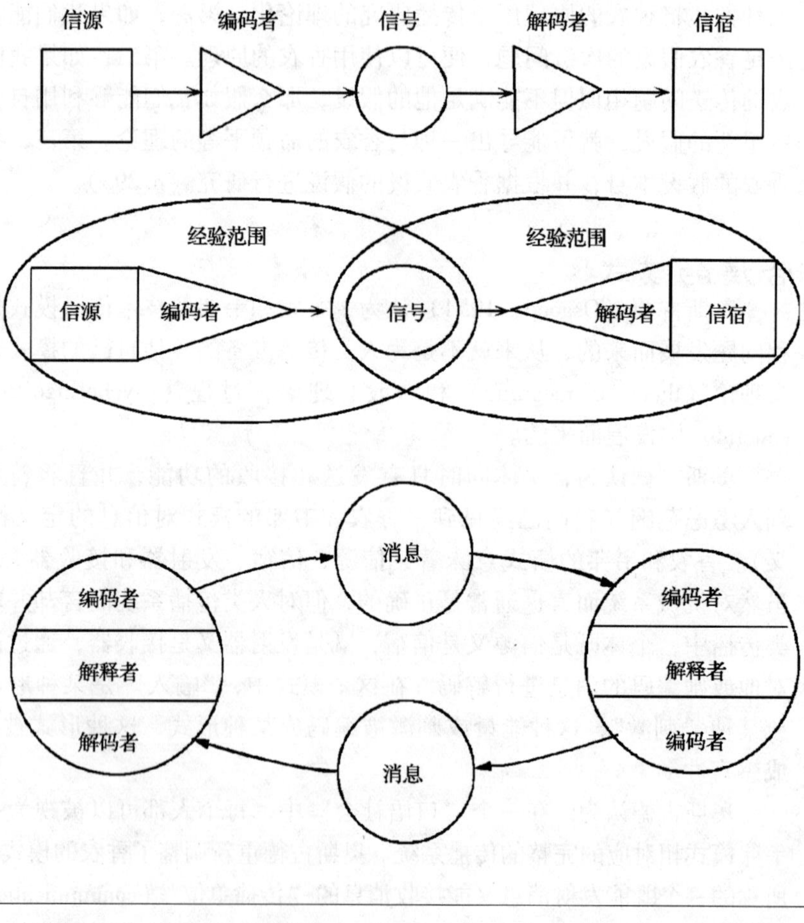

图 3.2　施拉姆的三个模式

来源：From W. Schramm, "How Communication Works," Chapter 1 in W. Schramm (ed.), *The Process and Effects of Mass Communication* (Urbana: University of Illinois Press, 1954).

的人的积累经验，后又转向将人类传播与两个人之间的互动一起考虑的模式（图3.2）。第一个模式与香农的模式极为相似。在第二个模式中，施拉姆介绍的观念是，只有在信源与信宿经验范围内的共同之处，才是实际上传播的部分，因为只有那部分信号才是信源与信宿共同拥有的。第三个传播模式将传播视为两个编码、解释、解码、传送和接收信号的部分的互动。在这里我们看到了共享信息的连续循环和反馈。

纽科姆的对称模式

纽科姆（Theodore M. Newcomb，1953）的传播研究方法是跟人类互动有关的社会心理学家的方法。他的模式（图3.3）让人想起社会心理学家制做的群体网络图，也是认知一致性的早期公式之一。

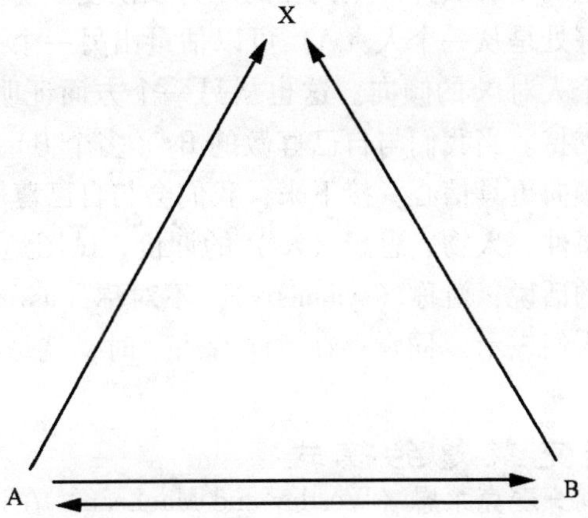

图3.3 纽科姆的基本A－B－X模式

来源：From T. M. Newcomb, "An Approach to the Study of Communicative Acts." *Psychological Review* 60（1953）：393.

在这个传播行为的最简单的模式中，一个人（A）将有关某事（X）的信息传达给另一个人（B）。这个模式假定A对B的倾向（态度）与A对X的倾向是相互依赖的，A、B、X三者组成一个由四个倾向构成的系统（pp. 393－394）：

1. A对X的倾向，包括A把X作为一个对象接近或回避的态度（以标志和强度为特征）以及认知因素（信念和认知建构）。
2. A对B的倾向，也是完全一样的情况（为了避免用词的混淆，纽科姆把对人，即对A或B的倾向说成是正面或反面的吸引，把对X的倾向说成是喜欢和不喜欢的态度）。
3. B对X的倾向。

4. B 对 A 的倾向。

在纽科姆的模式中，传播是个人在环境中定位自己的普遍而有效的方式。这个模式适合两个人之间有目的的传播行为。纽科姆从他的模式中引申出下列主张：

1. A 对 B 和 X 的倾向力量越强，则（a）A 倾向于与 B、X 对称的努力就越强；（b）在一次或多次传播行为之后，这种对称增加的可能性就越大（p. 395）。
2. A 与 B 之间的吸引力越小，则他们倾向对称的张力就越局限于对特定 Xs（多个 X）的协同倾向，这种协同倾向是建立联系所必需的（p. 399）。

纽科姆的模式表明，任何一个给定系统都是各种力量之间的一种平衡，系统中任何部分的任何改变都会导致倾向平衡或对称的张力，因为不平衡或缺乏对称会造成心理上的不舒服并产生内在的压力以恢复平衡。

对称的好处是从一个人（A）可以估量出另一个人（B）的行为。同时对称也能确认一个人对 X 的倾向。这也从另一个方面证明我们所持的倾向拥有社会的和心理的支持。当我们与自己尊敬的 Bs（多个 B）对 Xs 的评价一致时，我们会对自己的倾向更具信心。接下来，我们会与自己尊敬的人交流对我们认为很重要的对象、事件、人物、思想（Xs）的评价，试图达到某种共识或是共同倾向，或用纽科姆的话说，对称（symmetry）。**不对称**（asymmetry）也包括在纽科姆的模式中，当人们表示“同意存在不同看法”时，就是不对称。

韦斯特利—麦克莱恩的模式

韦斯特利—麦克莱恩（Westley and MacLean）在评价和划分新闻及传播研究的时候，觉得需要一个不同的模式（Westley，1976）。因为对新闻感兴趣，他们认识到，传播过程可以始于某个事件，也可以始于某个人。香农和拉斯韦尔模式的线性和不互动特性也是引起他们关切的起因。虽然这两个模式都不能满足他们的需要，但是他们承认这两个模式对他们模式的影响。

韦斯特利在密歇根州作纽科姆的学生时就受到纽科姆模式的影响。纽科姆的模式为韦斯特利—麦克莱恩的大众传播过程模式（1957）提供了一个起点。韦斯特利和麦克莱恩采用了纽科姆的模式，但加上了无数的事件、观点、对象和人物（Xs，即多个 X，从 X_1 直到 $X\infty$），这些是倾向的客体（objects of orientation），A 和 B 之间放置了角色 C，并且提供了反馈（图 3.4）。

韦斯特利—麦克莱恩模式在 B 的直接感觉世界之外加上了 As 和 Xs。新的角色 C 使这些附加的 As 和 Xs 能够影响 B 对周围环境的倾向。C 角色有三个功能：

1. 选择能满足 B 的需要或解决 B 的问题的对象 X 的抽象形式。
2. 将它们转换成某种符号形式，这种符号形式包含 C 与 B 共有的意义。
3. 通过某种渠道或中介将这些符号传送给 B。

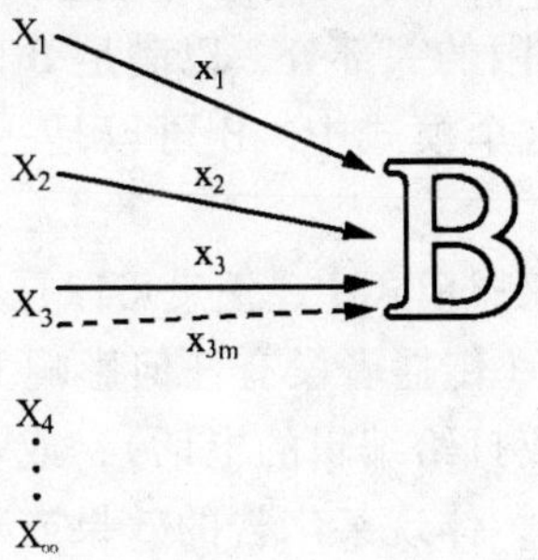

（a）在对所有 X 进行选择之后，接收者（B）感受范围内的有倾向客体（$X_1 \cdots X\infty$）被以（$X_1 \cdots X_3$）形式直接传送给 B。B 至少在部分上是基于自己的需要和问题来对 X 进行选择。有些或所有客体，以一个以上的意义（如 X_{3m}）被传递。

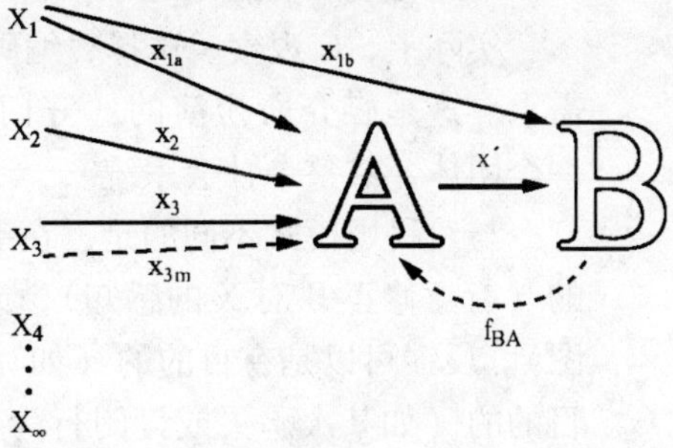

（b）Xs 被传播者（A）选择并抽象后作为一个消息（x'）传给 B。B 自己的感受范围（x_{1b}）中可能有、也可能没有部分的或全部的 Xs。B 有意或者无意地将反馈（f_{BA}）传送给 A。

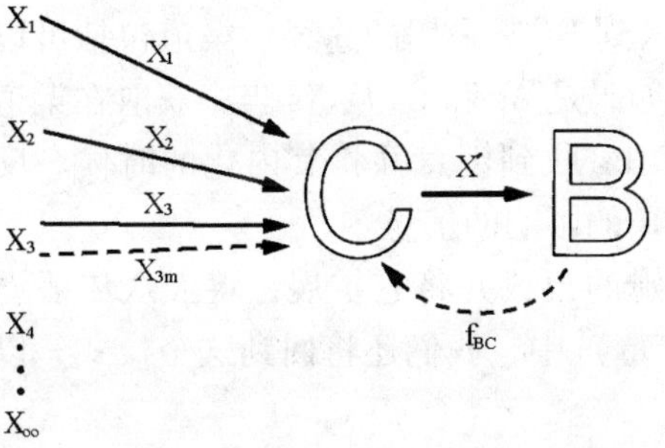

（c）B 接收到的是什么样的 X's 可能取决于一个无意的编码者（C）传送的经过选择的抽象形式，C 代表 B 起作用，并扩展 B 的环境。C 的选择至少应当部分地基于来自 B 的反馈（f_{BC}）

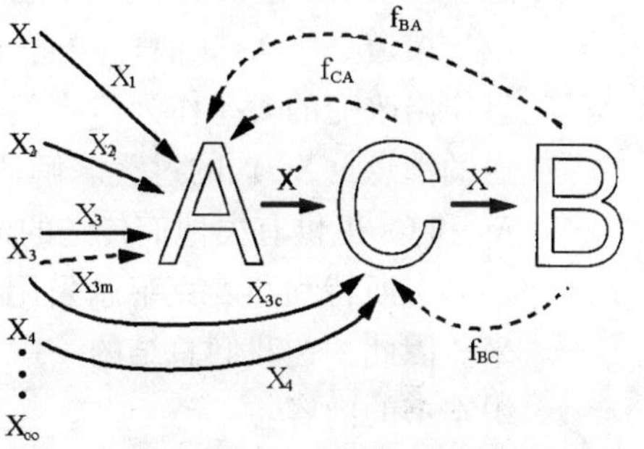

（d）C 传给 B 的消息（x"）代表 C 在两方面消息中的选择，这两方面消息是从 As 传给 C 的消息（x'）和 C 从自己的感受范围对 Xs 进行选择和抽象得到的消息（x_{3c}，x_4），x_{3c}，x_4 可能在、也可能不在 A 的范围内的 Xs 里面。反馈不仅可以从 B 到 A（f_{BA}），或从 B 到 C（f_{BC}），还可以从 C 到 A（f_{CA}）。显然，在大众传播环境中，大量的 Cs 接收到大量的 As 传来的消息，并传送给为数更多的 Bs，Bs 同时也接收来自其它 Cs 的消息。

图 3.4 韦斯特利—麦克莱恩模式的渐进步骤

来源：From B. H. Westley and M. MacLean. "A Conceptual Model for Communication Research," *Journalism Quarterly* 34（1957）：35－38. Reprinted with the permission of The Association for Education in Journalism and Mass Communication.

韦斯特利和麦克莱恩承认，纽科姆强调的共享符号系统使他们受益匪浅。

实际上，C观察、选择、编码并传送Xs的有限的一部分，以满足B的信息需求。这是媒介所扮演的“守门人”角色。在这个模式中，B可以是一个人、一个团体，或整个社会系统。

与纽科姆模式不同的是，在韦斯特利—麦克莱恩模式中，消息可以是有目的的（有意修正B对X的感知），或者是无目的的（传播者没有任何影响B的意图）。反馈可以是有目的的（如写给编辑的信，或打给编辑的电话），或者是无目的的（如某次购买或订阅行为被列入统计数字，体现某广告的效果或对某出版物的喜欢程度）。

在韦斯特利—麦克莱恩模式中，A的角色变成了鼓动者的角色（“传播者”），它可以是有目的地选择和传送消息的个体或某个社会系统。Bs（按照作者的说法，即行为系统的角色）通常是“信宿”或“公众”。这些是需要有关周围环境的信息以满足需求、解决问题的个人、团体或社会系统。Cs（渠道角色）的作用就像Bs的代理人，无目的地选择和传送Bs所需要的信息，特别是那些Bs不易获得的信息。Xs是以消息的形式（X的一种可以传送的抽象形式）存在的对象和事件。

渠道是将Xs（消息）通过As传送到Bs所采用的途径。渠道包括可以对消息作出改变的C（作为“守门人”）。编码是As和Cs从Xs当中获取在渠道中传送的消息（X’）的过程。解码发生于B_S收到消息并将其内化的时候。反馈为As和Cs提供有关他们传送的消息对Bs的影响的信息。

韦斯特利和麦克莱恩采用了纽科姆的模式并将它扩展，将大众传播囊括进来。因此，在我们总结的一章（第18章）中，我们还将回到这个模式，以此组织本书的内容。

格伯纳的模式

格伯纳（Gerbner，1956）对拉斯韦尔的模式进行了详细阐述，并提出了一个语言模式，其中包含传播研究的十个基本领域：

语言模式	研究领域
1. 某人	传播者和受众研究
2. 感知到某个事件	感知的研究和理论
3. 并做出反应	有效性测量
4. 在某种情况下	物质和社会背景研究
5. 通过某种方式	对渠道、媒介和设备控制的调查
6. 获得可利用的资料	管理；分配；接触资料的自由
7. 以某种形式	结构、组织、风格、样式
8. 在某种背景中	对传播环境、前因后果的研究

9. 传达内容　　　　　　　　　内容分析、意义研究
10. 产生某种结果　　　　　　　对总体变化的研究

这十个方面只代表传播研究的不同重点，并不是对传播学研究的硬性区分。

格伯纳还提出一个图解模式（pictorial model，图3.5），并对此进行了详细说明。格伯纳的模式似乎是拉斯韦尔（1948）模式的延伸，但格伯纳的模式还包含了与香农（1949）模式的比较（图3.6）。这里我们再一次看到了香农模式的影响。

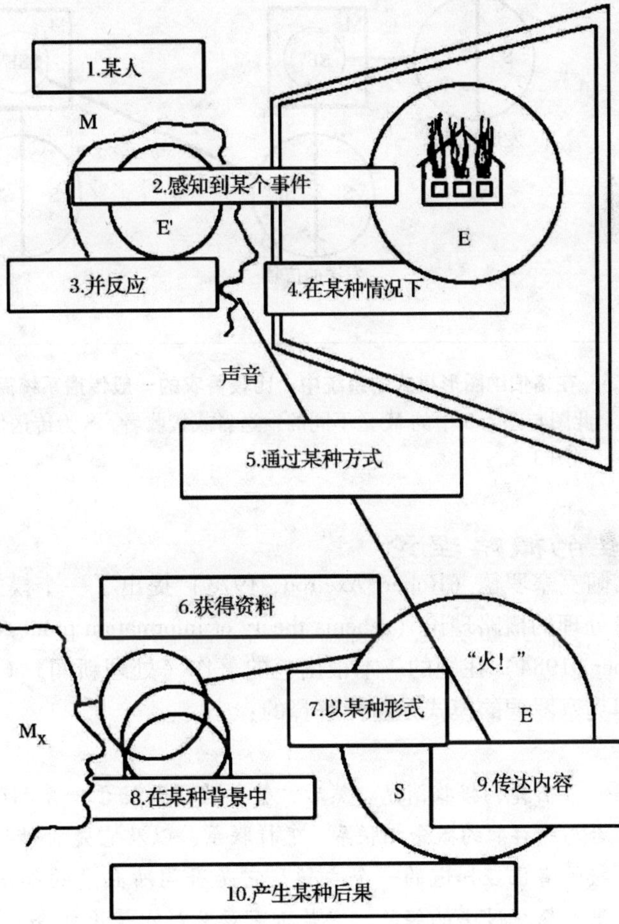

图3.5　图解模式构造步骤

来源：From G. Gerbner, "Toward A General Model of Communication," *AV Communication Review* 4 (1956): 175. Reprinted with permission of the Association for Educational Communications and Technology, 1126 16th St., NW., Washington, D. C. 20036.

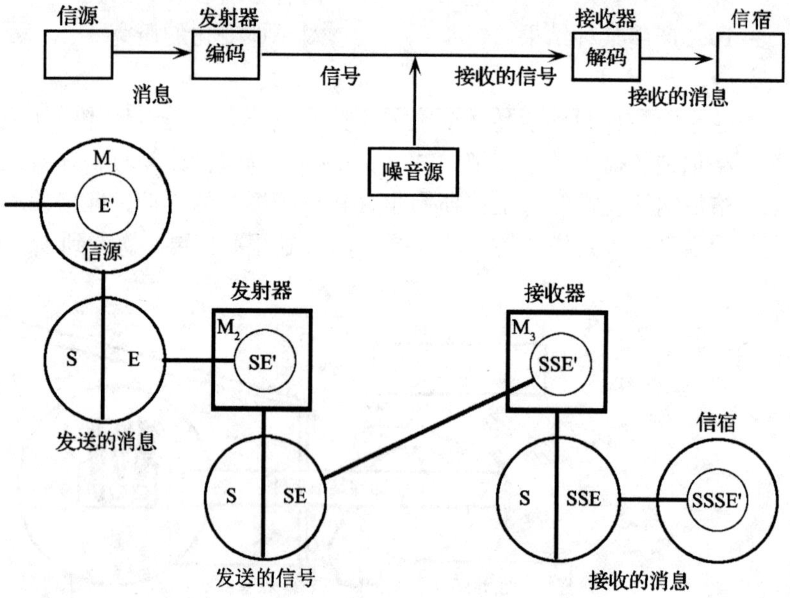

图 3.6　在格伯纳图形模式的系统中，比较香农的一般传播系统简图和某个信号的流程
译注：此图与图 3.5 中的 M 是不同的发送者或接收者，S 为传送信号，E 为事件内容。
来源：同图 3.5。

信息处理的概略理论

阿克塞罗德（Robert Axelrod, 1973）提出了一个模式（图 3.7），他称之为信息处理的概略理论（schema theory of information processing）。格雷伯（Doris A. Graber, 1984）在她的一本很出色的著作《处理新闻》（*Processing the News*）中，对阿克塞罗德的模式是这样解释的：

> 首先，接收消息。然后，整合过程开始于一系列的问题，确定新的信息是否与所存贮的概念相联系，怎样联系，以及它是否值得进行处理。它是否包括接收者已经知道的一个主题？它是否同所熟悉的知识相近或具有可预测的结果？根据过去的经验，它是否有意义？它是否能令人信服地反驳过去的经验？它是否值得考虑？它包含的冗余信息是否过多？如果对这些问题的回答表明信息是有价值的，它跟头脑中已有的思想图式之间的联系非常合理，那么新的消息就会融入已有信息。如果不是这样，新的信息及其来源就不被信任或被排斥，或者，新的信息可能改变或取代以前的概略图式（1984, p. 125）。

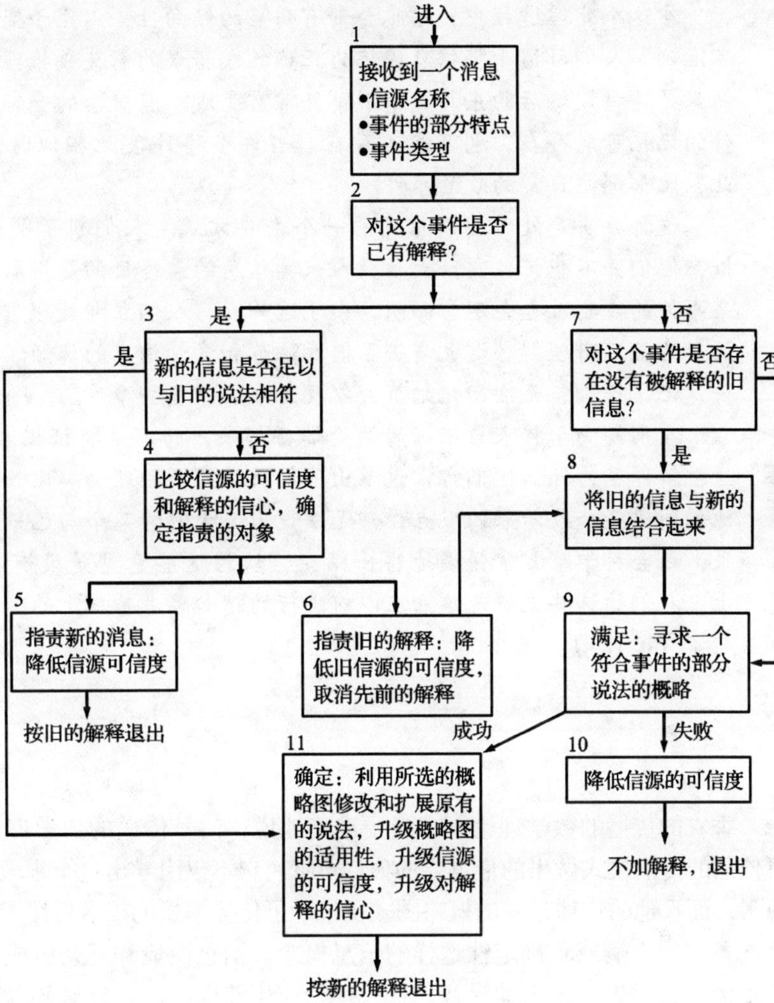

图3.7 概略理论的流程模式

来源：From Robert Axelrod, "Schema Theory: An Information Processing Model of Perception and Cognition," *American Political Science Review*, vol. 67. Spring 1973, p. 1251.

她接着说：

> 在整合过程中，为了合理地对已有知识进行补充，信息被极大地改变。事件的某些方面被削弱，而另一些方面则被突出。经过这一编码过程，对感知者似乎重要的那些事件元素就与不重要的细节区分开来了（p. 125）。

在处理过程中，事件不断失去细节并变得日益抽象。

在这个处理过程中，信息会带有明显的倾向性，以至于变得更准确或更不准确。人们习惯于将信息提炼为正确的或错误的意义或推理，而储存起来的只是这种提炼后的东西。个别事件常常变成一般概念的一部分，对特殊事件的记忆可能存在，也可能不存在。当许多事件彼此相似时，情况尤其如此，比如那些日常的政治事件。

这种办法是处理超载信息的一个主要方式。人们想了解一则消息的大概，他们并不想记住它。大多数人采集信息的最终目的是提取意义，这样一来事件的重要性也会不言而明，由于这一点，人们立即处理信息并提取意义的行为就不难理解。这也省去了储存细节和背景信息的麻烦。但是付出的代价是记忆模糊、无法回忆细节，以及无法区分各种事件。

人们倾向于将来自证据的结论储存起来，而不是将证据本身储存起来，这就解释了为什么他们常常说不出他们所持见解的理由。比如，他们可能说他们同意某个政治家的观点，却无法说出关于他的某个与己一致的观点。结果，社会科学家常常错误地得出结论，认为这些意见是没有基础的。实际上，人们的这些见解是建立在以前进行的精心思考基础上的，只是早就被遗忘了（p. 127）。

结论

香农的传播的数学理论（或者更准确地说，信号传送的数学理论）是对当今所使用的传播模式做出的最重要的独特贡献。它不仅引导出这个领域中很多后来的思考，而且他的传播过程的概略图式也推动了传播模式的很多后续图式的兴起。

香农提出熵或不确定性这样的信息概念。消息由熵和冗余组成，后者可以用来抵消传送时进入渠道的噪音。这一理论应用范围广泛，针对基本问题，通过简洁有力的方式获得结果。

正如我们已见到的，与意义没有任何关系的这个信息概念，在它引导的研究道路上已经获得了丰硕的成果。如果认真思考的话，就会觉得将信息与不确定性等同起来并不奇怪。

根据已有的标准对信息理论进行评估，我们会发现它的确能让我们去组织、排列，以及联系数据资料，并能显示出先前未被认识的相似性和相关性。它具有预测性，这些预测可以通过实际检验进行证实。它具有启发性，它引导出新的、未知的事实和方法。它具有测量性，它为传播者提供了测量他们最感兴趣的现象的公式。

信息理论具有足够的普遍性，可以组织庞大的资料，其中大部分资料是关键性的，是传播学者关注的中心。虽然它是一个简约的模式，但它却具有高度创见性，并可提供很多新见解。要想更全面地研究这个理论，特别是它的数学基础，可从本章结尾的参考书目中得到指导。

除了本章所讨论的模式外，还有一些用于传播学研究和理论建构的其他模式。其中有几个会在本书其他篇章中介绍。

正如我们前面提到的，每一种模式所强调的特定要点都是它的创造者认为与传播过程或结构相关的一些方面。通过选择传播的特定方面并将它们融进模式，模式的原创者隐含着相关性的判断，以及一种关于被模式化的过程或结构的理论。

没有哪个模式是全能的，即使它能够做到，它也将因此改变模式的目的本身——简约地表达真实世界。因此，我们选择那些最适合解决我们眼前问题的模式。如果没有任何一个模式能符合这种要求，那么研究者很可能被迫去修正现有的模式，甚至发明一个新的模式，就像我们在本章中已经见过的那样。

【关键词】

不对称（asymmetry）：出自纽科姆（1953），当人们“同意存在不同看法”时，就是不对称。

渠道（channel）：将**信号**从**发射器**传送到接收器的中介。

渠道容量（channel capacity）：**渠道**能够传送的信息，或者渠道传送从信源中产生的信息的能力。

传播（communication）：出自韦弗（1949），“……某人的想法影响另一个人的全部过程。”

信宿（destination）：**信息理论**中，消息想要传达到的人或物。

熵（entropy）：某个场合的不稳定性或无组织性。

反馈，信息（feedback，information）：可以允许某个系统对自身的操作进行修正。

信息（information）：**信息理论**中，对我们选择某条消息进行传播方面的自由程度的测量；出自韦弗（1949），它“与你能说什么的相关性要大于与你说了什么的相关性”。

信息理论（information theory）：**信号**传送的一个理论。

消息（message）：出自奥斯古德（1954），某个信源单位的全部输出，这些输出又可以是某个**信宿**的全部输入。

模式（model）：出自多伊奇（1952），“各种符号和操作规则的一种结构，用来联系已有结构或过程的相关要点。”

噪音（noise）：不是**信息**来源有意传送而附加在**信号**上的任何东西。

冗余（redundancy）：由控制所用符号的规则决定的那部分**消息**，或者无法由发送者的自由选择决定的那部分消息。

信号（signal）：经过发射器转化、用于传播系统渠道的消息。

对称（symmetry）：出自纽科姆（1953），共识或共同倾向。

系统（system）：**信息理论**中，能够以一种或多种形态存在的或者允许一个或多个事件发生的某个**信息**链的任何部分。

发射器（transmitter）：**信息理论**中，将**消息**转变为**信号**以适合传播渠道使用的一种机制或系统。

【讨论题】

1. 你最近在头脑中对一些过程和结构得出了怎样的模式？
2. 什么是模式？
3. 模式与理论的区别是什么？
4. 模式是以怎样的方式对相关性进行判断的？
5. 使用模式有危险吗？
6. 会不会有一个完全失败的模式？如果没有，为什么？
7. 模式的功能有哪些？
8. 人们怎样去评价一个模式？
9. 香农给予我们哪些关于传播过程的见解？
10. 你对尼葛洛庞帝关于数字化未来的预测怎么看？组织扁平化、社会全球化、控制分散化，以及人际关系和谐化能够实现吗？民族国家、等级森严和地位观念严重的社会会消失吗？人们会针对想象力而非等级展开竞争吗？还会再需要大型的传播公司吗？

第三篇

大众传播中的理解与语言问题

PARK Ⅲ Perception and Language Issues in the Mass Media

接收者是指那些接收各种消息的人。从接收者的角度看待，传播提出了下列一些问题：个人是如何接收并处理消息的？他们如何给那些消息赋予意义？哪些因素能够增进或阻碍人们对消息的了解？处理信息的起点是个人的理解行为。第4章讨论了对理解过程的科学研究，并将其与传播行为联系起来。

消息通常是用语言来编码的，尽管情况并非总是如此。第5章专门讨论普通语义学领域对编码研究所提供的思路，并就语言在传播过程中可能被利用和误用的方式提供了一些重要信息。

可以用不同的策略将消息组织在一起，有些策略是基本的和人所共知的。创造消息的策略中就包括宣传技巧，这些技巧是20世纪30年代的宣传分析研究所界定的。这些技巧与传播仍然有关。第6章将讨论这个问题。对宣传的分析引出了大众传播效果的早期理论。

第4章 传播中理解的作用

人们如何理解他们接收的词语、声音和图像？对理解和信息处理的研究可以帮助我们回答这个问题。

大众传播者希望受众留意其消息，了解其内容，并能适当改变态度或信念，或者作出传播者期待的行为反应。理解理论告诉我们，解释消息的过程是复杂的，传播者的目标也许很难达到。

理解（perception）的定义是——我们解释感官资料的过程（Lahlry，1991）。我们通过五种感官获得感觉资料。研究已经确认了两种对理解的影响：结构性影响和功能性影响。

对理解的**结构性影响**来自我们接触的刺激的物理方面。例如，一串圆点越是接近，它们看起来便越像一条直线。对理解的功能性影响来自心理因素，因此使理解过程出现了某种主观性。

选择性理解（selective perception）是指人们的理解受愿望、需要、态度以及其他心理因素影响的倾向。选择性理解在各种传播中均扮演着非常重要的角色。选择性理解意味着，不同的人对相同的消息可以有非常不同的反应方式。没有哪个传播者可以假设，某条消息对所有的接收者都会产生他们想要传达的意义，他们甚至不能假设某条消息对所有的接收者都具有同样的意义。这使我们的大众传播模式更趋复杂。大众传播并不像有些模式所认为的那样，只是以箭去射靶子的活动。即便消息可以到达接收者（击中靶子），它仍可能无法达到其目的，因为消息的含义取决于接收者对它的解释。

在很多传播模式中，接收和解释消息的过程被称为**解码**（decoding）。这个过程涉及到理解，即经由感官获得刺激以及接下来对信息的处理过程。理解在某条大众传播消息的解码中是怎样起作用的？在思考这个问题之前，我们先总体讨论有关理解的一些研究发现。

与很多人在一个世纪以前所持的天真看法不同，现代心理学显示，其实理解是一个相当复杂的过程。我们可以称过去的看法为常识的看法，根据这种看法，人类的理解行为主要是一种物理的或机械的过程，人的眼睛和其他感官的作用很像一部照相机或录音机。这种关于理解的看法认为，“外部现实”与人的理解（即人们心里的印象）之间有非常直接的对应关系。这种看法认为，每一个人都以基本相同的方式认识世界。

心理学家已经发现，其实理解是一个更复杂的过程。有个理解的定义（Berelson and Steiner，1964）认为，理解是个“复杂的过程，人们通过这个过程选择、组织和解释感知的刺激，使其成为关于世界的一幅有意义的连贯画面”（p. 88）。贝内特、霍夫曼和普莱卡什（Bennett，Hoffman，and Prakash）指出，“理解十分主动：它涉及学习、更新视角，以及与所观察到的现象的互动”（1989，p. 3）。斯科特（Scott，1994）指出，“观察是一种包含认知活动的习得行为”（p. 260）。理解也做出推理的过程（Bennett，Hoffman，and Prakash，1989）。在典型的理解过程中，某个刺激会在信息不充分的基础上被归入特定的类别。结果，这些推理并非总是站得住脚。

视觉理解是个及其复杂的过程。我们的视觉智能根据各种原则组织我们看到的所有事物（Hoffman，1998）。这些原则或规则是普遍通用的，就像乔姆斯基的普遍语法规则（Chomsky，1975）。

我们的大脑皮层几乎有一半用于视觉智能或者观察（Hoffman，1988）。当看到某物时，我们的潜意识层面就会产生精细的处理程序。比如，当我们在生活中的三维世界运动时，物体看起来是静止的。有证据表明，这种静止的表象建立在复杂的数学分析的基础上，这种分析是视觉系统对变化的影像作出的（Romeny and Florack，1997）。

研究表明，复杂视觉信息的接收是个由两部分组成的过程。第一部分发生在第一眼看到刺激物的时候，它提供了一个总体的印象。具有突出特点的刺激物会首先被注意到。第二个阶段会对各种突出特点集中注意（Gale，1997）。

视觉理解的中心特点是**边界察觉**（edge detection），即通过分析相邻区域的灰度水平来界定边界（Raff，1997）。对边界察觉的科学研究正成为人工智能领域的关键部分。要使机器辨认形状并最终能够“看见”，关键的一步就是开发以电脑为基础的边界察觉方法。

对理解的影响

如前所述，理解受到一些心理因素的影响，包括根据过去经验得出的假定（通常在几乎无意识的层面上起作用）、文化期待、动机（需要）、情绪及态度。一些实验已经证实了这些因素在理解方面的效果。

假定与理解

理解受到假定的影响，证实这点的大部分研究是由不同时期在普林斯顿大学工作的一些研究员得出的。这些研究员包括小埃姆斯（Adelbert Ames, Jr.）、坎特里尔（Hadley Cantril）、恩格斯（Edward Engels）、哈斯托福（Albert Hastorf）、伊特尔森（William H. Ittelson）、基尔帕特里克（Franklin D. Kilpatrick）和托克（Hans Toch）等人。他们的发现被称为理解的交往观点（transactional view），这个概念是抽象的，并略带哲学味道，其基本的含义是，在理解的活动中，观察者与世界两者均为积极的参与者（Toch and MacLean, 1962）。

持交往观点的学者提出了一些令人信服的实例，证明理解是以假设为基础的。其中最引人注目的研究之一是由小埃姆斯发明的，称为单眼的扭曲房间（monocular distorted room）。在这个研究中建造的一个房间，后墙被设计成一个梯形，左边墙的垂直距离比右边的垂直距离长。后墙按一定的角度安置，使左侧一边比右侧一边远。在房间前面，透过一个小洞可以看到房间的里面。由于后墙的角度是仔细选择的，所以在观察者看来，这个房间与一般的长方形房间毫无二致。如果两个人走进该房间，并站在后墙的两个角落，就会发生有趣的现象。在洞口的观察者看来，站在右边的人显得非常巨大，并且占据从地板到天花板之间的大部分距离，因为他或她距观察者较近。站在左边的人显得很小，并占据从地板到天花板之间较短的距离，因为他或她离观察者很远。这种错觉之所以发生，是因为观察者心里事先假定房间后面的墙与前面的墙是平行的。这种假定的基础是他们先前对其他房间的经验。如果站在房间中的两人互换位置，这种错觉便更加强烈。就在观察者的眼前，一个人会由小变大，而另一个人会由大变小。

文化期待与理解

关于文化期待（cultural expectations）对理解的影响，最明显的证据来自对双眼竞争的研究（Bagby, 1957）。研究中设计了一种工具，像双筒望远镜一样有两个目镜，但却可以为每只眼睛提供不同的图片。当这样做时，很少有人能同时看到两幅图片。最常发生的情况是，他们看到其中一幅图片而没看到另一幅，或是先看到一幅再看到另一幅。有时他们看到两幅图片中各自一些部分的混合，但这种情形通常发生于单独看过一幅图片以后。巴格比（Bagby）用这种工具来检验文化背景对理解的影响。

受试者是12位美国人（6男6女）和12位墨西哥人（6男6女）。除了一名美国人和一名墨西哥人以外，这些受试者都未曾离开自己的国家到其他地方旅行。巴格比准备了10对幻灯片，每一对中包含一张表现美国文化的图片和一张表现墨西哥文化的图片。例如，有一对幻灯片分别显示一个打棒球的场景和一个斗牛的场景。每一张幻灯片显示60秒，然后请受试者描述他们看到了什么。至于采用左眼还是右眼看墨西哥或美国的图片，是随机分布的，以消除主视眼的支配作用。前15秒钟看到的幻灯片场景——墨西哥的或是美国的——被记录下来，获得主导得分。主导地位取决于受试者报告他们首先看到的或看到时间最长的场景。这个结果（表4.1）显示了很强烈的倾向：受试者所看到的是来自本文化的场景，而非来自不熟悉文化的场景。

表4.1　墨西哥和美国受试者对10对图片的理解倾向

	墨西哥场景占主导地位的次数	美国场景占主导地位的次数	总次数
墨西哥男性（6）	44	16	60
墨西哥女性（6）	45	15	60
美国男性（6）	7	53	60
美国女性（6）	12	48	60

来源：From J. W. Bagby. "A Cross-cultural Study of Perceptual Predominance in Binocular Rivalry." *Journal of Abnormal and Social Psychology* 54（1957）：333.

动机与理解

在很多实验中，麦克莱兰和阿特金森（McClelland and Atkinson, 1948）的实验显示了动机（motivation）对理解的影响。他们研究的动机种类是饥饿。受试者是正等待进入一所潜艇训练学校的海军军人。其中一组人已有16个小时没有进食，第二组人4个小时没有进食，第三组人一个小时没有进食。所有受试者都被告知，他们将参与一项实验，测试他们对极低层次的视觉刺激的反应能力。他们接受了12次测验，据说每次会放映一张图片，但事实上什么东西也没放映。为了使实验更加逼真，在解说期间，研究者给他们看一幅车子的画面，然后亮度渐渐变暗，直到该图片变得模糊，仅仅隐约可见。在某些测验中，还会给受试者一些线索。例如：有三样东西在桌子上，它们是什么？

实验结果（表4.2）显示，与食物相关的反应频率随未进食的小时数的增加而增加。并且，在另一阶段的实验中发现，在饥饿的受试者看来，与食物相关的物品要比不相关的物体大，而这种结果，在刚吃过东西的受试者身上却没有发现。

表4.2　与食物相关的反应

未进食的小时数	与食物相关反应的平均次数（最大数14）
1	2.14
4	2.88
16	3.22

来源：Adapted from D. C. McClelland and J. W. Atkinson. "The Projective Expression of Needs: I. The Effect of Different Intensities of the Hunger Drive on Perception" *Journal of Psychology* 25（1948）：212. Reprinted With permision of the Helen Dwight Reid Educational Foundation. Published by Heldref Publications, 1319 Eigtnteenth St. N. W., Washington, D. C. 20036-1802.

情绪与理解

有个利用催眠术的实验表明，情绪会影响理解。鲁巴和卢卡斯（Leuba and Lucas, 1945）对受试者实施催眠，提示他们正处于某种情绪之中，然后要他们说出所看到图片的内容。先将受试者置于一种快乐的情绪中，并向他们显示6张图片。然后告诉他们忘记图片及刚才说过的关于图片的话，将他们置于一种挑剔的情绪中，并再度向他们显示那6张图片。最后以同样的方式再对受试者进行一次试验，不过这次将他们置于焦虑的情绪中。对图片的描述依个人所处情绪的不同而有极大的不同。对所提供的图片，他们不仅在思路上不同，而且注意到的细节也不同。

有一张图片表现的是一些年轻人在一个沼泽地区挖掘。下面是一位受试者在快乐的情绪中对图片所作的描述："看起来相当有趣；它使我想起夏天。那就是人生的追求；在旷野中工作，真的很生动——在泥土中挖掘、种植，看着东西成长。"

下面是同一受试者在挑剔的情绪中对同一图片所作的描述："好可怕的地方。对那种年龄的孩子来说，一定有更有价值的事情需要做，而不是挖这种脏东西。那里污秽又肮脏，没有一点好处。"

下面是同一受试者在焦虑的情绪中对同一图片所作的描述："他们可能会受伤或被割破。那里应该有一位年长者，这样如果有意外发生的话，他会懂得如何处理。我不知道那水有多深。"

态度与理解

哈斯托福和坎特里尔（Hastorf and Cantril, 1954）研究了人们对足球比赛的理解，记录了态度（attitude）对理解的影响。1951年达特茅斯大学与普林斯顿大学之间的比赛既激动人心又充满争议。普林斯顿队的明星球员卡兹梅尔（Dich Kazmaier）在比赛第二场中因为鼻子受伤被架出场外。在第三场，一个达特茅斯队的球员又受了腿伤。有关球赛的讨论持续了好几周，两个学校报纸的社论互相谴责对方学校的粗鲁行径。哈斯托福和坎特里尔利用这种情况进行了一次理解方面的研究。他们给两部分人观看足球比赛的影片：两个组是达特茅斯兄弟会的学生，两个组是普林斯顿本科生俱乐部的学生。来自两所学校的学生看到普林斯顿球队犯规的次数是一样的，但是普林斯顿的学生平均看到达特茅斯队犯规的次数达9.8次，而达特茅斯的学生平均只看到自己学校的球队犯规4.3次。也就是说，普林斯顿的学生看到的达特茅斯队犯规次数为达特茅斯学生的两倍。哈斯托福和坎特里尔说，"事实似乎很清楚，对同一场'球赛'实际上有很多不同的'看法'"。并且，每个人都认为自己对事件的看法是'真实'的"（p. 132）。

理解与大众传播

到目前为止，从对这些研究的讨论中我们已经看到，理解一般受到假定(通常是无意识的)、文化期待、需要、情绪和态度的影响。当人们对大众传播的消息作出反应时，这些力量同样起作用，如下面的案例所示。

美国军队电视广告

大众传播媒介的消息经常被误解。凯克和穆勒（Keck and Mueller, 1994）对美国军队的广告做了一次研究，以求了解观众有没有理解所提供的消息；如果没有，他们理解的消息是什么。

研究重点是两条 30 秒钟的电视广告。一条广告的题目是《亲爱的爹爹》(*Dear Dad*)，这条广告力图展示在军队服役可以促进个人成长、成熟和个性发展，它将军队描绘为令人兴奋、充满冒险机会和富有挑战的地方。第二条广告名为《基本的美德》(*Basic Excellence*)，将军队的基本训练描绘为发现人的能力、克服人的恐惧和压抑的方法。这两条广告的目标受众是 18 到 24 岁的白人男性。

研究者从目标受众中抽出 396 人进行调查，向他们放映了广告，然后要求他们填写问卷。调查结果显示，受众能够理解一部分想要传达的消息。比如，有 61%的受试者赞同，在《基本的美德》中描绘的军队生活是令人兴奋和富有挑战的。也有 68%的受试者同意，通过参与广告片中强调的活动可以获得个人的成就感。

但是，很大比例的人也获得了宣传者意图之外的消息。比如，39%的受试者觉得广告中表现的教官形象不真实。66%的受试者觉得参与广告中的活动并不能使他们找到好工作。

在对广告的误解与观众的不同特征之间存在系统相关性。比如，54%的黑人受试者觉得在《基本的美德》中对教官的描绘是准确的；而只有 26%的白人受试者、32%的西班牙裔和亚裔受试者觉得对教官的描绘准确。

此外，84%的未受过大学教育的受试者认为，《亲爱的爹爹》是美国军队生活的真实写照，在受过一些大学教育的人中这个比例是 27%，而在大学毕业生中这个比例仅为 9%。

反成见的卡通画

讽刺（satire）是一种常见的新闻手法。这种手法从斯威夫特（Jonathan Swift）的《格列佛游记》(*Gulliver's Travels*）到特鲁多（Garry Trudeau）的滑稽连环画《唐宁斯柏瑞》(*Doonesbury*）都曾使用。但人们是如何理解讽刺的呢？

美国犹太人委员会对研究讽刺的效果很感兴趣，希望了解它在降低成见方面的作用。委员会资助了库珀和贾霍达（Eunice Cooper and Marie Jahoda, 1947）对反成见的卡通画的效果研究。他们研究的卡通人物名叫比考特先生（Mr. Biggott），他是一个夸张的人物造型，在设计情境中显得荒谬可笑。比如，在一个卡通画中，比考特先生躺在医院的床上奄奄一息，他对医生说："医生，如果我需要输血，我要确定，除了第六代美国贵族的血以外，我不要输任何别的血！"这个卡通的目的，是要人们看到，成见是多么荒谬，从而降低他们自己的成见。

库珀与贾霍达用这些卡通画对160位非犹太裔的工人阶级白种男人做测试。样本中约有三分之二的受试者误解了这些卡通画。一些人认为，这些卡通画的目的是使成见合法。这些人的解释是，既然卡通画表现了其他人的成见态度，那么读者也可以对自己有同样的态度感到释然。成见低的受试者很容易理解这些卡通画，成见高的受试者很容易误解这些卡通画。库珀与贾霍达认为，回避反成见宣传的原因之一，是害怕不被某个社会群体赞同。他们认为，接受反成见的消息，会威胁到个体在一些群体中的安全感，而这些群体是个体所看重的。

这个研究认为，对成见的嘲弄，并不是减少成见的有效方法。人们根据自身的不同态度看待讽刺卡通画。持有成见的人和没有成见的人在卡通画中所见到的都是强化他们既有态度的东西。

《全家福》

当电视节目《全家福》（*All in the Family*）于1971年播出时，有些电视评论人很快便指出，该节目可能产生强化种族主义态度的不良影响。他们指出，这出戏中的主角阿奇（Archie Bunker）被塑造成一位"可爱的老顽固"，因此宽恕甚至鼓励了顽固论调。他们还指出，该节目散布了种族歧视的名词。

制片人李尔（Norman Lear）辩称，该节目将顽固的态度公之于众，并向大家显示它是不合理的，从而在事实上减少了成见。他说节目中的阿奇看起来像个傻瓜，并且该节目是一个讽刺顽固的节目。他声称，在该节目的结尾，阿奇输给了较有理性的麦克（Mike）。扮演阿奇的演员奥康诺尔（Carroll O'Connor）也为该节目辩护。他在接受《花花公子》杂志采访时说，该节目的目的是帮助减少成见。美国全国艺术家、作曲家、制片人联合会（NAACP）洛杉矶分会认同这种赞赏态度，并以其为改善种族关系做出贡献为由在1972年给该节目颁奖。

维德马和罗基奇（Neil Vidmar and Milton Rokeach，1974）进行了一项研究，以确定这个节目是如何被观众理解的。他们以美国的年轻人和加拿大的成年人为样本进行了一次调查访问，结果与李尔的意见相反，两种人均不认为阿奇是被取笑的。美国的年轻人大多认为，节目中最遭取笑的人物是麦克，而加拿大的成年人则认为，最遭取笑的是另一位人物伊迪斯（Edith）。在另外一个问题中，受试者被问及在节目结束时，阿奇到底是赢了还是输了。那些成见低的人多认为阿奇输了，而成见高的人多认为阿奇赢了。维德马与罗基奇的研究证明了在观看《全家福》中选择性理解的作用。成见高者与成见低者对节目的理解通常与他们的既有态度一致。

后来，制片人李尔对《全家福》产生的效果也改变了观点。他说：“考虑节目可能产生的效果就是压制创造的过程。在整个犹太和基督教伦理在同一领域几乎无所作为的情况下，我实在怀疑那半个小时的情境喜剧能达到什么样的效果”（Gross，1975）。

其他的选择性过程

与选择性理解相似的其他三个过程有时也会在大众传播过程中起作用。它们是选择性接触、选择性注意及选择性记忆。

选择性接触（selective exposure）是指个人倾向于接触那些与自己既有态度一致的传播，而回避那些与自己既有态度不一致的传播。选择性接触的观念跟费斯廷格（Festinger）的认知不和谐理论（见第8章）一脉相承。该理论主张，在作出决定后，想要降低不和谐度的一种方式是去寻找与决定相一致的信息。当然，研究结果还表明，在某些情况下，人们也会让自己接触那些产生不和谐的材料。

然而，个人通常无法事先判断消息的内容。**选择性注意**（selective attention）是指个人倾向于注意某条消息中与自己既有态度、信念或行为一致的那些部分，而回避某条消息中与自己既有态度、信念或行为不一致的那些部分（见第8章对认知一致性的讨论）。

选择性记忆（selective retention）是指个人对信息的回忆倾向于受到意愿、需要、态度以及其他心理因素的影响。一些选择性记忆的证据来自奥尔波特和波斯曼（Gordon Allport and Postman，1947）对谣言传播的研究。他们在研究中发现，人们在传递信息或描述图画时常常遗漏了很多细节。另一项研究也支持了选择性记忆，琼斯和科勒（Jones and Kohler，1958）在研究中发现，赞成种族隔离的人记住亲种族隔离有理的言论与反种族隔离无理的言论要比他们记住反种族隔离有理的言论与亲种族隔离无理的言论容易得多。对于反种族隔离者来说，情况正好相反。两组人都最容易记住那些维护他们立场的信息。在第三个支持选择性记忆的研究中，莱文和墨菲（Levine and Murphy，1958）发现，面对支持苏联或反对苏联的材料，当受试者自身的立场与材料的立场相违背时，他们记忆材料的速度很慢，但忘记的速度特别快。

选择性过程可视为四道围墙的防御，最外层的围墙是选择性接触，接下来的是选择性注意，然后是选择性理解，最里层是选择性记忆。有时候，不想要的信息在最外层就被挡了下来，人们会避免接触那些可能含有反对意见的出版物或节目。

如果某人预料到某条消息中含有混杂的信息，他就可能选择性地注意消息中那些他认同的部分。如果不能这样做，则他还能运用选择性理解来为消息解码。如果这也不能做到，他还可运用选择性记忆，简单地忘掉反对自己观点的信息。

有时这些选择机制中的一个会比其他几个更合适或更可用。例如，在看两位总统候选人的电视辩论时，你可能不想采取选择性接触去彻底躲避消息。如果你只想看到和听到你支持的候选人，你可以采取选择性注意的方法，只留意那位候选人。如果你确实看到和听到了你不支持的候选人，接触到相反的材料，你总可以利用选择性理解，只听到你认同的观点，或是用选择性记忆，只记住加强你的原有观点的信息。

有关选择性接触研究的早期评论倾向于质疑这种现象的有效性（Scars and Freedman，1967）。但是后来的研究发现了更多支持选择性接触的证据。科顿与希泽尔（Cotton and Hieser，1980）要求反对核电厂的受试者写出支持在人口稠密地区建立这种发电厂的文章。通过将某些人置于一个低度选择支持（亦即低不和谐度）的条件中，而将其他人置于强烈选择支持（亦即高不和谐度）的条件中，研究者控制着不和谐度的高低。在写完文章以后，给受试者一个机会，让他们在等级表中指出自己对有关4个问题的信息小册子的喜好程度，其中一个问题是关于核能发电的。强烈选择支持文章（高不和谐度）的受试者比低度选择支持（低不和谐度）的受试者更希望获得与支持立场一致的信息，他们也比低选择性受试者更不希望获得不一致的信息。这项有关人们主动避免不和谐信息的后期研究比很多早期的研究为选择性接触提供了更有力的支持。

科顿（1985）回顾了1967年到1983年的一些研究，并总结道："对选择性接触的后期研究一般都更小心地控制了条件，并产生了积极的结果。几乎每一项研究都发现了显著的选择性接触的效果"（p. 25）。

概略理论

有一个概念可能有助于我们了解人们是如何处理来自大众传播的信息的，这就是概略观点。虽然学者们对概略究竟是什么意见并不完全一致，但下面的定义是有用的："简言之，概略是一种认知结构，它由组织有序的有关情境和个人的知识构成，这些知识是从过去的经验中抽象出来的。人们用概略来处理新信息，取用已存信息"（Graber，1988，p. 28）。因为概略这一概念非常有助于了解人们处理信息的方式，所以它被心理学家、认知科学家、政治科学家和传播学者广泛应用。

菲斯克和金德（Fiske and Kinder）将概略形容为："虽不完美但非常有用的处理复杂性的工具"（1981，p. 173）。他们认为，人是"认知的吝啬鬼"，他们在处理复杂信息方面的有限复杂性迫使他们奉行"认知节俭方法"，即形成简单化的思维模式（p. 172）。

格雷伯（Poris Graber，1988）所做的一项研究显示，人们使用各种概略方法处理来自报纸或广播的新闻。她发现，人们在处理新闻时采用很多策略，包括直接将一则新闻与一种概略结论相比拟（将某一政治候选人判断为"另一个尼克松”），或利用推论处理（因为在北爱尔兰的停火协议执行不畅，便推论在黎巴嫩的停火协议也不会奏效），以及利用几个概略方式或概略维度对某个报道进行多样综合（关于校车接送制度的某个报道可以与政治参与、公共教育的瓦解、追求多元文化社会等方面的概略方式联系起来）。格雷伯发现，在处理新闻时，人们倾向于储存从证据中得出的结论，而不是证据本身。她认为，通过各种概略方式处理新闻是应付信息超载的一种有效方法。

最后，格雷伯指出，将新闻报道与各种概略图式搭配起来的方法受到提示的影响。她还认为，大众媒介是提示信息的主要来源。因此，在上述有关校车制度的例子中，新闻媒介本身可以通过标题、图像、字幕等方式，帮助接受者确定是该将这则新闻视为对公共教育的破坏，还是对多元文化社会的追求。这类提示还可以影响概略方式的发展，以至于当下一则有关校车的新闻出来时，人们很可能将这与“破坏教育”概略或“追求多元文化社会”概略联系起来。

总之，概略的概念可以帮助我们理解人们如何处理众多的新闻报道。他们似乎通过各种搭配策略试图将一则新报道中的信息与某种原有概略相比拟。如果搭配成功，那么新信息的某一部分或者从信息中得出的推论很可能会以一种修改后的概略形式被储存起来。如果搭配失败，则该信息便很可能无法被吸收。

潜意识理解

在有关理解和大众传播的主题中有一种极富戏剧性而备受争议的手段，称为**“潜意识理解”**（Subliminal percepting）。这种观点认为，人们会受到他们没有意识到的刺激的影响。

潜意识理解的观念开始引人注意是在1957年。当时，潜意识投影公司的维卡里（James M. Vicary）开始尝试销售一种很特殊的投影仪，在普通投影仪放映电影的同时，这种特殊的投影仪会每隔5秒钟将一条消息投放在同一电影银幕上。这条消息在银幕上闪烁的时间极短——1/3000秒。

维卡里报告说，他曾在新泽西州的一家电影院做过实验，向银幕投射“吃爆米花”和“喝可口可乐”的潜意识消息。他说，爆米花的销售因此增加了57.5%，而可口可乐的销售增长了18.1%。维卡里认为，潜意识广告是消费者的福音，因为它摒除了冗长的广告时间，留给消费者更多的娱乐时间（p.127）。

维卡里的观点引起了一些负面反应，《星期六评论》的编辑卡曾斯（Norman Cousins, 1957）在社论中以“欢迎来到1984年”这句话开头，暗指奥威尔（George Orwell）的小说，该小说描绘了一个受操纵的社会。有些人担心，潜意识广告会被用来强迫人们违反他们的意志喝酒。在澳大利亚和英国，潜意识广告被禁止；在美国，全国广播者协会也发布了禁令。1962年，维卡里自己在一次《广告时代》的采访中承认，他所提出的潜意识说服效果的证据存在缺陷（Parascope, 1999）。

在《潜意识诱惑》(*Subliminal Seduction*, 1972) 和《媒介的性利用》(*Media Sexploitation*, 1976) 两本书中，基伊 (Witson Bryan Key) 提出了潜意识理解观点的一个变种。基伊认为，许多广告暗含性 (sex) 的印刷字样和以伪装形式出现的男女性器官。这些隐藏的字词和符号被称为**嵌入物** (embeds)。基伊的理论大致以弗洛伊德的理论为基础。根据基伊的理论，观众会在无意识的情况下感知到那些嵌入物，受到它们的影响，产生购买广告产品的愿望，不管这种产品是一瓶香水还是一个汽车轮胎。基伊的书缺乏科学论述。他的论据更多地依赖于解释那些所谓包含嵌入物的广告。这些广告大多比较模糊。如果遵循理解理论的思路，人们不免猜想，基伊从图像中看到的性暗示，究竟是广告的诱惑，还是基伊的理解!

另一个潜意识理解观点的变种是由潜意识消息自助 (subliminal message self -help, SMSH) 磁带引起的。据估测，这个行业的年销售额在5亿到10亿美元之间。这是一些普通的SMSH磁带，包含可以听到的古典音乐或海洋的声音，里面夹杂着不在人们听觉阈限之内的治疗消息。不同的磁带适用于不同的治疗目的：戒烟、减肥、树立自尊或增强记忆。

很多对潜意识理解的认真研究是由广告公司进行的。广告公司担心，关于潜意识理解的争议会给他们带来不良的声誉。那些试图研究潜意识理解的研究者立刻遇到了一些问题。潜意识理解指发生于意识阈限以外，但是明确的意识阈限其实并不存在 (Wiener and Schiller, 1960)。有的时候，一个人可能需要1/25秒才能辨别刺激，但是稍过一会儿，同一个人可能仅需要1/100秒便可辨别刺激。心理学家解决这类问题的一般方法，是将意识阈限界定为受试者能分辨刺激的次数为50%的那个点。但是，这在本质上还是一种主观的定义。而且，阈限因人而异，即使是同一个人也要视其疲乏程度和其他因素而定。究竟使用哪种阈限，至今尚无定论。

在潜意识说服方面的研究结果比较多样，但是多数证据表明这种方法并没有显著的说服效果。例如，贝蒂和霍金斯 (Betty and Hawkins, 1989) 以潜意识的形式呈现可乐 (Coke) 字样，调查了这种做法对口渴程度的可能影响。在意识阈限以上，他们向三组受试者展示了几种汽车品牌。同时，在意识阈限以下，第一组受试者接收的是可乐字样；第二组受试者接收的是无意义的字母组合 (NYTP) 字样；第三组受试者同时接收可乐字样和汽车品牌名称，随着展示的进行，可乐字样越来越清晰。最后，调查者并未发现三组受试者在口渴程度方面有何差异。

研究者还调查了潜意识自助磁带的有效性。斯潘根伯格、奥伯米勒和格林沃尔德 (Spangenberg, Obermiller , and Greenwald, 1992) 重点研究那些针对减肥、增强记忆和树立自尊的磁带。在实验中，研究者变换了磁带的标签，那些自认为使用增强记忆磁带的人实际用的是减肥的磁带，如此这般。实验是双盲的，无论是受试者还是研究者均不知道受试者实际使用何种磁带。经过一个月的实验，对受试者的体重、自尊和记忆力进行测试，并未发现磁带的治疗效果；但受试者却倾向于认为磁带有轻微的效果，这种轻微效果或受试者感觉效果与磁带标出的治疗效果之间存在微弱相关性。的确，SMSH 磁带可能会起一定作用——通过一种自欺的安慰过程起作用。

普莱卡尼斯和格林沃德（Pratkanis and Greenwald, 1988）总结了对潜意识理解的研究：

> 对于潜意识的影响力，仍然缺乏可靠的证据加以支持。而且，那些看起来可以验证的潜意识发现（a）往往只涉及低层次上的认知处理过程，对市场操作者没有什么价值；（b）很难应用于大众媒介环境；（c）可以利用意识阈限以上的技巧同样（或更加）简单地获得（p. 349）。

广告是否属于潜意识的问题可能并不重要，重要的是它们是否**铺垫**（prime）我们的思想——也就是说，它们是否涉及能够影响我们行为方式的概念（Bargh, 1999）。比如说，微软在广告中使用《权利法案》，即便以一种显眼的、非潜意识的方式，也可能使我们在想起微软时顺便想到政府控制信息的危险。这样，在微软和国家法律体系的对抗中，我们可能更加支持微软。

主锁（Master Lock）等公司还试验过一秒钟广告，有些人又将这种广告称为眨眼广告（blmk ads）（Christopher, 1998）。如果这些广告对销量有影响，那么这种影响更可能是通过启发过程而非潜意识说服实现的。

对图片的理解

大众媒介常常将图片（pictures）作为消息的一部分使用。关于人们如何解读这些图片，我们知道些什么呢？斯科特（Scott, 1994）认为，我们需要一种**视觉修辞理论**（theory of visual rhetoric），来帮助我们理解人们处理图片信息的方式，她还提出一些主张，以推动这一理论的发展。

斯科特认为，大多数广告图像的研究者在对待图片时，或者将它们当作对现实的透明表现，或者将它们当作情绪诉求的传达工具，她提出了第三种可能——图片可以起到符号的作用，可以被用来建构修辞论述。她认为，视觉元素可以代表概念、抽象物、行为、隐喻和修饰物，它们可以被组合成各种复杂的论述。另外，这种图像的概念化意味着需要像其他形式的信息一样以认知的方式处理图片。

斯科特的文章指出三种思考大众媒介图片的方式：作为现实的透明表现、作为情感或情绪诉求的传达工具、以及作为用来形成修辞论述的复杂的符号集合。大众媒介中的各种图片都可以在不同程度上采用这三种方式。例如，较之广告图片，新闻照片可能更多地被用作现实的透明表现；而较之新闻照片，广告图片可能更多地被用作修辞论述的组成部分。两种图像均可能较多地被用来传达情感或情绪诉求（见表 4.3）。

表 4.3 比较广告和新闻照片的图片或图像传播类型

图片类型	图片或图像传播类型		
	现实的透明表达程度	情感或情绪诉求程度	修辞立论程度
广告	从低到高	经常很高	通常很高
新闻照片	高	经常很高	通常很低

为了说明视觉图像的修辞应用，斯科特分析了一则克林尼克（Clinique）的广告，该广告展示了浸在一杯苏打水中的几支唇膏和化妆品，饰以一片柠檬。

这个图像不能按照表面意义来理解。例如，它并不意味着唇膏和化妆品是防水的。斯科特说，我们可以重新解释图像消息的意义，用语言说来就是“克林尼克的新款夏季化妆品系列就像加了柠檬的高杯苏打水一样清新。”这则广告实质上是一种视觉的比喻。它是**视觉比喻**（visual trope）的一个例子。视觉比喻是一种以比喻的形式呈现的观点，目的是打破观众的怀疑情绪、沉闷感觉和抵制态度。

正确理解克林尼克广告需要观看者进行相当复杂的信息处理。观众必须比较两种差别很大的东西——苏打水和化妆品，然后推断出它们的共同点。观众需要从它们的几点共同之处中选择出能够实现比喻的那一点（“清新”而非“无味”）。观众还必须摒弃图像的表面意义——似乎某人会喝一杯里面有唇膏的苏打水。

斯科特认为，信息处理领域一直偏向于对语言信息的处理，需要对此领域加以扩展，加入对视觉图像的处理。另外，这些比喻还包括了图像和文本之间的互动，这种互动需要进一步研究。斯科特关于图片的修辞概念给予我们一种更丰富、更真实的观察方法，用以认识对大众传播的图片运用。在斯科特视觉修辞思想的基础上，学者可以对大众媒介中的广告、新闻照片和其他图片进行更深一步的分析。同理，大众媒介的消费者也可以利用斯科特的思想加深对媒介图片的理解。

消息的复杂性

电视、电影、电脑游戏等传播形式正在以越来越快的速度给我们带来越来越多的信息。这种趋势提出了一个有趣的问题：人类信息处理能力和大众媒介提供的消息之间是否存在一种合理的匹配？

电视新闻这种大众媒介消息能够造成人类信息处理能力的超载（Cohen，1998）。虽然许多人认为电视是他们获得新闻的主要来源，但是如果电视新闻的复杂程度超过了他们的处理能力，那么他们就无法更好地了解这个世界。

科恩（1998）认为，带有下列特征的电视新闻会造成信息处理方面的障碍：从一个场景到另一个场景的大量剪切；非常短暂的场景；场景的展示缺乏时间顺序；淹没语言信息的情绪性视觉材料；缺乏对陌生术语和地名的充分解释；声音和画面信息之间的矛盾（因为这两种信息分别由大脑的不同部位处理和储存）。科恩提议，随着新的新闻形式的出现，电视新闻制片人应该改变他们的产品，使之更加容易理解，否则，会面临湮灭的危险。

结论

理解是一个复杂的过程，它涉及多种结构性因素，既有生理刺激的影响，也涉及功能性因素，即理解机制的心理影响。这些心理影响包括理解者的需要、愿望、情绪、态度和假定。

心理学家和认知科学家发现，很难将理解从信息处理过程中区分出来。信息处理模式通常显示，理解是一个分阶段的活动过程，在每一阶段，都有各种认知因素在起作用。这些阶段包括推理和图式归类，其中各种错误都可能发生。概略理论提出，人们处理来自大众媒介的信息时，在认知方面表现得很吝啬。他们将接触的大量消息当作无关的信息置之脑后。

大众传播的图像或图片处理提出了有关理解和信息处理的另外一些重要问题。多数对大众传播的研究将图片要么视为对现实的透明表现，要么视为情感或情绪的传达工具。但是图像和图片显然以更复杂的方式作用于传播。视觉的修辞理论认为，图片和图像可以被用来构建巧妙的、复杂的论述，这便为通过大众媒介进行传播提供了一个有说服力的视角。

【关键词】

眨眼广告（blink ads）：一秒钟广告（Christopher, 1998）。

解码（decoding）：接收和解释消息的过程。

边界察觉（edge detection）：通过分析相邻区域的灰度水平来界定边界。

嵌入物（embeds）：广告中隐藏的字词或符号。

功能性影响（functional influences）：影响理解的心理因素，因此使理解过程出现了某种主观性。

理解（perception）：我们解释感官资料的过程（Lahlry, 1991）；或者，根据贝雷尔森和斯第坦纳（1964）的观点，理解是个"复杂的过程，通过这个过程，人们选择、组织和解释感官刺激，使其成为关于世界的一幅有意义的连贯画面"。

铺垫（prime）：利用认知概念，影响我们的行为方式（Bargh, 1999）。

概略（schema）：出自格雷伯（1988），"一种认知结构，由组织有序的有关情境和个人的知识构成，这些知识是从过去的经验中抽象出来的。人们用概略方式来处理新信息，取用已存信息。"

选择性注意（selective attention）：指个人倾向于注意某条消息中与自己既有

态度、信念或行为一致的那部分而回避某条消息中与自己既有态度、信念或行为不一致的那部分。

选择性接触（selective exposure）：指个人倾向于接触那些与自己既有态度一致的传播而回避那些与自己既有态度不一致的传播。

选择性理解（selective perception）：指人们的理解倾向于受到愿望、需要、态度以及其他心理因素的影响。

选择性记忆（selective retention）：指个人对信息的回忆倾向于受到愿望、需要、态度以及其他心理因素的影响。

结构性影响（structural influences）：我们接触到的刺激的物理方面。

潜意识理解（subliminal perception）：一种观点，认为人们会受到他们没有意识到的刺激的影响。

视觉修辞理论（theory of visual rhetoric）：一种关于如何处理图片的理论。

视觉比喻（visual trope）：一种以比喻的形式呈现的观点，目的是消除观众的怀疑情绪、沉闷感觉和抵制态度。

【讨论题】

1. 影响理解的心理因素有哪些？
2. 对理解的基础研究是否证实了“我们看到了我们想看到的东西”？为什么“是”？为什么“不是”？
3. 传播者用以克服选择性接触、选择性理解和选择性记忆的方法有哪些？
4. 科学证据表明，潜意识说服并没有效果，为什么这种技巧仍广受欢迎？
5. 概略法在接收大众传播消息时起什么作用？
6. 说某人是“认知的吝啬鬼”（cognitive miser）意味着什么？
7. 斯科特描述的视觉修辞方法在广告中使用的频度如何？
8. 讨论这句话：“图像不会说谎”（a picture doesn't lie）。

第5章

编码的问题

编码（encoding）就是将目的、意愿或意义转化成符号或代码的过程。通常这些符号是由字母、数字和单词构成的某种语言（例如英语）。当然，编码也可通过照片、音符或电影画面进行。

编码在很多方面是一个神秘的过程。“前语言紧张”（preverbal tensions，话语产生前的各种感觉，不管你怎么叫它）如何转换成话语？甚至仅仅描述一下这个过程也不是件简单的事情。

一些语言学者所做的工作有助于我们了解编码，这些语言学者叫做普通语义学者（general semanticists）。他们虽然没有解释编码的全部秘密，但是指出了造成编码（至少在语言中）困难的一些语言特征。

语言的特征

普通语义学者最初由一位移民美国的波兰伯爵柯日布斯基（Korzybski）领导。他的创造性著作《科学和心智》（*Science and Sanity*），得到约翰逊（Wendell Johnson）的推广和普及。这些学者非常关心语言方面的问题，以及语言与我们在日常生活中的成功、我们的精神健康之间的关系。他们认为，我们遇到的很多问题是因为误用了语言。他们说，如果我们能像科学家那样去使用语言，就会减少语言的误用，这样语言就总是指向它代表的现实。

普通语义学者指出了几个语言特征，这些特征增加了语言使用的难度，也造成了编码和交流的困难。

语言是静态的，而现实是动态的

词语本身并不因经历一段时间而改变，但我们周围的世界却充满了变化。现代科学已经表明，物质最终是由无数快速运动的微粒组成的。一张看似牢固的木头桌子，实际上不断地在腐烂和氧化。20年过后，它可能就根本不是一张桌子，而是一堆木柴了。爱因斯坦的公式 $E = mc^2$ 证明，连物质和能量的分界也不是清楚的，它们能相互转换。

现代生物学显示了不断变化的同样模式，一只毛毛虫会变成蝴蝶。硬壳蟹脱掉壳，暂时变成软壳蟹，以便继续长大。进化论显示，甚至物种也随着时间改变而发展，并非一成不变、界限清晰。

现实是一种过程，但是我们用来描述现实的语言却是固定的、静止的。现实的本质是过程，关于这一点的另一个例子是一天的更替。太阳一直在运动，一天中它在天空的位置不断变化。而我们用以描述这个不断变化过程的词主要有两个：夜与昼。任何一个人在观察日落时要想用这两个字眼恰如其分地说出昼何时变成了夜，都会感到表达时的困难。人们确实也造出一些字词来解决这个问题：如黄昏、傍晚、黎明。但是我们用来描述这个不断变化过程的词汇仍然十分有限（见方框5.1）。

方框5.1　永恒变化的世界

希腊哲学家赫拉克利特（Heraclitus）说过：“一个人不可能两次踏入同一条河流。”佛陀教义中的修行法（the Way of Practical Attainment）是这样说的：“万物皆可变，忽生忽灭。”萧伯纳曾说：“惟一行事聪明者是我的裁缝，他每次来见我都要重新量尺寸，而其他的人继续用旧眼光打量我，而且还指望原来的尺寸适合我。”爱略特在《鸡尾酒会》（*The Cocktail Party*）一书中写道：“我们对其他人的了解仅仅是我们认识他们时留下的记忆，而他们从那时起就已经改变……每一次见面时，我们遇见的都是一个陌生人。”（引自 Johnson，K. G，1960，pp. 9 – 10）

中国13世纪的古典名著《三国演义》开篇便写道：“话说天下大势，分久必合，合久必分。”

城镇和人们改变着，然而我们用来称呼他们的文字（或名字）通常还是原样。文字不会随时间变迁而改变这一事实容易蒙蔽我们，使我们忽视现实正在改变这一事实。某人可能梦想了20年——退休后去快乐山谷，那是他在年轻时到过的小镇。但是去了之后却发现，原先的小镇已经变成了一座繁忙的城市。名字还是那个名字，但是地方已经彻底改变了。普通语义学者建议采取一种标注日期的方法，来提醒我们这种变化。在名字的后面标注日期有助于提醒我们，我们所指的是哪个快乐山谷：是快乐山谷1975，还是快乐山谷1995。

在讨论大都市的城郊社区本身发展成为经济中心时，一位研究城市规划的教授说（Suro，1991）：

> 我们正处于一个新的都市化过程中，这个过程跟我们在战后时期了解的东西非常不同。甚至使用诸如城市和郊区、中心和边缘这些旧词也有了难度，但是我们还没有创造出新的词汇（p. A1）。

托夫勒（Alvin Toffler）是《未来的震荡》（*Future Shock*）和《第三次浪潮》（*The Third Wave*）的作者，他说：

> 我们觉得，“浪潮”是一种有力的比喻方式，它表现出社会基本变迁的阶段性特征……柯日布斯基对过程的强调反映在我妻子和我多年来进行的智力工作中（p. 197）。

社会的改变比文字的改变快得多。我们老挂在口头的说话模式在某种程度上已落伍，不能再反映我们生活的这个世界。文明与个体的生存取决于他们适应变化的能力。未能认识随着时代而来的变化，容易得出错误的概括，像“如果是汤姆说的，那就是谎话，因为他以前骗过我”，或“一次失败，将永远失败”。

语言是有限的，而现实是无限的

约翰逊（1972）指出，英文里有50万至60万个词汇，但这些词必须表达的是数以百万计的个体事件、经验和关系。人们常用的词汇是很少的。电话交谈中的常用词约有5000个，小说中的平均用词有一万个（Miller，1963，p. 121）。这可能表明，虽然我们掌握的词汇足以应付日常交流，但是找出词汇不够用的情况也并不困难。

假如有人在你面前的桌子上放了12个橘子，并随机拿起一个让你用文字来形容，你可能描述得那么精确，让一个不在现场的人待会儿能依照你的描述从那12个橘子中选出你所说的那一个来吗？除非那个橘子碰巧有明显的畸形，否则这项工作是相当困难的。这里要说明的是，我们在现实中区别事物要比用词汇描述事物容易得多。

同样的问题也出现在描述人的面貌特点这一更实际的情况中。有时看起来，描述人比上面那个描述橘子的例子稍微容易一点。这个问题经常出现在执法工作中，人们必须将某人描述得非常准确，以便别人能认出他来。很多人并不擅长此道，一方面是因为他们没有仔细观察，另一方面是因为描述人的词汇有限。

想一下用词来描述一个持续的过程，例如拉小提琴、骑自行车或系鞋带。许多人会发现，很难用词来表达这些动作，而且教人做这类事情基本上都是由一个人示范给别人的。像抱吉它的正确姿势这些简单的事情，却几乎无法用词来表达，所以吉它入门书籍通常都配有图片，以帮助理解。当吉它入门手册的作者试图说明吉它弹奏正确时发出的声音时，也会遇到类似的问题。作者可能得造一些词来描述某些节奏模式，如“蹦—嚓，嘣—嚓”，即便如此，这些创造的词汇也只能大致模拟期望的声音。

由于知识和语言的这种有限性，普通语义学者强调，你永远也不能说得面面俱到。爱迪生说过：“我们对任何事情知道的还不到它的百分之一的百万分之一”。语义学者建议在任何陈述句后放上等等（etc.）一词，以提醒你，对任何事还能说出更多（即使你在实际上并不说出或写出“等等”，至少应该想到它）。语义学者把他们的杂志命名为 ETC（等等），以此强调这个观念的重要性。

语言是抽象的

抽象（abstraction）是选择某些细节和舍弃其他细节的过程。语言的任何使用都含有抽象。实际上，抽象是语言最有用的特征之一。它使我们能够分类思考，从而使我们具备概括能力。

在对一些水果——苹果、梨、橘子和桃子——进行分类时，我们会选一些细节来作区分的标准，如颜色、形状、质地，而忽视其他一些细节，如重量。我们也可以用另外一种方法来分类，例如六盎司的水果、七盎司的水果、八盎司的水果等等；在此我们选择了不同的细节，即重量，忽略了我们先前注意的细节。

在分类的过程中，很多人类的知识紧密地归结到一起，我们知道某种红色的、圆形的东西吃起来味道很好，于是就给它取个名字，以方便记忆和传播。

抽象是词汇的一种有用特色，但它同样也可能产生问题，尤其是当人们没有意识到抽象存在时。所有词汇都涉及到抽象，亦即省略了细节；但有些词比另一些词更抽象，而且，越是抽象，它们与现实的对应便越不直接。早川（S. I. Hayakawa，1964，p. 179）发展出一种有用的图表，来展示词汇的不同抽象程度。他的图表叫作抽象阶梯（abstraction ladder），是从柯日布斯基（1958，p. 397）所谓的结构细分（structural differential）概念发展而来的。有关抽象阶梯的例子如图 5.1 所示。

如图 5.1 所示，抽象阶梯用了一个特定的对象，即属于本书作者之一的一辆汽车，并且说明它不同层次的抽象意义。在最低的抽象层次上没有忽略细节，在这个原子过程的层次上，是科学家利用工具可以观察到全部细节变化的汽车。第二个层次是作为感觉对象的汽车，我们可以用感官感觉到它。值得注意的是，在这个层次上，即日常观察的层次上，仍有一些细节被我们忽略。一方面是因为眼睛处理的信息多于大脑处理的信息，但也因为我们一时只能从一点上观察。当我们从前面观察车子时，我们不能看到后面的细节。而且我们只看到车子的表面，看不到车子的内部构造。即使在观察时，也会发生某些抽象过程，即遗漏细节的过程。第三个层次是第一个语言层次，第一次涉及到词汇的使用。在这个层次

语言层次

8	交通工具
7	陆上交通工具
6	机动车辆
5	汽车
4	本田汽车
3	赛佛林的本田雅阁汽车

非语言层次

2	我们看得见和摸得到茶色本田雅阁汽车
1	作为原子过程的汽车

图 5.1 抽象阶梯示例

上，用一个词汇或短语特指被描述的这辆车。它可以是短语“赛佛林的本田雅阁汽车”。在这个层次上，所用的词特指某个对象。第四个层次上，我们可以用本田这个词来指同一类的东西，我们将客体归入某一类别，即所有本田一类汽车。在这个层次上，我们去掉了能够将某辆本田汽车从所有其他本田汽车中区分出来的那些细节。在下一个层次，使用的是汽车这个词，它所涵盖的范围，不只是本田汽车，还包括大众汽车、福特汽车、凯迪拉克汽车，以及其他牌子的汽车，因此，又有更多用来区分种类的细节被忽略。在第六个层次里，我们可以称之为机动车辆，将它与卡车、吉普车等归入一类，并再次省略了很多细节。在第七个层次，我们可以使用陆上交通工具一词，将其归入与火车、雪地机动车一类的事物中。在第八层次，我们用交通工具来指这辆车，在这个层次还包括飞机和轮船。值得注意的是，在每一层次都会忽略更多一些细节，一直到第八层次，变成非常抽象的词：交通工具。这个词不会像本田那样，在我们心中产生具体的图像，听到交通工具这个词，有些人可能想到一艘船，有些人可能想到一辆卡车，甚至很多人想不到任何清楚的图像。这是抽象词汇的特点之一：它们并不显示现实中存在的某些东西的清晰模样，人们对它们通常有很多不同的理解。

由于我们的语言有限，由于我们采用抽象和分类的方法，语言便使我们强调类似点，同时允许我们忽视相异点。我们通过忽视相异点看到相似点。在不同的事物中有相同之处，就如相似的事物中也有不同之处。

一位很有名的历史学家和科学哲学家布热诺斯基（J. Bronowski，1951）曾说：

> 我们将不完全相同的东西归于一类，我们对此行为如此熟悉，以至于我们忘记了这种归类的彻底性……这种行为的依据是我们承认一组并非完全相同的东西很相似……习惯使我们注意它们显而易见的相似之处（p. 21）。

除了专有名词之外，在我们的语言中没有词汇可以表达单独的事件、情感和关系。我们以分类的方式谈论、感知和思考这个世界。这些分类存在于我们的语言和我们的头脑里，而不是存在于自然界中。

我们可以用语言将任何两件东西纳入一组——归类。我们可以用语言将任何一件东西置于多个类别中。我们可以用语言将事实上独一无二的事物看作相同的东西（通过归类）。有时，这种方法用语言暗示“连坐”（guilt by association）。我们根据自己的目的、主观印象和估计来评价一个人，当我们改变对他的标签时，可能这个人并无变化。

语言中的假定

任何一种语言的结构和词汇都含有很多对现实性的假定（assumption）。很多假定根深蒂固，以至于我们察觉不到它们的存在。约翰逊观察到，我们使用的语言不只将词汇放进我们的嘴里，而且将观念放进我们的头脑中（见方框 5.2）。沃尔夫（Benjaminf Lee Whorf，1952）表述如下：

> 每种语言都与其他语言不同。（文化决定了）个体交流的形式和类别……分析自然，注意或忽略某些关系和现象，梳理自己的推理，并建构自己的意识。每一种语言都履行这种以不同的方式对现实进行人为划分的职能（p. 173）。

方框 5.2　思想随着语言的消失而消失

现代通讯、人口增长及移民大大加速了少数民族融入更大社会的速度，一些语言因此而消失。语言学家指出，知识和文化多样性因此减少。阿拉斯加大学的一位语言学家指出，当一种语言消失的时候，文化也会大致消失：

> 每种语言都包含富有思想的词汇，当词汇消失时，思想也会消失……人类进化伴随着多种语言，这些语言形成各放异彩的思想和世界观，但是这种丰富性正在迅速消减……（美联社，1999）

在英语中，隐含假定的一个例子便是不大被察觉到的性别歧视的字眼。女权运动使我们意识到很多这些词的存在。其他语言中也有同样的问题。例如，汉语是由意符（不说出名称而暗示某一事物的文字、符号或数字）组成的，表示女性的字眼通常与别的表意字合在一起，表示别的意思。“女”与“子”合在一起表示好；“女”与“眉”合在一起组成媚，表示谄媚；三个“女”字重叠，形成▮，表示通奸或强奸。女字旁还可以组成表示好色等意思的其他合成字。

语言的误用

由于语言是静态的、有限的、抽象的，因此，很可能出现一些语言的误用。普通语义学者最大的贡献之一，便是为我们指出了其中的几种误用。四种常见的语言误用是：固定层次抽象、认同不当、二元价值观评判和无意识投射。

固定层次抽象

约翰逊（1946，p. 270）所说的**固定层次抽象**（dead - level abstracting）是指固定在某个抽象层次上，既可以是高抽象层次，也可以是低抽象层次。公正、民主、自由、人类、共产主义、光荣的和平、法律与秩序等都是高抽象层次的词。如果某条消息中只有这些词，而没有伴随一些低抽象层次的词，那么就很难理解这条消息。有些词抽象层次高，又没有更具体的词汇伴随解释它们的词被称为“漂泊不定的词（Words cut loose from their moorings）”（Hayakawa，19644，p. 189）。它们缺少低抽象层次的词系住它们。

很多政治辞令都固定在高抽象层次上。当法律与秩序用于总统竞选运动时，它所指的低抽象层次的事物并不清楚。这便很难了解，因为给我们的词汇是高抽象层次的，却没有在具体层次作出解释。

电影《酒馆》（*Cabaret*）中有一个说明高抽象词令人困惑的例子。这个场景是，当纳粹势力逐渐扩张时，一群德国人围坐在客厅中，其中一人说：“如果所有的犹太人都是银行家，他们怎么可能又是共产党呢?”

在某条消息中，语言也可以固定在低抽象层次上，这是固定层次抽象的另一种形式。一个人来回重复他或她一天生活中的所有细节可能就是这样的例子。停留在低抽象层次上的消息通常不会产生概括性的结论，让人难以看出消息的要点。收到一条固定在低抽象层次上的消息就好像阅读邮递名录一样。

普通语义学者认为，有效的传播应该包括所有各种层次上的抽象。一条有效的消息应该既包括高抽象层次的概括，又包括低抽象层次的细节。为做到这一点，很多有教学经验的老师会采取一种行之有效的技巧——举大量的例子。

认同不当

认同不当（undue identification）指无法分清同一类别或范畴中成员之间的区别。这一术语指的是，把同一类别中的不同成员视为相同的个体。说明这种现象的另一术语是**类别思维**（categorical thinking）。在日常用语中，我们还将这种现象称作**过度概括**（overgeneralization）。最常见的一种认同不当是刻板印象（stereotyping）。

下面的陈述均未能分清同一类别中成员之间的差异性：

· 如果你看见了一棵树，你就看到了一片林。

· 我不会再相信别的女人了。

· 你不要相信报上说的事。

· 统计数字说明不了任何问题。

对岳母或婆婆的成见是爱管闲事和吹毛求疵；对意大利人的成见是“大情人”，这些都是认同不当的例子。

通常，由于语言的分类特征，人们又分不清个体间的差异，就形成了这种刻板印象。于是一些次级群体被插上了贪婪、愚笨、懒惰和懦弱之类的标签。有时，这一点也反映在一些文化笑话中。比如，嘲笑波兰人的笑话忽略了这样的事实：钢琴家肖邦、物理学家居里夫人、小说家康拉德、天文学家哥白尼等波兰人对人类文明作出了重大贡献。

普通语义学者有时建议使用数字标志（index number）来防止认同不当。如果我们每次在使用学生这个词时都加上了数字标志的话，我们就不大可能认为所有的学生都是一个样子了。这会提醒我们，学生1不是学生2。或再举例来说，阿拉伯人1不是阿拉伯人2。当然，最重要的，不是在我们写作和谈话中要使用数字标志，而是要明白：同一类别中的成员之间虽然有一些相似之处，但是在很多方面他们又是不同的。每一种分类都告诉我们某一物体跟其他物体的相似之处，但也告诉我们这一物体跟别的物体又是有区别的。没有完全相同的两样东西。

另一方面，有时候人们对事物的分类存在争议。婚后无法生育的夫妇认为保险公司歧视他们，因为医疗保险并不包括治疗不育症的费用。为了获得这笔费用的报销，他们正在争取将不育症归入疾病这一类别（Fein，1998）。

二元价值观评判

二元价值观评判（two - valued evaluation），是指在实际上有很多可能性的情况下却认为只有两种可能性的思维。它又称为非此即彼的思维（either - or thinking）或者排除中间层次的思维（thinking with the excluded middle）。语言加强了这种趋势，这是因为，在描述一种情况时通常只有一对反义词可用。熟悉的例子如夜和昼、黑和白、对和错。如我们先前讨论过的，夜和昼两个字不能反映出日夜循环过程中许多不同的状况。许多人会说，很多其他的词也同样适用于各自的情形。当提到品行上的问题时，一种老生常谈的说法是：“这不是或黑或白的问题，存在深浅不同的各种灰色。”

想想汽车保险杠标签上的宣传词“美国——要么热爱它，要么离开它”。这句话排除了其他的可能性，例如“留下并改变它”。在面对冲突时，常听见人们说“他们”和“我们”，这是另一个非此即彼思维的例子。

无意识投射

无意识投射（unconscious projection）是指不自觉地将我们过去的经历、猜想和偏见投射到我们的知觉上。

心理学家凯利（Earl C. Kelley，1947）曾说：“当我们接受周围的事物时，我们并不是从它们当中随机选择的，而是根据我们的目的和过去的经验进行选择的”（p. 48）。莎士比亚（William Shakespeare）说：“凡事无所谓好与坏，只是想法使然”（转引自 Brown，1988，p. 16）。当代作家布朗（H. Jackson Brown）在其编著的《父亲的智慧》（*A Father's Book of Wisdom*）一书中写道：“我们不是按事情的原状看事情。我们是按我们的想法看事情”（p. 106）。在眼睛背后从事观察行为的是“我”。观察行为发生在我们的头脑中和神经系统里，我们所见的是我们对所看事物的反应。

普通语义学者建议，在每一句陈述的末尾都加上“在我看来”这几个字，可以防止无意识投射。需要再次说明的是，我们不必写下或说出这些字，但这种建议至少有助于我们想到它。

三种陈述方式

新闻业中的一个主要争论是关于客观性（objectivity）的——即它是有益还是有害，以及是否有可能做到客观。汤普森（Hunter Thompson）、莫耶斯（Bill Moyers）、布林克利（Daried Brinkley）等知名记者将客观性描述成一个神话。而丹尼尔（Clifton Daniel）、布鲁克（Herbert Brucker）等另一些知名记者却以客观性是新闻报道的基本要求来捍卫它。

早川提出的一些概念可能有助于记者理解在客观性方面的争议。早川（1964）探讨了人们的三种陈述方式——报道、推论和判断——以及与偏向相关的问题。

报道（report）是一种可以证实的陈述，它排除推论和判断。举例来说，这句陈述就是报道：“北加利福尼亚州达勒姆市昨晚的最低气温是华氏 47 度。”这种陈述是可以查证的。你可以到达勒姆的气象站查证记录或访问那里的气象专家。报道的另一些例子可以是下面的陈述：“市议会批准了 1995 年度 2.37 亿美元的财政预算。”（他们有没有批准，可以从议员、参加会议的见证人和官方的会议记录处查证）；“星期六下午有人在城市机场看到过抢劫嫌疑犯史密斯（Larry Joe Smith）。”（这句话可能较难证实，可能要等到史密斯被捕并在法庭上被目击者指认后才能得到证实，但它还是可以证实的。）

推论（inference）是根据已知情况对未知情况的陈述。对别人的想法或感觉的任何陈述都是一种推论。你可能看到某人一拳打在桌子上，提高嗓门，脸涨红起来。这些是已知的方面。如果你据此说“克里斯（Chris）生气了”，那么你就是对未知的情况（此人的情感）做出了陈述，你就是在做出一种推论。在很多情况下，最保险的做法是遵循已知消息并将它报道出来——一拳打下去，提高了嗓门，涨红了脸。关于这些可观察到的特征是可以证实的，因而是报道。

任何有关未来的陈述都是一种推论，因为未来是未知的。“总统将在星期四到医院检查”这句陈述是一种推论，因为它谈到将要发生的事，这种情况下较为保险的说法是：“新闻秘书说总统将在星期四到医院检查。”它可以证实，因而是一种报道。

一个被抢劫的人描述攻击者说：“他一定有6.2英尺高，可能喝过什么东西，正处于兴奋状态。”说攻击者“可能喝过什么东西，正处于兴奋状态”是一种推论。因为使用了可能这个词，所以说它是一种标明的推论（labeled inference）。再举个例子解释标明的推论。一位电视新闻记者在陈述国会未能推翻总统对紧急职位法案的否决时说：“这些民主党员看来被所发生的事弄得不知所措。”

判断（judgement）是对某事、某人或某物的赞同或不赞同的表达。例如，学生有时用了不起（赞同）或糟极了（不赞同）来形容某位老师。有时，写给报纸编辑的信里含有判断。例如，有封信中把电视连续剧《根》（*Roots*）描述成“贩卖种族仇恨的诽谤”和“过分的虚构”。

有时，新闻报道来源会直接说一些判断。警觉的记者就需要对它刨根问底。在得克萨斯州教材听证会期间，一位女权主义批评家就书中的性别歧视接受电视记者采访时说：“今年有些书我们几乎可以说喜欢，但也有很多不好的书。”记者问道：“什么是不好的书？”这位批评家早已准备好了答案：“一本不好的书就是工作角色中有75%以上是男性的书。”这就使访问从判断领域转到报道领域。为了新闻的客观性，新闻记者可以采用很多办法，尽可能消除推论和判断，尽可能多用报道。但是仅仅这些还不能保证客观性。

偏向

如早川指出的那样，还有另一个因素必须加以考虑，这就是偏向的因素。偏向（slanting）是对所描述主体有利或不利细节的选择。

偏向估计

对偏向的一种使用方法是偏向估计。例如，在描写大规模的户外示威时，报纸通常会得到几个可供报道选择的对示威人数的估计。曼（Leon Mann，1974）研究了1967年10月对华盛顿特区反战集会的报道，发现那些反战的报纸倾向于选择一个偏大的数目估计人群，而赞成参战的报纸则倾向于选择偏小的数目。

统计数字的偏向

人们常常有选择地使用统计数字来扭曲或者引导（spin）信息。比如说，某个大学吹嘘自己录取学生的人数居全美第一，同时宣称本校拥有的全国荣誉学者的数量仅次于哈佛大学。地方媒介在报道这些数字时并未加以评判。很少有人质疑这所大学在每千名学生拥有全国荣誉学者数量方面排在什么位置。

博物馆展览中的偏向

博物馆展览中有一种新的概念会令人联想到偏向。有观察家说，新的博物馆设计给观众留下的对某个展览的阐释空间要小于以往。现在的叙述方式通常缺乏灵活性，使个人阐释的机会更少。作者说：

> ……每个博物馆都是从过去事物中进行选择，在现在时空中创造情境……传统的博物馆中，在丰富的细节经验中包含着大量的信息……新的博物馆存在风险……这种风险就是为了某种单一的信息而牺牲丰富的细节(Rothstein，1997)。

绝对的客观性也许不可能，但在事实上，新闻记者（或其他传播者）在尽量接近客观方面却大有文章可做。他们可以排除推论与判断，有意识地避免偏向，极力使用报道，从而尽量接近客观。另外，这些概念提供了某些具体术语，以讨论报道是否客观的方法。

客观性研究

新闻学教授梅里尔（John Merrill，1965）在其关于"《时代》杂志是如何刻画三位美国总统的"研究中运用了普通语义学和他自己的概念。他列出了以下六种**偏见**：属性偏见（例如，"被击败的杜鲁门"），形容词偏见（艾森豪威尔的"温文尔雅的说话方式"），副词偏见（"杜鲁门不客气地说"），直率意见（相当于早川所说的判断，比如，"很少有不受欢迎的人解雇一个更受欢迎的人"），语境偏见（整句、整段或整篇的偏见，6个法官都不得不同意），照片偏见（"照片给人的整体印象是什么？照片上总统如何被表现的——高贵的、低贱的，生气的、快乐的，镇定的、紧张的，等等？照片标题说了或暗示了什么？"）。

梅里尔研究了《时代》杂志对杜鲁门、艾森豪威尔和肯尼迪的报道。针对每位总统，他选择了十期杂志作为研究样本，然后统计这六种偏见中每一种偏见发生的次数。表5.1的结果显示出，该杂志对杜鲁门持强烈的否定偏见，对艾森豪威尔持强烈的肯定偏见，而对肯尼迪的报道则相对平衡。对杜鲁门和艾森豪威尔的描述就是很好的偏向例子——经过一段时间后，不论对哪位总统选择出的细节造成的有利的或不利的印象都极大。

表 5.1 每位总统的十期《时代》杂志样本中显示偏见例证

	杜鲁门	艾森豪威尔	肯尼迪
偏见总数	93	82	45
正面偏见	1	81	31
负面偏见	92	1	14

来源：Adapted from J. C Merrill. "How Time Stereotyped Three U. S. Presidents," *Journalism Quarterly* 42 (1965), p. 565.

梅里尔的研究（1965）发表了14年之后，另外3位研究者又重复了这一研究，想看看情况是否有变化（Fedlcr, Mccskc, & Hall, 1979）。他们说，这本杂志逐渐变得公平的说法与它对越战和其他新情况的报道相抵触。他们还注意到，自从梅里尔研究后，《时代》杂志的发行量增长了将近40%，调查显示，连国内的新闻记者都非常依赖《时代》杂志的报道。

为了与梅里尔的研究保持一致，验证研究的设计尽可能与上次相似。研究调查了《时代》杂志对约翰逊、尼克松（包括水门事件前和水门事件后）、福特和卡特的报道。这三位研究者均是有经验的新闻记者，他们分别工作，阅读从《时代》杂志中随机选出的10期中全部有关总统的文章，并且独自记下明显偏见的例子。

经过仔细的资料分析后，他们（Fedler, Meeske, and Hall, 1979）总结道：

> 《时代》杂志仍继续使用梅里尔报道过的大部分偏见技巧，尽管一些技巧的使用方式看起来已经改变。《时代》杂志仍然使用一系列手段，引导读者对新闻的看法，因而使《时代》杂志可以在一般的新闻专栏中发表社论性意见（p. 335）。

1979年的研究数据表明，《时代》杂志的新闻专栏对约翰逊持中立态度，在水门事件前偏爱尼克松，而在水门事件后批评他，支持福特，反对卡特。值得注意的是，这些数据来自《时代》杂志的新闻专栏，而不是社论。

几年后，费德勒、史密斯和米斯克（Fedler, Smith, Meeske, 1983）调查了《时代》和《新闻周刊》在1960年、1968年和1980年三次总统大选期间对肯尼迪兄弟——约翰、罗伯特和爱德华的新闻报道。遵循两个早期研究的榜样，他们调查了报道中的10种不同陈述方式以及与肯尼迪兄弟经常相关的6个问题：年龄、外表、个性、家庭、宗教和财富（p. 490）。接着他们分析了1896句陈述

（占刊出陈述总数的92%）。在这些陈述中，三位编码者之间存在（肯定的、否定的、中立的）一致性。他们发现，这两份杂志对肯尼迪兄弟持喜爱、中立、不喜爱陈述的百分比惊人地相似。同样，《时代》和《新闻周刊》对约翰的喜爱都以相似的比例多于他的两个兄弟（p. 496）。

梅里尔（1965）和费德勒、米斯克、霍尔的研究是应用普通语义学原则和内容分析方法检查美国某家大媒介的好例子。对这方面进行的后续研究也很好地说明了我们在第2章中讨论过的科学的累积性特点。

另一位新闻学教授劳里（Dennis Lowry，1971）以早川关于报道、推论和判断的分类法为基础，研究了副总统阿格纽（Spiro Agnew）著名的得梅因（Des Moines）演说是否对电视新闻播音员造成了威胁。劳里注意到，阿

格纽对媒介的主要批评如下：

1. “一小撮人……挥舞着自由之手，选择、表现和解释我们国家的重大议题”；这些人是电视新闻的“主持人、评论员和执行制片人”。
2. “诽谤”和攻击是从“电视演播室这个特权的圣殿”散播出来的。
3. “当4000万美国人每晚收看的新闻由只对雇用他们的公司雇主负责的少数人决定，并且由只承认他们自己一套偏见的少数评论员过滤时，某种新闻检查制度是否已经存在了。”（《纽约时报》，1969年11月14日，p. 24，引自Lowry，1971，p. 205）

劳里对阿格纽演讲前后的广播网新闻报道做了随机抽样调查。他只看有关总统施政方面的报道，并将所得资料分成九类：交代来源的报道、未交代来源的报道、标明的推论、未标明的推论、交代来源的喜好判断、交代来源的不喜好判断、未交代来源的喜好判断，以及其他。劳里发现，在阿格纽演说前后，新闻中交代来源报道的比例增加了，这是最保险的新闻陈述方式。在阿格纽演说前后，新闻中几乎没有判断，这表明，那些指责电视网对尼克松政府有偏见的批评者显然并没有注意到判断方式。这些批评者可能一直反对未标明的推论，这一类别在阿格纽演讲前后所占比例最高（每次约为49%）。他们还可能反对偏向，但是由于偏向包括对资料的省略，所以很难研究。

编码的含义

现在我们可以回到最初的问题上了：关于编码，即将目的、期望或意义转换成符号或代码，普通语义学能告知我们什么。普通语义学教导的是，编码是一项艰难的任务，通常充满陷阱。英语中的词汇数量有限，通常这些词汇只能大致与现实世界相符。但凡作家面对共同的问题，即寻找正确字眼来表达自己的思想时，就能体会到编码的困难。

托夫勒记得他的经历。当年他作为一名新闻记者在华盛顿报道一次参议院裁

减军备听证会，曾试图将长达数小时的证词用500字加以概括。他说：

> 我知道我不能抓住全部现实……从那以后，我便把报纸的一版视为一种虚构，一幅歪曲了的地域图，太复杂、变化太快的地图。尽管如此，这虚构就是我们赖以为生的基础（p. 198）。

另外，人们还可以采用某种编码方式，就是实际上对现实世界说得很少的方式。当语言处于高抽象层次时就是这样。

最后，主观投射的概念使我们意识到要达到客观的难度。在某种程度上，任何陈述都与说话者有关，因而都有主观的成分，克服主观倾向的最佳方式是坚持采用可证实的陈述，即报道。

结论

普通语义学讨论语言与现实的关系，以及语言影响我们思维的方式。

普通语义学对大众传播从业者具有很多含义。第一，它指出了编码的困难，即以符号或代码表述意义的困难。第二，它提供了分析、谈论客观性的基础，而客观性是一个主要的传播概念。第三，它能帮助大众传播者——或任何别的人——分清信息和误传信息。普通语义学指出了一些误用语言的现象：固定层次抽象、认同不当、二元价值观评判和无意识投射，这些已广为人知。了解这些误用对记者采访新闻来源非常有帮助。这些知识也能帮助大众传播的消费者，即一般市民对付每天来自大众媒介的一系列信息与误传信息。

【关键词】

抽象（abstraction）：选择某些细节和舍弃某些其他细节的过程。

偏见（bias）：支持或反对某人、某团体或某事的倾向、意向、倾斜或者成见。

类别思维（categorical thinking）：见**认同不当**。

固定层次抽象（dead - level abstracting）：所指的概念固定在某个抽象层次上。

编码（encoding）：指将目的、意愿或意义转化成符号或代码的过程。

普通语义学（general semantics）：对词汇和词汇使用者之间关系的研究。例如：评价、宣传、使用习惯语。

意符（ideograms）：不说出名称而暗示某一事物的文字、符号或数字。

推论（inference）：指根据已知情况对未知情况的陈述。

判断（judgment）：指对某事、某人或某物的赞同或不赞同的表达。

过度概括（overgeneralization）：见**认同不当**。

报道（report）：指一种可以证实的陈述，它排除推论和判断。

偏向（slanting）：指选择对所描述主体有利的或不利的细节。

二元价值观评判（two - valued evaluation）：指在实际上有很多可能性的情况下却认为只有两种可能性的思维；又称为非此即彼的思维或者排除中间层次的思维。

无意识投射（unconscious projection）：指不自觉地将我们过去的经历、猜想和偏见投射到我们的知觉上。

认同不当（undue identification）：指无法分清同一类别或范畴中成员之间的区别；又叫做类别思维或者过度概括。

【讨论题】

1. 我们社会的变化快于语言的变化，请说出一种仍未有适当名称的变化。
2. 你能举出媒介中“连坐”的新例子吗？
3. 指出我们语言中一个隐藏的假设。
4. 请举出最近一次谈话中固定层次抽象的例子（高层次或低层次）。
5. 社会中有很多连坐不当和刻板印象的例子，你能从最近的大众媒介、学校出版物或某次上课中举出一例吗？
6. 我们思考和说话时容易走极端，或是采取非此即彼的方法，而将某些可能性排除在外。请举出一个非此即彼的新近例子。
7. 当我们陈述或评价某事时，我们倾向于投射自己的观点，请举出你做过的最近一例。

第6章 宣传分析：解码及效果的最初理论

在两次世界大战之间，出现了很多以宣传为题目的书。当拉斯韦尔关于第一次世界大战中宣传运用的博士论文于 1927 年出版成书时，一位评论家称其为“一本马基雅维利式的教科书（即教唆权术的书），应当马上予以销毁”（Dulles, 1928, p. 107）。这位评论家的反应表明了一战后人们对宣传技巧所持的害怕态度。一本论及一战中美国宣传的书甚至定名为《赢得这场战争的话语》（*Words That Won the War*, Mock & Larson, 1939）。在这种气氛之下，难怪二战迫近之时，人们对宣传的效果忧心忡忡。

宣传被认为有极大的威力。就我们的目的而言，宣传的重要性在于，我们最初对大众传播效果的理论思想来自对宣传所做的各种分析。现在，当我们回头去看时，其中很多理论已相当原始。然而，传播理论中的两个重要领域是根植于有关宣传的早期思想的。其中一个是态度改变（attitude change），传统上它是传播研究主要领域之一。什么是改变人们态度的最有效的方法？宣传研究对这个问题提供了一些初步的解答。第二个领域是有关大众传播普遍效果（general effects）的理论思维。大众传播对个人或社会产生了什么样的效果？这些效果是如何发生的？

何为宣传？

宣传（propaganda）一词源于拉丁语 Congregatio de propaganda fide，或称信仰宣传圣会（Congregation for the Propagation of Faith），是由天主教会于 1622 年提出的。当时正值宗教改革时期，不同教派从天主教中分裂出来，信仰宣传圣会是天主教中反改革的力量之一。这一时期的一个争论，是科学与宗教哪个是世界知识的来源。这场争论中的一位主要人物是伽利略，他通过望远镜的观察坚持认为地球是围绕太阳转的。这种看法与天主教的教义直接冲突，并且事实上是天主教禁止的命题。1633 年，宗教裁判所审问伽利略并定罪，迫使他放弃地球围绕太阳转的论断，教会被置于捍卫不可捍卫之学说的境地。对于科学已经证实为谬误的说法，教会仍然要为其徒然辩护。可能正是在这一次重大事件中，宣传一词被赋予了不真实的反面含义。1980 年，教会对伽利略一案重新调查，以决定他是否真的犯有异端邪说罪。这一举动被报道为教会为重新树立其在文化及科学上的中心和威信的一种努力（Fleming，1980）。

拉斯韦尔的经典著作《世界大战中的宣传技巧》（*Propaganda Technique in the World War*,1927）提出了早期对**宣传**的尝试性定义："它仅指以重要的符号，或者，更具体一点但欠准确地说，就是以消息、谣言、报道、图片和其他种种社会传播方式来控制意见的做法"（p. 9）。几年以后，拉斯韦尔又提出一个稍有不同的定义："就广义而言，**宣传**是通过操纵象征物来影响人类行为的技巧。这些象征物可以采用口语的、书面的、图片的或音乐的形式"（1937，pp. 521 – 522）。

拉斯韦尔的定义可能也包括了大多数广告的行为，事实上，看起来还包括被称为说服（persuasion）的全部内容。拉斯韦尔（1937）说过，"广告和消息发布均属于宣传的范围"（p. 522）。

拉斯韦尔的两个定义都包括老师引导班上学生学习的行为，很多人不愿将此称为宣传，因此拉氏的定义对某些目的而言也许太广了一些。

心理学家布朗（Roger Brown，1958）试图在宣传与说服之间进行区别，从而解决这一问题。布朗对说服（persuasion）的定义是："操纵符号以促使别人产生某种行为"（p. 229）。接着他指出，"当某人认为，行为，即说服努力的目标，对说服者有利，但并不符合被说服者的最大利益时，"这种说服的努力就可以称为**宣传**（p. 300）。换言之，某种行为是不是宣传，并没有绝对的衡量标准，那是某人做出的判断。如果只从使用的技巧来衡量，那么说服和宣传是相同的。只有当有人认为某种行为对信源而非接收者有利时，这种行为或消息才被称作宣传。

根据拉斯韦尔（1927，1937）和布朗（1958）的定义，宣传可以包括大多数广告行为（目的不在于接收者的利益，而是帮助广告商扩大销量）、大多数政治竞选活动（其目的不在于接收者的利益，而是帮助候选人竞选）、以及大多数的公共关系（其目的不在于接收者的利益，而是帮助公司树立美好形象）。

拉斯韦尔（1927）还论及宣传的四个主要目标：

1. 激起对敌人的仇恨；
2. 保持与盟军的友好关系；
3. 保持与中立国的友好关系，并尽可能与其达成合作；
4. 瓦解敌人士气（p. 195）。

这些显然是战时目标，并不适用于广告或其他和平时期的说服类型。

战时宣传

战时宣传可以追溯到早在耶稣降生之前孙子（Sun Tsu）所著的《孙子兵法》（Read，1941）。但人们对宣传的真正认识来自于第一次世界大战，当时它被大量使用，它的功效更是前所未见。之所以会有这么大的效果，是因为人们对宣传还一无所知。有位专家曾指出，1913 年版本的《大不列颠百科全书》（*Encyclopeedia Britannica*）中甚至还没有“宣传”这个词条（Read）。为了激起对敌人的仇恨（即拉斯韦尔所说的第一个目标），当时最行之有效的技巧便是描述敌军的暴行，这类描述在两军阵营中都广为传播。利用广为报道的德军在比利时砍掉比利时儿童的手的故事，同盟国成功地激起了对德军的仇恨。暴行故事通常也是美国电影院中“四分钟人”（four -minute men）演讲的部分内容，演讲者的演说被精确地限定为四分钟（Mock & Larsen，1939）。这些暴行故事大多是编造的，但它们的确使一战的宣传十分奏效，因为人们相信确有其事。

宣传教育

二战前夕，宣传教育（propaganda education）在美国成为关注的焦点。也许有些美国人担心，美国在一战中对待德国那么有效的宣传技巧会被用来对付自己。

社会心理学家坎特里尔（Hadley Cantril，1965）讲述了 20 世纪 30 年代某一次他在波士顿广播电台节目中谈论宣传的情况。第二天，他接到法林（Edward/A. Filene）打来的电话。法林是一位成功的商人，他在美国组织了信用合作运动并设立了 20 世纪基金会。法林希望赞助某项事业，教导人们如何思考，并要坎特里尔花一个晚上与他商谈这个构想。他们最终认定，他们可能无法教导人们如何思考，但或许可以成功地教导人们如何不那样思考。于是，他们在 1937 年设立了宣传分析研究所（Institute for Propaganda Analysis），坎特里尔为第一任主席。该研究所的顾问委员会包括后来几位对传播理论作出各种贡献的人士，如戴尔（Edgar Dale）和杜布（Leonard Doob）。

这个研究所担心德国纳粹势力扩张，攫取政权，以及纳粹的宣传可能对美国产生影响。希特勒和他的宣传部长戈培尔（Joseph Goebbels）当时在德国的宣传甚嚣尘上。研究所担心类似的人物有可能在美国攫取政权。现在看来虽然这不可能，但我们应该记住，20 世纪 30 年代纳粹分子曾在麦迪逊广场公园集会，而这种集会一度遍及美国。况且，当时还有一个极有可能成为美国式希特勒的人物，这个人就是库格林（Charles E. Coughlin）神父。他是一个天主教神父，在 47 家电台组成的广播网传道，从而成为有名的“电台牧师”。每周日库格林节目的听众达 3000 万，就像今天有些电视节目的观众一样多。按比例计算，这些听众的数量远远超过今天大众媒介的受众数量。库格林显然是个多姿多彩的人物，他在密歇根州皇家橡树镇的教堂被称为小花圣地，他还在圣地一角建起了圣地超级服务站和热狗食品站。然而，他的广播演说似乎在宣扬法西斯哲学。他的杂志《社会公正》（*Social Justice*）因为反映了纳粹宣传路线被美国政府禁邮，库路林的电台生涯最终因他受到教会的惩诫而画上了句号。

也许宣传分析研究所最知名的出版物要数李和李（Alfred McClung Lee and Elizabeth Briant Lee，1935）合编的《宣传的艺术》（*the Fine Art of Propaganda*）一书。这本书提出七种常用的宣传技巧，并用库格林的一些演说为例加以说明。这些技巧的命名简单易记，便于在公共学校讲授。

宣传的技巧

这七种宣传技巧是辱骂法、光辉泛化法、转移法、证词法、平民法、洗牌作弊法和乐队花车法。结合当代社会的事例——政治竞选、广告、报纸专栏以及极端团体的言论，我们将对每种技巧加以定义和讨论。

辱骂法

辱骂法（name calling）是给某思想加上一个不好的标签，使我们不检查证据就拒绝和谴责这种思想（Lee & Lee，1939，p. 26）。辱骂法不常用在广告中，可能是因为不情愿提到竞争对手的产品，哪怕是骂名。然而，它却普遍用于政治和其他领域的公开话语中。

恐怖主义 辱骂法最近的两个例子是恐怖分子和恐怖主义。就像一句古老格言所说的，“对某人而言是恐怖分子，对另一人而言却是自由斗士。”普通语义学者指出，我们依据自已的目的、主观反应和评价来称呼别人。当我们更换标签时，这个人其实并无改变。

恐怖分子和恐怖主义的称谓被人称为寻找意义的陈词滥调。希钦斯（Christopher Hitchens，1989）问道：“恐怖行为”是否总是指人们采取的某类行动，抑或有时视其采取人而定？他引述了美国国务院反恐怖主义顾问的话，这位顾问同时还是反恐怖主义及附属国冲突研究所的常务所长，以及《反击：赢得反恐怖主义的战争》（*Fighting Back*：*Winning the War against Terrorism*，Livingstone，N. C，and T. E Arnold，1986）一书的合编者，他说恐怖主义不存在一个普遍接受的定义（p. 148）。

希钦斯引用了华盛顿战略及国际研究中心的两位作者在《恐怖主义作为国家支持的战争》（*Terrorism as State Sponsored Warfare*）一书中的话说，对于恐怖主义的不受价值观影响的定义并不存在（p. 148）。

希钦斯接着引用了兰德公司某个出版物的介绍部分的话说：

> 我们所谓的恐怖主义是什么？很不幸，这个词并没有精确的或可被广泛

接受的定义。由于恐怖主义已成为一个时髦的词，泛指各类暴力，这使下定义变得复杂了（p. 149）。

对某人而言是“自由斗士”的人，对另一个人而言可以是“恐怖分子”。二战结束时，英国仍对巴勒斯坦实施监管，以色列的很多当代领导人都曾在那时展开游击战，反抗英国的统治。后来成为以色列总理的沙米尔（Yitzhak Shamir）曾是“以色列枪”（Irgun）的成员，随后成为“以色列自由战士”三人高层领导人之一。按照其一把手的名字，这些自由斗士也被称为“斯特恩帮”（Stern Gang）。正如一位作家指出的那样，在沙米尔的领导下，这个组织展开了恐怖主义活动，经常在街头枪杀英国军队和政府高级官员（Brinkley，1988）。他还说：

> ……沙米尔是恐怖分子吗？“是的，”约翰逊（以前是巴勒斯坦警察）说，“对英国政府而言是。但是对犹太人而言，斯特恩帮是自由斗士。这就像巴勒斯坦解放组织的情形一样，对以色列人而言他们是恐怖分子，对阿拉伯人而言却是自由斗士”（p. 68）。

以色列劳工党资深党员和前以色列国防部长魏兹曼（Ezer Weizman）也曾是“以色列枪”的成员，正是该组织1946年炸掉了耶路撒冷大卫王旅馆（Brooks，1998）。有些今天备受社会尊敬的人物都曾是“地下”战士或“自由斗士”。对他们的敌人而言，就像前面那个巴勒斯坦警察所说的那样，他们是“恐怖分子”。

著名的性心理治疗专家维斯海默（Ruth Westheimer，1980）博士在一篇文章中主张女人应被指派参加战斗任务，她写道：

> 16岁时，我从欧洲移民到巴勒斯坦，在那里我成为犹太主要地下军队（Haganah）的一员……并且被训练成一名狙击手，使我能屡次击中目标……在对耶路撒冷的一次炸弹攻击中，我几乎失去了我的双腿（p. 15）。

一位资深的中东记者（Haberman，1992）指出，以色列的新闻报道总是将那些组织攻击的巴勒斯坦人称作“恐怖分子”，而不管攻击目标是军事驻地还是无辜平民。对于以色列人来说，这个人会被定义为“恐怖分子”，但是对于另一方来说，他是个“斗士”。这位记者说他自己至少是个“积极分子”。赫伯曼（Herberman）说：

> 如果他在执行暴力活动时被以色列士兵杀死，那么（在巴勒斯坦人眼中）他就成了“烈士”……当然，如果，他是因为以某种方式帮助以色列人而被巴勒斯坦同胞杀死，那么在许多巴勒坦人眼中他就成了“通敌者”，

死有余辜（p. A1）。

人是被称作“地下”战士或“自由斗士”，还是被称作“恐怖分子”，都是根据贴标签的人的观点而定，或是贴标签的人支持哪一边而定。通常，一个“地下”战士或“自由斗士”的行为和那些“恐怖分子”的行为都是一样的——只是标签改变了。

有些时候，辱骂法可以影响国家和数百万人的命运。方框6.1中描述的这个著名案例值得我们关注，因为它涉及到公共关系行业的一位先驱人物。又见方框6.2。

方框6.1　联合水果公司

20世纪50年代早期，危地马拉新的阿本兹（Arbenz）政府向拥有本国大量未开发土地的美国联合水果公司征收土地，以重新分配给无地的农民。在其《一家美国公司》（An American Compony）一书中，联合水果公司公关合作部的前任副总裁麦克坎恩（Thomas p. McCann）告诉人们，这家公司如何散布谣言，说危国政府的举动是受了共产党的煽动，如何出钱安排美国记者到危地马拉采访，如何在记者抵达时安排“共党分子”示威，以及美国的公众舆论是如何转而反对危地马拉政府的。这就是公司为了将来获得成千上百万元而采取辱骂法报复的例子。麦克坎恩说：“当这些受害者急于了解真实真相时，很难制造令人信服的事例以操纵新闻界”（p. 47）。危地马拉政府对未开发土地提供的补偿金，是根据联合水果公司按照税款对这块地的投资确定的。但是，这笔补偿金的数额被美国拒绝，说它不够。美国国务院听信了“共产主义威胁”论。国务卿杜勒斯（John Foster Dulles）曾是纽约沙利文和克伦威尔（Sullivan and Cronwell）法律公司的成员，该公司代表联合水果公司在中美洲的利益。他的兄弟艾伦（Allen）是中情局局长。于是，经合法选举产生的危地马拉政府被中央情报局发动的入侵颠覆，入侵活动以联合水果公司作为一个行动基地。在中美洲国家中，危地马拉的内战持续时间最长，也最血腥，其原因就在于右翼分子极端的寡头镇压和严重的财富集中（Gruson，1990a）。长达40年的内战已使10多万人丧生（Greenhouse，1995）。危地马拉是世界上第六大罂粟生产国，并已成为可卡因的重要转运地（Gruson 1990b；Millett，1994）。（p. 45）

麦克坎恩（1976）说：“伯奈斯（Edward L. Bernays）负责把公司策略以最佳的面目表现出来，他是‘公共关系之父’，是这个领域中最有声望的人”

在其《宣传》一书中，伯奈斯（1928）写道：

有意识地、有技巧地控制公众的有组织的习惯和观点是民主社会的重要要素。那些控制这种社会潜在机制的人构成了一个无形政府，这是国家的真正统治力量……（p. 9）

人们发现它有可能塑造大众的思想，会使大众将他们刚刚获得的力量投入操纵者希望的方向……（p. 19）。但很显然，这需要由一群聪明的少数人持续地、有系统地利用宣传。这些将私人利益与公众利益互相结合、并积极改变别人信仰的少数人，推动了美国的进步和发展（p. 31）。

要想更多地了解伯奈斯，见泰伊（Tye，1998）书中的描述。

方框6.2 海湾战争

在国会人权事务委员会上，关于伊拉克士兵在科威特暴行的证词导致了使用辱骂法的公关运动，帮助政治家把美国引向了海湾战争。一个十几岁的女孩娜耶热赫（Nayirah）作证说，她曾看见伊拉克士兵把几百个科威特婴儿从育婴箱中拿出来，放在医院地板上让他们等死（MacArthur，1992）。国会人权小组的主席解释说，证人的身份保密，这是为了保护她的家人在被占领的科威特的安全。布什总统在演说中6次引述了这个育婴箱故事，7位参议员也引用了这个故事，目的是投票授权总统出兵海湾。伊拉克士兵在科威特的暴行被比拟为纳粹暴行。

科威特解放后，一名美国广播公司的电视记者采访了在伊拉克占领时一直呆在科威特的医院医生，然后指出，这个故事几乎可以肯定是编造的。

随后的调查表明，这个15岁的科威特女孩是科威特驻美国大使的女儿，人权委员会大多数成员都不知道这一点。如一位记者（MacArthur，1992）观察的那样，如果人们事先知道这一点，就有可能要求娜耶热赫证明目击暴行时她身处何地，以及要求提供进一步的证据来确证这个故事。

共同主持会议的国会议员显然知道这个证人的真实身份，但他们与希尔—诺尔顿（Hill and Knowlton）公关公司关系密切。这家公关公司受雇于“争取自由科威特市民”组织。这个组织由科威特赞助，曾游说国会采取军事行动。希尔—诺尔顿公司的副总裁帮助组织国会的听证会。这位副总裁早先曾因为土耳其的人权记录辩护而著名。事情起因于，有人批评土耳其没有履行适当的程序就监禁公民，并施刑和杀害他们。他还为代表印度尼西亚利益的希尔—诺尔顿公司游说，印度尼西亚自1975年以来在东帝汶杀害了10万多人。

6100万人观看了伊拉克入侵科威特的有关录像带，这是1990年使用率居第二位的公关录像带。它是希尔—诺尔顿公司为“争取自由科威特市民”组织制作的（Sonenclar，1991）。

希尔—诺尔顿公司的总裁兼首席执行官爱迪生（Thomas E. Edison）在一封反驳信中说，公司不会在任何时候与任何人合伙故意制作伪证，娜耶热赫当时确实在科威特，她化名自愿在一所医院（Al-Adan）工作，美国大使馆也证实她当时在科威特。他还援引了科威特红十字会会长向联合国的证词，证明伊拉克士兵直接参与了活埋从育婴箱中抱出的新生婴儿的事件（Eidson，1992）。

为多家报纸供稿的专栏作家麦格罗里（Mary McGrory，1992）对这一事件评论说：“……公共关系与公共政策狼狈为奸的关系；国会和接受了巨额资金施加影响的个人之间的良好关系——以及想要进入战争的国家的所作所为。这些真相被精巧的泡沫掩盖住了”（p. C1）。

光辉泛化法

光辉泛化法（glittering generality）是“将某事物与好字眼联系在一起，使我们不经证实而接受或赞同这一事物”（Lee & Lee，1939，p. 47）。光辉泛化法的使用极其普遍，以至于我们很少注意它。

产品名称与促销 最常使用好字眼的地方是产品的名称，像金牌面粉、皇家人造奶油、神奇面包、南方舒适（一种酒名）、超级壳牌（汽油）、最佳乳制品等等。有些谷类加工食品的名称特别吸引小孩子，如棒极了、队长嘎嘣脆，飞陆筋斗。

有时广告中使用的光辉泛化法存在很大程度的欺骗性，以致引起法律纠纷。洗发水广告中流行“天然配方”的说法，联邦贸易委员会要求洗发水制造商证明所谓天然配方究竟指的什么。结果，“天然配方”原来竟是椰子油和纯净水而已。

政治和商业 除了用于广告，光辉泛化技巧还用于政治等其他领域。将一项提案称为“工作权利”法案可能有利于法案的通过，谁会反对工作的权利呢？还有一个类似的例子，那些在美国巡回演说反对巴拿马运河条约的国会议员称自己为“真理小分队”。罗斯福称他推行的政策为“新政”也是有效利用了光辉泛化法；它听起来很好，表明罗斯福正在纠正弊政。

大多数人通常不会对战争持正面态度，但近年来，政治家们却正在努力制造战争的托辞，有时不惜延长战争。施瓦茨科普夫（Norman Schwarzkopf）将军提及1991年的海湾战争时评论说：“……华盛顿下令延迟停火两个小时，为的是使地面战成为‘百时大战’。施瓦茨科普夫将军不无嘲讽地说：“他们真懂得如何包装历史事件”（Eisenhlower，1992，p. 49）。

可能一场“百时大战”比起“战争”一词更能让人接受。

《纽约时报》的“美国战争游戏”专栏（Heibert，1998）写道，国务卿奥尔布赖特在纳什维尔田纳西州立大学为学生演讲时谈论伊拉克说：“我们谈论的是动用武力，我们不说发动战争。这是个重要的区别。”这个专栏作家补充说：“这的确是个重要的区别。但那些收拾行装，离开家庭，奔赴中东前线的士兵们却十分明白他们有可能无法生还。他们认为这是场战争。”

经济学家贝尔（Daniel Bell，1976）提出，美国的公关公司推广分期付款买东西的做法就非常巧妙，因为当时盛行的新教伦理强调储蓄和节省，公关活动的关键在于避而不说债务这个词，而强调信用这个字眼。

商业用语里满是光辉泛化法的例子。例如每年亏损的业务表示为：负收入，现在，公共关系信息发布有时被称为导向传播（directed communications）。

对1200人所做的全国性民意抽样调查表明，人们把资本主义一词与大企业的某些负面行为相联系。于是，一家商业研究机构建议那些竞选公职的候选人以私人企业取代资本主义的提法。研究者发现，私人企业在大多数人心目中常与小生意联系在一起，尤其是与拥有极好印象的“夫妻店”（mom and pop stores）联系在一起（Tindol，1998）。

最近有两本书（*Bird*，1999，*Marchand*，1999，由 Robinson 写的书评，1999）详细介绍了这些年来大公司利用公关活动逐渐将大公司与公共利益（而非私人赢利）结合起来的说辞，这是美国企业利用光辉泛化法和其他技巧的另一个极好例子。

转移法

转移法是“指将某一令人尊敬事物的权威、认可和威信转移到另一事物上，以使后者更可让人接受”（Lee and Lee，1939，p. 69）。转移法通过联系过程起作用，但不同于“牵连犯罪”，而更像“牵连赏识”。传播者的目标是将某种观念、产品或事业与人们赞赏的东西联系起来。

可以使用象征物来实行转移。三K党团体的象征物是燃烧的十字架，十字架是基督教的象征。戴利（Lar Daley）这位来自芝加哥的不起眼的总统候选人曾穿着山姆大叔的外套进行广告宣传。

商业用途 今天，商业产品的转移法通常在某个教育机构的默认下进行（见方框6.3）。

方框6.3 校园里的商业主义

在一本由McGraw－Hill公司出版的小学数学书中，充斥着耐克（Nike）、给他力（Gatorade）和索尼（Sony）等品牌的名称。这被认作最近“商业主义渗透校园的惊人例证”（Manning，1999）。校园成了奇异广告和营销策划的牺牲品，这些广告和营销策划致力于接近年轻消费者这些易被迷惑的受众。有些校区收取费用，允许公司在校车上和餐厅里粘贴产品海报，允许公司赞助教育项目或者利用教材和练习本作广告，将学校变成了产品的销售代理。

Zap Me是一家硅谷公司，它免费为学校提供电脑和互联网服务，以此换取播放不间断屏幕广告的权利。参加项目的学校必须保证每个教学日至少使用这一系统四个小时（Manning，1999）。

又见海兹的文章（Hays，1999）。

音乐 有时也可用音乐来进行转移。一则电视广告利用音乐为电话公司做广告，广告词是：“哈罗，美国，你好吗？”但是，曲子用的是由古德曼（Steve Goodman）所作、格思里（Arlo Guthrie）唱红的《新奥尔良市》（*The City of New Orleans*）。这首歌是对一列火车的颂歌，火车的名字就是“新奥尔良市”。这样，电话公司既将自己与一种对正在消失的铁路的怀旧情绪连在一起，又将之与青春联系在一起。

有时，转移法也可以借助两人在一起的场面实现。通过展现两个人在一起的新闻图片、电影剪辑或录像带，这种转移法可以到达很多人。

广告 很多广告主要采用转移法技巧。圣诞节前后，很多酒类广告使劲强调圣诞与饮酒的关系，J&B苏格兰威士忌酒在广告中使用了《铃儿响叮当》（*Jingle Bells*）这首歌的名字，重点强调了歌名中的J和B，似乎这支家喻户晓的老歌与他们的产品之间有什么亲密联系。广告的目标似乎是使你在想起这支老歌的同时也想起他们的产品（见方框6.4）。

方框 6.4 贝蒂不再是老奶奶了

有时，转换法所倚仗的威望人物本身也是制造出来的。自 1921 年起，贝蒂·克罗克（Beffy Crocker）就是通用磨具（General Mills）公司虚构出来的公关形象，利用此形象，已经卖出了数百万册烹饪书籍和数十亿套公司产品。刚开始的时候，她只有一个名字；1936 年，她有了一张面孔。经过 5 次设计翻新，她变得越来越年轻，从一个制作家庭食品的祖母样的主妇成为穿着入时的成功雅皮士（高经济收入人士），她看上去不到 35 岁，刚从办公室回到家，正用食品处理机和微波炉快速准备饭菜。

1995 年后期，通用磨具公司的形象设计师发布消息：该公司计划第 6 次重塑贝蒂的形象，以表现不同的种族。他们计划搜集 75 位妇女的照片（纪念贝蒂的 75 周岁生日），邀请公众提供最能体现贝蒂特征的照片。这些照片将被分解组合（经计算机综合处理），成为一个新的贝蒂形象。公司发言人沙尔斯泰德（Craig Shulstad）说，通用磨具公司希望赋予贝蒂更多样化的种族特征，从而体现更加政治正确的公司特征（Chavarria Chairez，1955；Quirk，1955；Wells，1995）。

与此同时，通用磨具公司的电视广告似乎采用了不同的策略，宣称："贝蒂知道人们想要的东西……贝蒂准备了一个棘手问题"（1995 年 9 月和 10 月播出的电视广告）。或者，这则广告预言了贝蒂形象改变将带来的影响。

生活方式营销

今天，广告经常将生活方式转移到产品中。一个作者（Steinhauser，1999）指出，各种产品的制造商和零售商越来越多地销售整体的生活方式。这里面暗含的逻辑是，一旦消费者信任某个品牌的一种驰名产品，那么他们也会信任这个品牌的其他产品。斯坦豪泽（Steinhauser）引用布鲁克斯兄弟公司（Brooks Brothers，现在销售酒类）和杰克·丹尼尔公司（Jack Daniel's，销售服装）为例。他在论及一场广告活动时说："但是那些年轻性感的女性附近总有英俊的男士和浪漫的场景。这是要购物者相信，如果她购买整个系列——衣服、桌子、床单和胸罩，那么她就会加入精英俱乐部，这个俱乐部的人都过着品牌广告中体现的生活方式。"

埃德尔斯坦（Edelstein，1997）认为，随着我们从大众文化进入流行文化，我们也从"旧"宣传进入"新"宣传。新宣传强调我们参与流行文化的必要性。埃德尔斯坦认为社会中的宣传无处不在，在这种社会中，文化就等于宣传。

证词法

证词法（testimonial）"让某个令人尊敬或使人讨厌的人就某个给定的观点或项目或产品或人物说好话或坏话"（Lee & lee，1939，p. 74）。在广告和政治竞选活动中，证词法是一种很常用的技巧。证词法的真实性有多少？作家法雷尔（Barry Farrell，1975）就乌斯蒂诺夫（Peter Ustinov）为加洛（Gallo）葡萄酒所拍的广告做了一番调查。广告中，乌斯蒂诺夫正在赞赏这家公司新上市的各种葡萄酒。虽然加洛同时制造另外几种酒（Ripple，Boone's Farm，Thunderbird），但是这些酒却几乎从来没有出现在乌斯蒂诺夫的餐桌上。在广告中，乌斯蒂诺夫提到“我的朋友加洛夫妇（Ernest and Julio Galio）和他们酿造好酒的热情”。法雷尔发现，乌斯蒂诺夫在受雇拍这个广告前，根本不认识加洛夫妇。

平民法

平民法（plain folks）是指某讲话者以他和他的观点来自“人民”（“平民”）为由，试图让受众相信他们（Lee and Lee，1939，p. 92）。

广告 过去，“平民法”多用于政治宣传，在广告中比较少用。不过，最近几年来，宣传商业产品的此类广告已逐渐增加。巴特利和詹姆士（Bartles and James）酒品制冷器广告显然采取了这种方式。布里姆利（Wilfred Brimley）的麦

方框6.5 “只是平民”形象冲击巡回竞选

在1992年7月间的巡回竞选中，照片显示克林顿夫妇、戈尔夫妇穿着便装，坐在干草捆上，正与俄亥俄州尤蒂卡附近的农民聊着家常。背景是一片玉米地、一间农机棚和一些穿套装的助手。《纽约时报》刊登的一幅大照片配以标题——“只是平民”（July 26，The Week in Review，Sect．4，p. 1）。

一天后，一篇关于克林顿夫妇财政情况的主要新闻文章指出，克林顿当选总统之前，克林顿夫妇的家庭收入属于美国收入最高的1%的家庭，他们的家庭净收入属于收入最高的3%的家庭（Anrig and MacDonald，1992）。3年后，克林顿总统又一次恢复他的“只是平民”形象。一名记者写道（Nichols，1995）：

> 平民总统克林顿穿着蓝色牛仔裤、牛仔靴……于周四在他政治基础松动的某地区结束了48小时的谋求支持活动……克林顿打算利用赴科罗拉多州和蒙大拿州的两天访问来强化“只是平民”的形象，以期在重新选举中故伎重施（p. 8A）。

对于政治家来说，连度假地点的选择也成了政治决定。某作家（Seelye，1999）写道，1999年，克林顿总统夫妇打算去纽约州的阿迪朗达克山（Adirondacks）或谢尔特岛（Shelter Island）度暑假。克林顿夫人正在谋划竞选纽约州参议员。1996年，在政治民意测验专家的建议下，克林顿两次去怀俄明州度假，在那里露营和徒步旅行，来讨好环保主义者。他其实想去玛莎葡萄园岛（Martha’s Vineyard）度假。赢得1996年连任之后，克林顿在1997年和1998年两次到玛莎葡萄园岛度暑假。

在竞选开始的第一周，共和党总统候选人乔治·W布什（George W. Bush）曾在新罕布什尔州德里的一个家族旅馆（Madden Family Restaurant）与顾客打成一片，在此之前，他还去柜台后面帮忙倒咖啡——一个千万富翁做了一会儿“平民”（美联社，1999）。

片电视广告，雷登巴彻（Orville Redenbacher）的爆米花电视广告，以及韦尔奇（Charlie Welch）在派波瑞奇农场（Pepperidge Farm）电视广告中扮演"泰特斯先生"（Mr Titus）都使用"平民法"。在美容电视广告上，一位模特说："不要因为我美丽而嫉恨我，首要的是，早上起床时其实我看来就跟你们一样。"在某一地方品牌的烤制食品广告中，描绘了"回家"的场景，并配有关于"乡土地"的广告歌曲；而在地方品牌的冰淇淋广告系列中，则显示了奶牛将小镇认作天堂，乡下人为冰淇淋的美味作证的情景。

政治　1992 年 4 月末，帮助克林顿竞选总统的政治专家发现，40% 以上的选民并不喜欢这位候选人。人们认为克林顿是个优柔寡断、口若悬河的职业政治家，认为他说话不直率。人们对希拉里的感觉更差，认为她"热衷于自身进取"、"追逐权力"并有"表演欲"（Kelly，1992）。克林顿的民意问题专家、主要的竞选策划人和媒介顾问一致认为，必须为克林顿夫妇打造新形象："一位诚实的平民理想主义者和他的热情、富有爱心的妻子"（Kelly，1992，p. Al）（又见方框 6.5）。

洗牌作弊法

洗牌作弊法（card stacking）"是指通过对事实或谬误、例证或干扰物，以及合理陈述或不合理陈述的选择和使用，以期对某观点、项目、人物或产品做尽可能好或尽可能坏的说明"（Lee & lee，1939，p. 95）。

方框 6.6　洗牌作弊法用于电影广告

洗牌作弊法最明显的例子要数引用电影评论的电影广告了。这些引语都经过小心谨慎的选择，只剩下最好听的话。毫无疑问，评论家确实说过广告中引用的那些话，但他们也可能说了某些负面的、不太赞同的话，而这些话不会被选用。与电影广告联系甚紧的是影院里的电影预告片，这也是运用洗牌作弊法的明显例子。

一位在全国颇有声望的电影评论人写道：

> ……最近为录像片《葛瑞斯汉姆家族的杰出人士》做的广告……引用了我的话，说我将此片描述为科普拉（Francis Ford Coppola）的"最好的和最尖锐的电影"。……实际上，我在几个月前的影评中写的是："《葛瑞斯汉姆的杰出人士》是科普拉先生近年来最好的和最尖锐的电影"（Maslin，1998）。

她接着强调，印刷媒介电影广告对影评内容断章取义。有时广告设计人员甚至寻找某个愿意说某词的评论家，然后将这个他们需要的词加到广告中去。这种情况显然存在于迪斯尼对影片《哈米吉多顿》（*Armageddon*）的营销中，设计人员需要"哇喔"（Wow）这个词，这样他们就可以描述从元音中疾驰而过的小行星。玛斯琳（Maslin）说她的一个朋友指出，"恶心的"（lousy）这个词也能完成这项任务，可能还更准确。

洗牌作弊法与普通语义学上的偏向技巧（见第5章）基本相似。它选择支持某种立场的论点和证据，而忽视不支持这种立场的论点和证据。所选择的论点可能是对的，也可能是错的。当论点是对的时候，这种技巧可能最为有效，但是还有一些同样正确的论点会被忽略，因为此时极难察觉到这些论点（见方框6.6）。

电视广告 很多电视广告中采访普通市民的镜头也同样使用了洗牌作弊法。

方框6.7 洗牌作弊法在战争时期的使用

路西塔尼亚号（The Lusitania）

1915年5月7日，当威尔逊总统领导下的美国仍然顽固地坚持中立时，从纽约出发的英国客轮拉斯特尼亚号被德国的潜艇击沉在爱尔兰沿海。沉没导致1200名男人、妇女和孩子丧生，大多数是美国人。在纽约的德国间谍知道这艘轮船载有上千吨的军用物资，包括军火。在启航前，德国人在美国报纸上发表声明，预言该客轮会沉没，警告旅客勿搭乘该轮船。

路西塔尼亚号是早在8年前由英国海军部和康纳德航运公司（Cunard Lines）秘密签约建造的几艘船之一，事实上，这是一艘皇家海军的预备巡洋舰。但在沉船后，英国与美国均极力否认此事。在沉船之前，时任海军大臣的邱吉尔曾委派人作出一个报告，预测假如这艘载有强大中立国公民的客轮被德军击沉的话会产生什么影响。第一次世界大战中的海军交战根据国际承认的“巡洋舰规则”进行，根据规则，对非战斗船只可以登船检查，看有无违禁品。如果发现违禁品，只要该船对攻击者没有直接的威胁，那么在船被炸沉前应给予乘客足够的时间下船。邱吉尔对他的船舰发布命令，命他们随时攻击并撞沉任何浮出水面企图送搜索部队上船的潜艇，以剥夺他们根据“巡洋舰规则”获得的任何机会。

英国已经破译了德国海军的密码，知道所有在不列颠群岛附近执行任务的德国U型船队的大致方位，德国人也已获得消息，军舰在5月的第一个星期会进入爱尔兰海。现在很多人都相信，这个消息当时是有意透露的。被派去领航并保护路西塔尼亚号的英国船只未经任何解释突然被召回。这些事实以及其他许多事实从未被披露——保密达50年之久。德国独裁者及德国人的暴行激起举世愤怒，在很大程度上，此事导致了美国后来的参战（Simpson，1972）。

东京湾（Gulf of Tonkin）事件

1964年约翰逊总统使美国国会通过东京湾决议，启动了反对北越的军事行动。其理由是，在国际公海执行任务的美国驱逐舰墨达克斯号（Moddox）和特纳福伊号（Turner Foy）分别于8月2日和4日遭到了北越巡逻艇的夜袭，而事前它们并无挑衅行为。对事件的描述引起了美国人民对这次袭击的愤怒。但消息没有披露，当时在那片海域中，由美方训练与支持的南越突击队在美国海军的掩护下正在实施对北越军事设施的海上袭击。东京湾决议案通过时还有一个没有公之于众的事实，即没有证据表明北越朝这两艘美国军舰中的任何一艘开过火。没有死伤，没有一艘船被击中，也没有来自北越船只开火的报告。

这类广告片中常常表现一位电视采访人在一家购物中心偶然遇见一位妇女，并问她是否愿意来一杯免费咖啡。在这位妇女品尝之后，采访人会问她："你是否觉得这杯咖啡尝起来像看起来一样香浓?"这位妇女就会说："它尝起来的确像看上去那般香浓。"或者更好听的什么话。这些广告表现的全是称赞产品的被访人，不表现那些不称赞产品的被访人，甚至不报道这些人的数目。关于这类广告，一位采访者说："对这些事，大多数回答是不置可否，人们会说：'嗯，还可以。'"（Grant，1978，p. 65）。

历史案例 近些年，影响深远的几次使用洗牌作弊法的历史案例逐渐为世人所知。（见方框 6.7）

中国的"无产阶级文化大革命" 作者张（Chang，1991）观察到，在中国"无产阶级文化大革命"期间，通常只表达某个问题的一个方面，她写道："很难识破那些辞令，尤其是在成年人中不存在质疑观点的时候。事实上，成年人积极串通在一起，加强了对毛的崇拜"（p. 261）。

控制新闻 数十年来，许多政府一边加强对外流信息的检查，一边干扰外国短波电台的广播，从而确保本国民众只获知对事件的"官方"解释。在战时，政府通常努力只把对事情"正确"的说法向世界广播。俄罗斯镇压车臣共和国的独立运动期间，一位电视记者的报道如下（Manyon，1994）："俄罗斯政府现在正试图切断格罗兹尼传出的卫星电视节目，该节目在向外部世界播发有关危机的图像。俄罗斯人威胁说要干扰发射。"

乐队花车法

乐队花车（bandwagon）"顾名思义就是'每个人——至少我们所有的人——正在做它'。利用这种技巧，宣传者试图使我们相信，我们所属团体的所有成员都接受他的计划，因此我们必须跟随大家'跳上乐队花车'（jump on the bandwagon）"（Lee & Lee，1939，p. 105）。

广告 很多采用乐队花车法的例子出现在广告上。一种除臭剂被描述为"人们的选择"。一则美国军队的招募广告上出现了一群穿着制服微笑的年轻人，他们说："加入我们军人的行列。"萨拉·李（Sara Lee）烤制食品的广告词说："没有人不喜欢萨拉·李。"麦当劳自诩卖出了数 10 亿份汉堡包。一种软性饮料提到"百事可乐的一代"，暗示这一代人都喝这种饮料。

战时使用 乐队花车法常被用于战时，让人们相信，每一个人都在为战争作出牺牲，甚至牺牲他们的生命。参战的国家需要出现战斗英雄来鼓舞士气。如果暂时还没有出现英雄，他们会挑选一位可能成为英雄的候选人，并夸大他的行为（见方框 6. 8）。

方框 6.8 乐队花车法在战争时期的使用

在珍珠港事件后的那段黑暗时期，美国急需打一剂宣传的强心针来振奋民心。1941年12月10日，美军宣布，空军上尉凯利（Colin Kelly）将一枚炸弹投入敌人军舰的烟囱中，击沉了日军战舰哈鲁那号（Haruna），并献出了自己的生命。这件事仅发生在珍珠港事件三天后。他成为这次大战中的第一位美国英雄，一首以他名字命名的歌曲成为1942年全国传唱一时的流行歌曲。事实上，当时在那片海域中并没有像哈鲁那号大小的日本军舰，哈鲁那号战舰一直存在，直到三年多后它在广岛附近的吴港被击沉（Scott，1982）。

在福克兰群岛战役期间，22岁的英国海军中尉安德鲁（Andrew）王子被描写成英勇的直升机驾驶员，他架机盘旋在自家的HMS无敌号军舰上方，自愿将自己当成诱饵，吸引阿根廷飞机发射艾克斯特（Exocet）导弹。不过，根据后来的报纸报道，他只驾驶过一次直升机，那是在演习的时候，并且他“从未看见导弹掠过海面朝他射来”，如封面文章中绘声绘色形容的那样。文章还写道：“在其伙伴中，放荡的安德鲁的新外号是吹牛王子”（Scott，1982）。

政府宣传 在战争后方，政府通常需要树立生产模范以供他人仿效。在中国，毛主席把大寨生产队作为自给自足的榜样而大加赞赏，毛在1964年说道：“农业学大寨。”后来这句话贴遍了全中国。尽管位于多石、水土流失的贫瘠农业地带，从1949年到1971年，这个大队的谷类生产翻了8番。1980年，中国政府宣布大寨的谷物产量是虚报的，“自给自足”的生产队接受了政府上百万元的补助金以及部队劳动大军的帮助（Rogers，1983，pp. 339 - 340；Butterfield，1982，pp. 403 - 404）。

宣传技巧的效果

宣传分析研究所确认了7种宣传策略，但并未研究它们的效果。该协会似乎假设这些技巧均有效果。

某些宣传技巧的效果已经有了科学上的证据。多数证据是社会心理学家在研究人们态度改变的实验中得出的。有几个实验基本上是对洗牌作弊法、证词法和乐队花车法的检测（Brown，1958）。在这里，我们先简单论述一下这些实验，后面的几章讨论到态度改变和传播中的群体作用时，我们会对此加以详述（第9 - 11章）。

通过单方面消息与两方面消息的对比研究，研究者从实验中得出了洗牌作弊法在效果方面的证据（Hovland，Lumsdaine，& Sheffield，1949；Lumsdane & Janis，1953）。单方面消息基本是采用洗牌作弊法的消息，就是指只有争议中一方的意见被表达出来。在两方面消息中，也只是简单提及反面的意见。总的来说，这项研究表明，单方面消息对某些种类的人（起初就倾向于赞同这种观点或教育程度较低的那些人）最为有效，两方面消息对另一些人（起初就倾向于反对这种观点或教育程度较高的那些人）非常有效。

证词法的效果证据来自对信息来源可信度的实验（Hovland & Weiss，1951）。总的来说，这些实验表明，高可信度来源比低可信度来源更能改变态度，但即便如此，被高可信度来源改变态度的人数也没有占到接收消息人数的二分之一。

通过对群体压力和顺从效果的实验（Asch，1958；Sherif，1958），可以获知乐队花车法的效果。这些实验显示，在一个精心设计的情境中，当一组人中其他的人提出不同看法时，多数情况下个人的判断会受到影响。当所有其他人一致反对某个人的意见时，这种效果最强。如果另有一人打破了这种一致的反对，这种影响就会减弱一些。然而，即使面对大多数人的反对，实验中仍有三分之一的人坚持己见。

对这三种宣传技巧的实验证实，总的来说，这些技巧会很有效力，但仅对某些人如此。一种技巧有效与否取决于一些其他因素。这些因素包括消息接收者的特点，如教育程度和对这一问题的最初态度，还包括环境特点，如与个人持不同观点的群体意见一致与否。心理学家布朗（Roger Brown，1958）在总结这项研究时说，实验证据指出，宣传技巧“并非总是有效，而是要视情况而定”（p. 306）。

科学证据表明，宣传分析研究所夸大了这些技巧的效果。但不管怎么说，这些技巧足以有效地增加某一产品的销量，这也是它们在广告中广为应用的原因。这 7 种技巧的重要性还在于，它们是对态度改变理论所作的一些早期探索。该研究所仅仅作为推测提出的某些技巧，后来成为态度改变实验中的关键变量。

纳粹宣传的效果

宣传分析研究所和有关人士把刊有 7 种宣传策略的小册子撒遍全国时，他们可能做得过火了些。现在看来，不太可能有人会像他们担心的那样，使用这些方法成功地把纳粹制度介绍到美国，并成为美国的希特勒。既然如此，人们又如何解释二战前纳粹在德国宣传的成功呢?

二战前，美国与德国的情况有很大的差异。比如说，在德国，纳粹享有实际上的传播垄断（communication monopoly，Bramsted，1965），不同的意见不允许存在，这点与美国的情况截然不同。而最重要的差异可能在于德国的宣传是与恐怖手段相结合，用武力来撑腰的。如果你的邻居表达了不同意见，那么他就可能半夜从家中消失，从此杳无音讯。据报道，纳粹宣传部长戈培尔曾说过：“要想宣传真正有威力，它的后面必须时刻有一把利剑”（Bramsted，1965，p. 450）。一本写于二战期间关于纳粹广播宣传的书也表达了类似的看法（ Kris & Speier，1944）。

纳粹德国的政治宣传是一种形式的强制；尽管没有粗鲁的、直接的身体暴力，它的最终力量来自那些随时可以停止交谈并开始杀人的当权者（p. 3）。（又见方框 6. 9）。

方框 6.9 缅甸的宣传

在世界上的某些地方，政府的宣传手法仍然类似于希特勒时期的德国、斯大林时期的苏联。军事独裁政权统治下的缅甸就是一个例子。这个军事政权已经软禁了 1991 年诺贝尔和平奖获得者昂山素季（Aung San Suu Kyi）十年，并且一再阻止民主选举产生的国民大会召开。

人们认为这种政府宣传只会在三流好莱坞电影中见到，但缅甸《今日》杂志（1998 年 12 月 16 – 30 日，英文）的目录页是这样写的：

保护国家独立。
遵守纪律导致安全。
遵守规则保证安全。
当前国民的首要任务是产生国家宪法。

人民的愿望

反对那些依靠外部因素、充当傀儡、持不同意见的人。
反对那些危害国家稳定和发展的人。
反对外国干涉本国内政。
粉碎所有国内外破坏力量，他们是共同的敌人（p. 9）。

过去的十年已经表明，在认为必要时，缅甸军事政权会将自身意志无情地强加在缅甸人民身上。

枪弹论

大众传播具有极大威力，这种观念是大众传播效果研究的早期理论之一。有时这个理论也被称为**枪弹论**（bullet theory，Schramm，1971）、**皮下注射论**或**刺激—反应论**。这个理论以为，人们极易受大众传播消息的攻击，如果消息“射中靶子”，就会得到期望的效果。

现在我们知道，这种大众传播理论过于简单化了。某条大众传播的消息并不能对每个人都同样产生效果。其对每个人的效果取决于许多因素，如个人的差异、情况和环境的不同。虽然如此，“枪弹论”还是一个可以想见的大众传播理论，它的出现源于一战后宣传的明显效果。部分原因是那个时候人们比较天真，容易相信谎言。这个理论可能不会再风光了，但在当时，它的确很准确地反映了现实。

然而，“枪弹论”还没有完全死亡。在法国哲学家艾鲁尔（Jacques Ellul，1973）的文章中，似乎出现了枪弹论的修订形式。艾鲁尔认为，宣传远比美国人分析的有效（pp. 287 – 294）。他尤其反对通过实验取得的证据，认为宣传是整个环境中的一部分，无法在实验室情境中复制（pp. 250 – 286）。艾鲁尔认为，宣传在美国人的生活中无孔不入，以至大多数人并没有意识到它的存在，但它左右着人们的价值观（p. 65）。当然，这些价值观的中心是“美国生活方式”(p. 252)。这种看法与一些美国传播学者的看法存在共同之处。正如我们所见，社会学家拉扎斯菲尔德（Paul Lazarsfeld）和默顿（Robert Merton）曾讨论过大众传播强化经济和社会现状的趋势，传播理论家克拉珀（Joseph Klapper）也认为，大众传播的总体效果是态度强化。

结论

一战后对宣传的分析表明了学者对大众传播效果的某种思考，我们可以将这种思考视为有关大众传播效果的最初理论。从本质上讲，这种理论就是后来所讲的“枪弹论”，我们将在第 14 章中进一步讨论枪弹论。

宣传分析研究所的工作产生了一种原始的态度改变理论。研究所确认的几种宣传技巧与后来经科学方法仔细研究的技巧十分相似。科学研究证实，这些技巧能使态度改变，但是并非对每一个人都起作用。

尽管效果有限，但是这七种技巧仍然实现了研究者的初衷，提供了大众传播中广为应用的技巧的一份备查名单。所有的宣传技巧都会有瑕疵，不是在这一方面，就是在那一方面。懂得这些技巧，能使人们（包括专业的传播者）成为更好的信息消费者。

要了解几个国家在 20 世纪开展的国际宣传，可以阅读威尔克（Wilke, 1998）的书。这本书由八个章节组成，讨论了针对盟友和敌人的西方宣传。

【关键词】

乐队花车法（bandwagon）：一种宣传技巧（出自 Lee and Lee, 1939），“顾名思义就是‘每个人——至少我们所有的人——正在做它’。利用这种技巧，宣传者试图使我们相信，我们所属团体的所有成员都接受他的计划，因此我们必须跟随大家‘跳上乐队花车’。”

枪弹论（bullet theory）：认为大众传播拥有极大威力的观点；又称作皮下注射论或刺激—反应论。(又见第 1 章的讨论。)

洗牌作弊法（card stacking）：一种宣传技巧（出自 Lee and Lee, 1939），“指通过对事实或谎言、例证或干扰物、以及合理陈述或不合理陈述的选择和使用，以期对某观点、项目、人物或产品做尽可能好或尽可能坏的说明。”

光辉泛化法（glittering generality）：一种宣传技巧（出自 Lee and Lee, 1939），“将某事物与好字眼联系在一起，使我们不经证实而接受或赞同这一事物。”

皮下注射论（hypodermic needle theory）：见**枪弹论**。

辱骂法（name calling）：一种宣传技巧（出自 Lee and Lee，1939），“给某思想加上一个不好的标签，使我们不检查证据就拒绝和谴责这种思想。”

说服（persuasion）：出自布朗（Brown，1958），“操纵符号以促使别人产生某种行为。”见**宣传**。

平民法（plain folks）：一种宣传技巧（出自 Lee and Lee，1939），“指某说话者以他和他的观点来自‘人民’（‘平民’）为由，试图让受众相信他和他的观点。”

宣传（propaganda）：出自拉斯韦尔（Lasswell，1927），“……以重要的符号，或者，更具体一点但欠准确地说，就是以消息、谣言、报道、图片和其他种种社会传播方式来控制意见的做法”；或者出自拉斯韦尔（1937）“……通过操纵象征物来影响人类行为的技巧，这些象征物可以采用语言的、书面的、图片的或音乐的形式”；或者为了将之与说服区别开来，根据布朗（Brown，1958），“当某人认为，行为，即说服努力的目标，对说服者有利，但并不符合被说服者的最大利益时”，这种说服的努力就可以称为宣传。

刺激—反应论（stimulus - response theory）：见**枪弹论**。

证词法（testimonial）：一种宣传技巧（出自 Lee and Lee，1939），“让某个令人尊敬或使人讨厌的人就某个给定的观点或项目或产品或人物说好话或坏话。”

转移法（transfer）：一种宣传技巧（出自 Lee and Lee，1939），“将某一令人尊敬事物的权威、认同和威信转移到另一事物上，使后者更可让人接受。”

【讨论题】

1. 在宣传的各种定义中你最同意哪一种，为什么？
2. 列举在当今政治、广告和公关中使用宣传技巧的例子（辱骂法、光辉泛化法、转移法、证词法、平民法、洗牌作弊法以及乐队花车法）。
3. 教育与宣传的区别是什么？
4. 新闻与宣传的区别是什么？
5. 万维网使宣传变得更容易了还是更困难了？

第四篇

社会心理学的研究

PARK Ⅳ The Social-Psychological Approach

传播是一种很明显的社会行为。至此，我们还只是在人际层次上理解传播，如我们在第三篇所做的那样。在将传播视为一种社会行为进行探讨时，利用社会心理学领域已经开发的理论和已经开展的研究会非常有用。

围绕个人努力在态度、信仰、价值观和行为之间追求一致性的思想，学者们发展出许多理论。追求一致性的行为有其社会性的一面，因为常常是他人对事物的理解在施加压力，要求人们与之一致，而且我们的很多不一致性来自与他人沟通的过程。我们将在第 7 章讨论各种认知一致性理论。

传播的一个主要功能是说服，或者通过符号的使用影响他人。很多研究者对说服的过程感兴趣，并提出了一些理论来解释说服行为。这些理论将在第 8 章讨论。

社会心理学的一个基本观点就是人们经常把自己当成群体的一分子而非单独的个体来行动与思考。群体对个人的影响表现在对消息的领会上，也表现在传播的其他方面。第 9 章描述了传播过程中群体的作用。

传播的社会方面表现为另一种形式——大众传播与人际传播之间越来越难划分明确的界线。大众传播经常依赖人际传播延伸其触角。创新的扩散研究已显示，在采纳新事物过程的特定阶段中，人们对人际传播的依赖是超过大众传播的。大众传播与人际传播的关系将在第 10 章探讨。

第7章 认知一致性与大众传播

一致性这一普通观念贯穿所有科学。这种观念认为，现象都是有序的（或一致的），这种有序性使得事物具有可预见性。反过来，可预测性使科学家能形成和测试假设，从中做出概括，建立理论，并预测未来结果。在很大程度上，传播研究者和理论家的目的，就是预测消息的效果或未来结果。

人类行为中的一致性概念是普遍观念由物理世界向人类行为领域的延伸。各种理论家认为，人类通过各种方式追求一致性。这些方式表现在态度之间、行为之间、态度与行为之间，也表现在我们对这个世界的理解方面，甚至表现在人格的发展上。简言之，我们试图以我们自己看来有意义及合理的方式组织我们的世界。

人类一致性的概念，是根据人类以理性的方式行事的观念而来的。然而，我们也可能试图以合理的或一致的方式来解释不合理的行为，使之**合理化**（rationalization）。合理化的含义强调，在使自身显得合理或一致的时候，我们经常采用那些在别人眼中看来不合理或不一致的方式。

一致性观念假定，不一致性导致“心理紧张”或不舒服感，这又导致人的内心压力，迫使其排除或降低这种不一致性，如果可能的话，则达到一致性。

在日常事务中，一致性原则的例子十分普遍。在某个热爱足球的地区，某个一流球队惨遭失败，输给了宿敌。第二天，在媒介和人们的谈话中均充满对该队输球一事的种种合理化与正当化辩解。

如上所述，一致性理论承认人类寻求合理性的努力，但是，为达此目的，我们经常表现出令人惊异的非合理性（irrationality）。合理化的概念既假定合理性又假定非合理性——我们经常采用不合理的方式获得理解，为痛苦的经历辩解，或使世界符合我们的“参考结构”（frame of reference）。

从某方面来讲，大众传播研究关注个人如何处理不同的或不一致的信息。在提供这些信息时，传播者通常具有带来态度改变的动机。减轻或消除不一致性所带来的不舒服感或心理压力有多种方式，态度改变是其中之一。

虽然许多一致性理论都是行为科学家的兴趣所在（Kiesler，Collins，& Miller，1969；Abelson et al.，1969），但就本书目的而言，我们仅对四个主要理论进行探讨。

海德的平衡理论

平衡理论处理的是个人如何在自己的认知结构内形成对彼此相关的人和物的态度。虽然一些非正式的一致性概念可以追溯到更早的研究工作（见 Kiesler，Collins，and Miller，1969，p. 15），但是大部分学者通常认为，海德（Fritz Heider，1946）最早提出一致性理论。作为一位心理学家，海德关注个人如何在自己的认知结构内形成对彼此相关的人和物的态度。海德（1958）假定，**不平衡的状态**产生张力和恢复平衡的力量。"**平衡状态**的概念是这样的：在这种状态中被感知的个体与所感觉的情绪无压力地共存"（p. 176）。

海德的范式集中于两个个人，即某个人（P）以及分析的对象——即另外一个人（O）；以及一个物质的客体、观念或事件（X）。海德关心的是，在某人（P）的心目中，这三个实体之间的关系是如何组织的。海德将此三者之间的关系分成两种情况，喜欢（L）关系和联合（U）关系（因果、拥有、相似等等）。在海德的范式中，"如果所有三者关系都是正面的，或者，如果两种关系是反面的，一种关系是正面的，那么，平衡状态就会存在"（1946，p. 110）。除此之外，所有其他的组合都是不平衡的。

在海德的概念中，喜欢的程度无法表现；某种关系不是正面的就是负面的（图 7.1）。它还假定，平衡的状态是稳定的，不受外界影响。而不平衡的状态被假定为是不稳定的，会产生心理紧张。这种紧张"只有在状态发生变化、达到平衡时才能缓解"（Heider，1958，p. 180）。这一点正是传播者对该理论的兴趣所在，因为它隐含着态度改变和抗拒态度改变的一个模式。由于不稳定，不平衡状态便容易向平衡状态改变。由于稳定，平衡状态便抵制改变。支持海德平衡理论的研究数据在一些学者的著作中进行了讨论（Zajonc，1960；Kiesler，Collins，and Miller 1969；Abelson et al.，1968）。

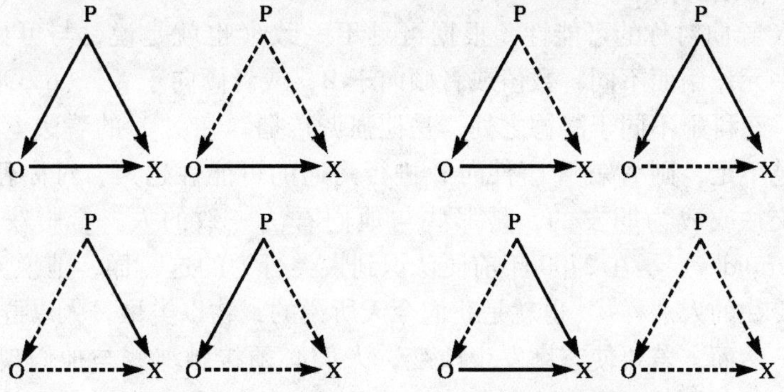

图 7.1 根据海德的平衡定义，平衡状态和不平衡状态的例子实线代表正面关系，虚线代表负面关系

资料来源：Form R. B. Zajonc,"The Concepts of Balance, Congruity and Dissonance," *Public Opinion Quarterly* 24 (1960): 280 - 296. Reprinted with permission of the University of Chicago Press.

纽科姆的对称理论

社会心理学家纽科姆（Theodore M. Newcomb, 1953）采用了海德关于平衡概念出于某人头脑的假设，并将其应用于两个人之间的传播。他使用了**对称理论**（symmetry theory）一词，以区别于平衡理论，并且主张，人们试图影响别人，借以带来这种**对称**（平衡或对等）的关系。如在第3章中详细讨论过的，纽科姆假定，试图影响另一个人的，是某人对另一个人所具有的吸引功能。在此，纽科姆的理论较倾向于人际间的吸引，而不是态度的改变。就某个对双方都很重要的客体而言，如果我们不能通过传播达成对称关系，则我们可能要么改变对对方的态度，要么改变对客体的态度，以建立起这种对称。

因为纽科姆的模式（见第3章）涉及到两个人及二者之间的传播，所以他将两个人以A和B（而不是海德的P和O）来表示，保留了X，表示A与B的态度针对的客体。跟海德一样，他假定，人需要获得**一致性**，即他所称的倾向对称的持续张力（persistent strain toward symmetry）。如果A与B对X的意见不同，则这种倾向于对称的张力取决于A对X的态度有多强和A对B的吸引力有多大。当A对B的吸引力增加，A对X的态度增强，会导致：（1）A竭力达到与B关于他们对X态度的对称；（2）很可能达到对称；及（3）A很可能加强对B有关

X 的传播。当然，最后一点正是我们所关心的。纽科姆（1953）说，“A 对 B 关于 X 导向对称的可能性，根据可见不一致（也就是说，与可见对称方向相反）的多元作用而不同，数值或者倾向于 B，或者倾向于 X”（p. 398）。

纽科姆不同于海德之处，是他强调传播。在对 X 的看法上 A 与 B 之间的对称越不足，则 A 就 X 事件向 B 进行沟通的可能性越大。对称理论预测，人们与其交往或成为朋友的，是那些与他们看法一致的人。希腊戏剧家欧里庇得斯（Euripides）早在 2400 年前便认识到人类行为的这一面，他说，“每一个人都像他交往的人一样。”也就是我们今天所说的，物以类聚，人以群分。

然而，若要使态度发生改变，人们必须接触那些与他们现有态度不同的信息。纽科姆的对称理论预测，A 越是被 B（一个人或一个群体）所吸引，则 A 的意见越可能向 B 所持的立场转变。

奥斯古德的调和理论

调和理论是海德的平衡理论的一个特例。虽然它类似于平衡理论，但它特别针对人们对信息来源和信息来源所主张的客体的态度。调和理论（congruity theory）比平衡理论多了几个优点，其中之一就是它能预测态度改变的方向和程度。调和模式假定，“参考的判断结构倾向于最简化的模式。”因为极端的判断比准确的判断容易得出（参见第 5 章关于“非此即彼”思想及二元价值观评判的方法），所以，价值判断或者趋向两极，或者产生“一种朝向极端的持续压力”。除了这种最大程度上的简化之外，这种理论还假定，身份的确认要比细节的区分更为简单（非此即彼思维和归类）。因此，人们用相似的方式评价相关的概念。

在调和理论的范式中，某人（P）接收到某个来源（S）关于某个客体（O）的某个主张，此人对这个来源有自己的态度，对这个客体也有自己的态度。在奥斯古德的模式中，P 对于 S 和 O 的喜欢程度将决定调和状态或一致状态存在与否（图 7.2）。

根据调和理论，变化的方向总是与主导参考结构（prevailing frames of reference）进行更多的调和。奥斯古德用语义差异来测量某人喜欢信息来源及其所主张的客体的程度。语义差异是一种测量隐含意义的方法（Osgood，Suci，and Tannenbaum，1957）。

本质上讲，平衡与**调和**的定义是相同的。当某人对来源和客体态度相似，而来源对客体持否定主张时；或是当某人对来源与客体态度不同，而来源对客体持肯定态度时，**不调和**就会存在。一个不平衡的状态要么只有一个否定关系，要么所有关系均是否定的。

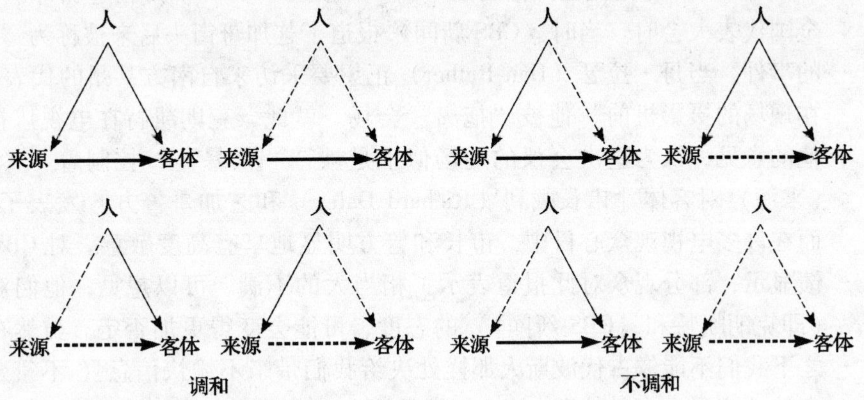

图7.2 调和与不调和的例子。粗线代表主张，细线代表态度。粗实线代表来源持正面态度的主张，粗虚线代表持负面态度的主张，细实线代表正面态度，细虚线代表负面态度

资料来源：同图7.1。

坦南鲍姆（Percy Tannenbaum）让405名大学生评估了三种来源——劳工领袖们、《芝加哥论坛报》和参议员塔夫特（Robert Taft）和三种客体——赌博、抽象艺术和大学里的速成教育项目。过了一段时间，这些学生被示以剪报，这些剪报包含以上来源对客体的主张。结果，坦南鲍姆研究的数据支持了所有预测的变化，如表7.1所示。改变的方向用正号或负号表示，而改变的程度用一个或两个正负号表示。

表7.1 当来源做出正面和负面的主张时，人们对来源和客体的态度改变

人们对来源的最初态度	来源对客体持正面主张时人对客体的态度		来源对客体持负面主张时人对客体的态度	
	正面	负面	正面	负面
		人对来源态度的改变		
正面	+	——	——	+
负面	+ +	—	—	+ +
		人对客体态度的改变		
正面	+ +	+ +	——	—
负面	——	—	+	+ +

资料来源：同图7.1。

不调和与传播媒介

在媒介世界中，有个生动的不调和的例子，它发生于克朗凯特（Walter

Cronkite）和哥伦比亚广播公司（CBS）报道1968年8月在芝加哥举行的民主党全国代表大会时。当时《CBS新闻》报道了芝加哥街头后来被称为“警察暴乱”的事件。当丹·拉瑟（Dan Rather）正想要采访来自南方某州的代表团时，“就在现场的摄影机前”他被“拖离”会场。就此，克朗凯特在电视广播中表达了他的意见，认为这次会议的现场似乎是被“一伙暴徒”控制着。《CBS新闻》（来源）对客体［市长戴利（Richard Daley）和芝加哥警方］发表了负面看法，而在许多电视观众心目中，市长和警方明显地享有高度敬意。对CBS新闻的反馈显示，部分观众对此报道表示了相当大的不满。可以想见，他们对新闻来源（即克朗凯特和《CBS新闻》）的态度，可能会变得更加否定。虽然在民主制度之下我们不能像古代波斯人那样处决给我们带来不愉快信息（不符合我们对现实的“主导参考结构”）的人，但是调和理论预测，我们将不喜欢这种信使，因为他带来了与我们的世界观不同的信息。正如我们在谚语中总结的那样：“不要用事实来搞乱我的思想，我已经下定了决心。”

不调和并不总能造成态度改变。大部分可能会在人们心中制造不调和的媒介材料从未达到目的，这是有依据的。在选择予以注意的消息的过程中，我们会避免那些我们怀疑与自己的世界观相左的消息（选择性接触），或者只注意消息中那些符合我们的主导参考结构的部分（选择性注意）。

选择性理解

如果我们确实收到了某条能引起不调和的消息，我们会歪曲该消息（选择性理解），使之符合我们对现实的看法（见方框7.1）。法国画家兼雕塑家德加斯（Degas）曾说，“人们按照愿意看到的样子看。”

方框7.1　旁观者清

一份校报写道，本所大学去年提供的和平团队志愿者数量在全国居第15位，前年居第14位，两年的志愿者数量分别是57人和56人。然而，这所大学还曾吹嘘本科生的录取人数居全美第一。人们不禁质疑，如果按照根据每千人中的志愿者数量来排名，这所大学会排在什么位置（Paul, 1999）。

多年以来，大众媒介对联邦储备委员会主席的各种讲话的理解总是五花八门，这已经是众所周知的事情。

《麦克尼尔/莱勒新闻一小时》（*MacNeil/Lehrer Newshour*）的一次节目（1995年6月21日）承认有这种选择性的理解，当时伊丽莎白·方斯沃兹（Elizabeth Farnsworth）说道：

> 今天早晨主要的报纸对格林斯潘主席的讲话报道很不同。《华盛顿邮报》说格林斯潘表示要降低利率，而《华尔街日报》和《纽约时报》的说法正相反。

在接下来的讨论中，联邦储备委员会原主席保罗·活尔克尔（Paul Volker）承认媒介的有选择性理解，他说：

……一位记者可能选择你所做的平衡报告中的这一方面或者那一方面，并公然作出他自己的解释，而且他们将复杂的问题弄得既简单又简短……两位不同的编辑则会得出不同的主题，于是你得到了相反的故事（MacNeil/Lehrer Newshour，June 21，1995）。

辛普森（O. J. Simpson）在其谋杀案审判结束时打电话给拉里·金（Larry King）的脱口秀节目（1995年10月4日），说每当一天的法庭审理之后，他都回到他的牢房里看有关他的电视新闻，并且怀疑，电视里的“专家们”去的是不是他的审判法庭。

不同的人不仅可能从一条消息中看见不同的东西，而且常常因为不同的理由去接收消息。两名研究者问700多位成人观看电视体育节目的理由（Gantz & Wenner，1991），结果发现，男人们看体育节目是为了放松，为了看到体育闹剧，或者为了找到谈话的话题。而妇女则不同，她们更可能是为了陪伴那些收看的人。

传播者的可信度

如果我们无法歪曲消息，我们就可能攻击传播者的可信度。毕竟，可信度是传播者最重要的东西。新闻媒介的传播者如果缺乏可信度，就很可能没有受众（见方框7.2）。

方框7.2 大学排名

每年，《美国新闻与世界报道》所作的大学排名都会遭到一些学校管理者和学生的抗议。人们攻击这本杂志所作排名的可信性，认为这种排名太重视数据，忽视了许多其他重要因素，认为它是不科学的、伪科学的、不准确的、主观的，以及有偏见的（Marquardt，1999）。

有一所大学的管理者一直认为对该所大学的排名不公正，该校的一个学生记者写道（Southan，1999）：“虽然这所大学利用同样毫无意义的分数计算方法来衡量本校学生……但是当别人将这种计分方式用在他们头上的时候，学校的官员却开始对其进行批判。”专栏写道，某个系主任抱怨得最厉害，但四年前却吹嘘本校在同一排名系统中名次的提高，因此这个专栏将这个系主任称为“情境诽谤者”。当州议员建议减小录取考试的分量而提高个人因素的比重时，这个系主任却说考试非常重要

“……可以据此将某个申请人跟别人相比较，它是对所有申请人的同一测量。”但是几个月后，这个系主任却自欺欺人，吵嚷着抱怨《美国新闻与世界报道》的排名，“因为用数字衡量教育水平是很难做到的”。

> 还有一个学校的系主任也指责《美国新闻与世界报道》使用的排名方法。但是他对排名可信性的攻击跟学校不久后在电台中所做的广告自相矛盾。在学校为研修生项目做的广告中，他们宣称学校在全国排在第 13 位，使用的正是这个排名（KUT－FM，1999 年 5 月 24 日）。

莱温斯基（Monica Lewinsky）丑闻刚刚传出的时候，刀德（Maureen Dowd，1998）描写了白宫内部的辩论，他想要摧毁莱温斯基的可信度：

> 没多久我们就听说莱温斯基女士有点疯傻和风骚……克林顿需要辩解……他们就抓住她的神经症状不放，将这些症状转换成道德败坏。

否认或存疑

否认或存疑是另一种对付不调和的办法（见方框 7.3）。纽约市健康委员在谈到艾滋病的传染时说："人类对待危机的反应是，第一，不相信，第二，否认，然后，到第三步，才开始行动起来，我们现在就在这个关口"（New York Times，1988．2．14，p. 1）。

> **方框 7.3　否认暴行**
>
> 1999 年早期，经过几个月的争吵，《南京大屠杀》（*The Rape of Nanking*，Iris Chang，1997）的美国出版商和某个日本出版商取消了将此书翻译成日文的合同。日本出版商企图在书中添加注释，删除照片，遭到作者张女士的反对。这本用英文写成的书广受赞誉（Carvajal，1999）：
>
> 张女士说，"否认是暴行的内在组成部分，是社会在犯下滔天罪行之后的自然部分。"
>
> "我想让日本人民知道南京大屠杀的真相，"张女士说，"我想让他们知道学校没有教给他们的那部分历史。"

媒介每年都会纪念 1995 年 4 月 19 日发生在俄克拉荷马市联邦大楼的爆炸悲剧，在爆炸中有 162 人丧生，这当然是正确的。但是对于两年前同一日期发生在得克萨斯州韦科市的悲剧事件，则很少有人提及，这一事件恐怕会从我们的集体意识中被抹去。

选择性记忆

如果不调和的消息真的到达了某人，也不能保证其改变态度。选择性记忆会发挥作用，我们很可能只记得住支持我们主导参考结构的那几点（见方框 7.4）。

方框 7.4 美国—墨西哥战争

美国公共电视台做了一个英语和西班牙语的纪录片，重新回顾了有争议的美国—墨西哥战争。对于这段历史，美国人已经不大记得，而墨西哥人则刻骨铭心。这场战争被描述成为了土地、权力和国家认同的战争。在美国历史上，它是“墨西哥战争”；对于墨西哥人来说，它是“美国入侵”。

一个历史教授曾说：“我们战胜了墨西哥，但为什么我们不庆祝胜利？答案很显然，我们感到羞耻。我们不想庆祝那些让我们脸红的历史片断”（美联社，1998）。

媒介守门人的作用

根据很多报道我们得知，日本学校中并不教有关偷袭珍珠港的事件。有些日本人看到他们国家存在一种集体健忘症（Chira，1985，1988a，1988b，Lehner，1988；美联社，1999）。1937 年 12 月和 1938 年 1 月，日军在南京进行了历时 6 周的屠杀、强奸和伤害，这就是南京大屠杀。《末代皇帝》（*The Last Emperor*）这部历史题材电影中有一段描述了日军在南京犯下的罪行。而当该剧在日本上映时，这一段却被剪掉了（Haberman，1988）。1994 年 5 月，据说日本新上任的司法大臣说，南京大屠杀从来没有发生过，他的这番讲话在亚洲国家激起了强烈愤慨（路透社，1994. 5. 3）。关于此主题的讨论，参见《纽约时报》，1998 年 2 月 21 日（p. A10），1998 年 2 月 17 日（p. A18）及 1997 年 8 月 30 日（sec. 1. p. 4）。

曾有人指出，美国人对哥伦布的看法是高度民族中心主义的。一位心理学讲师写道（Strong，1989）：

> 大部分学校历史教科书并未提到哥伦布是第一位将奴隶制带入新大陆的欧洲人……在欧洲人发现美洲之前，非洲与欧洲之间仅有少量的奴隶交易……西班牙当局于 1502 年开始从非洲向伊斯帕尼奥拉岛输送奴隶。到 1510 年时，这种奴隶交易对加勒比地区的经济已变得相当重要。

美国大学四年级的学生普遍承认，在高中或大学里，人们很少谈论甚至根本不谈论越战、五角大楼报告或水门事件，这些事均发生在他们出生以前，或在他们还是小孩子的时候。很明显地，所有这些事都被集体地遗忘了。对某教育学研究生院所作的一项研究发现，被调查的 7 本社会研究教科书中，有 4 本没有谈到水门事件，有两本虽然提到，但仅仅属于最低限度的涉及，只有一本进行了充分的谈论。作者怀疑，在对这一代学生的教育中，水门事件这一教训是否已被遗忘（Woodward，1987）。

费斯廷格的认知不和谐理论

在所有一致性理论中最具概括性的是费斯廷格（Leon Festinger）的**认知不和谐理论**（theory of cognitive dissonance）。正如我们可以预测的，因其概括性，这个理论产生的实验数据最多。它在社会心理学领域也引起相当大的争议。

不和谐理论认为，“单独考虑知识的两个要素，如果根据一个要素可以得出另一个要素的对立面，这两个要素便处于不和谐的关系中”（Festinger，1957，p. 13）。与其他一致性理论一样，不和谐理论认为，不和谐“是心理上的不舒服状态，会促使人试图减轻这种不和谐感，以达到和谐，”并且“除了试着去减轻不和谐，人还将积极地避免接触会增加心理不和谐的情境及信息”（p. 3）。

在认知不和谐理论中，所涉及的因素可以是（1）不相关的，（2）彼此之间是一致的（按费斯廷格的说法，即和谐的），或（3）彼此之间不一致的（费斯廷格所谓不和谐的）。要素的一致与否并不必须符合逻辑的关系。虽然在某个观察者看来，某种关系在逻辑上可能是不一致的；但是在某个持有这些对立观念的个人看来，这种关系在心理上可能是一致的。

不和谐理论产生了几个相当有趣的后果，特别是在做决定和角色扮演方面。本书所针对的是人们如何使用信息的问题，在这方面，不和谐理论是重要的。

做决定

在做决定（decision making）时，会被拒绝的选择带有的可能会被接受的特征，或被挑中的选择带有的可能根据被拒绝的特征的程度，可以预测不和谐的产生。换句话说，按照预测越难做出的决定，越可能在决定后产生不和谐（决定后的不和谐）。并且，越是重要的决定，决定后的不和谐便越强烈。很多研究证实了这些假设。

有位研究者的报告指出，与其他车子的广告相比，购买新车的人会更注意并阅读关于他们刚购买车子的广告（Ehrlich，Guttman，Schonbach，and Mills，1957）。因为人们认为，广告强调了所推销产品的“好处”，因此，新车的购买者通过阅读他们刚买的车种的广告来支持自己的决定。

还有证据指出，一旦做出决定，人们对于各种选择所具有吸引力的判断也可能改变。换言之，在两个具有大致相同的吸引力的选择之间做出决定后，所采纳的选择后来会比做出决定前更具有吸引力；而拒绝了的选择则比做出决定前更不具吸引力（Brehm，1956）。在一本关于态度改变的书中，作者指出，“做出决定后的过程包含有与态度改变相似的认知改变；的确，这种过程的效果完全可以与态度改变相提并论”（Kiesler，Collins，and Miller，1969，p. 205）。

被迫顺从

一种有趣的研究领域是随着被迫顺从（forced compliance）而来的态度改变，即使它并不直接与大众媒介有关，但也是值得提及的。不和谐理论假定，如果某人被置于某个他必须公开反对自己私下所持信仰或态度的情境中，那么对这一事实的认识会使此人产生不和谐的感受。这种情境通常是承诺予以奖赏或威胁给以惩罚的结果，但有时也可能仅仅因为群体压力要求个人顺从私下不赞同的规范。角色扮演就是这种被迫顺从的例子。

一个人如果在公开场合表现有违他或她自己信念的行为，可以预见，心理的不和谐将随之而生。解决这种不和谐的方法之一是改变自己私下的信仰，而与公开的行为一致。能诱导个人违背自己所持信仰而表现相反的公开行为所必需的最低限度的压力（奖赏的承诺或惩罚的威胁）将产生最大的不和谐感。不和谐的感觉越大，需要减轻不和谐的压力就越大，于是，人们向公开行为方向转变态度的可能性也越大。如果有相对较大的奖赏承诺或惩罚威胁，则个人对于违背自己所持信仰或态度的公开行为总会找到使之合理化的借口（例如，我"为了钱才这样做的"或"任何人在这样的威胁下都会这么做"）。

在一次采访中，一位在上海外贸学院教书的外籍老师说，学校给她的学生布置的暑假作业是写关于1989年中国学生示威的文章。她告诉记者说，学生的奖学金取决于他们写些什么（美国全国公共广播电台，1989年10月14日）。

选择性接触和选择性注意

在我们看来，不和谐理论的最大用处在于对信息的寻求与躲避，我们通常称之为选择性接触（selective exposure）和选择性注意（selective attention）。不和谐理论预测，个人会避免那些制造不和谐的信息，有相当多的证据表明，媒介人士对此感受强烈。

近几年来，橙色药剂（Agent Orange）对美国越战退伍军人所造成的后果已引起一些关注，但是几乎无人关心它在越南可能造成的出生缺陷。在越战期间，美国曾大规模地喷洒除草剂，药死树木和庄稼，使敌人无法在森林和庄稼中隐蔽，此举持续十年之久（Mydans，1999）。

一个越战退伍军人（Bird，1990）曾返回越南，他现在是获得艾美奖（Emmy）和皮博第（Peabody）奖的电视制片人，他说：

> 我们看见……在靠近柬埔寨边境被橙色药剂除去树叶的枯树地带。我们见到了残废的老兵、战争遗留的军人寡妇、孤儿和残疾儿童，他们急需各种物品……在今天的好莱坞难道就没有一家制片厂肯违反潮流，拍摄一部有关越南人的电影？……我们需要一部电影或很多电影，来表现那些越南人，以

他们为主角。我们仍然欠他们的和平债。(p.16)

1994年，奥利佛·斯通（Oliver Stone）试着弥补这个空白。他的《天上人间》（Heaven & Earth）一片试图从越南人的视角来描绘这场战争。此片是他的越南三部曲中的最后一部。虽然我们经常提及2265名美国人在越南战争中失踪，我们却忘却了有30多万越南人在战争中失踪，或者说，就绝对数字而言，是美国失踪人员的132倍；就失踪人数在两个国家人口中的比例而言，也极不相称（见方框7.5）。

方框7.5　忽视老挝人

在过去20年中，美国媒介几乎完全忽视了东南亚国家老挝。其他国家的媒介则并不这样。这其中是有原因的。

一架小型飞机掠过老挝的山顶，飞往新康（Xieng Khuang）省的高原，透过飞机舷窗，有个作者看到扎地平原（Plain of Jars）的“月球地貌”（lunar landscape）。这是美国对此地秘密轰炸的遗产，在九年时间里，美国人每隔八分钟就有一次军事行动，使老挝成为战争期间被炸最频繁的国家。美国人除了在这个国家投下200万吨炸弹之外（在新康省每人平均两吨），还进行了地面战争，支持老挝皇家军队跟共产主义者帕赛特劳（Pathet Lao）作战。

在新省会丰沙湾（Phonsavan）（旧省会已经被炸成废墟，只剩下瓦砾），商店、饭店、加油站里都贴满海报，警告人们各种未爆炸武器（unexploded ordnance，UXO）。老挝是世界上受此危害最严重的国家，人们已经发现了100多种未爆炸武器。没有人知道究竟有多少未爆炸的炸弹、炮弹、导弹和地雷留在那里。“地雷顾问团”是英国的援助团队，其队长保守估计，地面上仍有1亿颗没有爆炸的小炸弹。每个炸弹的威力就能夺走7个孩子的生命。每年死于这些武器的人数无法统计，因为很多农民死在去往医院的路上，家人只是毫不声张地将他们埋葬。每年有成百上千人被炸成重伤。

几家西方机构已经在老挝开始炸弹清理工作，美国不在其中。瑞典、荷兰和丹麦政府都曾资助这项工作。美国人曾承诺为1998年的工作资助十万美元，但是此承诺并没有实施（Convery，1998）。

有些研究者提出，个人一般不选择或拒绝全部消息（选择性接触），因为我们无法事先判断消息的内容。另一些人观察到，我们通常被那些在主要论题上与我们意见一致的人或媒体包围（McGuire，1968）。一些研究者主张，一般而言，人们会注意某条消息中那些不违背他们坚定的态度、信仰或行为的部分（选择性注意），而不注意那些违背自己坚定的立场且会导致心理上不舒服或不和谐感觉的部分。也有证据表明，如果人们认为那些反对自己立场的信息很容易被驳倒，那么他们也会注意这种信息；同理，如果人们认为那些支持自己立场的信息力度太弱，那么他们也会回避这种信息，因为这种信息可能导致他们对最初的立场失去信心（Brock and Balloun，1967；Lowin，1969；Kleinhesselink and Edward，1975）。

几位学者总结道，几乎没有什么证据表明人们会完全避免所有与其信仰相违背的消息（选择性接触）（Brehm and Cohen，1962；Freedman and Sears，1965；Sears，1968）。研究者发现，寻求新奇的人不一定回避可能产生不和谐心理的信息。信息的感知效用（例如在第4章中提到的，学习“无理的”与个人立场相反的信息）可能还会推动个人去注意那些产生不和谐的信息。与己矛盾的信息，如果是新颖的、有趣的、突出的、与个人有关的、或是愉悦人的，人们可能都不会回避。要是与己矛盾的信息有助于学习某种技巧或解决某个问题，就更可能被人注意。换言之，如果某条消息所包含的好处超出了它可能带来的心理不舒服或不和谐感，那么人们就可能不回避这种消息。如果个人的信仰、行为或选择并不坚定，那么更可能注意那些有违这些信仰、行为或选择的材料。而具有很强信念的人，由于他们对自己的观点极具信心，所以也不会回避与己矛盾的材料，因为他们相信，他们可以轻而易举地否定它。对于这个问题的各种讨论，参见弗里德曼和席尔斯（Freedman and Sears，1965）的文章。他们的结论认为，人们并不回避带来不和谐的信息。而米尔斯（Mills，1968）在其著作中主张，在某些情况下，他们会回避。两种观点均收入埃布尔森等人（Abelson et al.，1968）的著作中，此书更广泛更深入地论述了一致性理论。

然而，科顿（Cotton，1985）在详尽地回顾了有关选择性接触的研究后认为，早期的研究存在方法论上的种种缺陷。他认为，早期研究带有各种人为成分，这些成分可能影响到他们的发现。科顿总结道，“对选择性接触的后期研究由于总体上控制得比较仔细，产生了更加积极的结果。几乎每项研究都发现了明显的选择性接触效果”（p. 25）。

娱乐的选择

有证据表明，对娱乐的选择是“冲动型”的，是本能的，而不是深思熟虑的选择性接触（Zillmann & Bryant，1986）。也有研究（Bryant & Zillmann，1984）显示，人们似乎是根据他们的情绪直觉地去选择娱乐的。研究者说：

> 刺激性节目对感到无聊的受试者比感到紧张的受试者更具吸引力……轻松的节目对感到紧张的受试者比感到无聊的受试者更具吸引力……几乎所有受试者均选择那些能帮助他们从不满的兴奋状况中有效地逃脱出来的节目……几乎所有受试者都矫枉过正了……感到无聊的受试者后来达到基本的兴奋水平以上，而感到紧张的受试者后来降到基本的兴奋水平以下（pp. 307－308）。

其他研究（Zillmann & Bryant，1986）提出，“所有人在倒霉的时候都会期望从喜剧中寻找振奋情绪”（p. 309）。然而，“发现恼火的、生气的人都尽量不去收看嘲讽喜剧，而转向其他选择”（Zillmann，Hezel，and Medoff，1980）。

较之那些不关心犯罪的人，关心犯罪的人会选择那些暴力迫害水平低而伸张正义程度高的节目看。关心犯罪的人倾向于接触能减轻其忧虑的那种信息。一位研究者（Zillmann，1980）认为，“以犯罪为主题的电视剧传达的主要消息——例如，罪犯被抓住并被铲除，使得街上更安全——对那些关心犯罪的人来说，显然极具吸引力”（p. 311）。

近年来，新传播技术对收视行为的影响一直是热门话题。今天，除了电视机，还有录像机、有线电视系统和遥控器。对佛罗里达州 583 名居民的调查发现，与流行的看法不同，新技术对受众收视行为的影响甚小（Ferguson，1992）。有线电视用户说，他们一般收看 6 个频道的节目；而未装有线电视的用户说，他们一般收看 4 个频道。

选择性记忆

早期研究支持选择性记忆（selective retention）的概念，这个概念认为，人们倾向于记得那些符合他们的“主导参考结构”或态度、信仰、行为的材料，而忘记那些与他们意见不符的材料。较新的研究倾向于对这些发现提出某些质疑。一项研究认为，与学习某些材料相关的，既非原先的态度，也非原先的熟悉程度；材料的新鲜感提高了人们学习宣传信息的兴趣（Greenwald and Sakamura，1967）。另一项研究测试了莱文和墨菲、琼斯和科勒研究的假设（参见第 4 章），结论是，如果态度与记忆的相关性真的存在，那也仅仅存在于某些特定条件下，“这些条件的具体特点到目前为止尚未得知”（Brigham &Cook，1969，p. 243）。像所有的科学研究一样，在此领域，理论正在被不断推敲和改善。最近的研究正在应用更为严谨的控制方法，并调查多种可供选择的解释。目前，我们只能说，影响对信息的选择性记忆的因素尚未确定，对于信息的选择性记忆的研究，仍有许多工作要做。

结论

截至目前，应该说很明显的是，各种一致性理论都包含很多含义，显示人们如何看待世界，如何传播、使用、歪曲、忽略或忘记大众媒介的传播内容。以其概括性和所涉范围，这些理论既可应用于媒介从业者，又可应用于媒介消费者——从在新闻现场报道的记者或广告的制作者到消息的最终目标用户。

正如我们所见，国家可能选择性地遗忘不愉快的历史事件和否认当前的问题；个人可能选择性地理解客观数据资料，即使它们来自高度精巧的电子仪器；而总统们也可能而且确实在选择性地误解问题和数据材料。人们以对事实的选择性记忆来降低决定后的不和谐感，国家则试图通过强制性的角色扮演来改变人们的态度。媒介不仅对某一事件的理解可能不同，而且也常常忽略对自己社会而言不愉快的事实。

【关键词】

平衡（balance）：一种状态，在这种状态中相关的感觉和情绪无压力地共存。

平衡理论（balance theory）：指个人如何在自己的认知结构内形成对彼此相关的人和物的态度。

平衡状态（balanced state）：出自海德（Heider，1958），“被感知的个体与所感觉的情绪无压力地共存。”

认知不和谐理论（cognitive dissonance theory）：所有一致性理论中最具概括性的理论；研究任何认知之间的关系；费斯廷格（Festinger，1957）认为，“单独考虑知识的两个要素，如果根据一个要素可以得出另一个要素的对立面，这两个要素便处于不和谐的关系中。”

调和理论（congruity theory）：海德的平衡理论的一个特例，特别针对人们对信息来源和信息来源所主张的客体的态度。

一致性（consistency）：相互之间或者某个整体在各个组成部分或特征上的一致或和谐。

否认（denial）：拒绝认识真理和现实。

不调和（incongruity）：在调和理论中指一种状态，当某人对来源和客体态度相似，而来源对客体持否定主张时；或者当某人对来源与客体的态度不同，而来源对客体持肯定态度时，就会存在不调和状态。

怀疑（incredulity）：不相信的特质和状态。

合理化（rationalization）：指试图以合理的或一致的方式解释不合理的行为。

选择性注意（selective attention）：只注意某条消息中那些支持我们的“主导参考结构”的部分。

选择性接触（selective exposure）：避免接触那些我们怀疑会与“主导参考结构”不符的消息。

选择性理解（selective perception）：在收到某条引起不和谐的消息之后，我们歪曲这条消息以使之符合我们对现实的看法。

选择性记忆（selective retention）：只记得某条消息中那些支持我们的“主导参考结构”的部分。

对称（symmetry）：在对称理论中，指平衡或对等。

对称理论（symmetry theory）：纽科姆将海德的平衡理论应用于人们的传播行为，人们通常试图影响别人以获得对称。

不平衡状态（unbalanced state）：出自海德（Heider，1958），能够产生张力和恢复平衡力量的一种状态。

【讨论题】

1. 举出一个你自己在态度之间、行为之间、态度和行为之间试图达到一致的例子。
2. 你能记得自己在态度和/或行为不一致时寻找合理化解释的一个例子吗？
3. 你的合理化行动是否出于不一致的心理所引起的不舒服感觉？
4. 你是否能举出一个选择性接触的例子（回避全部消息）？关于选择性注意（回避消息的某些部分）呢？
5. 举出一个大众媒介选择性理解的例子。
6. 你或你认识的什么人最近是否曾因某位传播者传播的消息不合己意而攻击其可信性，却不是谈论消息的内容本身？
7. 当面对可能引起心理不和谐的信息时，你曾对之有过否定或怀疑吗？
8. 举出一个全社会选择性记忆的例子。
9. 你是否曾作出一项重要的决定，事后又怀疑自己决定的正确性？如果是，那么，你以什么办法减轻你对自己决定正确性的怀疑呢？
10. 你怎样决定看哪些电视节目？有多少决定是一时冲动的结果？有多少决定是选择性接触的结果？

第8章 说服理论

传播的最基本的形式之一便是说服。**说服**（Persuasion）被定义为“由于接收别人的信息而产生的态度改变”（Olson and Zanna, 1993, p. 135）。有关为了改变态度而进行的传播，已经做了相当多的调查。

态度（Attitude）是我们对事物的倾向。某种态度是指我们是否喜欢某种东西。下面这些都是态度的例子：某人喜欢某个总统候选人胜过另一个。某女士反对堕胎。某年轻人喜欢摇滚组合 U2 的音乐。态度很重要，因为态度能够影响行为。人们的行为通常由他们的态度所决定。如果某人对某个候选人持赞许态度，那么他就可能投这个候选人的票。如果某女士反对堕胎，那她就不大可能去堕胎。如果某个年轻人喜欢 U2 组合，那么他就可能购买这个组合的唱片。

跟态度密切相关的另一个概念是**信念**，或者某人认为正确的陈述。如果某人认为吸烟可能致癌，那么他可能不去吸烟。如果某人认为某个种族群体的成员智力低下，那么他可能有差别地对待这些人。

态度的重要性体现在人们关心的很多领域，包括医疗实践（例如，艾滋病防治、避免心脏病发作、戒烟或者防止吸烟，以及负责任地饮酒）、偏见和刻板印象，以及政治态度。

人们通常认为态度有三个因素组成：**情感因素**——对于某个客体的喜好或感觉；**认知因素**——对于某个客体的信念；**行为因素**——对于某个客体的行动。本质上讲，态度是对某个事物所持判断的概括。这种对事物或褒或贬的总判断是态度的核心。态度的三个因素是这种核心判断的不同表现（见方框 8.1）。

态度的结构也可能很重要。很值得理解两种态度结构：态度间的和态度内的。**态度间结构**是指态度在群体或者场景中的聚合。比如说，一组态度可能聚合在一起形成一种意识形态。保守党人的态度可能是不喜欢大政府，反对福利开支，相信是个人努力导致成功，这些态度可能形成一种聚合。

方框 8.1 态度的三成分模型

有时，为了方便使用，可以将态度分成三个成分——情感成分、认知成分和行为成分。情感成分包括针对态度客体的感觉。认知成分包括针对态度客体的信念。行为成分包括针对态度客体的行为或打算采取的行为。

举例来说，设想某学生喜欢明星麦当娜，那么三种成分可以表现为下列方式：

情感——喜欢麦当娜，看到麦当娜会感到激动。

认知——认为麦当娜是个好歌手和舞蹈者，认为她是年轻女性的行为模范。

行为——购买麦当娜的音乐 CD，参加麦当娜的音乐会，观看麦当娜表演的电影。

态度内结构是指某种态度的各种因素之间的相关方式。比如说，态度的三个因素——情感的、认知的和行为的——是否相互和谐？有时，如果某种态度的因素之间不和谐，那就会产生压力，促使三者之一发生变化（见第 7 章）。某些情况下，个人可能持有矛盾的态度，这种态度的构成既有赞许因素又有反对因素。

许多态度很难改变。对于持有者来说，态度很有价值和用途，它们通常跟人的自尊和认同感捆绑在一起。试图改变别人态度的行为会被视作一种威胁，从而遭遇抵制。

态度的概念

心理学家奥尔波特（Gordon Allport，1954）将态度（attitude）的概念描述为“在当今美国社会心理学中可能是最具有特色和最不可取代的”概念（p. 43）。奥尔波特指出，在社会心理学领域，态度逐渐取代心理学中含糊不清的术语，如本能、风俗、社会力量和感情。

对态度的一些新近的定义包括：

- 态度主要是一种倾向或反对特定事物的设定方式（Murphy，Murphy，& Newcomb，1937，p. 889）。
- 一种既成的神智状态，它通过经验进行组织，在个人对所有与其相关客体和情境的反应中，它发挥一种指令的和有力的影响（Allport，1954，p. 45）。
- 以一致方式对某类给定客体所持的一种持久的习得性倾向（English & English，1985，p. 50）。
- 由关于某一社会客体的正面或反面的评价、情绪的感觉、支持或反对的行为倾向构成的一种持久系统（Krech，Crutchfield，& Ballachey，1962，p. 177）。

态度改变研究的历史

许多世纪以来，当人们想要说服别人的时候，他们所讲的道理通常立足于直觉和常识。亚里士多德是最初对说服进行分析和著述的人之一，在经典著作《修辞学》一书中，他对说服进行了探讨。多年以后，尤其是大众传播的应用更为普遍的时候，人们开始更加系统地研究说服问题。宣传分析研究所界定了七种宣传技巧，做了一些早期工作（见第6章）。

1923年，布赖恩（William Jennings Bryan）在达特茅斯学院（Dartmouth College）做过关于进化论的演说（参见Chen，1933）。赖斯和威利（Rice and Willey）对此演说的效果进行了调查。这一调查有时被认作态度改变的第一个研究。这个调查让175名学生在五级量表上表明他们接受或拒绝进化论的程度。在听过演说后，这些学生被问及他们对进化论的态度，并回忆演说之前他们所持的态度。他们发现，超过四分之一的学生在态度上存在实质性的改变，不过使用回顾方式所得的报告使发现的结果大可质疑。

有关态度改变的主要研究是由心理学家霍夫兰（Carl Hovland）及其同事在1940年代和1950年代开展的。霍夫兰对态度改变的研究开始于他在二战期间为美军工作的时候。霍夫兰率领一个由社会科学家组成的团队，为美国陆军情报和教育署调研处工作。这一工作具有极高的原创性和影响力，以至于被称作“当代对态度改变研究的最重要源泉”（Insko，1967，p. 1）。霍夫兰的研究建立在控制实验的基础上，各种变量均得到仔细控制，以观察它们的效果。战争之后，在耶鲁传播和态度改变研究项目中，霍夫兰继续对态度改变进行研究。

霍夫兰对态度改变的研究实质上是一种**学习理论**（learning theory）或强化理论（reinforcement theory）取向。他相信，态度是由学习得来的，并且态度的改变与学习同时进行。霍夫兰在耶鲁大学与赫尔（Clark Hull）一起研究及工作，而从1930年到1950年，赫尔的学习理论可能是最有影响的理论了（Hilgard & Bower，1966）。

霍夫兰是个极有创意的研究者，他借鉴了很多理论的观点。他在态度改变方面的工作属于集大成式调查，这种**风格的调查者**“集中各种理论来与感兴趣的问题建立联系”（McGuire，1996，p. 52）。就自己不熟悉的主题，霍夫兰喜欢对熟悉这些主题的同事刨根问底，并以此行为著称。霍夫兰的一个同事说，每次他从霍夫兰那里走开的时候都感觉“像个被挤干了的橘子”（p. 48）。

在第二次世界大战期间，美军开始以前所未有的规模使用电影或其他大众传播形式进行宣传。这些材料大部分用于培训美国士兵和鼓舞他们的士气。美国作战部的情报和教育署调研处实验科接受指派，去评估这些材料的效果。该实验科做了两种基本形式的研究：（1）对现有电影的评估研究和（2）实验研究，对同一电影（或消息）的两种不同版本进行比较。该实验科不得不更多地做第一种形式的研究，因为它符合美军的实际目标。然而，研究者却觉得，第二种形式的研究其实才是真正有用的，因为它可以得出态度改变的一般性原则。在这些实验研究中，某些变量被控制。这些实验研究实际上构成了态度改变研究的开端。不过，对现有影片的评估研究同样也对传播理论做出了某些有用的贡献。

这个部门的首批工作之一，是评估一部名为《我们为何打仗》的系列片中的前四集。这部系列片是由格莱美奖获得者卡普拉（Frank Capra）制作，他曾执导《一夜之间》、《帝兹进城》，以及《你无法承受》。《我们为何打仗》这部影片被设计为激励性的影片，是用来训练和引导美国士兵的。这些影片的主导思想基于这样的假设，即很多应征入伍者并不了解导致美国卷入二战的那些国内与国际事件，如果了解了这些事件，便能使人们较容易地从一般平民转向军人生活。

研究中对一部名为《英伦之战》的影片花费的功夫最多。这是一部 50 分钟的影片，目的是向美国人灌输对英国盟军的更大信心。霍夫兰及其同事设计的研究是用来确定该影片在三个主要方面的影响：从影片中获得对特定事实的知识，获得对英国战争的特定观点，接受军人角色及培养作战意志。研究的过程很简单：建立一个实验组，让他们看影片；同时建立一个控制组，不看影片。一周之后，给两组一份问卷，要求他们回答问题。问卷表面看来与影片不相关，但实际上测量的是受试者关于影片的有关知识及见解。这种对军队的研究由军事单位施行，所以采用很大的样本数——《英伦之战》的研究有 2100 人参与。

结果证实，影片在传达有关 1940 年英国空战的事实信息方面非常有效，在改变对实施空战行动的特定看法上也有些效果，但是在激励战斗意志或形成对敌军的同仇敌忾方面基本上没有效果。因此说明，这部影片并没有实现其终极目标——鼓舞军心。在对《我们为何打仗》等另外几部影片的研究中也发现了同样的结果。

对《我们为何打仗》系列片的研究，以及此方面越来越多的证据表明，单一的大众传播消息并不能改变顽固的态度。相同的证据也来自其他研究，如库珀和贾霍达（Cooper and Jahoda）对反偏见卡通的研究（参见第 4 章），及拉扎斯菲尔德及其同事对政治宣传运动的研究（参见第 10 章），尽管这些研究的主题非常不同，却得出了相似的结论。

霍夫兰调查以后的几十年中，调查者开始研究导致态度改变的认知过程（Eagly, 1992）。这种方法试图界定态度变化中的思维过程。格林沃尔德（Anthony Greenwald, 1968）的认知反应模型就是使用这个方法的例子，这个模型认为，态度变化源自接收者对消息的积极思考。

这些过程模型使研究者认识到，态度变化有时候涉及到接收者对消息的大量处理，有时候却并非如此。这种思维导致态度变化方面的双过程模型，包括佩蒂和卡西欧普（Petty and Cacioppo, 1986）的详尽可能精心模型（elaboration likelihood model），以及蔡肯、利伯曼和伊格雷（Chaiken, Liberman, and Eagly, 1989）。

1980年代和1990年代的后期研究也不再使用霍夫兰特色的单一变量方法。这些近期理论试图将态度变化解释为多种变量同时起作用的结果。

态度改变的具体技巧

单方面和正反两方面的消息

在很多问题上都有两方面的主张。哪一种策略更好——是仅仅提到你想推广的主张，还是提到两种主张但强调你所推广的那种主张呢？这其实是有关洗牌作弊法效果的老问题，洗牌作弊法是宣传分析研究所界定的宣传技巧之一（第6章）。

单方面消息和双方面消息的初期实验之一是由霍夫兰及其同事开展的，是他们在二战时为陆军所做调查的一部分（Hovland，Lumsdaine，and Sheffield，1949）。霍夫兰及其同事努力寻找这个问题的答案，因为当时面临一个传播难题。1945年德国战败之后，很多美国士兵显然都觉得战争即将结束。但是陆军希望他们明白，还有一场击败日本的硬仗摆在面前。

研究者明白，每一种策略均有支持的理由。主张表现单方面消息的人可能基于这样的考虑：如果给予正反两方面的消息，会在对相反主张不甚了解的人们心中引起疑虑。而主张正反两方面消息都应给予的人则可能基于这样的考虑：这种做法更公平；而且，它有助于阻止反对某一消息的人在接收这一消息时想到反驳的观点。这个研究的特别目的是要测量两种消息表现方式对两类受众的效果，这两类受众是最初反对消息的那些人和最初赞同消息的那些人。

研究人员准备好一则广播消息的两种版本。这两种版本表达的是一个基本主张——战争至少还得持续两年以上。单方面消息15分钟长，提出的论据是日本军队的数量和日本人民的决心。正反两方面消息则有19分钟长，一方面从另一个角度提出论据，例如仅对唯一敌人作战的好处；但是它大部分则在强调，战争将是长期的。总体结果显示，跟控制组相比，两种版本均导致了明显的观点变化，但并没有证明哪种表达方法更有效。

研究者预测，给予正反两方面的消息可能对最初反对消息的人发挥较大的作用，于是，他们进一步去查证这种可能性。他们将每一个测试组分成最初反对消息者和最初赞同消息者两类。那些最初估计战争要打上一年半左右或更少时间的人被视为反对该消息者，而那些估计这场战争还得再打一年半以上的人被视为赞同该消息者。根据最初的态度，研究结果显示，单方面消息对最初赞同该消息者最有效，而正反两方面消息则对最初反对该消息者最有效。这正是研究者预测的结果。霍夫兰和他的同事还发现，单方面消息对受教育程度较低者最有效，而正反两方面消息对受教育程度较高的人最有效。

附加的两项分析一个是以最初意见作为变量进行的分析，一个是以教育程度作为变量进行的分析。这两项附加分析表明，哪种表达方法最有效，取决于受众的特点。这一结果说明了态度改变的复杂性——消息中的变量有时与其他变量互相作用，例如受众的个人特征。心理学家布朗（1958）在对宣传进行分析时，下结论认为，宣传技巧“并非总是有效，而是要视情况而定”（p. 306），部分证据即来源于此。

来源的可信度

在传播环境中，传播者通常可以施加控制的变量之一，就是对来源（source）的选择。根据对日复一日的许多传播宣传的例子判断，人们似乎广泛相信，恰当的来源可以增加所要传播的消息的可信度（credibility）。宣传活动中使用高可信度来源的例子有：前总统候选人多尔（Bob Dole）宣扬伟哥壮阳药的疗效；前《早安美国》主持人之一朗顿（Joan Lunden）认可 Claritin 抗过敏药物；以及美国女足队员在推销耐克的广告中亮相。

如果你选用某个有效来源（effective source）为你的观点或产品代言，那你采用的其实就是证词法宣传技巧。但是宣传分析研究所并未真正调查过这种技巧的效果。霍夫兰和韦斯（Hovland and Weiss，1951）设计了一个测验来源可信度的实验。他们的研究显然受到了娱乐演员史密斯（Kate Smith）的启发，因为史密斯参与的广播节目获得了空前的成功。在二战期间的一个 18 小时的宣传节目中，史密斯推销出 3900 万美元的战争债券，这在当时是个惊人的数字。研究者在对史密斯广播节目所做的研究中认为，她成功的关键因素在于，她被视为真诚和值得信赖的人。

霍夫兰和韦斯（1951）设计了一项实验，使用同样的消息，但对一些人，告诉他们，这些消息来自高可信来源（high - credibility source）；而对另一些人，则告诉他们，这些消息来自低可信度来源（low - credibility source）。这样研究者可以只用信息来源的变量确定宣传的效果。这个实验设计了不同主题的 4 条消息。每一位受试者接到一本小册子，里面有 4 篇文章，每一篇文章的主题不同。在宣布信息来源之前，受试者已在调查问卷中回答了对 4 个主题的看法。在告知信息来源后，立即做一次问卷调查，4 周后再做一次。对一半的受试者宣布，文章取自高可信度来源；而对另一半受试者宣布，文章取自低可信度来源。这 4 个主题围绕着下面几个问题：在当时都是相当有争议的。

1. “抗组胺药物能否继续无需医生处方而销售？”对这个论题的高可信度来源被设定为《新英格兰生物与医药学报》（*New England Journal of Biology and Medicine*），低可信度来源被研究报告指认为“一份大众的图画月刊杂志”。
2. “现在能否建造出实用的原子驱动潜艇？”高可信度来源是研究原子弹的科学家小组领导人奥本海默（J. Robert Oppenheimer，这是在对他进行忠诚调查之前的事，后来的那次调查无疑损害了他的可信度）。而低可信度来源为苏联的《真理报》。

3. “钢铁工厂是否应对目前的钢铁短缺负责任？”高可信度来源是《国家资源规划委员会公报》（*Bulletin of National Resources Planning Board*）。低可信度来源被指认为一位“反劳工、反新政的‘右翼’报纸专栏作家”。

4. “1955年正在经营的电影院数目是否会因电视的出现而下降？”高可信度来源被确定为《财富》（*Fortune*）杂志，低可信度来源被指认为“一位电影闲话专栏女作家”。

在获知信息来源后随即所做的测验结果显示，高可信度来源的确导致了意见的更多改变，这体现在4个题目中的3个上。有关电影院前景的题目是个例外，该题结果显示低可信度来源对意见产生的改变稍多。

在4周之后对意见再做一次问卷调查，发现了始料未及的结果，见图8.1，此图合并显示了对4个主题的测验。图中显示，受试者在4周之后重新测验时，从高可信度来源与低可信度来源得到的消息对意见的改变程度几乎相等。但是低可信度来源消息导致的意见改变在接受消息4周之后比接受消息时更加显著。这里的第二次显示被霍夫兰、拉姆斯丹和谢费尔德（Hovland, Lumsdaine, and Sheffield, 1949）称之为睡眠者效果（sleeper effect）。霍夫兰和韦斯（1951）做了一些进一步的研究，并且发现，这种结果不像早期研究中解释的那样，是由于受试者忘记了消息的来源；而是由于经过一段时间后，消息来源与观点具有分离的倾向。

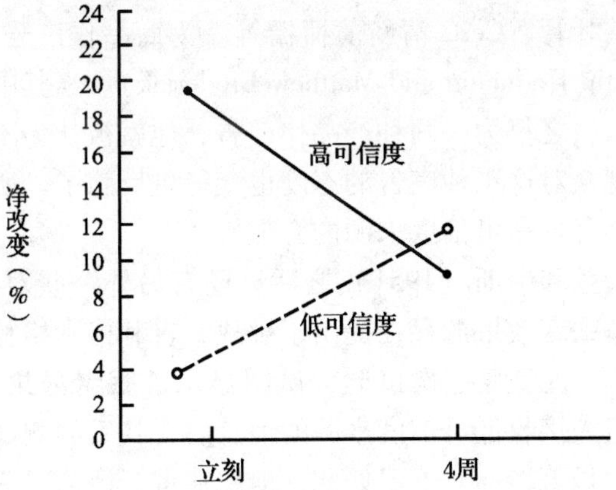

图8.1 四周后对高可信度来源和低可信度来源同意程度的改变

资料来源：From C. I. Hovland and W. Weiss, “The Influence of Source Credibility on Communication Effectiveness,” *Public Opinion Quarterly* 15 (1951): 646.

自从霍夫兰和韦斯的研究（1951）之后，很多其他研究都力图找到来源可信度的标准。霍夫兰和韦斯曾表示，专业权威（expertness）和值得信赖（trustworthiness）可能很重要。很多这类研究用分成等级的因素分析说话者，试图找到用于评定等级的共同尺度。在这些研究中较全面的一次是怀特海德（Whitehead，1968）进行的。他要求受试者只根据录音带的介绍，对两位演说者在65种语义的不同等级上评分。怀特海德发现了4个主导因素：值得信赖、专业性或能力、活力、客观性。其中，**值得信赖**因素的根据是正确——错误、诚实——不诚实、值得信赖——不值得信赖、公正——不公正；**专业性或能力**因素的根据是有经验的——无经验的、有专业风度的——缺乏专业风度的；**活力**因素的根据是进取的——温顺的、主动的——被动的；**客观性**因素的根据是头脑开放的——头脑封闭的、客观的——主观的。

怀特海德（1968）的实验结果与霍夫兰及韦斯（1951）所建议的相似，均显示"值得信赖"是很重要的标准。专业性或能力尺度也与霍夫兰及韦斯的专家权威尺度相似；当然也有所区别：怀特海德更注意专业风度的表现，而非个人实际拥有的知识。怀特海德的研究还将活力和客观性作为来源可信度的重要组成因素，从而使来源可信度更具复杂性。

如果高可信度来源对于态度改变是有效的，那么，又如果它与多种消息相联系，其效力会减小还是增大呢？这一问题可能体现在广告领域，因为一些名人可能受雇为各种不同的产品作广告。例如，篮球超级明星乔丹（Michael Jordan）有时同时为14家公司作广告。特里普、詹森和卡尔森（Tripp，Jensen，and Carlson，1994）的实验让观众观看各种广告，这些广告包括Visa信用卡、柯达胶卷、高露洁牙膏、Certs清新薄荷糖等。为商品作广告的名人是霍夫曼和布劳德里克（Dustin Hoffmann and Matthew Broderick）。当其中一个名人为超过4种产品作广告后，较之仅为一两种产品作广告，他就被认为不那么可信了，也不那么像专家了，观众对这4种广告的态度也变得更反感了。所以，有证据说明，支持过多的东西会降低高可信度来源的有效性。

自霍夫兰和韦斯（1951）之后，还有另外一些对来源可信度的研究。有些研究者对睡眠者效果的存在提出了挑战。吉利格和格林沃尔德（Gillig and Greenwald，1974）曾反复七次试验，试图显示**睡眠者效果**，结果均未成功。也就是说，让一组人接收低可信度来源的消息后，其后的测试，在意见改变方面没有统计学意义的显著增加。不仅如此，他们在重新评估以前的文献后指出，以前的研究并没有证实那种所谓的睡眠者效果。这些早期研究（包括霍夫兰和韦斯的研究）所显示的只是经过一段时间后高可信度来源和低可信度来源在效果方面的显著差异，而并不是接收低可信度来源的那些人在态度上的显著改变。

然而，另外也有一些研究提供了补充的证据，支持睡眠效果。库克和弗雷（Cook & Flay，1978）使用**绝对睡眠者效果**（absolute sleeper effect）一词来指上述的改变——一组接收低可信度来源消息的人经过一段时间之后在态度改变上有统计学意义的显著增加。他们报告说，“近期对绝对睡眠者效果进行了明显有力的测试，它们反复地显示出绝对睡眠者效果”（p. 19）。

在应用可信度来源研究时，应该记住，同一来源对不同的受众成员并不是都具有高可信度。为了使新近成年的青年选民参加选举，摇滚和选举（the Rcok the Vote）宣传活动利用流行明星麦当娜和说唱歌手 Ice－T 在电视上做公益宣传。同样的信息来源对年龄稍大的观众成员则未必有效。

诉诸恐惧

在大众传播中另一种常用的手段是威胁，或激起观众的恐惧，这种技巧叫作**诉诸恐惧**。向青少年宣传安全驾驶的影片有时表现可怕的交通事故场面以及它们的后果。一个保险公司的电视广告诉诸恐惧说，“你需要某物来帮助你维持这些承诺，即使你已不在”。

《传播与说服》（Hovland，Jannis，and Kelley，1953）这本书描述了贾尼斯和费什巴赫（Janis and Feshbach）的一次经典实验，目的是调查诉诸恐惧（fear appeals）对态度改变所产生的效果。根据学习理论（霍夫兰方法中的关键因素）可以预测，某个强烈的恐惧诉求会导致更多的态度变化，因为它会产生激励作用，引起更多的注意与理解，从而增强接受传播建议的动机。按照强化理论的说法，学习和实践这些建议的过程会跟降低恐惧和焦虑结合起来。另一方面，研究者意识到，高度的情绪紧张可能会导致自发的抗拒反应和受众歪曲所接受消息的意义。他们研究的部分目的就是调查某种强烈的恐惧诉求可能导致的反作用。

贾尼斯和费什巴赫根据三种不同的消息设计了三种诉诸不同程度恐惧的实验。他们选择牙齿卫生作为他们的题目。受试者是康涅狄格州一所规模很大的高中一个班的全体新生。这个班被随机分成4个组，其中3个组接受不同程度的恐惧消息，另一组则为控制组。三种不同程度恐惧诉求中使用的相同消息是关于牙齿卫生的标准讲座。恐惧诉求程度的差异主要体现于变换的讲座图解材料。在轻微程度的恐惧诉求中，图解采用了X光片和素描，显示蛀牙洞，但是，所用的任何一张相片表现的都是完全健康的牙齿。在中等程度的恐惧诉求中，相片显示的是轻微损坏的牙齿和口腔疾病。在强烈程度的恐惧诉求中，利用幻灯片来表现讲座的内容，显示的是非常真实、非常严重的龋齿现象和牙龈疾病。强烈程度的恐惧诉求条件还包括某些人际恐吓，例如说这样的话，“这可能会发生在你身上。”控制组则接受了关于人类眼睛构造与功能的讲座。

在讲座的前一周和后一周，研究者各发给每位受试者一份问卷，让他们回答一些具体问题，说明他们的牙齿清洁情况。将前后的问卷相比较，就会显示受试者在接受各种不同消息后是否改变了他们的牙齿卫生习惯。结果（表8.1）显示，轻微程度的恐惧诉求讲座最有效地使学生遵从了讲座建议的牙齿清洁方式；强烈程度的恐惧诉求是最无效的。这是明确的证据，说明恐惧刺激若太过强烈，可能唤起某种形式的干扰因素，以致降低传播的效果。

表 8.1 接受不同恐惧程度消息的受试者对牙齿卫生建议的遵从情况

	强度恐惧诉求（%）	中度恐惧诉求（%）	轻度恐惧诉求（%）	控制组（%）
遵从增加	28	44	50	22
遵从降低	20	22	14	22
没有改变	52	34	36	56

资料来源：Adapted from C. I. Hovland, I. L. Janis, and H. H. Kelley, *Communication and Persuasion* (New Haven, Conn.: Yale University Press, 1953). p. 80.

这个实验有几处亮点，在此后的态度改变研究中并未总是表现出来。其一是，从受试者报告的行为中显示消息产生的效果，而不仅是受试者用笔和纸表达出来的假设态度。几年后，态度改变研究领域卷入一次争议，许多研究受到批评，说它们只是在不重要的态度上制造了小小的改变。其二是，研究显示，贾尼斯和费什巴赫使用的说服消息产生了长期的态度改变。对后来某些态度改变研究的另外一个批评是，它们常常是在接受消息后随即进行测量，因而处理的只是短期的态度改变。贾尼斯和费什巴赫一年后重新访问了他们的受试者，在不同的受试组中，他们发现态度改变的程度仍然不同。

贾尼斯和费什巴赫的研究是许多恐惧诉求研究中的第一次。并非所有的研究均赞同他们的发现，即强烈的恐惧会造成较少的态度改变。对于贾尼斯和费什巴赫的发现，一个可能的解释是，对于像表现在可怕的蛀牙后果中那样诉诸强烈恐惧的消息，所建议的防止措施——恰当的刷牙方式——看起来不那么令人信服。另一项研究在某种程度上阐明了这种可能性。利文撒尔和奈尔斯（Leventhal and Niles，1964）在纽约市的一次健康博览会上向受众发布消息，建议他们照一次胸部 X 光片，并劝告他们戒烟。这则消息以诉诸不同程度恐惧的方式传达给不同组的人：高恐惧度消息（切除肺部的一段彩色影片）、中恐惧度消息（也是同样的彩色影片，但是没有切除肺部的情景）及低恐惧度消息（没有影片）。他们发现，观众成员中报告的恐惧程度与表示戒烟和照 X 光片的意图相关。这些结果认为，恐惧促进态度改变——这与贾尼斯和费什巴赫的发现相反。是什么原因造成这两种不同结果呢？这种差异可能是由于建议看起来的有效程度不同。刷牙可能不足以防止在贾尼斯和费什巴赫的实验中看到的严重蛀牙和牙周病。与此相反，人们可能相信，戒烟是对防止肺癌有效的可信建议。

在贾尼斯和费什巴赫研究和其他一些研究的基础上，贾尼斯（1967）总结了一个模式，认为，诉诸恐惧和态度改变之间的关系是曲线状（curvilinear）的。

这一模式具体表明，某条消息中高和低程度的恐惧都将导致少量的态度改变；而中等程度恐惧的消息将导致最大量的态度改变。多年来，这种倒“U”形状的曲线（inverted U – shaped curve）是恐惧诉求与态度改变之间关系的主导观点。

对说服中恐惧因素的作用看法不同的一种理论取向是保护动机理论（protection motivation theory）。这一理论是由罗杰斯（Rogers，1975）发展出来的，它提出与贾尼斯的曲线理论不同的说法。其支持者认为，“保护动机理论优于曲线理论，因为它对如何发展能够影响适应行为的消息提供了更清晰的处方”（Tanner, Hunt & Eppright, 1991, p. 37）。

在利文撒尔和奈尔斯（1964）的研究及他本人研究的基础上，罗杰斯（1965）建立了一个模式，总结了在恐惧诉求活动中的3个关键因素：（1）所描绘事件的危害性；（2）那种事件发生的可能性；和（3）所建议对策的有效性。其中每个因素均带有认知判断的过程，而且这种认知判断的过程就决定了后来的态度改变量（图8.2）。也就是说，当受众接到一条诉诸恐惧的消息时，他们会在心中掂量这一消息的分量。如果他们不相信所描述的危害性和可怕性，或者认为该事件不大可能发生，或者认为所建议的措施对付威胁并不恰当，那么，便不大可能改变态度。罗杰斯将他的模式称作恐惧诉求和态度改变的**保护动机理论**。在这里，态度改变是由受众经历的认知判断所激发起来的那部分保护动机的功能。

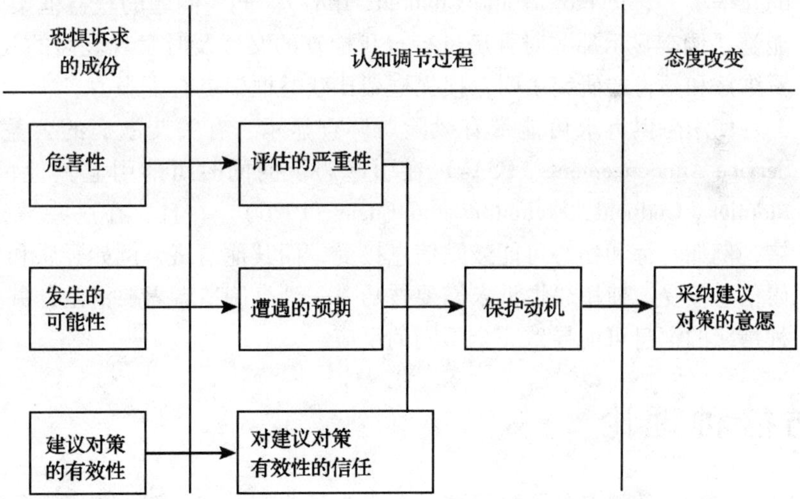

图8.2 保护动机理论模式

资料来源：From R. W. Rogers, “A Protection Motivation Theory of Fear Appeals and Attitude Change,” *Journal of Psychology* 91（1975）：99 Reprinted with permission of the Helen Dwight Reid Educational Foundation. Published by Heidref Publications, 4000 Albemarle St., N. W., Washington, D. C. 20016.

里尔登（Reardon，1989）曾探讨如何最佳地运用恐惧诉求向十几岁的青少年传播有关艾滋病的信息（他们一般都认为死亡是很遥远的威胁）。她建议大众媒介在针对青少年发布消息时强调该病的直接后果，包括精神问题、皮肤疱疹和疼痛，以及对青少年社交活动的反面影响。更进一步，她建议，媒介的宣传应与人际的问答讲座结合起来，在讨论媒介消息中描述的问题时，可以引出对艾滋病防治方法的讨论。

希尔（R. p. Hill，1988）研究了在强调防止艾滋病的保险套广告中恐惧诉求的效力。他发现受试者对适度恐惧诉求的广告（说明性可能是一种危险的交易）比无恐惧诉求（强调保险套的敏感性，未提及艾滋病）或高度恐惧诉求（提到死亡的可能）态度更积极。希尔推测，在一个存在艾滋病的环境中，无恐惧诉求可能不适合，而当高度恐惧的诉求与个人已有的对艾滋病某种程度的焦虑相结合时，会被认为威胁太大而遭回避。

使用恐惧诉求需要做一个重要决定，是将信息纳入“损失框架”（loss frame）还是“获益框架”（gain frame）（Hale and Dillard，1995）。**损失框架**通过强调机会的丢失或负面后果的增加来呈现威胁的防止。**获益框架**通过强调机会的获得或负面后果的减少来呈现威胁。比如说，鼓励女性对乳房进行自我检查的损失框架消息可能是“调查显示那些不对乳房进行自我检查的女性及时发现乳瘤的几率小”（Meyerowitz and Chaiken，1987）。同一问题的获益框架的表达方式可能是“调查显示那些对乳房进行自我检查的女性及时发现乳瘤的几率大”。迈耶罗维兹和蔡肯的研究表明，损失框架比获益框架更有说服力。

使用恐惧诉求可能带有风险。调查显示，有关艾滋病的公益宣言（Public Service Announcements，PSAs）在引起恐惧的同时可能引起其他情绪（Dillard，Plotnick，Godbold，Freimuth，and Edgar，1996）。并且，在这些情绪中，有些情绪，例如吃惊和伤心可能鼓励信息接受，而其他情绪，例如疑惑和生气，可能阻碍信息接受。使用恐惧诉求需要技巧——消息制造者需要清楚，哪些打算引起某种情绪的消息可能导致完全不同的反应。

预防接种理论

有时，传播者的目标可能并不是为了改变态度，而是为了强化抵抗改变的态度。比如说，某个反对吸烟的传播活动可能试图巩固许多年轻人已经具备的反对吸烟的态度。

关于促使态度抵抗改变的早期研究之一是由霍夫兰的同事拉姆斯丹和贾尼斯做出的。他们的实验继续了早期霍夫兰、拉姆斯丹和谢菲尔德（Hovland，Lumsdaine，and Sheffield，1949）所作的对单方面消息及正反两方面消息的研究。

拉姆斯丹和贾尼斯（Lumsdaine and Janis，1953）制作了单方面和正反两方面的消息，认为苏联至少在五年内不可能大量生产原子弹。1950年代早期，这是个现实的争议，对此有各种不同的意见。单方面的消息说，苏联人缺少一些关键机密，他们的间谍活动没有效果，并且苏联缺乏相应的工业。正反方面消息则加进一些简短的说法，提到苏联在西伯利亚有铀矿，在那儿聚集了最好的科学家，并且它的工业自战争以后已有发展。在这两种消息发布前的几个礼拜，研究者给所有的受试者发一份问卷，以确定他们最初的意见。在实验中，一个组收到的是单方面的消息，另一组收到的是正反两方面的消息。一周之后，又由一个不同的传播者向各组中一半的人传播相反的观点，说苏联可能已经发明了原子弹。这一反宣传列举了一些新论据，不包括在首次给予的正反两方面消息中。最初的消息和反宣传的消息均以录制广播节目的形式放给受试者听。最后，再给所有的受试者另一份问卷。

在最初和最后的问卷中，均有一个关键问题："你认为从现在起，距苏联实际大量制造原子弹，大约还有多久？"结果显示，对那些没有接受反宣传的人而言，单方面消息和正反两方面消息对他们几乎一样有效。该结论再度证实了早期霍夫兰、拉姆斯丹和谢菲尔德（1949）的发现。然而，在接受了反宣传的人那里，这个实验却有明显不同的结果。那些接受单方面消息者在接受了反宣传之后几乎无人保持其态度改变。而那些接受正反两面消息者在经过反宣传后的态度改变与他们未经反宣传前的态度改变一致。因此，正反两方面消息较单方面消息的优点之一便是，它对后来的说服工作可以建立起更有效的抵抗力。

拉姆斯丹和贾尼斯（1953）谈到，接受正反两方面消息的人成为经过"预防接种"的人。它比拟的是一种医学现象，麦圭尔和帕帕乔吉斯（1961）后来据此发展了**预防接种理论**。麦圭尔和帕帕乔吉斯指出，大部分人持有许多未经挑战的信念，这些信念在受到攻击时通常很容易被动摇，因为人们不习惯于保卫它们。这种情况类似于医学上的情况：如果一个人是在无菌的环境中长大的，当突然暴露于细菌环境中时，这个人的身体便很容易被感染，因为他还未获得任何抵抗力（resistance）。这种人要获得抵抗力，可以靠辅助疗法（supportive treatment）——良好的饮食、运动、休息等等；但也可以通过预防接种（inoculation），即有意地接触弱化形式的细菌，从而刺激个体抵抗力的发展。在医学界，就产生抵抗力的效果而言，预防接种的方法已经比辅助疗法更为有效了。免疫（immunization）这个词既适用于辅助疗法，又适用于预防接种。

麦圭尔和帕帕乔吉斯开展了一些实验，来测试这个理论。最初的一个（McGuire & Papageorgis，1961）测试了基本预测：在媒介领域，辅助方法不如预防接种的效果好。辅助疗法就是事先对一个人的基本信念给予支持的观点；预防接种则应事先将人暴露于弱化形式的、能刺激防卫产生的论据，则形成了对信念的攻击。同时，他们还测试了第二个假设，即在接受某种捍卫消息时，主动参与不如被动参与对后来的说服产生的免疫效果明显。研究者之所以这样推测，是因为他们认为，受试者并不习惯于积极参与捍卫他们基本信念的活动，因而可能捍卫不好。并且，研究者还认为，主动参与可能干扰人们接受任何捍卫性材料。

麦圭尔和帕帕乔吉斯为他们的研究选择了一些在我们的文化中几乎从来没有受到攻击的信念，他们称之为文化公理（cultural truisms）。这四个信念是："每个人都应该每年照一次 X 光，以便发现可能发生的早期结核病症状"；"盘尼西林（青霉素）的效果，几乎毫无例外地对人类有极大好处"；"大多数形式的精神病症不具有传染性"；"每个人都应尽可能在每一次餐后刷牙"。人们普遍相信这些文化公理，在一个最低为 1 分（"完全错误"）、最高为 15 分（"完全正确"）的评价等级上，控制组的受试者所得的平均分数为 13. 26 分。

受试者参加了两次实验，每次实验长度为一个小时，这两次实验相隔两天。第一场实验给受试者看两种免疫材料，设计这些材料的目标是使基本信念（文化公理）更能抗拒改变；第二场实验是拿给受试者看攻击这些基本信念的强烈的反面观点。在每次实验后，用问卷方式测量受试者接受信念的强度。

拿给受试者看的两种主要形式的免疫材料分别是"支持的"与"反驳的"。支持的材料由支持文化公理的观点组成，反驳的材料包括文化公理的反面观点以及对这些反面观点的驳斥。在捍卫实验中主动参与的不同程度主要是根据让受试者写文章（高度参与条件）和读文章（低度参与条件）来区分，每一个受试者都被测试了某个文化公理，对此他们都只接受了后来的反面观点而没有接受免疫的材料。针对每个文化公理的测试显示，在受到反面观点的攻击之后，它们在等级上的平均分值为 6. 64 分，跟受到攻击之前的 13. 26 分形成鲜明对比。这种结果表明，如果不接受免疫，这些文化公理是非常软弱的，很容易遭到攻击的损害。

正如原先预料的，麦圭尔和帕帕乔吉斯（1961）发现，反驳性悍卫比支持性捍卫更有效地保护了文化公理抵抗改变。经过支持性捍卫实验后，反面观点能将人们对文化公理的信念平均降低为 7. 39 分，仅比在完全没有事先准备的情况下降低所得的平均 6. 64 分稍微好一点。经过反驳性捍卫（预防接种）后，反面观点只将人们对文化公理的信念降低了一些，平均为 10. 33 分。这些研究者也发现了对第二项假设的支持：以消极（阅读）的方式抵抗说服，比积极（书写）的方式更有效果。

麦圭尔和帕帕乔吉斯（1961）的实验在一个方面还有局限性，需要进一步的调查研究来证实。这便是，在预防接种中首先展示给受试者，然后再予以批驳的对文化公理的攻击，与下一场实验中对文化公理的攻击论点是一样的。对于展示和反驳某一套攻击是否能对其后进行的不同攻击产生免疫力，这个问题还不清楚。帕帕乔吉斯和麦圭尔在另一个实验中对这个问题进行了调查。

帕帕乔吉斯和麦圭尔（1961）预测，当人们接收对基本信仰的攻击和对这些攻击的反驳后，可以发展一种普遍的免疫力。换言之，他们预测，这样的过程会发展出一种普遍的抵抗力，使基本信念即使遭到不同方式的攻击，也不可能改变。他们的预测基于两种原因：(1) 有了第一次攻击被反驳的经验，便会降低后来攻击的可信度，(2) 事先接触攻击，可以使人们知道他们所持的信念容易受到攻击，从而推动他们去发展更多的支持观点。他们的研究结果显示，预防接种带来的对不同攻击观点的免疫力几乎可以与同样攻击观点的免疫力一样强。事实上，在这两种条件下，最后的态度立场并无显著的不同。这当然增加了预防接种的效力——接种计划的推行者不必去预测某人所持的某个信念在以后可能遇到的所有攻击。

近来的调查试图研究预防接种发生的过程。帕符及其同事（Pfau and colleagues, 1995）调查了预防接种中威胁和投入的作用。他们认为，威胁可以通过提高人们捍卫信念的愿望在预防接种中发挥作用。一般而言，威胁能够激起接受者抵抗态度变化的动机。事实上，如果没有某种程度的威胁，就可能不会有预防接种的效果。投入是指某一态度客体对某一主体的显著性。如果没有投入——也就是说，如果态度客体不具有显著性——那么预防接种效果可能不会发生。并且，投入可能是某种可感知威胁的必要先决条件。在健康传播活动中，预防接种一直是一种有效的技巧，这些健康传播活动包括那些防止青少年吸烟的宣传（见方框 8.2）。

方框 8.2　预防接种在反对吸烟宣传活动中的使用

预防接种理论已经被应用在反对吸烟宣传活动中，尤其是那些针对刚刚进入中学的学生的宣传。这些学生通常具有反对吸烟的态度，而在进入中学后，这种态度会受到攻击。

采用的是反驳式抢占策略——努力界定所有可能的攻击，然后在这些攻击到达目标受众之前对它们进行反驳。在吸烟主题上，有下列三种常见的攻击说法：

1. 吸烟很“酷”。
2. 尝试性吸烟并不会成瘾。
3. 吸烟不会对我构成伤害。

在传播宣传活动中，可以设计特定消息，针对上述三种攻击进行处理。对这些攻击的反驳需要针对受众合理设计。比如说，在向青少年讲述吸烟问题时，情感论据可能比事实论据更有效。

由于说服消息的效果倾向于随着时间而减少，所以可能需要利用“后续消息”不时地重复预防接种。

来源：帕符（Pfau, 1995）。

态度的功能

研究态度改变的两种主要理论取向一个是学习理论取向（learning theory approach），主要与霍夫兰及其同事的理论相联系；另一个是一致性理论取向

(consistency theory approach)，主要与费斯廷格、纽科姆、海德、奥斯古德和坦南鲍姆（第7章）的理论联系。有一段时间这两种理论同时并存，相互之间很少有明显的联系。但是最终，研究者对整合研究态度改变这两种相当不同的方式发生了兴趣。卡茨（Daniel Katz）和他的同事萨尔诺夫、麦克林托克（Irving Sarnoff and Charles McClngtock）解决了这个问题，发展出一种研究态度改变的功能取向（functional approach）。

这些学者尝试将研究多年的两种不同的人类行为模式结合在一起——一种是理性模式，另一种是非理性模式。非理性模式认为，人类是不爱思考的生物，其信念很容易受周围人的影响，人类对现实的理解甚至受到他们自身欲望的摆布。理性模式则认为，人类是聪明的、具有批判力的思考者，只要被给予充足的信息，便可作出明智的决定。怎样使这两种见解都成为真实的模式呢？卡茨(1960）及其同事认为，人类既是理性的又是非理性的，取决于环境和当时行为的动机等因素。他们还主张，对于理解态度改变而言，人类采用不同倾向的思维方式具有重要意义。

卡茨（1960）主张，对态度的形成与改变，都必须以态度服务于人格需要的功能来理解。由于这些功能不同，所以态度改变的条件和技巧也不同。卡茨指出，大众传播早期的多数研究处理的因素都不是真正的心理学变量。例如给人看电影。由于看电影对于不同的个人而言有不同的功能，所以卡茨认为，仅仅通过给受试者看电影，研究者并不能真正了解或预测态度改变。卡茨提出的关键论点是：同样的态度可能基于不同人心中不同的动机。他认为，“除非我们知道通过抱持某种态度可以满足某种心理需求，我们很难预测态度在何时改变及如何改变。”（p. 170）

卡茨（1960）确认了态度能服务于人格需要的下列4种功能：

1. **工具性的、调节的或功利主义的功能** 人们之所以会持有某些态度，是因为人们极力争取从外部环境中得到最高的奖赏，或将惩罚降至最低程度。例如，认为赋税太高的投票者可能拥护承诺减税的政治候选人。
2. **自我保护的功能** 人们之所以持某些态度，是因为人们要保护自己免于伤害，这种伤害可能来自他们自己不认可的冲动，也可能来自他们对外部威胁力量的认知。某些人通过对少数群体投射蔑视感情来提升自我。这可能是为了自我保护而持偏见态度的一个例子。
3. **表达价值观的功能** 人们之所以持某些态度，是因为这些态度能使一个人向中心价值观和该人认为同属一类的人作赞同的表达。例如，一位喜爱某一摇滚组合的青少年会通过这种态度来表现其个性。
4. **知识的功能** 人们之所以持有某些态度，是因为它们能满足人们对知识的欲望，或对世界提供结构与意义的愿望，否则这个世界将是无序的。很多宗教信仰具有这种功能，文化规范等其他态度也是一样。

卡茨（1960）归纳了一个图表（见表8.2），总结了服务于每一种功能的态度的来源、动力、激发条件和改变条件。卡茨警告说，如果不了解态度所服务的功能，而试图改变态度，可能导致相反的效果。例如，通过表扬少数群体成员成就的信息试图改变某些人的偏见态度，其出发点是以为这种态度服务的是知识的功能。但是，如果这种偏见态度是出于自我保护的原因，试图采用上述方式改变态度便不大可能成功。

表8.2 与功能类型有关的态度形成、激发和改变的决定因素

功能	起因和动力	激发条件	改变条件
调节	满足态度客体需求的功用；最大限度地扩大外部奖励，减少惩罚	1. 需求的激活 2. 突出与满足需求相关的隐含线索	1. 需求被剥夺 2. 新需求及新层次欲望产生 3. 奖励和惩罚转变 4. 强调满足需求的新方法和更好的途径
自我保护	对内部冲突和外部危险的防护	1. 施加威胁 2. 诉诸憎恨和被抑制的冲动 3. 挫折感增加 4. 使用权威的建议	1. 消除了威胁 2. 发泄了情绪 3. 增进了对自我的认识
价值观表达	保持自我认同；提高受欢迎的自我形象；自我表达和自我决策	1. 与价值观相关的隐含线索突出了 2. 追求自我形象再确立的个体愿望 3. 威胁自我概念的模糊性	1. 在一定程度上对自我的不满意 2. 对自我更加适当的新态度 3. 控制所有支持破坏旧价值观的环境
知识	对理解的需求，对组织有意义的认知的需求，对一致性和清晰性的需求	1. 与旧问题相关的隐含线索或旧问题本身重现	1. 新信息和环境变化产生的模糊性 2. 关于问题的更多有意义的信息

资料来源：From D. Katz, “The Functional Approach to the Study of Attiudes,” *Public Opinion Quarterly* 24（1960）: 192.

卡茨（1960）的功能取向认为，说服消息应该加以裁剪，以适应某种态度的动机基础。但是一些研究也表明，有时与所持态度的原因不对应的时候，使用说服取向同样有效（见方框8.3）。

方框 8.3　态度种类和论据种类对态度变化的影响

当人们试图说服别人、改变别人态度的时候，需要注意持有这种态度的基础。对于某些人来说，某种态度的认知的（或理性的）成分可能最强烈。对于另一些人来说，这种态度的情感的（或情绪的）成分可能最强烈。

米勒和米勒（Millar and Millar, 1990）假设，不同种类论据的有效性取决于某种态度中哪种成分最强烈。他们还假设，当情感的成分最强烈时，理性的论据可能最具说服力；当认知的成分最强烈时，情感的论据可能最具说服力。他们推理的依据是，当论据和态度的种类相对应时，传播活动可能被视作威胁，从而激起反面论证。

调查者设计了情感的和理性的消息，去改变学生对饮料的态度。他们发现，正如料想的那样，在改变由于情感原因而持有的态度时，理性的消息最有效；在改变由于理性原因而持有的态度时，情感的消息最有效。

来源：米勒和米勒（Millar and Millar, 1990）。

态度和行为

尽管对态度改变进行了这么多研究，长期以来，研究者却忽略了一个重要问题。以较概括的形式说，这个问题就是，以社会科学方法测量得来的态度，是否与人们的行为之间有任何实际的关系。以较具体的形式说，这个问题则是，通过说服性消息产生的态度改变是否伴随着任何有意义的行为改变。

一项早期的研究（LaPiere，1934）指出，态度与行为之间可能没有太大的关系。1930 年代早期，一位名叫拉皮埃尔（Richard LaPiere）的社会科学家与一对中国夫妇一起在美国旅行。他们总共造访过 251 家旅馆和餐厅，只有一家拒绝接待他们。6 个月后，拉皮埃尔寄给他们去过的每家营业场所一份问卷，问他们："你们的营业场所是否接纳中国客人？"他收到了 128 家的答复，有 92% 的餐厅和 91% 的旅馆回答的是"否"，只有一处给予的答复是肯定的"是"（LaPiere，1934）。于是，这项经典的研究提供了某种证据，说明人们对其态度的说法可能并不是很可靠的根据，不足以预测其实际的行为。

在费斯廷格 1963 年的一次演讲中，这位发展了认知不和谐理论的心理学家提出了一些有关态度改变实验和有关其后行为的基本问题。费斯廷格（1964）说，他正在读由柯恩（Arthur R. Cohen）所写的手稿，发现了其中一个论断，说对态度改变的研究很少明确地关注可能随态度改变而来的行为改变。费斯廷格很受启发，开始全力搜集显示态度改变对其后续行为效果的研究。但他却只发现了 3 项。其中之一便是贾尼斯和费什巴赫的恐惧诉求研究（Hovland，Janis and Kelley，1953）。他们的研究虽然并未调查实际的行为改变，但它确实考察了对刷牙行为和其他有关牙齿清洁方式的言语报告。费斯廷格愿意认可这种言语报告，因为它确实有意地针对实际行为。在费斯廷格发现的所有3个研究中，在态度改变和行为改变之间似乎存在着一种轻微相反的关系。例如，在贾尼斯和费什巴赫的研究中，那些在接受说服消息之后表示最担心他们牙齿状况的人，在他们的报告中显示的行为改变却最少。费斯廷格认为，这种相反的关系说明，态度改变和行为之间的关系并不简单。

费斯廷格（1964）认为，态度改变可能并不自动带来行为改变，其中的一个原因，是造成原来态度的环境因素在态度改变之后仍然在起作用。这样，在接触说服性消息之后，态度可能仍有恢复其原有立场的趋势。费斯廷格向研究态度改变的理论学者提出了这种恼人的可能性，即虽然他们对影响态度改变的变量作了几百个实验，但对人类的行为而言这些态度改变的变量却可能没有什么作用。

菲什拜因（Martin Fishbein）认识到，为了预测某一特定行为，除了对态度进行某些测量之外，还要取决于很多其他因素。他试图发展一种包括所有重要因素在内的模式。这个模式（Ajzen & Fishbein，1970）以下列等式的形式表现：

$$B \sim BI\ ([A_{act}]\ W_0 + [NB\ (M_c)]\ W_1$$

虽然这个模式看来复杂，但若是将其用文字来说明，就容易理解了。在等式中的字母代表的意义如下：

B ＝外显的行为

BI ＝表现这种行为时的意图

A_{act} ＝在某种特定情景下表现某种特定行为的态度

NB ＝规范的信念，或在他人看来某人应该和不应该表现这种行为的信念

M_c ＝顺从规范C的动机

W_0 和 W_1 ＝需要以实验确定的回归量

上述的等式可以用下面这句话来概括：一个人表现某种特定行为的意图是一种功能，这种功能属于（1）此人对表现这种行为的态度，和（2）此人对支配这种行为的规范的理解以及个人顺从那些规范的动机。

这个模式引入了一些关键的环境因素，特别是其他人对这种行为的信念以及个人顺从那些信念的动机。如果能将模式中所有变量的数量更精确地测出，便可能对行为的意图，甚至实际的行为做更准确的预测。菲什拜因（1973）报告了一些使用这一模式预测行为意图的实验，产生了大约.80（统计分析法上表示“相关性”条件概率的系数，下同。——译者）的相关系数，这个数字是相当高的。在这些实验中也发现，在行为意图与外显行为之间有.70的相关系数，因此，所有的关键因素均得到数据支持。在继续菲什拜因研究的实验中，阿伊曾（Ajzen，1971）用菲什拜因的模式显示了说服传播导致的行为改变，这是费斯廷格在1963年时认为很难发现的现象。

在态度改变研究方面的一个重要发展，就是现在许多研究者在对态度作研究时包括了对行为的测量，许多恐惧诉求的研究现在包括对行为的测量，例如测试

牙齿实际清洁效果的"揭开封条"（disclosing wafer）实验（Evans, Rozelle, Lasater, Dembroski, and Allen, 1970），或对去接种疫苗实际行为的测量（Krisher, Darley, and Darley, 1973）。同样，斯坦福计划的目的是通过传播减少心脏病的发生，研究使用了一些行为进行测量，例如测血压、测胆固醇量、测体重和测吸烟数量（Maccoby & Farquhar, 1975）。

态度的古典调制法

除了霍夫兰以外，还有其他一些研究者同样试图以学习理论来说明态度的改变。特别是斯塔茨和斯塔茨（Staats and Staats, 1968），他们将古典调制（classical conditioning）方法应用于态度的习得。

斯塔茨和斯塔茨开始是将古典调制法应用于学习语言中的情感意义（Staats, 1968）。有个典型的古典调制作用的例子。每次在给一条狗食物的时候都会伴随铃声。经过一段时间的练习，在铃声响起而没有食物的时候，狗会分泌唾液。食物是非调制刺激，铃声是调制刺激，而唾液分泌是反应。

他们指出，在我们每天的日常生活经历中，某些词总是同时带有某些情感经验。例如，愉悦（joy）、快乐（happy）、游戏（play）、晚餐（dinner）、漂亮（pretty）和好（good）等词通常带有正面的情感，而像愤怒（angry）、受伤（hurt）、肮脏（dirty）、可怕（awful）、生病（sick）、悲伤（sad）和丑恶（ugly）等，则带有反面的情感。根据古典调制法，情感的刺激可以被视为非调制刺激，从中诱导出情绪的反应。而当一个词汇刺激有计划地伴随着此种非调制刺激时，这个词便会成为一种调制刺激，并且也会引出情绪的反应。

在测试这种可能性的一次实验中，研究者让两组受试者看一张语言词汇的名单（Staats, Staats, & Crawford, 1962）。对实验组，14 次中有 9 次给受试者看一个大（large）字，并随即给予负面刺激——不是通过耳机传来的大声噪音就是对右前臂的电击。噪音和电击被定位于"不舒服"但也"不痛苦"的程度。控制组的成员同样接到 9 次负面刺激，但是这些负面刺激伴随的不是大字，而是一些不同的垫词（填补空隙的无意义的词）。结果显示，那些体验了大字伴随着负面刺激的人在看到这个字时出现了情感反应，皮肤测出了触电式的感觉。这种结果与控制组的情况不同。不仅如此，在对语义进行分级测量中，大字在实验组得到的是负面的评分，在控制组中却不是。

斯塔茨和斯塔茨（1957）继续假设，这类对意义的调制可以从一个字转向另一个字，就像调制从对肉体的刺激转到一个字一样。在另一次实验中，研究者将 yof、laj、xeh、wuh、giw、qug 等无意义的音节置于视觉的屏幕上，同时用语音说一些字。对一组受试者，两个无意义音节总是配有意义评价得分高的词，如美丽（beauty）、赢（win）、礼物（gift）、甜蜜（sweet）和诚实（honest），但是在每次伴随时，均配以不同的高评价词，所以受试者无法将某一对词义联系起来。另外的4个无意义音节则伴随以无计划意义的词。对另一组的受试者，采用同样的程序，不同之处只是，那两个无意义的音节总是配有负面感情意义的词，例如小偷（thief）、苦（bitter）、丑恶（ugly）、悲伤（sad）和无价值（worthless）。做过上述实验后，给受试者作不同程度的语义评分测量，测量他们对无意义音节的评价。一般而言，那些接受正面刺激词汇的受试者显示出正面的评价，而那些接受反面刺激字的受试者则显示出反面的评价。

斯塔茨和斯塔茨（1957）认为，态度不过是这种建立在古典调制法上的对一个词情感意义的学习。在另一项实验中（Staats & Staats, 1958），以国家的名称和熟知的男性名字，而不是用无意义的音节，作为调制刺激。国家的名称是荷兰（Dutch）或瑞典（Swedish），而男性名字则用汤姆（Tom）或比尔（Bill）。对这四个名字，研究者预料，受试者根据以往的经验已经持有现存的态度。因此，这个实验实际上研究的是态度改变。这个实验显示，将这四个词配以正面或负面的词，均可改变受试者的态度，使之朝正面或负面发展。斯塔茨和斯塔茨的研究对某些宣传技巧提供了理论性的解释，例如光辉泛化法就试图将人或观点跟好字眼联系在一起；而辱骂法则试图给人或观点贴上坏标签。

这种态度的调制似乎也可与广告中的很多做法联系起来。很多产品的名称，例如Ipana或Qantas，当它们第一次被介绍给大众时，基本上是一些无意义的音节。广告的主要目标是将这些名称与正面的词汇或经验联系起来，通过调制，可能赋予它们正面的意义。例如“可乐是个好东西”（Coke is the real thing）的口号就试图将可乐与正面的意义联系起来。在一些其他产品的例子中，例如Fab或Sprite，对这些产品名称的选择可能因为它们已经与正面意义有了联系。

说服的过程模式

说服的新模式源于格林沃尔德（Greenwald, 1968）的**认知反应模式**（cognitive response model）。霍夫兰认为，所有态度改变都建立在学习的基础上。出于对霍夫兰的这个说法的不满，格林沃尔德的模式认为，态度改变受到接收者想法的调控。格林沃尔德认为，记住某条消息与接受某条消息是两码事——个人可以学习某条消息中的材料而不经历态度改变。他假定，在通常的说服情况下，某条消息的接受者对之加以思考，将之与现有态度、知识和感觉相联系。在这样做的时候，接受者温习已经存储的认知材料。格林沃尔德的模式认为，这些对某条说服消息的认知反应是说服过程不容忽视的重要组成部分。

主要的说服过程模式有麦圭尔（McGuire, 1968）的信息处理理论，以及两个双过程模式——佩蒂和卡西欧普（Petty and Cacioppo, 1986）的精心的可能性模式和蔡肯、蒂伯曼和伊格雷（Chaiken, Liberman, and Eagly, 1989）的启发—

系统理论。这些模式具有下列共同特征：

1. 它们将态度改变或说服表现成一个过程，这个过程的发生经历了几个步骤和一段时间。
2. 它们都强调认知的作用或者说信息处理的作用。
3. 跟早期有关说服或态度改变的观念相比，它们将接受者视为信息处理的中介，从而赋予他们一种更加积极的角色。

另外，两个双过程模式认为，在收到某条说服消息时，个人有两种不同的心理过程可供选择，以处理那条消息。

麦圭尔的信息处理理论

麦圭尔的信息处理理论（information-processing theory）认为，态度改变包含6个步骤，每一个阶段都是下一步骤的必要前提（1968）。这些步骤是：

1. 说服性消息必须得到传播。
2. 接受者将注意这个消息。
3. 接受者将理解这一消息。
4. 接受者接受和服膺所陈述的观点。
5. 新接受的立场得到维持。
6. 期望的行为发生。

麦圭尔注意到，在传播环境中，任何自变量都能对这6个步骤中的任何一个产生效果。例如，一个“智力”的变量可能导致较不易于接受消息的态度，因为聪明的人更容易发现他人观点中的漏洞，也更愿意保持不同于他人的观点。但它也可能导致对观点更多的注意，因为越是聪明的人，越是对外面的世界感兴趣。

麦圭尔（1968）还指出，对一个步骤的影响是正面的自变量，对另一个步骤的影响则可能是反面的，这种情况很常见。例如，恐惧诉求可能引起对消息的注意（第一步），却干扰对消息的接受（第四步）。

在后来的一篇文章中，麦圭尔（1976）又提出信息处理理论的8个步骤：（1）接触，（2）感受，（3）理解，（4）赞同，（5）记忆，（6）恢复，（7）决定，（8）行动。很明显，这些步骤的名单来自早先的6个步骤，但将前面那些步骤重新整理过，并加上了一些步骤。

在更近的一篇文章中，麦圭尔（1989）就说服过程的结果，或称因变量，提出了12个步骤：（1）接触传播，（2）注意传播，（3）喜欢并感兴趣，（4）理解它（学习“什么”的问题），（5）获得技巧（学习“怎样”的问题），（6）服膺于它（态度改变），（7）储存对内容的记忆和（或）赞同，（8）寻找并恢复信息，（9）在恢复的基础上作决定，（10）按照决定开展行动，（11）强化中意的行为，（12）行为后的巩固。

在最初提出的时候，麦圭尔对说服过程的理论倾向于处理的，几乎全部是说服过程的因变量，并将它们分得越来越多，一直到12个阶段。在其他的著作中，例如1989年的书的一章中，他也讨论了自变量的作用。

麦圭尔的信息处理理论使我们很好地认识到态度改变过程的全貌。它提醒我们，这个过程包含着很多部分。以前极少有理论涉及所有的这些部分。很少（也可能没有）态度改变研究考察过自变量在所有这些步骤中的效果。事实上，麦圭尔指出，在态度改变研究的大量文献中，多数可能仅仅针对服膺或赞同的步骤。

最后，麦圭尔的理论提醒我们态度改变的难度。这个理论认为，由于在某一步骤起正面作用，在另一步骤可能又起负面作用，许多自变量倾向于在总体效果中抵消自己的作用。不仅如此，我们还必须面对这样的事实：为要达到态度改变的成功，需要在所有步骤中的每一个都取得规定的满意效果。

启发—系统模式

启发—系统模式（Chaiken，Liberman，and Eagly，1989）描述了两种处理说服消息的方式——系统的和启发式的。**系统处理**表现为仔细地、分析式地、尽力地研究消息。人们需要具有开展系统处理的动机。这可能受到情境变量的负面影响，这些情境变量可以是时间压力或缺乏某一方面的经验。**启发式处理**是一种比较简单的模式，在这种模式中，人们使用推理规则或者概略方法来形成判断或做出决定。在启发处理模式中，引导决策的规则的例子可能是“专家的意见可以信赖”、“漂亮的人善于交际”，以及“人们的行为反映他们的态度”。

精心的可能性模式

在现代社会中，多数人都遭受大众媒介的消息轰炸，很多这些消息都在试图说服人们相信什么东西。对一个接受者来说，大量处理这些消息显然是不可能的。通常的情况是，我们选择一些消息仔细检查，而以更简单武断的方式对待其他消息——如果我们确实处理它们的话。表达这两种处理消息方法的说服模式是佩蒂和卡西欧普（1986）的精心的可能性模式（图8.3）。

精心的可能性模式（elaboration likelihood model，ELM）认为，态度改变有两种路线：中心路线和外围路线（Petty and Cacioppo，1986）。如果接收者积极地处理信息并被观点的理性所折服，那么这个过程涉及的就是**中心路线**（the central route）；如果接收者不运用他们的认知能力去评价观点，处理消息中的信息，而是更多地被外围线索所左右，那么这个过程涉及的就是**外围路线**（the peripheral route）。这些线索可以包括来源的可信度，消息的风格和格式、接受者的情绪等。

据说，当说服的中心路线活跃的时候，接受者处于高度精心状态；当说服的外围路线活跃的时候，接受者处于低度精心状态。佩蒂和卡西欧普（1986，p.7）指出，**精心**指的是“一个人在仔细思考与问题相关的信息时，所达到的用心程度”。精心包括仔细关注诉求、试图进入相关信息（记忆或外部来源）、详细考察和仔细推断观点、对观点的价值作出结论，以及对所推荐的立场得出总体的评价。

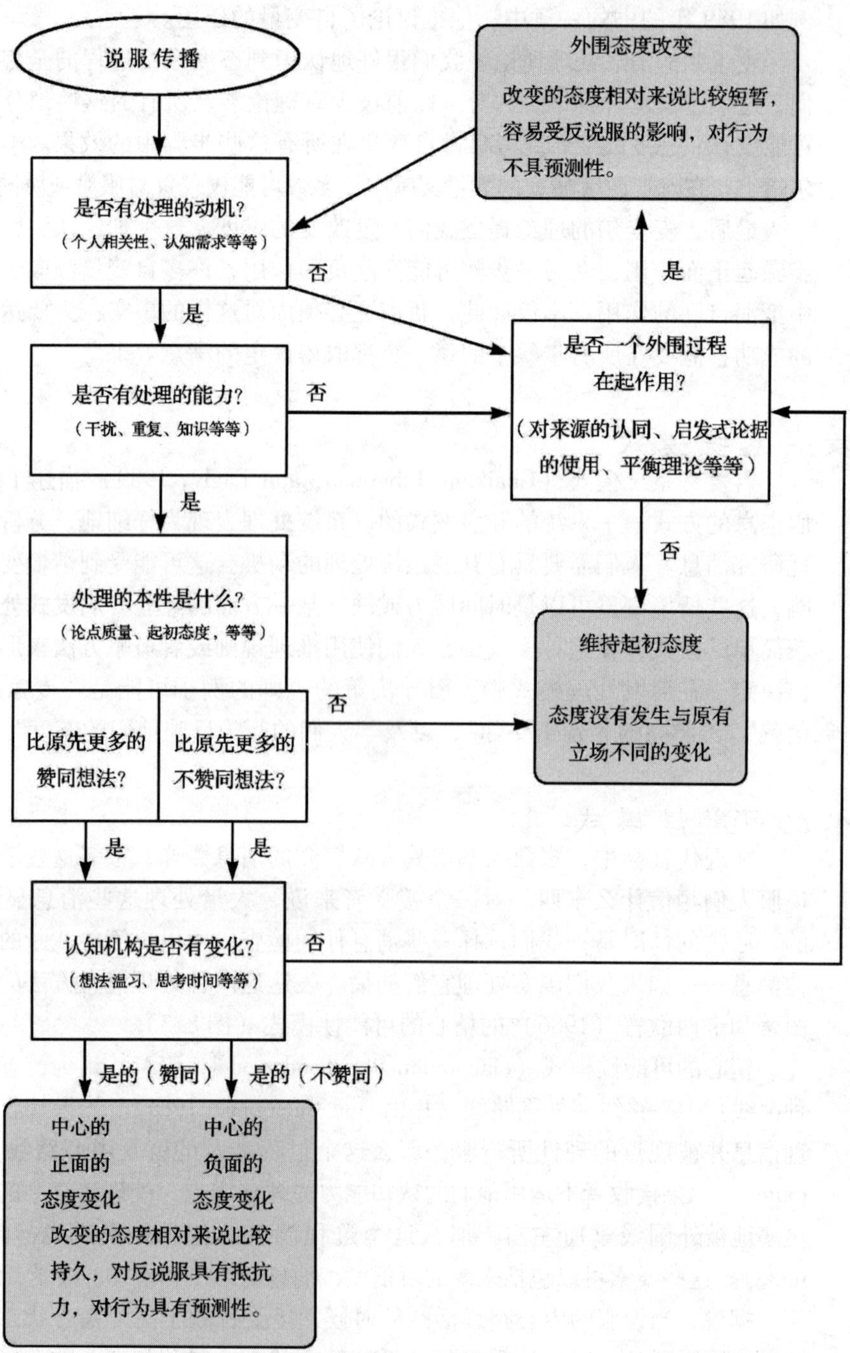

图8.3　说服的精心的可能性模式

说服既可能发生在高度精心的情况下，也可能发生在低度精心的情况下，或者两者之间的任何精心程度。但是，这个信息模式提出，在不同的精心程度下，态度改变的过程可能是非常不同的。当说服通过中心路线发生时，通常是因为高质量的观点正在被强有力地提出。在中心路线下，如果能够引导接受者，使之对所宣传的立场树立支配性的赞同观念，那么说服最有可能发生。因此，一个关键的问题便是，什么因素导致接受者对说服者所推荐的立场产生赞同或不赞同的观点？有两个因素似乎是重要的。第一个因素是接受者最初的立场与所推荐的立场是否一致。如果一种主张的立场是接受者已经倾向的，这个接受者便很可能对消息投以赞同态度。第二个因素是论证的强度。论点越是强有力，越是被仔细地定义，接受者便越可能对消息持赞同态度。

在外围路线下，说服不取决于对消息的周密考虑，而取决于接受者使用的简单决策规则，即启发式论据。这些原则是由说服环境中的一些线索激发的，其中3种主要的启发是可信性、喜爱性和共识性（O’Keefe，1990，pp. 186－187）。可信性启发论据（credibility heuristic）是指人们倾向于相信具有可信性的来源。喜爱性启发（liking heuristic）是指人们倾向于同意他们喜爱的人的意见。共识性启发论据（consensus heuristic）是指人们倾向于同意很多人支持的立场。

通过外围路线的说服例子可以是，某人想要参与地方或州的选举，但是又不想花费时间搜集关于所有竞选者的资料，不想得出独到的见解。于是，这种人可能通过地方报纸的社论支持某位候选人，并且照这样的意见直接投票。或者，某个人可能选择某个政党的候选人名单，将票投给所有的民主党人或所有的共和党人。在这种情况下，使用的决定原则是“按照信任的来源推荐的方式投票”。

什么样的因素决定人们采取中心路线还是外围路线呢？有两个主要因素决定某个接受者的精心程度，一个是他投入心力的动机；另一个是他投入心力的能力（O’Keefe，1990）。总的说来，精心的可能性模式将各种态度改变的研究都归入同一个模式，从而有助于解释它们。我们开始看到，说服的理性模式，例如信息处理理论，和较不理性的模式，例如来源可信性模式，都可能是正确的。这个模式也可以帮助我们去解释说服理论中关于同一因素相互冲突的研究结果。如果态度改变在某种情况下通过外围路线发生，而在另一种情况下通过中心路线发生，那么说高可信度来源在某种情况下能够导致态度改变而在另一种情况下不能导致态度改变，这种论点就可以成立。

精心的可能性模式和启发式简化模式是相似的。主要区别在于，启发思维或使用规则思维只是精心的可能性模式在外围路线上的一个类别。

说服理论在大众媒介中的应用

传播从业人员应该意识到，将说服研究的发现应用于真实世界的传播问题是一项有难度的工作。可能有很多变量在发生作用；而根据其他变量的状态，某个变量的影响既可能是正面的，又可能是负面的。态度变化研究和态度行为联系研究之间还存在空白（Eagly, 1992）。大部分说服研究都是在实验场合进行的，这些发现能在多大程度上用于自然场合还未见分晓。

有个重要策略可以提高从业者的成功机会，即，在发展消息策略之前和之后对目标受众进行调查。一个重要的原则是**受众分割**——将受众分成同质群体，这些群体具有相同的特定态度、行为和知识水平，以及使用相同的传播渠道（Slater, 1995; Lefebvre and Rochlin, 1997）。根据对目标受众的调查，传播者可以裁剪消息以获得最大效果（见方框 8.4）。

方框 8.4 研究目标受众

要获得说服活动的成功，重点之一就是在准备消息之前研究目标受众。有个防止少女吸烟的媒介宣传运动认真地调查了目标受众——那些最有可能成为烟民的少女。这个活动展开了调查，以搜集信息，这些信息包括少女的吸烟经历、感觉和态度，她们最喜欢的娱乐活动、愿望和风格，她们喜欢的人，她们的媒介使用习惯和电视收看方式。调查的数据资料被用来创建宣传活动的目标，供媒介制片人参考。

人们设计消息来鼓励年轻人肯定不吸烟行为，否定吸烟行为，学习拒绝香烟的技巧，使她们认为她们的大部分同龄人均不吸烟。在学校公共教室中试测广播电视广告的反应，从调查中获得的信息也用于媒介的广告安排。比如说，高危人群少女喜欢收看《指明灯》（*The Guiding Light*）、《我们的生活》（*Days of Our Lives*）等肥皂剧以及《谁是老板?》（*Who' s the Boss*?）等情境喜剧，就在这些节目中穿插广告。

这次媒介宣传运动获得成功，它降低了吸烟的意愿，在后一周的报告中，发现吸烟行为也减少了。

来源：Worden, Flynn, Solomon, Secker - Walker, Badger, and Carpenter (1996).

结论

学习理论取向和一致性理论取向在早期态度改变研究中占主导地位，而今这一领域已经大大拓展。卡茨特地发展出功能理论来调和这两种分歧观点，并将它们置于较大的图景中。特别是，卡茨的功能理论将人们的注意力特别吸引到改变态度所具有的自我保护功能上——这是一种不容易改变的态度。

预防接种理论提出的建议是，增强人们对态度改变的抵抗力。麦圭尔和帕帕乔吉斯（1961）和其他人在此领域的调查强调造成人们抵抗说服的过程。

费斯廷格（1964）提出了一个重要论点，即由说服性消息造成的态度改变是否伴随着真正的行为改变。大约同时，研究者开始认真研究测得的大体态度是否能用来预测行为。这些质疑产生了积极效果，很多对态度改变的研究现在将对行为的测量与对态度的测量结合起来。

斯塔茨和斯塔茨认为态度是由古典调制方法而来的，这种观点提出了可以用于广告和其他说服活动的一种策略。根据这个理论，说服消息的目标就是使人们习得某个词的正面或负面反应。

说服的单一变量模式逐渐被一些新模式所取代，这些新模式将说服当作一个过程，强调接受者的积极作用。这些模式包括麦圭尔的信息处理理论，蔡肯、利伯曼和伊格雷的启发—系统理论，佩蒂和卡西欧普的精心的可能性模式。这些模式提醒我们，说服是一种复杂的努力。他们提供了一种可能性，将各种态度研究的不同发现融合成为更加统一的理论。

【关键词】

绝对睡眠者效果（absolute sleeper effect）：见睡眠者效果。

情感成分（affective component）：态度的表现，对于某客体的喜爱或感觉。

态度（attitudes）：对事物做出正面或负面反应的倾向。

受众分割（audience segmentation）：将受众分成同质群体，这些群体具有相同的特定态度、行为和知识水平，以及使用相同的传播渠道。

行为成分（behavioral component）：态度的表现，对于某客体的行动。

信念（beliefs）：人们假定为正确的陈述。

中心路线（central route）：在精心的可能性模式中（Petty and Cacioppo, 1986），如果接收者积极地处理信息并被观点的理性所折服，那么这个过程涉及的就是中心路线。

认知成分（cognitive component）：态度的表现，对于某客体的信念。

认知反应模式（cognitive response model）：这种模式认为，态度改变受到接收者想法的调节。

集大成式调查风格（convergent style of research）：出自麦圭尔（McGuire, 1996），这种风格的调查者“集中各种理论来与感兴趣的问题建立联系”。

活力（dynamism）：来源可信度的一个因素，基于进取的—温顺的、主动的—被动的尺度。

自我保护的功能（ego-defensive function）：态度服务的功能。人们之所以持有某些态度，是因为人们要保护其自我免于伤害，这种伤害可能来自他们自己不认可的冲动，也可能来自他们对外部威胁力量的认知。

精心（elaboration）：出自佩蒂和卡西欧普（Petty and Cacioppo, 1986），“一个人在仔细思考与问题相关的信息时所达到的用心程度。”

恐惧诉求（fear appeal）：大众传播中使用的一种技巧，进行威胁或者在受众中激起恐惧。

功能取向（functional approach）：出自卡茨（Katz, 1960），这种观点认为，

说服消息应该加以裁剪，以对应某种态度的动机基础。

获益框架（gain frame）：一种恐惧诉求，通过强调机会的获得或负面后果的减少来呈现威胁。

启发式处理（heuristic processing）：在启发—系统模式中（Chaiken, Liberman, and Eagly, 1989），一种处理说服消息的方式，人们使用推理规则或者概略方法来形成判断或做出决定。

预防接种理论（inoculation theory）：一种使态度抵抗改变的理论，通过给受众成员少量的反面观点来做到这一点。

工具性的、调节的、功利主义的功能（instrumental, adjustive, or utilitarian function）：态度服务的功能。人们之所以会持有某些态度，是因为人们极力争取从外部环境中获得最高的奖赏，或将惩罚降至最低程度。

态度间结构（interattitudinal structure）：态度在不同群体或者场景中的聚合。

态度内结构（intra - attitudinal structure）：某种态度的各种成分（见情感的、行为的和认知的成分）之间的相关方式。

非理性模式（irrational model）：在人类行为中，这种模式认为，人类是不爱思考的生物，其信念很容易受周围人的影响，人类对现实的理解甚至受到他们自身欲望的摆布。

知识功能（knowledge function）：态度服务的功能。人们之所以持有某些态度，是因为它们能够满足人们对知识的欲望，或对世界提供结构与意义，否则这个世界将是无序的。

学习理论（learning theory）：强化理论，这种理论认为，态度是由学习得来的，并且态度的改变和学习通过同一过程进行。

损失框架（loss frame）：一种恐惧诉求，通过强调机会的丢失或负面后果的增加来呈现威胁。

客观性（objectivity）：来源可信度的一个因素，基于头脑开放的—头脑封闭的、客观的—主观的尺度。

外围路线（peripheral route）：在精心的可能性模式中（Petty and Cacioppo, 1986），如果接受者不运用他们的认知能力去评价观点，处理消息中的信息，而是更多地被外围线索所左右，那么这个过程涉及的就是外围路线。

说服（persuasion）：出自奥尔森和赞那（Olson and Zanna, 1993），“由于接收别人的信息而产生的态度改变”。

专业性或能力（professionalism or competence）：来源可信度的一种因素，基于有经验的—无经验的、有专业风度的—缺乏专业风度的尺度。

保护动机理论（protection motivation theory）：出自罗杰斯（Rogers, 1975），这一理论认为，态度改变是由受众经历的认知判断所激发起来的那部分保护动机所产生的功能。

理性模式（rational model）：这种模式认为，人类是聪明的、具有批判力的思考者，在人类行为中，只要给予充足的信息，便可作出明智的决定。

睡眠者效果（sleeper effect）：一组接受低可信度来源消息的人经过一段时间之后在态度改变方面有统计学意义上的显著增加。库克和弗雷（Cook and Flay，1978）称之为绝对睡眠者效果。

系统处理（systematic processing）：在启发式—系统模式中（Chaiken，Liberman，and Eagly，1989），一种处理说服消息的方式，表现为仔细地、分析式地、尽力地研究消息。

值得信赖（trustworthiness）：来源可信度的一种因素，基于正确—错误、诚实—不诚实、值得信赖—不值得信赖的尺度。

表达价值观的功能（value - expressive function）：态度服务的功能。人们之所以持某些态度，是因为这些态度使一个人向中心价值观和该人认为同属一类的人作肯定的表达。

【讨论题】

1. 许多早期的态度改变研究立足于“态度是习得的反应”这个概念。还有哪些对态度的思考方式？
2. 研究显示，基于恐惧诉求的说服可能导致相反的结果。传播消息中可以使用哪些取代恐惧诉求的方法？
3. 评价罗杰斯的保护动机理论。与贾尼斯提出的恐惧与态度改变的曲线关系的概念相比，它的优点有哪些？
4. 与霍夫兰的态度改变理论取向比较，新的说服过程模式有哪些优点？
5. 新的说服过程模式有哪些弱点？
6. 人们可能以低可信度来源或高可信度来源来衡量报纸记者。民意调查有时指出公众对报纸记者信任度较低，你认为原因是什么？
7. 对于公众给予报纸记者的低信任度得分，一些可能的后果是什么？
8. 选择一个有价值的社会议题，例如防止艾滋病。根据你对说服理论的理解，设计一次处理这一议题的传播活动。

第 9 章 群体与传播

荷兰哲学家斯宾诺莎（Baruch Spinoza）在 300 年前就已指出，人类是一种社会动物。现代心理学极大地强化了他的论断。现代心理学显示，其他人对我们的态度、行为、甚至感觉都有很大的影响。

影响我们的那些人是我们所属群体中的其他人，这些群体或大或小，或者正式或者非正式。这些群体对我们接受大众传播消息的方式有很大的影响。这些在第 4 章中已经提到，其中我们讲到库珀和贾霍达的看法，他们认为，作为群体成员的身份足以使偏见难以改变。我们在下面还要说明，群体还以其他方式影响我们的传播行为。

对群体影响人类行为的科学研究开始于 1930 年代，主要是社会心理学家谢里夫（Muzafer Sherif，1936）进行的。另一位社会心理学家阿施（Solomon Asch，1955，1956，1958）在群体压力和一致性方面也做了一些工作。在这方面另一个重要人物是卢因（Kurt Lewin），他是**群体动力学**（group dynamics）领域的奠基者。群体动力学是对人们在群体中行为的科学研究。1940 年代，一些经典的选举研究发现，群体在形成政治态度和作出投票决定方面具有重要作用，这些研究是由社会学家拉扎斯菲尔德及其同事（Lazarsfeld，Berelson，and Gaudet，1968）作出的。

三种最重要的群体形式如下：**基本群体**（primary group），指涉及长期、亲密、面对面联系的群体（两人或两人以上），如家庭、工作群体、运动队、兄弟会和军队单位。**参考群体**（reference group），指某人认同并用作参考标准的群体，而他不一定属于这一群体。例如，有位学生想要加入某个兄弟会，他可能开始穿得像他们，并且采取他们的态度，即使他并非兄弟会的成员。偶然群体（casual group），指事先并不相识的人们临时聚到一起形成的一次性群体。例如人们共搭一部电梯，共乘一辆公共汽车，或者陌生人坐在一起看足球比赛。

社会**规范**（共享的规则或标准）可以分为两类——描述的和命令的（Reno, Cialdini, and Kallgren, 1993）。**描述规范**指出在某种情境中人们通常做什么。**命令规范**规定社会中通常允许什么。虽然这两种规范都对人们的行为有影响，但是看起来命令规范的影响更大。

谢里夫的群体规范研究

群体通常拥有某些规则或标准——规范（norms）。规范几乎在人类行为中的每一处都起作用。在日常生活中，这些规范起作用的例子有发型、裙子的长度、流行音乐的品位、追求异性的行为（例如在第一次约会时是否就可以接吻）、问候的风格和握手的方式。有些规范是整个社会所通用的。很多人并未意识到他们的社会规范实际上是武断的，直到看到其他文化下的不同规范。在有些国家，吃晚餐的时间要比美国晚得多。在有些国家，人们有午睡的的习惯，而美国人没有此习惯。还有很多其他不同之处显现在不同文化中，例如食物喜好、习惯、性风俗、谈话风格、手势、衣服选择以及价值观。所有这些均可被视作规范。

谢里夫（1936，1937）想要研究规范形成的过程，他发现了一个可以达此目的的理想实验环境。谢里夫设计的研究围绕着所谓**自移光效果**（autokinetic light effect）的现象进行。一个人被安排坐在完全黑暗的房间里，呈现一点很微小且静止的灯光，这时，这个人常常会看见灯光在移动——这是神经系统对昏暗的灯光过度补偿的结果。在进行这种过度补偿的时候，神经系统向大脑发送的刺激与眼睛在跟随一个移动物体时发送的刺激相同（McBurney & Collings，1977）。这是一个极度含糊的情境，因此给了谢里夫一个极好的机会，提供了研究群体规范的条件。几乎每个人都看到了灯光的移动；但是，由于它实际上并没有移动，因此，没有人真正知道它移动得有多远。

谢里夫（1936）设计了一个实验环境：受试者被安排在一个黑暗的房间里，在手指便于触及的地方放一个电报按键。5 米之外，放了一盏会呈现一点灯光的器具。研究者给这些受试者下面的指示："当房间完全黑暗时，我会给你预备这个信号，然后给你一点灯光。一会儿，这点灯光会开始移动，你一看到灯光移动就按键。几秒钟过后，灯光便会消失。然后你告诉我它移动的距离，试着尽可能估计准确。"当受试者按键后，计时器开始滴答计时。它响了两秒，然后灯光消失了。

谢里夫首先让某个受试者单独在房间作这项实验。经过反复试验之后，此人通常会停留在自己的一套标准上。估计的距离可能在 4～6 英寸之间，一般在 5 英寸上下。然而，其他的人各自有非常不同的个人范围。有的人的标准可能是 1/2 英寸，而有的人可能是 2 英尺。

在下一步的实验中，谢里夫将几个人安排在同一房间内，对他们一块儿进行实验。这几个人曾单独在房间作过实验，并分别建立了自己的标准。他们一起接受实验，并且彼此可以听见估计的距离。在这种环境下，通常会发现，当实验几经重复之后，各种估计数值会变得越来越相互接近。最终，这个群体建立了自己的标准，这个标准通常接近几个人所估计的各种标准的平均值。

在第三步的实验里，谢里夫让那些曾在群体环境中实验过的人再次分别单独在房间内做进一步的实验。在这种单独的环境中，个人通常会遵守在群体中形成的规范。

谢里夫的实验显示，在不确定的环境下，人们依靠别人的指导。它同时显示，群体的影响能够超越群体，出现在没有群体的环境中。社会的很多规范必定是在像谢里夫所做的实验那样的过程中发展出来的。经过实验，这些过程被单独发掘出来。毕竟，生活中有很多环境充满了不确定性。在人类关心的一些最重要的领域——政治、宗教、道德，很少有确定的东西。在谢里夫研究的基础上，我们可以期待发现，在种种模糊不清的领域里，群体对人们的态度具有极大的影响力。

阿施对群体压力的研究

谢里夫（1936，1937）的研究是探讨在高度不确定的环境中群体的作用。阿施（1955，1956）则调查了在相当明朗的环境中相似的影响力。阿施想要调查群体的压力，以及人们的倾向——是顺从压力，还是摆脱压力。

阿施设计了一个实验环境，表面上是调查受试者对一些线条长度的判断。研究者给受试者看两张卡片：一张卡片上有一条线；另一张卡片上有三条不同长度的线，分别标明 1，2，3。对受试者的要求是，找出三条线中哪一条线的长度与另一张卡片中的那一条线相同，并说出线的代号（图 9.1）。总共有 12 套不同的

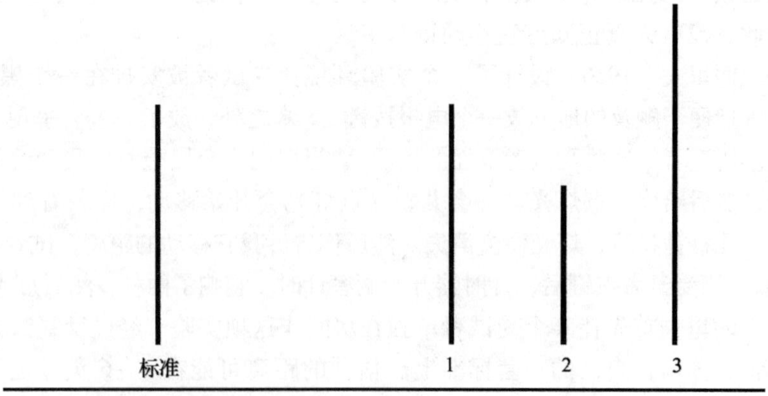

图 9.1 阿施实验中的线条判断任务

来源：Asch（1958）。

卡片。这是一个相当容易做的理解工作，在没有群体压力的情况下，人们可以做得很好。控制组的37个人中，有35人全部答对，一个人错了一次，另一个人错了两次。

阿施真正感兴趣的，是在群体压力介入环境时将会出现什么情况。在实验的这一阶段，他让8个受试者组成一组，参加判断线条长度的工作。事实上，这8个人中只有一个人是真正的受试者，其他的人则是配合实验者。研究者告诉他们，在作出一两次正确的尝试后，他们便应开始给出一致的错误答案。受试者可以听到，所有其他的人都赞成同一答案。虽然这个答案他们认为是错误的。这位受试者在这种情况下将怎么做呢?

被测验的123位受试者（表9.1）显示，76%的人屈服于群体压力，至少给出一次错误答案。在所有的答案中，受试者受群体压力的影响给出的错误答案占36.8%。

表9.1　在阿施实验中对123名受试者进行的12次试验的错误率

错误率	受试者人数	受试者百分比
0错误	29	24
1–7个错误	59	49
8–12个错误	35	27
	123	100

阿施采用几种方式改进他的实验，并得出了更多令人感兴趣的发现。给予不正确判断的小组人数从1到15人不等。在这里，得出的发现很让人吃惊，在三人一组中给出的一致意见，就像在较大的群体中一样，有效地产生了屈从错误的答案。

阿施还调查了另一种效果：他让受试者之外的另一个人也给予正确的答案。他发现，只需一个人始终支持，便足以消除很多群体压力。受试者答错的次数，只占其面对一致的相反意见时的四分之一。

阿施还试图在线条长度上制造更大的实际差异，以使人不屈服于群体压力。但阿施没能发现这种结果。即使在正确答案和错误答案之间相差7英寸之多的情况下，有些人还是屈服于群体压力。

阿施的研究以惊人的证据向我们表明了这样一个事实：有些人情愿追随群体的意见，即使这种意见与他们从自身感觉得来的信息相互抵触。谢里夫和阿施的研究实验显示，即使是以前人们从未见过的偶然群体，群体运动仍会发挥很大的影响。基本群体（如家庭或工作群体）中的群体力量看来可能更大。

规范如何形成

谢里夫（1936，1937）的研究显示了规范的巨大力量，但并没有详细显示这些规范实际上是如何形成的。若干年后，贝滕豪森和莫奈安（Bettenhausen and Murnighan，1985）集中研究了群体成员之间的相互影响，这是理解规范形成的关键问题。他们描述了规范形成的过程，包括以下几个阶段：在一个新的群体中，人们对恰当的行为准则还不确定。他们寻找在过去相似情况下的经验和标准，以此作为行动的指导。如果群体成员对新的环境没有采取共同解释，他们就要发展一种建立在群体基础上的对环境的理解。在群体成员互动的过程中，他们分享了经验，并以此为基础，形成了对未来的期望。对正在形成的规范的不同意见可能导致同意规范者修改他们的解释，或者，导致他们试图说服群体接受他们的解释。一旦规范形成，任何试图进一步改变规范控制的行为，都会遭遇制裁。

规范的力量来自于人们担心反规范的行为会受到社会制裁（Reno，Cialdini，and Kallgren，1993）。邪教是群体进行社会控制的极端形式（见方框 9.1）。

方框 9.1　邪教

社会中的一些群体具有极强的影响，邪教就是其中的一例。邪教是指崇拜某人、某种观念或运动的一小撮人。邪教通常拥有一套不循惯例的宗教信仰。邪教拥有他们自己的信仰和行为准则（群体规范），并以灌输的方式将它们传授给新成员。邪教使个体成员依靠群体的力量来解决问题，这样可以削弱个体成员的力量。许多邪教都有一种异端信仰，认为世界的末日即将来临，而他们是唯一能够度过这场灾难的群体。有些邪教成员通过网络保持联系，例如 1997 年在加利福尼亚集体自杀的天堂门群体（Heaven's Gate）。

来源：Melton（1986）；Kornblum（1997）。

卢因对食物习惯的研究

卢因（1958）是对传播研究作出重大贡献的学者，他的研究包括守门人的概念，他的名言——“再没有什么比好的理论更实用的了”，以及奠定群体动力运动理论的基础。卢因是一位伟大的学者和老师，他的学生包括费斯廷格、巴法拉（Alex Bavelas）、利皮特（Ron Lippitt）和卡特赖特（Dorwin Cartwright），他们继续在心理学方面作出了重大的贡献。

二战期间，卢因参与了一项研究计划，目的是利用传播改变人们对食物的某些习惯。他被邀入该项计划是由于他与人类学家米德（Margaret Mead）的朋友关系。米德要帮助美国农业部拓展主任威尔逊（M. L. Wilson）应用社会科学解决社会改革的问题。威尔逊任命米德为国家研究委员会食物习惯委员会的秘书长（Marrow，1977）。

在一组实验中，卢因（1958）和他的同事希望家庭主妇在做饭的时候更多地使用一些肉类部位——牛心、牛羊杂碎和动物肾脏，以此作为支持战时国家行为的一部分。在巴法拉的协助下，卢因设计了两种实验条件——一个是演讲，一个是群体决定。在演讲实验中有三组人，派人向她们演讲，说明那些以往不受欢迎的肉类的营养价值、经济上的好处及其烹调方法，并赠送油印的食谱。在群体决定实验中也有三组人，实验时只给这些受试者最基本的信息，然后开始讨论，讨论的题目是"像她们那样的家庭主妇"在准备这些肉类的时候会遇到什么问题。在主妇们想要解决某些问题的时候，再为她们提供烹调技巧与食谱。

在会议结束时，研究者让这些家庭主妇举手表示，她们是否想要在下个礼拜试试食用他们建议的肉类。接着的调查结果表示，那些听了演讲的主妇只有3%采用了她们以往不曾使用的一种肉类，而那些在群体决定条件下参与的妇女却有32%使用了其中的一类。

在这个实验中，很多因素起了作用，包括群体讨论、公开承诺、对未来行动的决定和对群体共识的理解。佩尔兹（Edith Bennett Pelz，1958）的后续实验显示，前两个因素并无多大影响，后两个因素就足以导致卢因及其同事发现的差异。

群体与政治态度

1940年代，研究者对人们在选举中如何决定投票给谁的问题首次进行了仔细研究。这些研究是由哥伦比亚大学应用社会研究所的拉扎斯菲尔德及其同事完成的。他们研究了1940年罗斯福与威尔基（Willkie）竞选总统中俄亥俄州伊利县的选民（Lazarsfeld，Berelson，and Gaudet，1968）和1948年杜鲁门与杜威竞选总统中纽约州埃尔迈拉城的选民（Berelson，Lazarsfeld，and McPhee，1954）。两个研究都以抽样方法组成固定样本组做连续调查访问，同一受访者要接受好几次访问。

这两个研究的出发点都是希望发现大众媒介在选举决策过程中的重要作用。两个研究都意外地发现，与个人影响或他人影响相比较，大众媒介在选举决定中扮演的是微弱的角色。事实上，有人认为，这个研究重新发现了个人影响，这是传播研究者在沿着"枪弹论"思路考虑问题时逐渐忽视的一个因素。

这些研究显示，人们的投票行为与其基本群体成员的投票行为有强烈的一致性。家庭是最重要的基本群体之一。家庭的影响力可以从对埃尔迈拉城所做的研究中看出，第一次享有投票权的人中，有75%的选民与父亲所投的票相同。人们的投票选择也倾向于他们的朋友和同事。表9.2报道的数据来自埃尔迈拉研究，显示人们所投的票与最亲密的三位朋友有强烈的相同倾向，尤其是在这三位朋友意见一致的情况下。

表 9.2　想要投票给共和党的受访者以及他们的三个最亲密朋友的投票意向

	他们的三个最亲密朋友的投票意向			
	共和党 共和党 共和党	共和党 共和党 民主党	共和党 民主党 民主党	民主党 民主党 民主党
想要投票给共和党的受访者（%）	88	74	48	15

资料来源：Adapted from B. R. Berelson, P. F. Lazarsfeld, and W. N. McPhee, Voting: *A Study of Opinion Formation in a Presidential Campaign*（Chicago：University of Chicago Press, 1954）.

表 9.3　想要投票给共和党的受访者以及他们的三个最亲密同事的投票意向

	他们的三个最亲密同事的投票意向			
	共和党 共和党 共和党	共和党 共和党 民主党	共和党 民主党 民主党	民主党 民主党 民主党
想要投票给共和党的受访者（%）	86	75	53	19

资料来源：同表 9.2。

表 9.4　投票给共和党的受访者的宗教归属和社会经济地位一览表

	上等地位		中等地位		下等地位	
	新　教	天主教	新　教	天主教	新　教	天主教
投票给共和党的受访者（%）	98	50	83	31	66	31

资料来源：同表 9.2。

表 9.3 的报告是从埃尔迈拉研究得到的附加资料，它显示，人们有强烈的与他们最亲密的同事投相同票的倾向。贝雷尔森、拉扎斯菲尔德和麦克菲（1954）将这种强烈的一致性称作“基本群体的政治同质性”（p. 88）。这个发现与阿施（1955）对群体压力的研究相似，阿施的研究显示，在有三人持相同意见时，足以影响很多人的判断。

在政治领域中，这种意见的同质化可以用两种不同的过程来解释。一个是群体施加压力，影响了个人的判断，就如阿施的实验中出现的那样。另一个是，人们选择政治态度与他相同的那些人为朋友。就某种程度而言，这两种解释都可能适用。但是，单独采用第二种解释没有充分的理由。因为，虽然人们在选择朋友方面有很大的自由，但是他们却很少有选择同事的自由，而且通常没有选择家庭的自由。

由于性别、年龄、种族、职业、宗教倾向和其他偶然标准，人们也会属于某个较大的群体。在这类非常广泛的群体中，人们也倾向于投一样的票。这种在投票上的相似性可以从埃尔迈拉研究中看出来，如表9.4所示。只要知道两个因素——宗教和社会经济状况——便能以相当高的准确度预测人们的投票意向。如果使用更多的因素（如5个或6个），那么对人们的投票意向的预测会更加准确。这种人们在特定广度的范围内有相同投票趋势的现象，也是选举夜电视广播网进行预测的基础。他们根据5%的票数便可宣布赢得选举的候选人。

社会认同模式

人们受他们所属的各种宽泛类型群体的影响。认识到这一点后，研究者重新修正了对群体心理学的设想。有几位研究者，包括心理学家特纳（John C. Turner）和塔吉费（Henri Tajfel），发展出关于群体影响的一个模式，他们称之为**社会认同模式**（social identification model）。这个模式指出，社会群体（social group）是拥有共同的社会身份的两个或两个以上的人，或他们认为自己同是属于一个社会类型的成员（Turner，1982）。按照这种观点，群体的成员彼此之间不需要有面对面接触的关系，这个群体也不必有一个结构。对群体成员身份的认同主要是一种认知的过程，这个过程通常是人们在回答"我是谁?"这样一个问题时产生的。这个问题可以根据个人所属的或所认同的群体来回答。因此，一个人从其赞赏和认同的群体中获得一种**社会身份**（social identity）感。不仅如此，这种社会认同感似乎并不总是起作用，而是会被某些特定的情境激活或关闭。一旦这种感觉被激活，个人会努力按照所属社会类别的相关规范行事。

社会认同模式以某些显著的方式改变了我们对群体的看法。第一，它认为，重要的群体成员身份是基于认知的反应（"我是谁?"）而不是情感的反应（"我是否喜欢这些人?"）。第二，它认为，这种人对社会类别的自我定位并不是一种微弱的联系，而是一种重要的群体成员身份。第三，它认为，这种对社会类别的认同过程可能产生重要的影响，个人将这种类别成员身份看得很重，因为这与他们是谁的概念相联系。

传播学者普赖斯（Vincent Price，1958）曾提议，社会认同模式有助于我们了解舆论是如何形成的，以及大众传播媒介在舆论形成过程中扮演的是什么角色。普赖斯认为，大众传播媒介在利用社会认同过程影响舆论形成方面扮演着很重要的角色。第一，大众传播媒介通过描述哪些群体对某一议题存在争议，显示出哪些群体与议题有关。第二，媒介通过描述群体是如何对该议题作出反应的，可以指出每一个群体所持的意见，并且告诉认同该群体的人们应该遵守的规范。第三，群体的意见规范在受众心目中的感觉很可能被传播夸大。第四，人们自己承担起维护这种被认为是群体意见的责任，且更可能去表达这种夸大的规范。正是在这个时候，对不同议题的舆论可能表现得更坚定、更具体了。

群体作为改变的工具

因为群体具有影响社会的力量，所以，它们有时会被利用为改变的代理人或工具。在一些组织中，群体结构（group structure）和群体动力（group dynamics）在某些组织运作过程中起很大的一部分作用。这些组织包括“匿名的酗酒者”、“体重监控者”和帮助人们戒烟的组织。在这些作用中，通常可以看到群体规范和群体压力原则在起作用。例如，匿名的酗酒者的群体规范允许和鼓励人们谈论他们的酗酒问题（Alcoholics Anonymous，1967）。这种规范与群体外的一般文化规范相反，一般文化规范不鼓励人们谈论个人酗酒问题，甚至将其视为禁忌。匿名的酗酒者成员还拥有一些其他规范，例如他们自愿在任何时候接受其他成员的谈话，不管是在晚上还是在白天。在戒烟者的组织中，相同的力量也起作用。这些群体经常鼓励它的成员选择一个“戒烟日”，并在群体中公布。这会对个人产生群体压力，使其确实在那天戒烟，然后信守这个决定，坚持下去。

在向青少年传播关于艾滋病的消息中，参考群体可能特别重要。弗兰肯伯格和萨克代尔（Frankenberger & Sukdial，1994）认为，群体规范是采取艾滋病预防行为的重要指标。他们指出，那些将艾滋病预防行为视为与参考群体规范一致的青少年最可能传播有助于预防艾滋病的消息，并且最可能亲自实践这些行为。他们认为，面向青少年宣传预防艾滋病的活动应该事先透彻了解已有规范，应该使用适当的来源向青少年传递消息，应该持续提供一致的消息。

群体与大众传播

很多从事大众传播工作的人都很了解群体影响的重要性。库格林神父（Father Coughlin）是一位善于利用宣传技巧的“广播牧师”，他要求他的听众在群体中听他布道。他开始广播时先播放一段音乐，并且告诉他的听众，利用这段时间打电活给一位朋友，请他也来听这个节目。很多各类广告试图加入某些形式的群体影响。例如，一则为花白头发染色剂作的电视广告这样说，“我敢打赌，你的很多朋友正在用它，而你甚至还不知道。”这类广告基本上使用的是老式的乐队花车宣传技巧。另一种有发展前途的观念是利用大众传播渠道刺激人际讨论。例如，加利福尼亚州一家杂货食品连锁店的宣传主题是“告诉一位朋友”（Solomon，1989，p. 100）。还有一种方式试图利用大众媒介消息，去建立规范或修正目标受众可能持有的规范（见方框9.2）。

方框9.2 在一场预防吸烟的宣传活动中使用规范

佛蒙特大学的一个健康传播团队设计了一场大众媒介宣传活动，旨在防止少女吸烟（Worden, Flynn, Solomon, Secker - Walker, Badger, and Carpenter, 1996）。这场媒介宣传活动用来支持公立学校中的反吸烟项目。

宣传活动有意使用了规范的力量。宣传活动的电视广告制片人被告知，要保证在节目中反映一种不吸烟规范，将吸烟者表现为少数，将不吸烟者表现为更显著、更具魅力的大多数。

来源：Worden, Flynn, Solomon, Secker - Walker, Badger, and Carpenter (1996).

马萨诸塞州发起一项雄心勃勃的戒烟宣传活动，用每盒25美分的香烟税款支持。宣传使用了广告但又超越了广告形式。它也利用凯尔特人（Celtics）篮球队和红短袜（Red Sox）棒球队进行推广。同时，还鼓励年轻人组织请愿活动，要求在公共场合禁止设置售烟机或禁止吸烟。这一活动的组织者康诺利（Greg Connolly）说："我认为任何电视广告都不会让人戒烟，"但他补充说，一项广告宣传活动如果发动了基层的力量，"就能导致成千上万的人戒烟。"（Birch, 1995, p. 1A）

在健康传播领域里从事研究的学者们也发现，依靠群体影响是一种有效的方法。其中的一个例子是斯坦福心脏疾病预防计划。这个合作计划是由斯坦福大学传播系和医学院共同进行的（Macco by & Farquhar, 1975, 1976），目的是要将传播理论应用于一项健康传播宣传活动，并且用评估研究来测量该宣传造成的改变。这个宣传想要改变人们的一些习惯，涉及导致心脏病的三个危险因素——饮食、吸烟和缺乏运动。研究者在加州选择了尽可能相似的3个小镇来测验他们的方法。在第一个镇做了8个月的媒介宣传，包括使用地方电视和广播广告、一份小型报纸、广告招牌和直邮宣传材料。第二个镇采用了相同的媒介宣传，并选择高危人群组成固定样本小组，在小组内施以群体强化指导，给这些人讲解降低心脏病危险的方法。第三个镇作为控制组，没有接受宣传或指导。

这个研究结果显示，在改变与心脏病危险有关的态度和行为方面，只以媒介宣传的小镇获得了一些效果；但是，在接受媒介宣传的同时施以强化群体指导的小镇，效果更大。在只用媒介宣传的镇，人们的胆固醇水平下降了1%；而在媒介加上群体指导的镇，人们的胆固醇水平下降了5%；在没有任何宣传的镇中，人们的胆固醇水平上升了2%。斯坦福心脏疾病预防计划还发现，以大量邮寄方式寄送营养窍门传单和将它们贴在冰箱上的吸铁块，可以有效地刺激人们对营养议题的讨论（Solomon, 1989, p. 100）。

斯坦福心脏疾病预防计划在随后的一次研究（Roser, Flora, Chaffee, and Farquhar, 1990）中发现，年龄是最强的指标，可以预测人们是否从宣传运动中学习了，学习了多少：在受众成员中，年轻的人比年老的人学到的要多。从某个角度来说，这似乎不好理解，因为年轻的人比年老的人患心脏病的危险要小。研究者解释这个结果说，群体规范使年轻人对此项宣传更感兴趣。这种群体规范是青年文化中共同拥有的信念——具有强健的体魄是重要的，而且在健与美之间是有联系的。

弗雷（Flay，1987）开展了一次研究，研究的是专为帮助人们戒烟而设计的大众媒介计划。他在总结时发现，电视节目的自我救助诊所，其中包括以群体讨论形式出现的社会支持活动，在劝止戒烟方面特别有效。弗雷的研究表明，以文字资料伴随电视节目劝导的计划可达到双重的效果，若加上群体的讨论，则可达三倍的效果。弗雷估计电视自我救助诊所的劝导能帮助5%－15%参与计划的吸烟者永久戒烟。虽然听起来这像是一个很小的效果，但是，如果这种计划在全国进行一次，就能帮助全国5000万吸烟者中的250万人到750万人戒烟。研究者建议，将这类电视自我救助诊所计划用于矫正其他与健康有关的行为，例如用于矫正酗酒、滥用药物或者增加艾滋病和其他带有性传播疾病风险的性行为（McAlister，Ramirez，Galavotti，and Gallion，1989）。

受众分割

另一种将群体用于大众传播的方法是通过**受众分割**（audience segmentation，也称细分）来实现的。这种技巧最初是广告人发明的，被称为**市场分割**（market segmentation），并运用于广告中。借助于市场分割，也就是将市场分成小群体，广告人可以针对不同的群体策划不同的传播策略。广告人针对的群体常常是以生活方式为特征确定的。电视节目的编排决定也常常受到受众分割概念的影响。如果某个电视节目不能吸引具有正确人口特征的受众（也就是说，具有相当的收入和意愿，去购买节目赞助商的产品），这个节目就不能生存。

受众分割也成为公关活动中的有用技巧 。沃格尔（Vogel，1994）建议的一种方法是，使用抽样调查，确定不同的观众种类：

1. 积极反对者，那些认为话题重要但不同意你的消息的人。
2. 积极支持者，那些同意你的消息的人。
3. 不感兴趣的反对者，那些既对题目不感兴趣也不同意你的立场的人。
4. 不感兴趣的支持者，那些缺乏足够兴趣进入你的消息市场的人。
5. 潜在转向者，那些对题目很感兴趣但没有坚定观点的人。
6. 未被卷入者，那些既没有坚定观点也没有兴趣的人。

沃格尔认为，只有两个群体 ——积极支持者和潜在转向者——是消息的好顾客。对于这两类目标受众，应该使用不同的传播策略。积极支持者需要接受强化的消息，这样，他们的支持便不会动摇。潜在转向者需要接受仔细设计的说服消息，他们需要比积极支持者更经常地受收消息。沃格尔还建议，对积极支持者应给予简短的、精彩的“同期声”（sound bites），以期待他们向潜在的转向者传递这个消息。这种技巧是一种试图利用两级流动传播的努力。这种分析能够帮助公关客户有的放矢地努力，寻找那些他们的消息能获得最大效果的地方。

受众分割也成为**社会推行**（social marketing）的一种重要技巧，社会推行利用传播技巧来帮助实现期望的社会目标。例如，研究者已经建议，在对年轻人宣讲预防艾滋病时，使用受众分割的技巧（Frankenberger & Sukhdial, 1994）。在感染艾滋病方面，青少年有较大的风险，而穷困、少数种族和民族的亚群体风险更大。

研究者建议，针对每个群体使用恰当的消息。例如，对那种自我感觉不易受害的人，应该向他们提供青少年艾滋病患者的病例消息。也应该选择适合各种不同群体的媒介。例如，如果非洲裔美国青少年主要通过广播来获得信息，那么应该通过广播广告来传播消息。并且该群体中的一些比其他群体更易传染艾滋病，或许应该针对他们开展更强大的宣传活动。

结论

群体以下列方式影响大众传播：

1. 群体的作用是稳定态度，并使态度难以改变。这个结论是库珀、贾霍达在对《比考特先生》卡通画的研究（第4章）中提出的，而且，在政治领域中，也被拉扎斯菲尔德及其同事（Lazarsfeld, Berelson, and Gaudet, 1968）对政治选举所做的研究证实了。
2. 了解一个人所属或认同的群体，常常能够帮助我们预测这个人的行为。在政治偏好的问题上更是如此。在政治问题上，广泛了解与一个人相关的五六种群体，便能高度准确地预测他的投票取向。
3. 有效的传播计划常常包含大众传播和人际传播的结合。许多组织得法的慈善募捐活动和竞选运动都是如此。以降低心脏病危险或以帮助人们戒烟为目标的成功计划表明，大众传播和人际传播的结合在健康宣传问题上也是行之有效的。
4. 有时可以发现某些方法，通过大众传播获得某些人际传播的优势。电视节目中候选人以电话方式回答观众的问题便是一例。总统的“市民记者招待会”（citizens press conferences）也是如此，这时，总统在全国广播中以电话答复人民提出的问题。普通市民在演播室内以“城镇会议”的形式向政治候选人提问，也能获得同样的好处。

【关键词】

受众分割（audience segmentation）：又称作市场分割，一种最初由广告人发明的技巧，根据这种技巧将市场分成小群体，这样广告人可以针对不同的群体策划不同的传播策略。

自移光效果（autokinetic light effect）：将一个人安排坐在完全黑暗的房间里，呈现一点很微小且静止的灯光，这个人常常会看见灯光在移动，这种现象叫做自移光效果。

偶然群体（casual group）：指事先并不相识的人们临时聚到一起形成的一次性群体（两人或两人以上）。

邪教（cult）：指崇拜某人、某种观念或运动的一小撮人。

描述规范（descriptive norm）：一种社会规范，指出某种情境中人们通常做什么。

群体动力学（group dynamics）：对人们在群体中行为的科学研究。

命令规范（injunctive norm）：一种社会规范，规定社会中通常允许什么。

市场分割（market segmentation）：见**受众分割**。

规范（norms）：共享的规则或标准。

基本群体（primary group）：指涉及长期、亲密、面对面联系的群体（两人或两人以上）。

参考群体（reference group）：指某人认同的并用作参考标准的群体（两人或两人以上），而某人不一定属于这个群体。

社会认同模式（social identification model）：出自特纳（Turner，1982），这种模式认为，社会群体是拥有共同社会身份的两个或两个以上的人，或他们认为自己是属于一个社会类型的成员。

社会身份（social identity）：个人对自己的看法，基于自己属于或认同的群体。

社会推广（social marketing）：利用传播技巧来帮助实现期望的社会目标。

【讨论题】

1. 阿施的研究揭示了人们顺从群体压力的强烈倾向。但是，在阿施的实验中，并非每一个人都顺从群体。不顺从群体压力的人们的特征可能是什么？
2. 某些行为在一种文化中是规范，而在另一种文化中却不是。这样的例子有哪些？
3. 从你的生活中找一个例子，说明社会规范对你的行为施加了控制。
4. 规范形成的过程是怎样的？
5. 社会认同模式怎样改变了我们对群体影响的认识？
6. 哪些广告利用了群体规范和群体成员身份的感觉？
7. 大众传播和人际传播的结合看来特别有效。结合大众传播和人际传播的传播活动的例子是什么？
8. 怎样才能使受众分割的思想对一个想要改变人们态度的传播运动有用？

第10章

大众媒介与人际传播

在两次世界大战之间的几十年里，人们对大众媒介的重视以及对其威力的恐惧可谓与日俱增。1920 年代，许多人已经了解第一次世界大战中宣传被应用的广度和威力。一战后，广告的使用迅猛增加。1930 年代，广播越来越多地被用于对大西洋两岸的广大听众播音。在美国，罗斯福（Franklin Roosevelt）总统克服了报纸和国会对他的敌意，方法是越过他们，通过广播直接对美国人民发表“炉边谈话”（fireside chats）。广播对普通民众的影响力可以由 1938 年万圣节一次广播节目的效果得到印证，那天的节目是韦尔斯（Orson Welles）的《星球大战》（*War of the Worlds*），它在一些社区引起了恐慌。在欧洲，希特勒为了征服世界，以持久的危险的方式使用广播，用法迥异于美国。

在这种情况下，人们将大众媒介比作皮下注射器和子弹就不足为奇了。这种观点认为，媒介对其接触的所有人都具有直接、迅速和有力的效果。它与 1930 年代和 1940 年代心理学研究中非常流行的“刺激—反应”理论很相似。

40 年代初，欧亚两洲战火弥天。日军深入中国腹地。希特勒以闪电战在数周内占领波兰，转而向西逼进，入侵丹麦和挪威，6 周之后降服法国，并迫使英国军队从敦刻尔克海岸撤回本土以保家卫国。在这种形势下，罗斯福总统宣布将参加连任第三任总统的竞选——这在美国是史无前例的。

大众媒介与选举行为

在哥伦比亚大学应用社会研究所，一些社会学家开始关注媒介对个人所具有的看起来无孔不入的直接效果，以及这些效果可能给民主进程带来的得失（Lazarsfeld，Berelson，& Gaudet，1948）。为了调查大众媒介对政治活动的影响，研究者从俄亥俄州伊利县的登记选民中挑出了 4 个小组。这是一个具有典型意义的县，因为直到这项研究时，伊利县参加了自美国实行总统选举以来每一次全国性投票。在整个竞选活动中，研究者定期对这些选民进行访问，以确定哪些因素最大程度地影响了选民的投票决定。根据这项实验的设计，研究者在7个月的时间里每月访问固定样本组的那些选民，检查竞选运动可能产生的效果，并用3个控制组进行对照。5月访问了所有的4组选民（每组有600位登记选民）。此后直至11月选举，每个月都访问固定样本组，选举之后又立即访问。而3个控制组则在做完第一次访问之后再访问一次——一个组在7月，一个组在8月，还有一个组在10月（Lazarsfeld，Berelson，& Gaudet，1948）。

由于当时大众传播媒介效果的皮下注射器模式在传播研究者当中非常盛行，因此，1940年伊利县的研究设计是想证明大众媒介在影响选民投票方面的力量。两位研究人员曾说："这项研究竭尽全力试图搞清楚的，是大众媒介怎样带来了这些变化"（Lazarsfeld & Menzel，1963，p. 96）。

然而，研究人员发现的（方框10.1）却是，"在影响选民的投票决定方面，人际接触的影响似乎不仅比大众媒介更经常，而且更有效"（Katz，1957，p. 63）。不过，在5月的首次访问和11月的最后一次访问之间，实际上只有8%的选民从支持一位候选人转向支持另一位候选人。研究者认为，来自媒介的消息首先抵达意见领袖（opinion leaders），接着，意见领袖将其所见所闻传递给同事或接受其影响的追随者（followers）。这一过程被称作两级流动传播（two-step flow of communication）。由于这项研究的设计最初没有预料到人际关系的重要性，在这项研究的资料中，关于两级流动传播的内容记载得最不周全。这也就引起了后来一系列其他的研究，都是用于证实和改进两级流动传播概念的。

方框10.1　1940年选举研究的结论

1. 在竞选活动期间，较迟作决定或者中途改变主意的选民比其他人更倾向于引述对其选举决策的人际影响（personal influence）。
2. 在社会的每一个阶层都有意见领袖，且据推测，他们与受其影响的人非常相似。
3. 意见领袖比非意见领袖更多地接触媒介。

来源：Katz，1957，p. 63.

在1940年的选举研究中，固定样本组的选民是通过随机抽样产生的。研究人员问他们，是否曾试图以自己的政治见解去说服别人，或者，是否有人就政治事务征求过他们的意见。使用这种方法来确定意见领袖，除了存在效度的问题之外，还存在另一个问题。根据资料，只划分出两个分组：自称为意见领袖者和自称为非意见领袖者。因此，无法将意见领袖个人与那些期望从意见领袖那儿获得意见的特定个人作出对照。

当1940年的选举研究正要结束的时候，另一项研究在新泽西州一个叫罗韦雷（Rovere）的小镇展开（Katz，1957，p. 65）。作为抽样样本的86个人应研究者的要求说出曾向谁寻求过信息和指导。若一个人的名字被提及4次以上，则此人被视为意见领袖，研究者会对其作深度访问。在罗韦雷，确认意见领袖的效度较之伊利县显然更高，而且毫无疑问，意见领袖的影响面要广泛得多。在罗韦雷的研究中，原始样本就是专门用于识别谁是意见领袖的。确认之后，研究的全部注意力就集中到意见领袖的特征上了。

二战结束以后，研究者在伊利诺伊州的迪凯特重新开始对意见领袖的研究（Katz，1957，p. 66）。在这里，研究者可以对意见领袖和指出意见领袖的人加以比较，也就是说，可以更具体地进行建议者—接受建议者对位研究（adviser-adviseedrod）。建议者和接受者是否趋向于同属一个社会阶层、年龄阶段及性别？领导者是否比其追随者更多地接触大众媒介？领导者是否比其追随者对影响了别人的话题更感兴趣？

正是在迪凯特的研究中，研究者发现，有必要从对位研究（dyad）拓展，考察更长的影响链，因为意见领袖也承认，自己曾受到其他意见领袖的影响。同时，研究还发现，意见领袖之影响也仅限于特定的时间和特定的话题。意见领袖之所以有影响力，不仅与他们是谁（社会地位、年龄、性别等）有关，而且与他们所属群体的结构和价值观念有关。

社群在决策中的作用

同样变得明晰的是，尽管早期研究能够对个人的决定进行考察，但却无法对群体层次上的决策进行考察。下面的一项研究引进了**扩散**（diffusion）的概念，即，一个新概念经过一段时间之后在一个群体的社会结构内部得到广泛的传播（Katz，1957）。扩散研究考察了医生是怎样作出决定采用新药的。研究者对中西部4个城市几个领域的所有医生作了访问。除了一般的人口统计资料（年龄、医学教育背景等）以及态度、药品处方、对信息源和影响自己的人物的接触及其他细节之外，研究者还要求他们列举出3位他们最爱与其讨论病例的同事、3位最经常地从其获得信息和指导的同事、3位他们最喜欢与之交往的同事。

根据一位医生与其同事交往的情况，研究者能够勾勒出这位医生在医疗圈的人际关系网络。这项研究同样可以关注一项事物（一种新药），从其被接纳认可到此后一段时间的使用记载（来自药房存档的处方）。

在药品研究中，有关决策的客观记载（即处方）可以作为额外的信息源（作为医生自我报告的补充）。同样，也可以从左右医生决策的多种影响力中作出一些推断，比方说，较早采用新药者更经常地赴外地参加本领域的医学会议。勾勒出人际关系网络有可能对社会关系影响决策的情况作一些推断（方框10.2是从后期研究中得出的结论）。

方框 10.2　1940 年选举研究之后的一系列研究得出的结论

1. 人际影响比任何一种媒介都更为经常、更为有效。这不仅见之于政治方面，而且在购物、时尚、看电影方面亦是如此（后三者在迪凯特研究中有过调查）。在新药推广的研究中（Katz，1957），那些与医疗圈结合密切的医生往往能够较先采用新药。最常被同事提名为讨论伙伴的人通常是创新者（innovators）。研究证明，较之医生的年龄、学历、收入、医学期刊的阅读及其他相关情况，医生与医疗圈融合的程度最为重要。研究者把那些与医疗圈融合的医生的创新归功于他们能够了解到医药的最新发展动态。研究者还注意到，也正是这样一些医生，当他们的医药革新面临风险的时候，他们可以依赖同事获得社会支持。
2. 在基本群体中，人际影响对保持群体内部意见和行动的高度一致非常有效。在选举研究中，有人就承认，他们最初的投票意向曾与家人或朋友不同，但后来还是改变了主意。医生倾向于与其亲密的同事开同样的处方，在治疗疑难病症的时候就更是如此。
3. 在决策过程中，不同的媒介扮演不同的角色。有些媒介告知或宣布某样事物的存在，而另外一些媒介则使某种行动方案变得合乎情理或使之获得认可。

来源：katz，1957，pp. 70 – 78.

关于意见领袖的发现

在很大程度上，谁领导，谁追随，已经由所考虑的事物本身决定了。在购物方面，意见领袖通常是生活在大家庭里的年长女性。在罗韦雷研究中，有的人是地方性事务的意见领袖，而有些人则在世界性事务方面具有影响力。决定时尚和看电影方面的意见领袖往往是年轻的未婚女性。研究者发现，某个领域里的意见领袖通常不大可能又是另一个与之无关领域里的意见领袖。

但是，人们的聊天对象往往是与自己很相似的人。在每一个社会经济和职业阶层里，都有自己在购物、时尚、电影以及公共事务方面的意见领袖。如果每一个社会阶层都有其意见领袖，那么又是靠什么东西来区分谁是意见领袖，谁是追随者的呢？

研究者总结认为，下列因素将意见领袖与其追随者区分开来。

1. 价值观的人格化体现（其人为谁）；
2. 能力（其人的知识）；
3. 关键社会位置（其人所知的人）。

关键社会位置实际上包含有两种社会关系：一是意见领袖在本群体内认识的人；二是在本群体之外认识的可以为本群体成员关心的话题提供信息的人。

价值观的人格化也就是说，具有影响力的人是许多追随者学习效仿的榜样。被影响的人仰慕他，并期盼尽可能和他一样。当然，意见领袖在其具备领导资格的领域里必须被公认为是见多识广或称职能干的人。那些对自己所谈问题一无所知的人，其意见是很难受到关注的。

即使是一个既为他人所竭力效仿又称职能干的人，若他试图在某个领域获得意见领袖资格，也还得让该领域有兴趣的人能够与其接触交往。作为一个意见领袖，就不能没有追随者。如果一个人与群体之外有较多的社会联系，因而相应地能给群体成员提供有益的信息和意见，那这个人就非常适合作意见领袖。这一点在许多领域（政治、医疗、农业及其他）里都得到了证实。

研究者发现，意见领袖比其追随者更多地接触与其影响范围相关的媒介。罗韦雷研究发现，在“世界性”事务方面的意见领袖比在“地方性”事务上有影响力者更多地阅读全国性新闻杂志。在药品研究中，有影响力的医生往往阅读大量的专业期刊，而且比影响力小的同事要更看重这些期刊。他们还更经常地参加外界的会议，因而与外界有更多的联系。一位研究人员注意到，“意见领袖更多地接触媒介，也许仅仅是一个特殊的事例，证实了这样一个更普通的论断：意见领袖的作用是通过一切合适的媒介将本群体与社会环境的相关部分连接起来（Katz，1957，p. 76）。

人际环境

意见领袖与其追随者非常类似，一般属于同一个群体。对某个特定的话题，意见领袖和追随者的兴趣差别一般不会很大。人际关系不仅仅是交流的网络，它还是社会压力的来源，促使人们遵循群体的规范；也是社会支持的来源，促使个人保持这些价值观和意见。

德弗勒和拉尔森（De Fleur，& Larsen，1958）在探讨传播过程中媒介、社会、心理变量三者之间的互动关系时，曾这样写道：

> 近年来，人们逐渐认识到，当信息流通开始之后，媒介信息的接受、传递、曲解、吸收、拒绝或遵照实行的方式，部分地取决于信息流通过程中在传递与接受的不同阶段各种社会系统和社会心理系统的作用。因此，对于大众传播的研究者而言，基本群体、角色结构、自愿结合、性格这些变量的作用，以及与“扩散网络”相关的其他变量的综合作用，已成为一个新的研究领域。正在发展的大众媒介功能模式将大众传播过程与家庭、工作环境、游戏场所、学校和社区等社会网络结合在一起了（p. xiii）。

正如本章开头所述，在20世纪30年代甚至40年代，许多媒介研究者在考虑媒介效果时都采取传播的皮下注射器模式——认为它直接、迅速、强劲有力。当研究者运用更为科学的研究方法之后，皮下注射器模式就显得过于简单化了。在40年代和50年代，传播研究者开始认识到，介乎媒介和接收者的思维中间，存在着许多心理和社会的变量（选择性接触、注意、理解和记忆；群体成员身份、规范和显著特点；意见领袖，等等）。

参与了哥伦比亚大学一系列研究的两位研究人员得出结论说："全部的教益就是……了解个人的人际环境是了解他接触大众传播媒介并对之作出反应的行为的基础"（Katz and Lazarsfeld，1955，p. 133）。

对两级流动传播的批评

对于两级流动传播模式，有很多批评：

1. 许多研究表明，大部分新闻报道是直接由媒介传播开来的，其范围远比个人信源宽广。韦斯特利（1971，p. 726）引证了支持这个论点的若干研究，并做出简要讨论。
2. 研究成果表明，对公共事务方面的舆论是互换的，或者说，情况往往是"与其说是给予意见，不如说是分享意见"。特罗达尔和范达姆（Troldahl & Van Dam，1965，p. 663）认为，"给予意见者与寻求意见者相比，两者在有关媒介内容接触、全国性新闻知晓度、职业声望和在五个合群（gregariousness）特征中的四个特征方面并无显著差异。"
3. 和第二点相关的还有，林认为（Lin，1971，p. 203），"划分意见领袖与非意见领袖的定义界限模糊，当采用不同的操作方法时，这个问题就变得更为混乱。"林还补充道，意见领袖既有自封的，也有提名的；它既应用于专门话题，也应用于一般活动。
4. 关于大众媒介的界定，在实际运用中会因不同情况而有所变化。在有些情况下，专业媒介（如专门公报、医学期刊、农业期刊）被用作大众媒介；在另外一些情况下，则不被认作大众媒介的一部分（Lin，1971，p. 204）。
5. 其他一些研究人员（Rogers & Shoemaker，1971，p. 206）曾经指出，意见领袖可以是积极主动的，也可以是消极被动的；而两级流动传播模式则属于一种简单的二分法：要么是积极寻求信息的意见领袖，要么是大批被动的依赖意见领袖指导行事的个人，非此即彼。
6. 最初的两级流动传播模式将传播划为两级，但实际的传播过程可能更多或更少。不过正如已经提到的那样，哥伦比亚大学的研究者在迪凯特研究中已经发现有必要考察更长的影响链条，新药推广研究正是沿着这条思路研究的成果。
7. 两级流动传播模式隐含着这样一层意思：大众传播媒介是意见领袖的唯一信息渠道。但有时，尤其是在还没有广泛的大众媒介网络的发展中国家，与变化中介者的人际往来及谈话就肩负起通常由媒介担当的信息传播角色。
8. 同一信息的先知者与后知者的行为有差异。研究发现，信息先知者更多地依赖媒介信源，而信息后知者则通常依赖人际信源（Rogers & Shoemaker，1971，pp. 259，348）。

9. 在创新扩散中，研究者发现，大众媒介的功能主要是告知，而人际渠道则在劝服方面更为重要。罗杰斯和休梅克（1971，p. 208）指出，这种差异对意见领袖和追随者均适用。

对两级流动传播模式的批评主要在于其最初的解释不够充分。我们将看到，此后的研究大大拓展并充实了这个模式——对于一门累积性的科学研究而言，这是预料之中的事。

创新的扩散

两级流动传播模式逐渐发展成为一个多级传播模式，它经常被运用于扩散研究中。所谓**扩散研究**（diffusion research），就是对创新（新的观念、实践、事物等）如何为人知晓并通过社会系统进行推广的社会过程研究。两级流动传播模式主要研究个人如何接受消息并传递给他人，而扩散过程则集中关注采用或拒绝一项创新的最后那个阶段。

当今在扩散研究中最享盛名并备受尊敬的研究者大概要推罗杰斯了。在《创新扩散》（*Diffusion of Innovations*，1995 年第 4 版）一书中，为了修订有关创新决策过程的早期理论，罗杰斯考察了近 4000 份有关扩散的出版物。这也是近十年来扩散研究激增的结果。罗杰斯把**创新**（innovation）定义为："一种被个人或其他采用单位视为新颖的观念、实践或事物"（p. 11）。

在此书的 1995 年版本中，罗杰斯修改了扩散模式的理论框架，讨论了新的调查成果，介绍了新的概念和理论观点，批判了过去的调查（包括他自己的），并提出了新的方向。罗杰斯认为创新扩散是指：一种基本社会过程，在这个过程中，主观感受到的关于某个新主意的信息被传播。通过一个社会构建过程，某项创新的意义逐渐显现（p. Vii）。

在所有扩散研究中最有影响的一个是在艾奥瓦州农民中推广杂交玉米种子的研究（Ryan & Gross，1943）。这一创新于 1928 年开始在艾奥瓦州农民中推广，由此引发了历时 20 多年的农业创新和一场农场生产方式的革命。瑞安和格罗斯（Ryan & Gross）的研究形成了扩散研究的经典范式。他们的调查包括四种主要的扩散元素：（1）一项创新，（2）通过特定渠道传播，（3）经历一段时间，（4）在一个社会体系的成员之中流通。其实施步骤如下：

1. 访问约 259 位农民，确定他们何时及如何采用杂交玉米新品种，了解农民自身以及耕作方面的信息。
2. 经过一段时间的采用率（表现为熟悉的 S 曲线）。
3. 按照采用玉米新种子的时间，农民被归入采用者类别。
4. 界定各种传播渠道在创新决策过程中扮演的不同角色（参见 Rogers，1983，pp. 32～34，54～56）。

罗杰斯（1995）把论述重点从单一方向的传播活动转移到传播过程中参与者的信息交换。罗杰斯使用香农和韦弗的不确定性信息概念作为理论框架。由于创新就意味着改变现有的方法和观念，因而创新会给人带来一种不确定性。罗杰斯补充说，“……接收者认为有较多的相对优越性、兼容性、可试验性、可观察性以及更少复杂性的创新比其他创新会更快被人们采用”（p. 16，见方框 10. 3）。

方框 10. 3　影响采用率的创新特征

1. 相对优越性：认为某项创新优越于它所取代的旧主意的程度。
2. 兼容性：认为某项创新与现有价值观、以往经验、预期采用者需求的共存程度。
3. 复杂性：认为某项创新理解和运用的难度。
4. 可试验性：某项创新在有限基础上可被试验的程度。
5. 可观察性：某项创新结果能为他人看见的程度。

来源：Rogers（1995），pp. 15 – 16，212 – 244.

在一篇关于技术采纳的重要论文中，罗森堡（Rosenberg，1995）列举并讨论了一些限制因素，这些因素会制约创新者对某项创新影响的预测能力，它们包括：创新最初的基本形式、潜在的专门用途、与其他技术的竞争和补充关系，以及创新的经济价值。

另外两位研究者罗森和韦尔（Rosen & Weil，1995）考察了人口特征和心理特征，也许能够解释技术回避现象。他们得出结论认为，在 32 种技术中，根据某些作为“鉴别器”的特征可以预测哪些成年人愿意使用或不愿意使用经营和消费技术。这些特征按重要程度的顺序依次排列为：年龄、技术恐惧症、电脑培训以及收入。

对青少年而言，排列因素的重要性顺序略有不同：家庭收入水平、种族背景、以及（在某些情况下的）技术恐惧症。调查数据显示，家庭收入愈高，其青少年子女使用电脑的机会愈高。而且非常明显，有更多的黑人和西班牙裔的青少年从来没有用过个人电脑。另外，那些从未使用过电脑的人明显地更易患有技术恐惧症。这些情况是能够预料的。

异质性和同质性

扩散（diffusion）的定义是“有关创新散布的一种特殊传播类型”。在讨论两级流动传播模式时，我们已经看到，意见领袖与其追随者在许多属性方面都明显相同。扩散研究称这种相似性为**同质性**（homophily），或者说，多对相互交往的人在某些特征方面的相似程度，例如信仰、价值观、教育或社会地位。然而，在某项创新的扩散过程中，**异质性**（heterophily）却更为常见。异质性是多对相互交往的人在某些特征方面的差异程度（与同质性相反）。在创新扩散中，信源—接收者之间往往有高度的异质性，因为新观念通常来自迥异于接收者的人物。

这样，要获得良好的传播效果就得解决一些特殊的问题。

创新决定过程

创新决定过程是个人或其他单元做出决定的一种心理过程。这个过程包括下面5个阶段（见方框10.4）。

罗杰斯（1995）还指出了五种**采用者类别**，以区分在创新采用率方面不同的个人或其他决策单位（见方框10.5）。

后果（consequences）就是采用或拒绝一项创新之后，给个人或社会系统带来的变化（见方框10.6）。

方框10.4　创新决定过程的阶段

1. 获知——接触某项创新并略知其有何作用
2. 说服——形成对某项创新的态度
3. 决定——确定采用或拒绝某项创新的行为
4. 实施——将某项创新投入使用
5. 确认——强化或撤回关于某项创新的决定

来源：Rogers（1995），Chapter 5.

方框10.5　采用者类别

1. 创新者——大胆，热衷于尝试新主意，比其同事有更多见多识广的社会关系
2. 早期采用者——地位受人尊敬，通常是社会系统中最高层次的意见领袖
3. 早期多数跟进者——深思熟虑，经常与同事沟通，但很少居于意见领袖的地位
4. 后期多数跟进者——疑虑较多，之所以采用创新通常是出于经济必要或社会关系不断增加的压力
5. 滞后者——因循守旧，局限于地方，很多人比较闭塞，参考资料是以往的经验

来源：Rogers（1995），pp. 263～266.

方框10.6　某项决定的后果

1. 满意的和不满意的后果，取决于创新效果在社会系统内是有益的还是有害的。
2. 直接的和间接的后果，取决于个人或社会系统的变迁是对创新的一种直接回应还是创新直接后果产生的二级结果。
3. 预料之中的和预料之外的后果，取决于变迁能否得到社会系统成员的公认以及是否符合众人的期望。

来源：Rogers（1995），pp. 30～31，Chapter 11.

正如罗杰斯所指出的，无论创新的用意是何等善良，但并非所有的创新都会有满意的后果。一项创新对于社会系统的影响也可能是有害的。例如，在许多发展中国家，引进电视带来的一个不利后果是，它给发展中国家增添了这个社会无力满足的各种期望。

一位记者（Weinraub，1991，p. 2）写道，即使在最落后的印度村庄里也至少拥有一台电视机。冲水厕所、自来水、电冰箱，以及干净的衣物等表现中产阶级生活的画面引起了贫困人群的期望，引起了前所未有的骚乱。他注意到，出于对自身窘境的极度不满，由贫民组成的团伙针对地主和印度上层种姓的谋杀案和绑架案日益增多。

在亚洲，数以百万计的农民学到了现代的水稻栽种方法，并使用了大量的杀虫剂。但是根据最新研究结果，国际研究人员认为，对种植水稻的农民来说，使用杀虫剂得不偿失，因为它破坏了生态平衡。杀虫剂使得害虫问题越来越糟，还有许多农民因此中毒。现在研究者不得不回到那数以百万计的农民当中，告诉他们停止使用一度被视作农业必需品的杀虫剂。当今联合国粮农组织在印度尼西亚、越南、泰国和菲律宾通过“遮阳树”（shade tree）农业学校培训农民小组，教他们怎样少用化学品。研究人员同时还在构想新的办法来教不识字的农民如何改变他们的行为习惯（Zwerdling，1994）。

传播渠道（communication channels）在本质上既可以是人际的，也可以是大众媒介的；信息来源（source）既可以是本地的，也可以是国际都市的（Rogers，1995，pp. 18，194～197）。**国际都市**传播渠道来自所调查的社会系统之外，**本地**渠道则来自所调查的社会系统内部。研究表明，在扩散过程中，这些渠道扮演着不同的角色。大众媒介渠道可以迅速抵达广大受众，传播信息，改变立场不稳的态度。人际渠道则可以实现信息的双向交流，而且在解决接收者对信息抵制或冷漠的问题上比大众媒介更为有效。人际渠道的信源可以补充信息，或澄清要点，也许还可能跨越心理的和社会的障碍（如选择性接触、注意、理解、记忆；群体规范、价值观等）。在创新扩散的过程中，大众媒介渠道和国际都市渠道在获知阶段相对来说更为重要，而人际渠道和本地渠道在劝服阶段更为得力。相对来说，大众媒介渠道和国际都市渠道较之于人际渠道和本地渠道，对于早期采用者比晚期采用者更为重要（Rogers，1995，p. 197）。

变革代表

在创新扩散中，变革代表在评估和试验阶段扮演着关键角色。所谓**变革代表**，是一种专业人士，他们试图朝他们认为有利的方向影响人们的决定。变革代表常常利用地方意见领袖来协助某项创新的散布，或者阻止被视为有害的创新的采用。变革代表通常比其试图影响的个人有着更好的教育背景和社会地位，这些都使他们异于其影响对象。为了克服这样一些障碍，变革代表经常需要从本地人那里寻找助手，因为他们与变革代表竭力影响的人有更多的共同之处。变革代表可能是新产品（如杂交玉米新种）的推销员和经销商、向医生推介新药的医药公司代表、发展中国家技术的援助人员，以及其他许多把各个社会体系连接起来的人。在创新的评估和试验中，变革代表的角色对于广告和公关就显得尤其重要（见 Rogers，Chapter 9）。

有位学者指出（Lerbinger，1972）：

> 当守门人是位商业变革代表时，他的诚实就受到人们的质疑。在一个矛盾的处境中最容易看到他的脆弱性：一方面他要对给他薪水的机构负责，另一方面他同时要满足被称为顾客体系即他想施以影响的那些人的需要。如果他执行老板的意志，而置顾客的期待于不顾，那么他的信誉就必然受到损害。一个商业代表若让顾客感到他是"为了卖得更多而过分鼓吹采用新点子"，即会遇上这一困境。这些研究结果认为，一位公共传播者若被人发现偏袒其雇主的利益而忽略公众利益，其信誉就会下降（p. 197）。

在罗杰斯和休梅克（1971）的著作《创新扩散》的早期版本中曾这样写道："大众媒介与人际传播的结合是传播新观念和说服人们利用这些创新方法的最有效途径"（p. 260）。他们还引证并讨论了加拿大、印度、非洲、中国、拉丁美洲及意大利等国运用媒介论坛（*media forums*）的情况（媒介论坛是一种有组织的小群体，经常聚集在一起接收大众媒介节目、广播或出版物，然后讨论其内容）。1930 年代，库格林神父显然在美国运用过媒介论坛。我们还可以发现，在二战期间，卢因曾运用讨论组（discussion groups）的方法去改变家庭主妇对消费不大受欢迎的肉类产品的态度。

近来，在玻利维亚进行的有关采用避孕方法的一项扩散研究（Valente and Saba，1998）发现了人们汇报的媒介影响方面的差异。当人们觉得他们的人际网络中很少有人使用这些避孕方法时，他们更多依赖大众媒介获得避孕信息。当人们觉得他们的人际网络中大多数人使用这些避孕方法时，他们更少依赖大众媒介获得此类信息。研究者总结认为，对于一些人来说，"……大众媒介能够替代人际网络影响，并通过加速行为改变过程来促进社会变革"（p. 96）。

在跟瓦伦特和萨巴（Valente and Saba，1998）相关的发现中，三个研究人员（Westmyer，DiCioccio，and Rubin，1998）研究了"（1）人们认为哪些传播渠道能够最恰当、最有效地达到传播目标，（2）这些渠道在人们感知到的恰当性和有效性方面的可能差异"（p. 28）。他们总结认为"口语传播渠道被选择的几率远远超过书面渠道"（p. 36），但又说，"……传播的媒介渠道可以被成功地采用来满足人际目标"（p. 32）。

新闻的扩散

扩散研究领域的分支之一是新闻的扩散（diffusion of news）。德弗勒（Melvin L. De Fleur，1988）曾经对40多年来关于从媒介到大众的新闻流程的研究成果做过一次总结。他总结认为，1960年代是新闻扩散研究最活跃的时期。德弗勒根据自从1940年伊利县研究以来的20多项信息扩散研究的情况，做出了以下概括：

1. 美国不断进化的媒介技术给人们带来获知有关重大事件第一手信息方式的变化。电视成为引述频率最高的信源，广播次之。报纸在很大程度上成为晚些时候更细情节的供给者。在有些情况下，口口相传仍然重要。
2. 大多数人是直接从媒介而非其他人那里获知大部分新闻的。两级传播模式描述的并不是绝大多数日常新闻到达公众的方式。对于某条新闻，大多数人都是直接通过电视或广播获知的，在有些情况下是通过报纸。
3. 无论第一信源是哪一种，与众多人利害攸关的新闻事件比那些较不引人动情的新闻事件在人口中传播得更快也更广。这一普遍现象涉及到报道的新闻价值。直观地来理解，新闻价值仍旧是一个定义不明的概念。高新闻价值的报道和低新闻价值的报道给人们带来的使用和满足，在很大程度上是未知的。

德弗勒（1988）补充说，口口相传（word of mouth）可能仍然是获知具有极高新闻价值的事件的最重要的途径。不过，即便如此，真正紧迫的新闻是会在各种人之间传播的，而并不像两级流动传播模式所描述的那样，只通过意见领袖来传播。对新闻来源的最初接触和新闻信息的稍后扩散，其方式会依一天当中的不同时间而改变，在不同的时间，人们会利用不同的信源（媒介或人际关系）。个人差异和社会类别塑造人们对某项新闻报道的兴趣，也塑造人们从中获取信息的社会网络。不同的人会运用不同的方式获知某一事件（p. 81）。

德弗勒（1988）说，新闻媒介有责任支持新闻扩散的研究。新闻媒介拥有受宪法保障的特权地位，作为对享有这项特权的回报，媒介为民主社会中的公民提供信息，告诉他们正在发生的事情，为他们的决策提供基础，这反过来又会带来更好的政府。德弗勒认为，从目前的证据来看，这一体系运转得并不理想（p. 81）。

德弗勒（1988）最后指出了一系列关于社会信息扩散的未获解答的问题。他指出的问题包括，通过什么样的媒介，传达信息给什么人，信息的完整程度如何，它在多大程度上被曲解。他还提出了这样的问题：人们依靠什么样的媒介来证实并解释所获得的信息，这样的信息怎样影响人们对现实的看法，以及人们的这些观点与媒介报道的实际事件有无不同。德弗勒还想搞清楚，如何重新设计这个系统，以提高其质量和完整性。在文章最后，德弗勒问道，新闻界能否“永远超脱表现评估中要求它担负的责任”（p. 81）？

要想更多地了解新闻扩散的问题，可以阅读罗杰斯著作的第74至78页（1995）。

结论

现有的证据表明，媒介倡导创新和态度改变的消息与受众的小组讨论两者相互结合，可以获得最佳的传播效果。其原因有多种，包括群体施加在个人身上要求其参与的社会期待和群体压力，以及群体压力在态度改变方面的效果。正如罗杰斯和休梅克（1971）指出的："媒介论坛通过减少受众在传播过程中的选择性接触和选择性理解，提高了以变化为导向的消息的冲击力"（p. 264）。

正如德弗勒（1988）在有关信息扩散研究的回顾中所显示的，关于不同种类的新闻是怎样扩散的，如何改进信息扩散的体系，我们仍有许多应知而未知的领域有待探索。这些都是涉及政府形式的重大问题。

【关键词】

采用者类别（adopter categories）：按照对某项创新的采用率，对个人或其他决策单位的分类。这五个类别是创新者、早期采用者、早期多数跟进者、后期多数跟进者、滞后者。

变革代表（change agent）：一种专业人士，他们试图朝他们认为有利的方向影响人们采用的创新决定。

兼容性（compatibility）：出自罗杰斯（Rogers，1995），认为一项创新与现有价值观、以往经验、预期采用者需求的共存程度。

复杂性（complexity）：出自罗杰斯（Rogers，1995），认为一项创新理解和运用的难度。

确认（confirmation）：创新决定过程的第五个阶段，指强化或撤回关于某项创新的决定。

后果（consequence）：采用或拒绝一项创新之后，给个人或社会系统带来的变化。三种可能的后果是：满意的和不满意的，直接的和间接的，预料之中的和预料之外的。

世界的（cosmopolite）：来自所调查的社会系统之外的传播渠道。

决定（decision）：创新决定过程的第三个阶段，指按照他或她认为满意的方向确定采用或拒绝某项创新的活动（Rogers，1995）。

扩散（diffusion）：一种新主意的扩大传播；有关创新散布的一种特殊传播类型。

扩散研究（diffusion research）：对创新（新的观念、实践、事物等）如何为人知晓并通过社会系统进行推广的社会过程研究。

异质性（heterophily）：多对相互交往的人在某些特征方面的差异程度（与同质性相反）。

同质性（homophily）：多对相互交往的人在某些特征方面的相似程度，例如信仰、价值观、教育或社会地位。见**异质性**。

实施（implementation）：创新决定过程的第四个阶段指将某项创新投入使用。

创新（innovation）：出自罗杰斯（Rogers，1995），“一种被个人或其他采用单位视为新颖的观念、实践或事物。”

创新决定过程（innovation decision process）：个人或其他单元做出决定的一种精神过程。

获知（knowledge）：创新决定过程的第一个阶段，指接触创新并略知其如何运作（Rogers，1995）。

本地（localite）：来自所调查的社会系统内部的传播渠道。

媒介论坛（media forums）：一种有组织的小群体，经常聚集在一起接收大众媒介节目、广播或出版物，然后讨论其内容。

可观察性（observability）：出自罗杰斯（Rogers，1995），创新结果能为他人看见的程度。

说服（persuasion）：创新决定过程的第二个阶段，指形成对某项创新的态度。

相对优越性（relative advantage）：出自罗杰斯（Rogers，1995），认为一项创新优越于它所取代的旧主意的程度。

可试验性（trialability）：出自罗杰斯（Rogers，1995），一项创新在有限基础上可被试验的程度。

【讨论题】

1. 大众媒介的子弹和皮下注射器形象意味着什么？
2. 举出1945年以前的重大媒介运动。
3. 什么是伊利县研究？它的结论是什么？
4. 意见领袖是什么样的？他或她有什么特征？
5. 有哪些因素可以区分意见领袖与追随者？
6. 对二级流动传播的批评有哪些？
7. 给“创新”下一个定义。
8. 创新的哪些特征影响到对它的采用？
9. 成人的哪些特征预示着他可能采用新的技术？青少年的哪些特征预示着他将采用新的技术？
10. 什么是“异质性”和“同质性”？
11. 举出并讨论创新决定过程中的步骤。
12. 罗杰斯的五类采用者是哪些？怎样为他们下定义？

第五篇

大众媒介的效果与使用

PARK Ⅴ Mass Media Effects and Uses

多年来，传播理论的一个主要关注点是调查大众传播的效果，这或许是一种正确的方向。大众媒介日益成为社会的一支重要力量，试图弄清这一社会力量会产生怎样的后果，便在情理之中。大众传播的效果是大还是小？是善还是恶？是昭彰显著还是隐匿难察？许多传播理论家都曾经设法解答这些问题，及其他涉及传播效果的问题。

大众传播所产生的诸多效果之一就是，媒介似乎常把我们的注意力导向某些特定的问题或事件上。这一效果就被称为大众媒介的议程设置功能，该内容将在第 11 章详细阐述。

人们有时把信息视为医治诸多社会问题的良药，此说诚然有几分道理。不过，倘若把信息看作消除社会贫富之间不平等差距的良方，那么，其疗效大概会让人大失所望。新近的研究表明，信息传播的增加将导致富裕的与不太富裕的群体之间的知识沟进一步扩大。关于知识沟的假设将在第 12 章做深入剖析。

除了议程设置和知识沟之外，大众传播媒介还有许多其他的效果，范围广阔，从麦克卢汉关于新传播科技影响人们思维过程本身的奇思怪想，到诺利—纽曼的沉默的螺旋，这是一种关于公共舆论形成的理论，很大程度上是由早先有关群体压力的研究发展而成的。我们将在第 13 章讨论舆论及其他一些有关大众传播效果的理论。

当然，若把考察的视野局限于大众传播的效果，则其缺陷在所难免。这一理论取向容易使我们把受众看作传播过程中一个软弱被动的靶子，同样容易使理论家及读者忽视传播接收者的主动作用。传播接收者的主动作用是大众传播研究中使用与满足取向的基本前提，第 14 章将阐述这一取向。

第11章
议程设置

从1986年至1989年，公众舆论的调查显示，美国公众越来越关注国内的毒品问题（图11.1）。而在同一期间，非法使用毒品人数的比例却在稳步下降。那么，公众关于毒品的这一明显错觉是怎样产生的呢（Bare，1990）？

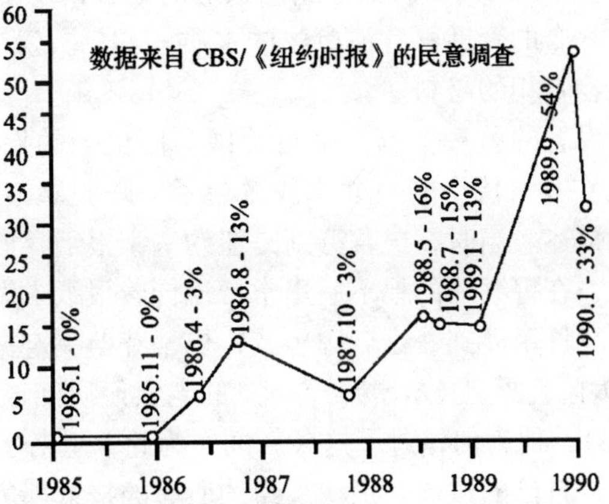

图11.1 认为毒品是美国当今面临的最大问题的受试者比例

资料来源：From J. Bare，"The War on Drugs：A Case Study in Opinion Formation，" *The Public Perspective*，November/December，1990，p. 31.

这一期间，联邦政府宣布发起"禁毒战"。在此期间，尤其是"禁毒战"临近尾声的时候，报刊上有关禁毒战报道的数量激增（图11.2）。

之所以会有越来越多的公众倾向于把毒品看作眼下国内最严重的社会问题，一个解释就是，这是出于媒介的议程设置。媒介的**议程设置功能**是指媒介的一种能力，通过重复性新闻报道来提高某议题在公众心目中的重要性。

图 11.2　《华盛顿邮报》关于禁毒战的报道
资料来源：同图 11.1。

"禁毒战"的例子为从事新闻报道的记者留下了一个浅显易懂的教训——要越过官方辞令的套话，看清事物的本质。"禁毒战"事例也昭示，记者应当探寻能揭示事物真相的材料。

议程设置的另一个例子来自美国新闻史上的揭丑时期。史蒂芬斯（Lincoln Steffens）在其自传中的一章"我掀起了一阵犯罪浪潮"（*I Make a Crime Wave*）对此做过描述。当时，史蒂芬斯是纽约一家报纸《晚邮报》（*Evening Post*）的记者。他说，在警察局的地下室里常常流传着报纸未做报道的许多犯罪故事。有一天，有个案件牵涉到一家名门望族，史蒂芬斯决定据此写个报道。当报道登出来之后，《太阳晚报》（*Evening Sun*）的老板便质问该报负责警务报道的记者里斯（Jake Riis）：他为何错过了这条新闻？为此，里斯不得不报道了另外一条犯罪新闻，以弥补自己的过失。很快，纽约所有的报纸都争相刊登本报记者采写的犯罪新闻，以便与其他报纸竞争。他们有时甚至就在其他报纸所登犯罪新闻的基础上稍作改写，便写出了新的犯罪新闻。这样一来，报上登载的犯罪新闻骤然增加，让人误以为是一次"犯罪浪潮"。警察局长罗斯福（Teddy Roosevelt）亲自调查了此次"犯罪浪潮"。当他发现这个"浪潮"其实是由史蒂芬斯和里斯之类的记者制造出来的之后，便成功地加以阻止了。

在史蒂芬斯的例子中，公众和政府官员一样，仅仅因为报上登载的犯罪新闻增多，便误将犯罪视作一个重大问题。这正是媒介的议程设置之功效所致。在这两个例子当中，我们看到议程设置可能的作用——某一问题若被大众媒介关注，那么该问题在公众心目中的重要位置便得以提升。

查普尔希尔研究

1972 年，麦库姆斯和肖（McCombs & Shaw，1972）发表了关于议程设置理论假设的第一项系统研究成果。他们研究了 1968 年总统竞选期间的议程设置，假定大众媒介为每一项政治竞选活动设置议程，并影响公众对政治议题显著与否的态度。他们在北卡罗莱纳州的查普尔希尔（Chapel Hill）作这一研究时，将研究的重点放在对投票尚犹豫不决的选民上，因为犹豫不决者的态度最容易被议程设置所左右。研究人员访问了抽样所得的 100 位选民，同时对服务于这些选民的大众媒介作了内容分析，包括 5 家报纸、2 家新闻杂志以及 2 家电视网的晚间新闻报道。研究人员要求受访者根据其所见所闻列举出国内的主要社会问题。受访者的反馈被划分为 15 类，涵盖了主要的社会问题和其他的选举新闻。新闻媒介关于选举的内容也按照数量的多少，被划分成 15 类。新闻媒介的内容还被分作“主要的”和“次要的”类别。

研究的结果支持了议程设置效果。在主要新闻类别，媒介对某一议题的强调程度与选民对某一议题的感知程度之间的相关系数是 .967；在次要新闻类别，其相关系数为 .979。如研究人员指出的那样，在媒介突出强调的各类选举议题和选民对各类选举议题之显著性与重要性的判定之间，存在非常密切的关系。

理论假设的先驱

在麦库姆斯和肖之前，已有研究者提出过一些非常近似于议程设置理论假设的观点。有关议程设置理论的直接表述最先见于 1958 年朗（Norton Long，1958）的一篇文章中：

> 在某种意义上说，报纸是设置地方性议题的原动力。在决定多数人会谈论些什么，多数人认为事实是什么，以及多数人认为解决问题的方法是什么等问题上，报纸起着很大的作用（p. 260）。

兰和兰（Kurt Lang and Gladys Engel Lang，1959）也曾对议程设置思想提出过早期的表述：

> 大众媒介促使公众将注意力转向某些特定的议题。媒介为政界人士树立公共形象。媒介还不断披露某些人与事，暗示公众应当去思考它，了解它，感受它（p. 232）。

还有一个对议程设置的表述几乎在所有关于该主题的著作和论文中都会引用。那就是科恩（Bernard Cohen）关于报纸威力的一段名言：

> 在多数时间，报纸在告诉人们该怎样想时可能并不成功；但它在告诉它的读者该想些什么时，却是惊人地成功（p. 13）。

思路的转变

在20世纪五六十年代，有限效果模式在传播研究中占据主导的理论地位。研究人员对此越来越不满意，议程设置的理论应运而生。克拉珀（Joseph Klapper，1960）在他的《大众传播的效果》（*The Effects of Mass Communication*）一书中，曾对有限效果模式有过非常精当的描述，“大众传播一般不能成为产生受众效果的必要和充分条件，而是处于各种相互牵制的因素和影响中，并通过这些因素和影响而起作用。”（p. 8）

在有些人看来，大众媒介一般不产生任何效果的说法似乎有点不合情理。研究者也开始反思，或许是他们在考察媒介效果时找错了地方。多年来，传播研究的思路一直是在寻找态度的改变，而绝大多数研究结果告诉人们，大众媒介在态度改变方面效果极小。可能是研究者看错了目标。大众媒介影响的可能不是人们的态度，而是人们的感知，即人们的世界观。

同一时期，发生在心理学界的一个变革，对传播研究者改变思路可能起到了推波助澜的作用。20世纪50年代，认知心理学异军突起，获得了与当时占据主导地位的**行为主义**相匹敌的地位。**行为主义**强调强化、奖赏与惩罚的重要性，以及影响人们行为的制约作用，它甚至试图用这些概念解释人类的思维和语言（Skinner，1957）。与此相反，**认知心理学**（cognitive psychology）则把人视做主动的知识探索者，他们在世界中的言行正是基于这些知识（Neisser，1967）。依据认知心理学的观点，人被视作“问题的解决者”，而不是被控制或受操纵的对象。认知心理学非常关注世界的再现（representations），即人们在自己的头脑中建构对世界的印象，以及这些印象是如何被建构起来的。通过考察人们赋予哪些特定议题显著性或重要性，以及如何达到这些显著性，议程设置假说跟认知心理学一拍即合。

媒介议程与现实

学者芬克豪泽（G. Ray Funkhouser，1973a）对新闻报道与公众对事件重要程度的感知两者之间的关系有浓厚兴趣。芬克豪泽同时也考察了问题的另一个方面——具体事件在现实中实际上具有的重要程度。他把研究的重点对准20世纪60年代的美国社会，这十年是异常活跃的十年，其间重大事件层出不穷。为了判定公众认为重要的事件有哪些，芬克豪泽采用了盖洛普民意测验的结果，该测验询问公众的问题就是“美国面临的最重大问题”。通过统计十年中每一年在三家新闻周刊（《时代》、《新闻周刊》、《美国新闻和世界报道》）上出现的各种事件的次数，芬克豪泽获得了媒介内容方面的测量结果。而根据《美国统计摘要》（*Statistical Abstracts of the United States*）及其他信息来源，则可以得出一个事件在现实中重要程度的高低。

接着，芬克豪泽（1973a）分析了公众舆论和媒介内容之间的关系，以及媒介内容和现实的关系。表 11.1 显示了第一组关系——公众按重要程度对事件的排序与媒介内容的关系。此表显示，公众对某事件重要性的排序与媒介对该事件的报道数量存在强烈对应关系。在公众的排序榜上，列位高的事件，同时也就是大众媒介（或者至少就这三家新闻机构而言）报道多的事件。

表 11.1 1960 年代全国新闻杂志对各类议题的报道数量，以及这些议题作为这一阶段“美国面临的最重大问题”的排序榜

事　件	文章数目	报道排序	重要性排序
越战	861	1	1
种族关系（和城市暴乱）	687	2	2
校园骚动	267	3	4
通货膨胀	234	4	5
电视和大众传媒	218	5	12*
犯罪	203	6	3
毒品	173	7	9
环境和污染	109	8	6
吸烟	99	9	12*
贫穷	74	10	7
性（道德下降）	62	11	8
妇女权利	47	12	12*
科学和社会	37	13	12*
人口	36	14	12*

在排序榜上媒介报道与重要性之间的相关系数 =.78（$p=.001$）

*这些媒介报道在盖洛普调查中从来没有当作“最重要问题”提出过，所以它们的排序相等，列在已有排序的项目之后。

资料来源：From G. R. Funkhouser, “The Issues of the Sixties: An Exploratory Study in the Dynamics of Public Opinion,” *Public Opinion Quarterly* 37（1973）: 66.

在其研究的第二部分，芬克豪泽（1973a）分析了媒介报道和现实之间的关系。不过，这一分析的结果就不是一个表格所能轻易概括的了。但是，芬克豪泽发现，这组关系的模式似乎表明，媒介报道与事件的真实性并不能很好地吻合。比如说，对于越战、校园骚动、城市暴乱等事件，媒介报道的高峰期要比事件在现实中达到高潮早一至两年。有关毒品和通货膨胀的报道则基本上与现实相一致，但涉及种族关系、犯罪、贫困和环境污染问题的报道，则与实际情况几乎没有任何关系。

芬克豪泽的研究（1973a）表明，在1960年代，美国的新闻媒介并未能很精确地告诉公众国内发生的事情。芬克豪泽总结说，“许多人（包括很多决策者）都认为新闻媒介是值得信赖的信息来源，但这里的材料表明，事实上并非如此”（p. 75）。

夏洛特研究

麦库姆斯和肖（1972）有关议程设置的最初研究遗留了一个重要问题，就是因果顺序（causal order）的问题。最初的查普尔希尔研究发现，1968年大选期间，在媒介议程与公众议程两者之间有紧密的联系。不过，该研究并没有指出这两者孰是因孰是果。正如理论假设隐含的那样，有可能是媒介议程左右着公众议程；不过，若说公众议程影响了媒介议程，似乎也能解释得通。

作为探究议程设置的第二个步骤，麦库姆斯和肖策划了另一项研究，专门考察1972年的总统大选（Shaw & McCombs，1977）。该项研究选择的地点在北卡罗莱纳州的夏洛特（Charlotte）。这次的样本量要比查普尔希尔研究的样本量大，并且采用了固定样本连续访问的方法，即在大选的几个不同阶段，研究者对同一样本进行多次访问。这次研究一个特别的目的就是，找到议程设置之因果方向的证据。由于选用了固定样本，可在不同阶段作几次重复测验，研究者因此可以对前因后果做出考察。

在夏洛特调查中，研究人员对随机抽样的选民进行了定期访问，时间分别为两党全国代表大会的6月、竞选高潮期的10月以及大选揭晓期的11月。为了发现议程设置的因果关系，研究人员集中考察了6月和10月这两个时间段。在每一个时间段里，也对媒介议程进行了计量。研究人员分析了夏洛特的报纸和两家电视网（CBS、NBC）晚间新闻的内容，在此基础上，研究人员采用了一种叫交叉—时滞相关性（cross - lagged correlation）分析技术，检验从两个时间段得到的数据。其结果（仅就报纸而言）见图11.3。

在图11.3里，最重要的关系就是两条对角线。对比这些相关性，我们可以得到有关因果关系的某些迹象。哪一组关系的相关系数更大，是时段1的报纸议程与时段2的选民议程之间的相关系数大，还是时段2的报纸议程与时段1的选民议程之间的相关系数大？假若第一组相关性，即时段1的报纸议程与时段2的选民议程的相关系数更大，那么这将支持议程设置的假设。而这正是图表上显示的结果。

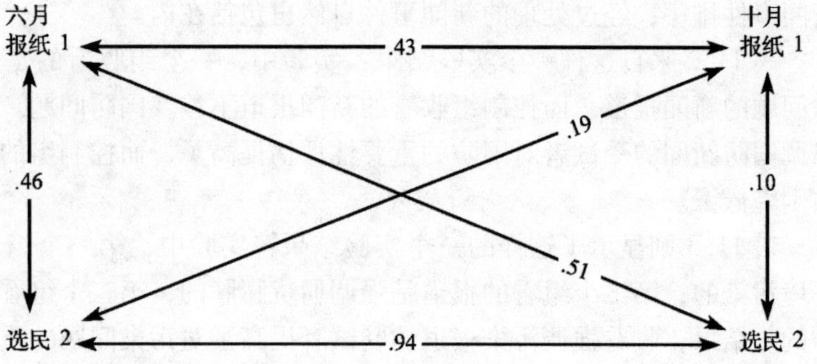

[1] 根据"正式的"报纸议程的相关性。

[2] 根据只阅读《夏洛特观察者报》的固定样本组成员的分析（人数=178）。

图11.3 对1972年6月和10月的夏洛特选民和《夏洛特观察者报》内容的交叉时滞相关性比较

资料来源：Reprinted by permission from page 91 of *The Emergence of American Political Issues*: *The Agenda-Setting Function of the Press* by D. L. Shaw and M. E. McCombs (eds.).

不过，研究的结果并不如我们期望的那么一目了然。比如说，如研究者韦斯特利（1978）指出的那样，时段1的选民议程与时段2的选民议程两者之间的相关系数高达.94，这里就有问题：当公众议程基本上没有变化的时候，又谈何议程设置效果呢？况且，对电视所做的交叉—时滞相关性分析，其结果并没有证实图11.3显示的有关报纸的结论。但是，夏洛特研究的成果倒确实为议程设置的因果关系提供了一些依据——那就是，媒介（至少是报纸）在影响公众议程方面确有其效果，而不是公众议程影响媒介议程。

实验证据

研究人员怎样才能找到有关因果关系的更强有力的证据呢？我们曾在第2章里提到，揭示因果关系的最有效的方法就是实验。不过，实验可以用于考察议程设置吗？

耶鲁大学的研究员延加（Shanto Iyengar）和他的两位同事曾专门以此为目的做过几项实验（Iyengar, Peters, & Kinder, 1982）。他们的实验方法大体上是这样的：把电视网的新闻节目制成录像带，移花接木地对其内容作一些调整，即删除节目中的某些报道，换成其他一些报道。这样，研究人员就可以控制新闻报道的内容，强调报道中的某些事件，而弱化其他一些事件。研究人员让受试者在不同的实验环境下收看这些改动过的新闻节目，然后要求他们按重要程度对各个新闻事件排序，经过处理的新闻事件自然也包括在内。

表 11.2 来自这样一个实验结果：实验中，一个组收看的是改编之后强调国防问题的新闻报道，而控制组收看的新闻报道不涉及国防问题。该表显示，收看强调国防新闻的受试者对国防的重要性评估提高了，而控制组的受试者对此的评估则降低了。

表 11.3 则显示了这样的一个实验结果：实验中，第一个组看的报道是强调环境污染的；第二个组看的报道是强调通货膨胀的，第三个组看的报道是强调国防的。结果，收看强调污染报道的受试者提高了对污染问题的重视程度；收看强调国防报道的受试者同样提高了对国防问题的重视程度；但在收看强调通货膨胀报道的受试者中，并没有出现预期的情况。不过，研究者认为，这是因为受试者对通货膨胀问题已相当关注，没有了增加重视的余地。

表 11.2　实验 1 中对问题重要性调整改变的分数

问　题	条件	
	防卫	控制
国　防	.90	-.79
通货膨胀	-.49	.23
能　源	-.40	.22
吸　毒	-.19	-.48
腐　败	-.67	.05
污　染	-.58	.60
失　业	.28	.54
公 民 权	. -27	-.27

* p <.05，单尾数测验。

资料来源：From S. Iyengar, M. D. Peters, and D. R. Kinder, "Experimental Demonstrations of the 'Not-so-Minimal' Consequences of Television News Programs," *American Political Science Review* 76 (1982): 852. Reprinted by permission.

在后来出版的一本书中，延加和金德（Iyengar and Kinder）发表了其他一些实验的成果，提出了支持议程设置理论的更多依据。在其中的一些实验中，他们发现，收看某个电视新闻报道可以显著影响观众对什么问题是国内最重大问题的感知。

表11.3 实验2中对问题重要性调整改变的分数

问　题	污染	通货膨胀	防卫
污　染	1.53**	-.71	-.23
通货膨胀	-.11	.11	-.06
国　防	-.44	-.34	.76*

*p<.05.

**p<.01.

资料来源：同表11.2。

铺垫作用

延加、皮特斯和金德（Iyengar，Peters，and Kinder）还发现，电视新闻报道能以一种特殊的方式影响总统选举。通过为竞选活动设置议程，媒介还为选民设定评估总统候选人的评价标准。延加及其同事称这一过程为铺垫作用。**铺垫作用**(priming）就是媒介通过关注某些问题而忽略其他问题来改变人们对候选人的评估标准的过程。

在实验当中，研究人员找到了一些证实铺垫作用的依据。除了我们已经讨论的测试方法之外，受试者在实验中还评估了卡特总统在国防、污染和通货膨胀三个特定问题上的施政表现。受试者另就卡特总统的总体表现、能力及诚实作综合评估。有些受试者看的报道强调总统在某一特定问题上的施政表现，有些受试者看的报道忽视总统在这一特定问题上的施政表现。结果正如铺垫作用的概念预测的那样，在对总统的总体表现的评估与对总统在这一特定问题上的表现的评估之间，前一些受试者显示出比后一些受试者更大的相关性。举例来说，看过强调通货膨胀的报道之后，受试者对卡特总统在通货膨胀问题上的表现作出的评估与对其总体表现的评估之间的相关系数是.63，但是，看过忽略通货膨胀的报道的受试者对卡特总统在通货膨胀问题上表现的评估与对其总体表现的评估之间的相关系数只有.39。换言之，受试者对卡特总统的评估是根据他们新近看到的新闻报道强调的主题而定的。这是议程设置可能影响我们多数重大选举的一种非常微妙而有力的方式。

延加和西蒙（Iyengar and Simon，1993）还考察了1990年至1991年海湾危机期间的新闻报道的铺垫作用。他们首先发现了一种基本的议程设置效果。当新闻媒介连篇累牍地报道海湾危机的时候，海湾危机也在民意测验中成为最重要的国家问题。但研究人员还发现，海湾危机报道频率的增加带动了舆论对布什总统的总体评估。海湾危机期间，较之对布什的经济表现的评估，舆论对布什的外交表现的评估更多地与对布什的总体评估相关。但在海湾危机之前，舆论对布什的经济表现的评估在总体评估中却有着更重的分量。

议题的强制性

后来一些有关议程设置的研究曾试图通过采用固定样本在一段时间内连续访问两次的方法发现议程设置的因果方向，但研究结果表明，议程设置的效果非常微弱。麦库姆斯等人的夏洛特研究也只是在报纸方面发现了议程设置时间上的因果关系，而未能在电视报道方面找到证据。蒂普顿、黑尼和贝斯哈特（Tipton，Haney，and Baseheart，1975）的研究也只发现了微弱的议程设置效果。朱克（Harold Gene Zucker，1978）提出假设认为，早先的研究之所以会有这种结果，是因为它们基于一个错误的假定——所有的议题都可以引起议程设置的效果。

朱克（1978）认为，议程设置效果是否产生，议题的强制性可能是一个重要因素。朱克认为，在某个特定议题上，公众的直接经验越少，他们为获取该方面信息就越是被迫依赖新闻媒介。公众能够直接体验的议题是**强制性议题**（obtrusive issues），例如失业。公众可能无法直接体验的议题是**非强制性议题**（unobtrusive issues），例如污染。

朱克（1978）曾做过一项研究，来比较三个强制性议题——生活开支、失业和犯罪，与当时的三个非强制性接触议题——污染、毒品滥用、能源危机。媒介对这六个议题为期八年的报道数量从月刊《电视新闻目录》中获得。关于公众舆论认为这些议题重要程度的测量来自一系列的盖洛普民意测验，在这些测验中曾问及“今天美国面临的最重要的议题是什么?”

研究发现，就三个非强制性议题而言，新闻媒介的大量报道要先于该议题在民意测验中重要程度的提升。然而，对于三个强制性议题来说，新闻媒介的大量报道没有出现在公众重视这类问题之前，媒介的报道和公众的重视似乎是齐头并进的。

研究显示，对非强制性议题的报道可能会产生议程设置效果，而对强制性议题的报道则可能没有效果。研究还认为，议题的强制性是一个重要概念，应该补充到议程设置的假设当中。

朱克（1978）的研究还有另一个有趣的启示。他认为，议程设置的效果应当在接触新闻媒介和不接触媒介的人身上都能体现出来。如果议程设置效果主要出现在非强制性议题上，那么人们了解它们的唯一途径就是接触媒介，或者与接触媒介的其他人交流。也就是说，议程设置和两级流动传播可能会交织在一起发生作用。

抽象的和具体的议题

雅各德和多齐尔（Yagade & Dozier，1990）曾试图确定具体议题（concrete issues）是否总是比抽象议题（abstract issues）更易于产生议程设置的效果。他们推测，受众想象抽象议题总是要困难一些，例如联邦财政赤字问题便很难理解，而这很可能减少了议程设置效果的产生。

议题的抽象性和议题的强制性是不一样的概念。雅各德和多齐尔认为，**抽象性**（abstractness）是指理解某个议题或给它下定义的难度。雅各德和多齐尔首先就4个议题做了测试，以确定受试者认为这些议题的抽象程度。研究者询问了以下几个议题：能否轻易想象出这些议题？觉得这些问题是否真实？是否容易理解？等等。在这4个议题当中，研究者认为有两个是抽象的——联邦财政赤字、核军备竞赛；另外两个被视为是具体的，即吸毒、能源。对受试者所做的分析表明，人们认为前两个议题比后两个议题更为抽象。

接着，研究者挑选了一个抽象议题——核军备竞赛和一个具体议题——能源，并分别考察二者的议程设置效果。他们主要对若干周的《时代》杂志进行内容分析，以判定媒介对各个议题的重视程度，同时他们还用盖洛普民意测验的“最重要问题”部分，来检查公众对这两个议题的重视程度。结果研究者发现，对于具体议题——能源而言，媒介和公众议程之间存在显著关系；但在抽象议题——核竞赛上，则不相关。这项研究显示，对于抽象议题而言，媒介可能不具备为公众设置议程的能力。在探讨媒介效果的时候，这大概是一个非常值得注意的成果，因为对公众非常重要的议题也可能比较抽象。

议程设置所需要的时间

正如我们已经指出的，议程设置是一个因果假设，该假设认为，媒介可以影响公众对议题重要程度的感知。如果这一假设正确的话，与此相关的一个重要问题就是时滞（time lag）。媒介对公众的影响从发生到产生效果需要多长时间？

温特和伊尔（Winter and Eyal，1980）考察了1954年到1976年的民权问题。他们发现媒介议程和公众议程之间达到最强烈的相关程度需要4~6周时间。斯通和麦库姆斯（Stone and McCombs，1981）分析了三组不同的调查数据之后发现，某议题从媒介议程转向公众议程似乎需要2~6个月的时间。休梅克、万塔和莱格特（Shoemaker，Wanta，and Leggett，1989）考察了公众对毒品问题的关注，发现了议程设置效果发生所需要的两个时间段——一个是一两个月，另一个是四五个月。但是，也有证据表明，议程设置发生作用需要的时间更短。万塔和罗伊（Wanta and Roy，1995）发现，对于地方电视的议程设置效果出现于6天之后，而消失于11天之后。对于地方报纸的议程设置效果出现于8天之后，但是消失于85天之后，报纸效果持续的时间更长。

接触媒介的作用

虽然议程设置理论的假设假定受众成员都能接触到强调特定议题的媒介消息，但令人惊异的是，极少有议程设置研究检查过受众接触媒介的情况。之所以如此，部分原因是很少有研究是在受众个体的层次上考察议程设置的。更典型的情况是，议程设置研究都是把公众样本视为一个整体，来总体测量他们对事件重要性的评估。然后，研究者再将这种对事件的重要性排名与媒介对事件的重要性排名进行比较。

几项议程设置研究都增加了对受众接触媒介的直接考察，并以此作为研究过程中的一部分。万塔和吴（Wanta and Wu，1992）曾检验过这样一个假设：个体受众接触新闻媒介越多，媒介新闻报道的议题显著程度就越高。他们为此作了一次调查。在调查中，研究者询问341位受访者，上一周他们读报、看全国新闻报道以及看地方新闻报道的频率各是多少？研究者还要求受访者按重要程度大小对许多问题排序，其中有一半的议题媒介做过大量报道，而另一半议题媒介几乎没有涉及。研究分析的结果表明，个体受众接触新闻媒介越多，他们就越倾向于注意媒介大量报道过的那5个问题。

议程建构

学者兰和兰（1983）曾研究水门事件期间报纸与民意之间的关系。他们发现，要解释美国这一时期错综复杂的历史，需拓展议程设置原先的观念。他们建议将议程设置的概念扩展为**议程建构**（agenda building）。议程建构是一种集合的过程，在这种过程中，媒介、政府和公众相互影响，决定什么是重要事件。他们将这个过程分为6个步骤：

1. 报纸突出报道某些事件或活动，并使其引人注目。
2. 不同种类的议题需要不同种类、不同份量的新闻报道，才能吸引人们的注意。水门事件是个高门坎问题（或非强制性问题），因此它需要广泛的报道以吸引公众的注意。
3. 处在关注焦点的事件或活动必须加以“构造”，即给予一定范围的意义从而使人们便于理解。水门事件起初曾被定性为竞选活动中的党派之争，这就使人难以从另一构造角度来理解它，比如说广泛的政治腐败。
4. 媒介使用的语言也能影响人们对一个议题重要程度的感受。水门事件最初被传说为“恶作剧”（caper），这个词延用了数月之久，试图将其淡化，后来改用“丑闻”（scandal）一词，这一事件的重要程度才因此提高。
5. 媒介把已成为人们关注焦点的事件或活动与政治图景中易于辨认的次级象

征联系起来。人们在对某一议题采取立场时，需要一定的认识基础。比如，在水门事件中，当该事件与诸如“找出事实真相的必要”、“对政府的信心”等次级象征联系在一起时，媒介的报道就可以帮助人们采取立场了。

6. 当知名且可信的人开始谈论某个议题时，议题建构的速度会加快。比如说，当西里卡（John Sirica）法官宣布，人们并未获知水门事件的真相时，这在公众及其他显要人物中引起了轩然大波，特别是一些共和党人，于是他们才较愿意表达意见。

兰和兰（1983）的议题建构概念比最初的议程设置假设复杂得多。这一概念认为，一个问题从新闻报道到成为公众议程的过程需要一段时间，并要经历几个步骤。这一概念认为，媒介构造某个议题的方式和描述这个议题时使用的语言会产生影响，名人对议题的评论会很重要。

导向的需求

议程设置不可能对所有的人都产生同样程度和相同方式的效果。麦库姆斯和韦弗（1977）认为，人们对**导向需求**（need for orientation）不一样，这是能否产生议程设置效果的决定性因素。正如他们构想的那样，导向的需求基于两个因素：信息对个人的相关性和与已有关的消息的不确定程度。信息的相关性越大，事物的不确定程度越高，那么，人们对导向的需求就越大。他们假定，人们对导向的需求越高，则受媒介议程设置效果的影响越大。他们认为夏洛特研究中得到的证据可以证实该假设，尽管报纸议程设置效果的证据比电视强。

谁来设置媒介议程？

关于媒介议程及其可能对公众议程的影响，已经做了很多研究。但许多研究者有时忽略这样一个重要问题：谁来设置媒介议程？或者如韦斯特利有关媒介议程的询问：“谁来改变媒介的议程？”（Westley，1976）

这个问题的部分答案就在现实生活中。在某种程度上，媒介只是简单地传递社会中发生的问题和事件。芬克豪泽和（1973a）和朱克（1978）的研究就表明，新闻媒介的报道并不能与真实生活很好地对应，许多其他的研究也有类似的结论。果真如此，那么又是谁来决定媒介议程的呢？韦斯特利（1976）曾提出过一些自己的解答。他认为，在某些情况下，压力团体或特殊利益集团可以将一个议题纳入媒介议程。比如，1960年代，学生非暴力协调委员会（the Student Nonviolent Coordinating Committee，SNCC）在将种族歧视纳入公众议程方面起了作用，1970年代，全国妇女组织（the National Organization for Women，NOW）及其他妇女团体将妇女议题提到了公众议程。

芬克豪泽（1973b）认为，除了实际事件的流程之外，媒介影响公众对某一议题关注的程度取决于一些机制（mechanisms），他提出了一份5种机制的名单，它们是：

1. **媒介顺应事件的流程** 当事件的同样形式维持不变的时候，所有的事件都被认作“只不过多了些相同的事情”，因而也就不被认为是新闻。
2. **过度报道重要但罕见的事情** 有些事情，如圣巴巴拉（Santa Barbara）的石油泄漏事件，确系重大事件，但是由于其独特性和煽情性，媒体的报道连篇累牍，不厌其烦。
3. **对总体上不具有新闻价值的事件选择报道其有新闻价值的部分** 比如，有项著名的研究表明，在电视报道欢迎麦克阿瑟（Douglas MacArthur）将军的一次游行时，通过选取某些细节，使这一事件显得比实际情形要热闹许多（K. Lang and G. E. Lang，1972）。
4. **伪事件（Pseudoevents），或称制造的具有新闻价值的事件** 抗议游行、示威、静坐、宣传促销手段等都是伪事件的例子，它们使某些议题进入媒介议程。
5. **事件的总结报道，或按具有新闻价值事件的报道方式来描述无新闻价值的事件** 例如，1964年发表的医务总监的报告显示了吸烟与肺癌的关系。

谁来设置媒介议程的问题实际上已变成一个更大范围的问题，即什么东西左右着媒介内容的问题，而对这一问题的答案显然很多。这一问题涉及时常被称为媒介社会学（media sociology）的内容，也是最近许多研究理论探讨的主题。

最近的研究认为，影响媒介议程的一支很重要的力量来自其他媒介的内容。特别是精英媒介，如《纽约时报》，它似乎能为其他媒介设置议程。丹尼利恩和瑞斯（Danielian & Reese，1989）称这一现象为**媒介间议程设置**（intermedia agenda setting）。他们发现，1985～1986年间，毒品问题在许多媒介上都异常突出。有证据表明，这其实是媒介之间互设议程，相互炒作的结果，而并非社会上毒品问题恶化所致。事实上，在1985～1986年间，毒品的实际用量并无明显上升，但媒介对此的报道却高潮迭起。他们还注意到，“媒介之间议程设置的影响力一般是从《纽约时报》流向其他媒介”（p. 48）。他们发现，总体看来，是印刷媒介引导电视网的议程设置，而不是相反（Reese and Danielian，1989）。在克劳斯（Timoth & Crouse）的《公共汽车上的家伙们》（*The Boys on the Bus*，1973）一书中，也对媒介之间的议程有过记载，该书记叙的是1972年新闻界报道总统竞选的情况。他在书中描述到：其他媒介的记者都越过肩头，看《纽约时报》的记者小阿普尔［R. W.（Johnny）Apple］怎么写导语。这样，其他媒介的记者就知道在自己的报道中应该强调什么事情了。

休梅克和瑞斯（1991）在吸收甘斯和吉特林（Todd Gitlin）研究成果的基础上，提出了以下5种影响媒介内容的类别：

1. 来自媒介工作者个人的影响。这类影响包括传播业者自身的特性，个人和职业的背景，个人态度和职业角色。
2. 媒介日常工作惯例的影响。大众媒介也时时受到传播者日常实践的影响，包括截稿时间及其他时间限制、出版物的版面要求、新闻报道的倒金字塔写作结构、新闻价值、客观原则以及记者对官方信源的依赖。
3. 组织对内容的影响。媒介组织有许多目标，其中谋利就是多数媒介共有的目标之一。媒介组织的这种目标可以各种方式影响媒介的内容。
4. 来自媒介组织之外的组织对媒介内容的影响。这些影响包括利益集团游说支持（或反对）某些种类的内容，人们为获得媒介报道而制造假事件，政府通过诽谤、色情等法规直接规范媒介的内容。
5. 意识形态的影响。意识形态体现的是一种宏观层次的社会现象。美国意识形态的基础就是"信仰资本主义经济体系、私有权、自利的企业家对利润的追求以及自由市场的价值观"（Shoemaker & Reese，1991，p.184）。这种包罗万象的意识形态可能以多种多样的方式影响媒介的内容。

在这5种影响类别中，既有来自媒介从业人员、代表最微观层次的影响因素，也有来自意识形态、代表最宏观层次的影响因素。它们组成了休梅克和瑞斯所说的"影响因素的等级结构"，其中意识形态处于结构的最顶端，其影响力通过各个层次向下渗透。

一些个人在设置媒介议程方面扮演关键作用，这些人被称作**先知先觉者**（early recognizers）。这些人在某个议题发展的早期就能够认识到它。他们可能是媒介专业人士，他们的职责是巡视社会，并且跟社会和组织的网络联系在一起。

总统的议程

影响媒介议程的一个最可能的选择就是美国总统。他是美国首屈一指的新闻制造者，能轻而易举地进入一般人难以接近的报纸版面或电视荧屏。总统按自己的看法相当明确地表达对重要议题议程的一个地方，就是国情咨文报告。倘若总统确有能力影响媒介议程，那么其影响力清晰展示的场合之一也就是一年一度的国情咨文演讲。尽管这个报告原则上是为国会作的，但实际上，报告也通过广播和电视向全国的所有民众播出。

为了考察总统国情咨文报告对媒介议程可能产生的影响力，吉尔伯格、伊尔、麦库姆斯和尼古拉斯（Gilberg，Eyal，McCombs，& Nicholas，1980）曾就卡特总统的第二次国情咨文报告做过一次研究。他们对该报告做了一次内容分析，以确定总统提及了哪些问题；然后根据总统在报告中对8个问题所花时间的长短进行排序。接着，研究者检验了两家主要报纸和三大电视网在国情咨文报告之前及之后各4周新闻报道的情况。研究者把报告之前4周的报道情况视为控制组——它们有助于解释总统议程和随之而来的媒介议程两者之间的相关性。

与他们的假设相反，总统议程与此后的媒介议程两者之间的相关性要弱于总统议程与此前媒介议程两者的相关性。也就是说，研究结果表明，并不是卡特总统设置了媒介议程；而是媒介设置了卡特总统的议程。为了更好地理解这一出人意料的结果，麦库姆斯、吉尔伯特和伊尔（McCombs，Gilbert，& Eyal，1982）以尼克松1970年的国情咨文报告为对象，尝试着重复了同样的研究。这一次研究的是一个有着不同风度、处于更早年代因而面临的问题亦不同的总统。在这两项研究中，研究者考察的都是总统的第二次国情咨文报告。

对尼克松报告的内容分析产生了含有15项议题的议程，而卡特报告则有8项。和最初的研究一样，研究者检验了两家报纸和三家电视网在国会报告之前和之后各4周新闻报道的情况。这一次的研究结果却支持了最初的研究假设，也就是说，是总统为媒介设置了议程，而并非如修正的假设那样，是媒介左右了总统的议程。在对所有5种媒介（两家报纸和三家电视网）的比较中，总统议程和报告之后的媒介议程的相关性都要高于和报告之前媒介议程的相关性。麦库姆斯及其同事还发现，报告之前媒介议程和报告之后媒介议程的相关性甚至要比总统议程与报告之前或报告之后媒介议程之间的相关性都高。这就表明，新闻报道具有一定的稳定性或者连续性——这大概与新闻记者坚持的新闻惯例、新闻价值观及新闻事业内部的其他因素有关。

两项关于总统国情咨文报告的相同研究，却得出了不同的结果。这表明，当人们试图了解议程设置的时候，有必要把许多情境性因素也考虑在内。在这一特定领域里，总统对议程的影响取决于许多因素，例如，总统领导方式上的差异，所处理议题的数量及性质的不同等，这些在决定议程设置效果的方向时，都起着一定的作用。

关于总统作为议程设置者所起作用的另外一项研究是万塔和米勒（Wanta & Miller，1995）在克林顿总统作1994年国情咨文报告之后对577位受访人做的一次调查研究。他们对总统的报告作了内容分析，以确定该报告强调的议题；另外，他们在总统报告之后不久，又对两个社区的新闻媒介做过一次内容分析，以确定新闻媒介强调的议题。研究者询问受访人，他们是否收看了总统演讲的电视转播，问受访人接触媒介的情况以及他们对12个问题的关注程度——有些问题在总统演讲中提及，有的则没有；有些问题是媒介强调的，有的则不是。

万塔和米勒（1995）发现，收看总统报告并接触媒介均增加了议程设置的效果；但事实上，接触媒介带来的增加幅度要更大一些。研究者因此认为，实际上，总统需要媒介进一步强调并解释他认为重要的问题。国情咨文报告仅为人们提供了一次接触总统消息的机会，而新闻媒介中的报道和分析则给予它更多重复的机会。

议程设置如何起作用？

尽管人们对议程设置做过许多研究，但还是有一个我们至今尚未透彻理解的问题，即议程设置是如何起作用的（McCombs，1981）。也就是说，我们还不完全了解议程设置的过程。当媒介突出的某一议题带动受众也来关注时，发生的是什么情况呢？表明显著性的一些提示（如标题的大小、头版刊登、一则新闻在广播节目中的播出位置、图片及其他视觉材料的使用）是否比别的提示更为重要？或者，不管其采用何种形式，在一定时间段里提示的积累本身就是一个重要因素？人们的记忆怎样储存对某个问题不断积累的信息？在这一过程中，是否有以往相关事情的记忆储备介入其中？议程设置在多大程度上是人们头脑中一种有意识的活动？它是否会以潜意识的方式产生效果？人际传播在议程设置中起什么样的作用？是否如朱克（1978）所说，起增加作用？或者人际传播是一种定力，如群体压力一样，使人们抵制媒介效果？

许多这种问题都集中于个人的信息处理活动。也许我们需要在这一层次进行更多的研究，以全面理解议程设置的过程。

万塔和米勒（1995）曾对克林顿1994年国情咨文的反应做过一项研究。该研究使我们了解到议程设置发生时受众个人处理信息的一些情况。研究人员假定，如果受访人认为媒介值得依赖，就更可能出现议程设置的效果。他们还假定，如受访人认为克林顿总统执政良好，议程设置效果也更容易出现。在研究过程中，这两个假设均获证实。这些研究结果表明，议程设置并非一个机械的或自动的过程，而是与受众个人的信息处理活动紧密关联的。人们会对从媒介获得的信息做出评估，而这一评估会决定议程设置效果是否发生。从某种程度上说，第4章描述的选择性理解和选择性记忆的过程会影响议程设置过程。

议程设置的第二层面

议程设置研究的最新发展是一种对议程设置新层面的重视，麦库姆斯及其同事将这个层面称为议程设置的第二层面。某个**议程**基本上是一种按照重要性对事项的排列，最重要的事项位于最上方。根据传统（第一层面）议程设置调查，这些事项就是议题。例如，方框11.1所列的就是最初的查普儿希尔研究中的议题。**第二层面议程设置模式**基于这样的观念：议程是个抽象的概念，除了议题之外，许多事情都可以成为议程中的项目。

例如，在全国选举活动中，我们可以将经济学作为一个议题，然后在这个标题的下面界定一些次议题或类别。这些次议题可以包括平衡预算、降低国债、所得税改革、联邦银行规制和利率（见方框11.2）。议程设置也可以发生在次议题层面。如果发生这种情况，那么新闻媒介强调最多的次议题应该也是公众认为最重要的问题。

方框 11.1　议程设置第一层面中的一个议题议程

这些是 1968 年总统选举中的议题：

1. 外交政策
2. 法律和秩序
3. 公民权利
4. 财政政策
5. 公共福利

来源：Adapted from McCombs and Shaw (1972).

方框 11.2　议程设置第二层面中的一个属性议程

在这种情况下，这些属性是经济学议题下属的次议题：

1. 所得税改革
2. 平衡预算
3. 降低国债
4. 利率
5. 联邦银行规制

还有一个例子，我们可以选择某个选举中的政治候选人，然后界定他们的一系列个人属性。这些个人属性可以被认作一个议程，这个议程可以非常简短，例如它可以包括两个事项——候选人形象和争议问题。或者，这个议程可以很长，由个人属性组成（见方框 11.3）——诚实和美德、个性、外表、智慧、教育和家庭，以及表达能力（King, 1997）。还是那样，如果议程设置在第二层面发生，那么我们可以认为，新闻媒介强调最多的那些个人属性会成为公众在评价候选人时认为最重要的属性。

方框 11.3　议程设置第二层面中的一个属性议程

1. 诚实和美德
2. 个性
3. 外表
4. 语言表达能力
5. 教育和家庭
6. 智慧

来源：Adapted from King (1997).

麦库姆斯和埃斯特拉达（McCombs and Estrada，1997）这样描述议程设置的第二层面：

> 如果我们以完全抽象的词汇来思考这个理论性质的关键词——议程，那么我们清楚地看到扩展一个议题议程的潜力。在迄今为止的大多数研究中，议程上的分析单元都是一个客体，一个公共议题。
>
> 超越这个客体议程，还有另一个思考层次。每个客体都有各种属性，这些属性和特点构成了客体的总体画面。就像客体拥有不同的显著性一样，每个客体的属性也拥有不同的显著性。（McCombs and Estrada，1997，p. 239）

议程设置的第二层面还可以用来处理变量的展示，即如何在大众媒介中展示与议题有关的变量。例如，某个对报纸犯罪议题报道的研究可以讨论展示的各种属性。这个研究可以考察报纸所报道的事件的发生场所这种物理属性，也可以考察罪犯是否认识受害者这种故事属性（Ghanem and Evatt，1995）。盖奈姆和伊瓦特（Ghanem and Evatt，1995）发现，属性层面的这些变量跟公众赋予犯罪议题的重要性（第一层面）有关。

议程设置的这两个层面可以一起放在一个图示中（图 11.4）。盖奈姆和伊瓦特发现的这种影响——从第二层面的特点到第一层面的议题——用带箭头的斜线表示。

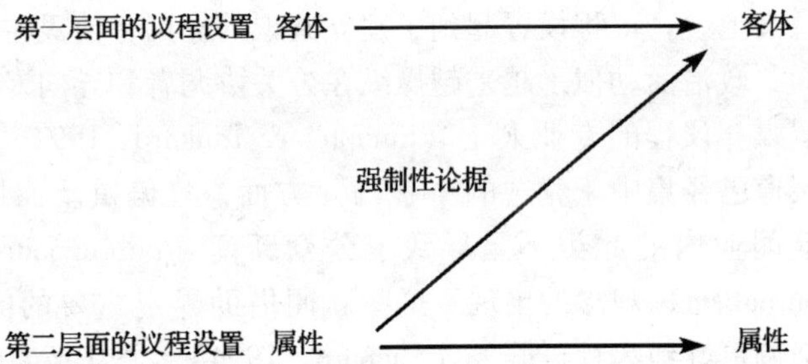

图 11.4 议程设置的第一和第二层面，加上“强制性论据”假说

有三个假设跟这个图示有关。上面的那条线对应的是议程设置的最初陈述，这种假设认为议题的媒介议程影响公众认为的议题显著性。下面的那条线对应的媒介议程的第二层面，这种假设认为某个客体的属性的媒介议程影响公众认为的这个客体的属性显著性。第三个假设对应的是从属性的媒介议程到客体的公共议程的斜线。对于这条斜线代表的影响，麦库姆斯及其同事称之为“强制性论据”（Ghanem，1997）。

也可认为媒介议程的第二层面等同于一些研究者所说的媒介框架现象。盖奈姆（1997）界定了四种主要的框架构造尺度，这些可以被认作议程设置属性层面的尺度。它们是（1）新闻事项的主题（框架中包括什么），（2）展示（大小和位置），（3）认知属性（框架中所包括的细节），（4）情感属性（图形的色调）。

打开议程设置的概念，吸收进来第二层面，扩展了这个理论。麦库姆斯和埃斯特拉达（1997）这样描述这种议程设置的新观点："修改一下科恩的经典名言，媒介不仅告诉我们该想些什么，而且告诉我们该怎样想"（p. 247）。

议程设置的应用

有些研究人员不再局限于对媒介议程形成的研究，而思考如何利用议程设置理论，使社会运转得更好。格里维奇和布拉姆勒（Gurevitch & Blumler，1990）认为，民主社会需要媒介从事"有意义的议程设置，界定当前的关键问题，包括议题的成因及解决的方案"（p. 270）。卡特、斯塔姆和海因茨—诺尔斯（Carter，Stamm & Heintz - Knowles，1992）认为，"议程设置研究有待提高，而不能仅停留在不断地改进对媒介当前效果的测量上。为了提高公众对共同面临难题的思考能力，我们应该更好地理解议程设置的功能，从而更好地发挥媒介的作用"（p. 870）。

肖和马丁（Shaw and Martin，1992）曾指出，通过议程设置，媒介可以使意见相左的团体就某些共同的议题达成某种一致，从而实现不同团体之间的对话。从这个意义上说，议程设置起到了建立共识的作用，使民主得以运作。

然而，政治活动似乎越来越操纵在公关协调者和导向专家手中了——这些是受雇设置媒介议程的专业人士（Sumpter & Tankard，1994）。另外，媒介对竞选活动的报道已经集中于竞选的"赛马"方面，且偏重反面情况，而对议题置之不理。新闻业内的此类不足导致了**公众新闻**（public journalism）或**市民新闻**（civic journalism）观念的出现。这些新闻借助界定重要的问题和议题并关注它们，来强调更好地为社群服务（Shepard，1994）。公众新闻的部分观念可以看作是议程设置理论的实际应用。公众新闻运动的领导者之一罗森（Jay Rosen，1992）曾这样说起新闻记者："他们不仅必须承认议程的作用，而且还必须说服别人——媒介所有者、政治家、批评家和公众——相信他们的议程是合适的"（p. 8）。罗森为媒介推荐的议程并非是由某些特定议题构成的，而是一种提供讨论和辩论的义务，以此作为政治过程的关键部分。

对《华盛顿邮报》的专栏作家布罗德（David Broder）关于改革竞选报道的意见，罗森（1992）也深有同感。布罗德（1990）推荐了5种使竞选恢复理智的做法，其中有一种就是先占权策略（preemption strategy）。布罗德提出，记者应该"挑战候选人及其顾问现有的假定，这些人认为设置议程是他们的职责"

(p. B1)。布罗德认为，竞选的议程应该由选民来决定，记者还应该明白，选民的议程不仅来自民意测验，而且来自记者的实地采访（shoe leather reporting）——走访邻里，与人们在客厅里促膝谈天等等。

有些报纸已经依据布罗德介绍的方法改变了他们的竞选报道。比如，1990年州级竞选时，《威其塔鹰报》（*Wichita Eagle*）挑选了该报认为最重要的10个议题，并集中地予以报道（Rosen，1993）。其用意就在于吸引读者的兴趣，并迫使候选人对这些问题发表意见。与此情况类似，在1992年的选举中，《夏洛特观察者报》用走访读者的方法来确定“选民的议程”（Rosen，1993）。接着，报社再通过对市民的采访和调查来维持公众对问题的关注。

结论

自20世纪70年代早期以来，议程设置假设一直是传播理论领域里的主导概念之一。这一假设之所以重要，是因为它提出了大众媒介影响社会的一种方式，这种方式是不同于态度改变理论的方式。而且，有迹象表明，它对社会的影响可能是显著的。有证据表明，媒介可以形成人们对目前社会面临的重大问题的观点，而媒介着重强调的议题可能并非现实生活中的主导问题。

有关议程设置的最近研究显示，议程设置不仅在议题层次发挥作用，而且在议题属性或称次议题层次上发挥作用。议程设置研究的新动向表明，“新闻媒介不能告诉我们该怎样想，却可以告诉我们该想什么”这一旧的表述有必要做出修改，新的说法应该是：“新闻不仅告诉我们该想些什么，而且告诉我们该怎样想”（McCombs，1992，p. 820）。

对于实践中的新闻记者而言，议程设置的概念提高了责任问题的重要性。记者给新闻事件贴的标签会在很大程度上影响公众关注与该事件有关的议题，对水门事件的分析就显示出这个道理。在竞选活动中，通过铺垫过程，媒介对某些议题的强调会使一些候选人获得选民的偏爱。媒介还可以通过强调候选人的某些个人特征而忽视另一些，来树立某种形象。

对于有进取心的记者而言，议程设置研究的发现为他们提示了成功的机会。假如媒介通常都没有按重要性的比例来报道重大事件——如芬克豪泽（1973a，b）和朱克（1978）的研究所显示的——这就意味着现实生活中还有更重大的新闻有待挖掘。对于从事公关工作的人来说，议程设置提醒他们，为了捕捉公众的注意，以恰当的方式来构造一次事件是多么重要。

多数议程设置研究都显示，媒介并没有像一面镜子那样按照本来面目反映社会现实（Shoemaker & Mayfield，1984）。正如许多年前李普曼所说（1922/1965，p. 229），媒介更像是探照灯（searchlight），该探照灯往何处照，往往取决于在某议题上有其特殊利益的群体，取决于人们为获取注意而制造的伪事件，也取决于新闻记者本身的某些工作惯例。

【关键词】

抽象性（abstractness）：指理解某个议题或给它下定义的难度（Yagade and Dozier, 1990）。

议程（agenda）：按重要程度从高往低排列的项目单。

议程建构（agenda building）：出自兰和兰（Lang and Lang, 1983），是一种集合的过程，在这种过程中，媒介、政府和公众相互影响，决定什么是重要事件。

议程设置功能（agenda - setting function）：指媒介的一种能力，通过重复性新闻报道来提高某议题在公众心目中的重要性。

行为主义（behaviorism）：出自斯金纳（Skinner），心理学的一种取向，强调强化、奖赏与惩罚的重要性，以及影响人们行为的制约作用，它甚至试图用这些概念解释人类的思维和语言。

市民新闻（civic journalism）：见**公众新闻**。

认知心理学（cognitive psychology）：出自尼赛尔（Neisser, 1967），心理学的一种取向，将人视做主动的知识探索者，他们在世界中的言行正是基于这些知识。

先知先觉者（early recognizers）：那些在某个议题发展的早期就能够认识到它的人（Brosius and Weimann, 1996）。

媒介间议程设置（intermedia agenda setting）：一个术语，指诸如《纽约时报》等精英媒介为其他媒介设置议程（Danielian and Reese, 1989）。

导向需求（need for orientation）：出自韦弗（Weaver, 1977），寻求信息的动机。它基于两个因素：信息对个人的相关性和与已有关的消息的不确定程度。

强制性议题（obtrusive issues）：公众能够直接体验的议题，例如失业。

铺垫作用（priming）：指媒介通过关注某些问题而忽略其他问题来改变选民对候选人的评估标准的过程。

伪事件（pseudoevents）：制造的具有新闻价值的事件（例如抗议游行、示威、静坐以及宣传促销）。

公共新闻（public journalism）或市民新闻（civic journalism）：一种新闻，借助界定重要的问题和议题并关注它们，来强调更好地为社群服务（Shepherd, 1994）。

第二层面议程设置模式（second - level - of - agenda - setting model）：一种模式，基于"议程是一个抽象的概念，除了议题，其他许多东西都可以成为议程内容"的思想。

非强制性议题（unobtrusive issues）：公众可能无法直接体验的议题，例如污染。

【讨论题】

1. 议程设置思想的一些较早的表述有哪些？
2. 议程设置假设与有限效果模式之间的关系是什么？
3. 支持议程设置假设的有哪些证据？
4. 本章包含了一些对议程设置的不同表述，找出其中的三个。
5. 有些议程设置的研究对因果方向的发现是含糊的——可能是媒介的议程影响了公众的议程，也可能是公众的议程影响了媒介的议程。我们有哪些证据说明是媒介议程影响了公众议程？
6. 什么是铺垫作用？它为什么重要？
7. 什么是强制性议题和非强制性议题？这种区分为什么重要？
8. 媒介议程一定来自什么地方。谁或什么设置了媒介的议程？
9. 议程设置的知识能怎样为实际新闻工作者所用？
10. 议程设置的第二层面是什么？它为什么重要？

第12章
知识沟假说

信息是一种资源。生活中若缺乏信息，人们就会寸步难行，信息的价值也就在于此。有一句古老的格言说，知识就是力量。其涵义即是说，知识可以给予人们施展才干和利用机会的能力。

然而，很明显，知识像其他财富一样，在我们社会中的分布也不均衡。因经济窘迫而疲于奔命的人往往也是缺乏信息的人。正如在物质财富上存在富裕与贫困的差异一样，在信息上的情形如出一辙。《美国的信息贫困户》（*The Information-poor in America*）一书把以下项目列为弱势成年人典型的信息需求（Childers & Post，1975，p. 56）：

- 怎样把我的孩子送进托儿所？
- 要灭鼠，我该找谁？
- 我丈夫三周前遗弃了我，我该怎么办？
- 我怎么知道墙上的涂料是否含铅？
- 在福利金寄到之前，我能从哪里弄到10美元以维持生活？
- 我需要有足够的食品，才能使家人安度周末。
- 怎样才能从我的房前挪走一辆废弃的小汽车？
- 有一帮小痞子在威吓邻居，我该向哪里反映？
- 最近，我女儿行为异常，有人能帮助我吗？

奇尔德斯和波斯特（Childers and Post，1975）把下列表现视为“弱势美国人在本土信息状况的写照”。较之他或她的一般同胞，这些人有更多下列问题：

- 他们不知道通过什么正式渠道来解决自己的困难，也不知道有些什么具体项目能满足他们的需求。
- 他们每天都沉浸在电视当中，很少浏览报刊杂志，根本就不碰书籍。
- 他们不认为自己的问题是需要信息。即便寻求信息，也不是一个积极主动的信息寻求者。

- 如果非正式渠道的信息明显不足，而他的需求又很迫切，就可能过分地依赖正式的信息渠道。
- 局限于一个非正式的信息网络，在这个网络里，连社会中别处轻易可得的信息都缺乏（p. 42）。

对我们的社会而言，信息至关重要，因为民主依赖于言路通顺的公民。人们选举官员来管理政府，而且还要对诸如一个城市是否该建立核电厂工程这样的具体问题投票表决。人们必须掌握充分的信息，唯有如此，才可能对这些问题作出明智的决策。

随着我们步入一个日益技术化的年代，未来信息必将更加重要，这是毫无疑问的。当今许多问题，包括环境污染、核电、各种食物添加剂带来的危害、核战争的危险等，这些都需要信息和言路通顺的公众来寻得解决的良策。大众传播的一个重要作用就在于，通过为人们提供所需的信息，从而缓解这些问题。大众传播有能力将信息传达到其他方式所无法企及的地方，比如大城市及农村的贫民，还有许多落后国家里生活困难的人们。

大众媒介的作用

电视教育节目《芝麻街》是人们尝试通过大众传播为弱势群体提供信息的一个范例。该节目于1969年首播，也是实施政府的学前启蒙（Head Start）项目的一个尝试。学前启蒙项目的目的是通过电视帮助贫困家庭里的学龄前儿童。《芝麻街》也是在做了广泛研究之后的一个结晶。这个节目完成了一个大胆且新颖的使命——通过新奇的节目模式，加上信息和娱乐的内容，吸引众多儿童观众，并促使他们经常收看。

有资料表明，其他大众传播的尝试也具有这种优势，即把信息传达到通常信息闭塞的人们那里。比如，电视转播的总统竞选辩论就有助于增进通常不接触大选活动的人对大选的了解，从而也有助于我们的民主制度更为有效地运转。

然而，通过增加大众媒介的信息量来改善人们生活或推动民主进程的尝试却并不总是如策划者所期望的那样行之有效。在实际生活中，会有一些与人的预期和愿望相悖的情况发生。比如，大众传播实际上可能会扩大不同社会阶层成员之间的知识差距（gap in knowledge），也称为知识沟，这一现象就被称作**知识沟假说**（knowledge-gap hypothesis）。该提法最早出现在1970年，由蒂奇纳、多诺霍和奥里恩（Tichenor，Donohue，& Olien）在一篇名为《大众媒介流动和知识差别的增长》（*Mass Media Flow and Differential Growth in Knowledge*）的论文中提出。该论文的作者是这样阐述知识沟假说的：

> 随着大众媒介对社会传播的信息日益增多，社会经济地位较高的人将比社会经济地位较低的人以更快的速度获取这类信息。因此，这两类人之间的知识沟将呈扩大而非缩小之势（pp. 159－160）。

图 12.1 大致演示了知识沟假说。图中，整个象限从左到右代表时间的推移和信息的输入。该假说预计，由于信息不断输入，社会经济地位高和低的人均能增进知识，但是社会经济地位高的人将获得更多的知识。这就意味着，富人与穷人之间的相对知识沟将会扩大。蒂奇纳·多诺霍和奥里恩指出，在人们总体上比较感兴趣的领域，如公共事务和科技新闻方面，知识沟特别容易出现。而在与某种特定兴趣有关的领域，如体育和园艺方面，知识沟出现的可能性就较小。

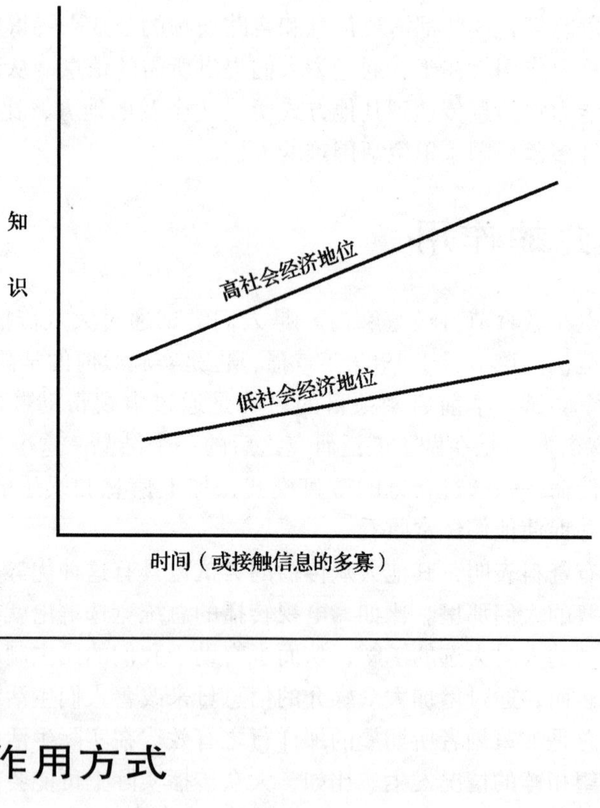

图 12.1　知识沟假说

知识沟假说的作用方式

为了检验知识沟假说，蒂奇纳、多诺霍和奥里恩（1970）认为，可以用下面两种方式来表达知识沟假说：

1. 在一段时间内，在媒介对某个话题做过大量宣传之后，教育水平较高的人将比教育水平较低的人以更快的速度吸取该话题的知识。
2. 在特定时间里，较之未大量宣传的话题，在媒介大量宣传的话题上，所获知识与教育程度应该有更高的相关。

对于这个假说的两种表现形式，蒂奇纳及其同事提供了佐证。首先，他们提供了一些时间趋向的数据。图 12.2 就对美国舆论研究所几次收集的数据做了概括。在 4 次不同的民意测验当中，研究人员问受访人：在不远的将来，人类是否能登上月球？在受教育水平不同的人之间，知识沟的差距是显而易见的。其表现就在于，受过大学教育的受访人的登月信念随着时间的推移迅速增强，比其他教育水平的人要快得多。

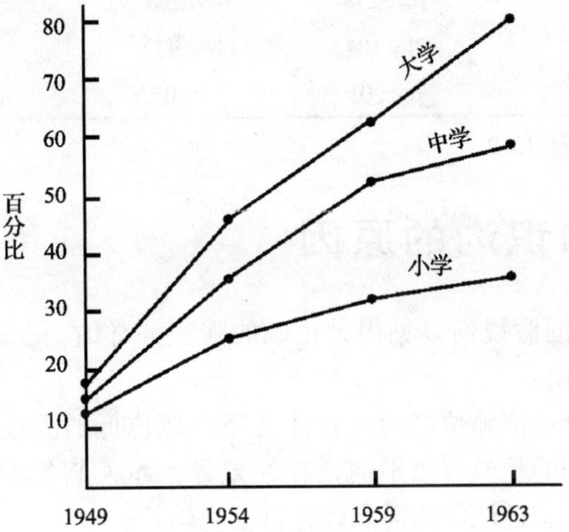

图 12.2　按教育程度和时间来看全国调查中相信人类能登上月球的受访人

资料来源：From P. J. Tichenor, G. A. Donohue, and C. N. Olien, "Mass Media Flow and Differential Growth in Knowledge," *Pubic Opinion Quarterly* 34 (1970):166.

对于知识沟假说的第二个表现形式，研究人员也找出了印证的数据。这项检验表明，在特定时间里，较之未大量宣传的话题，在媒介大量宣传的话题上，所获知识与教育程度有更高的相关。表 12.1 列出了一项现场实验所得的部分数据，该实验与此项检验密切相关。研究人员发给受访人两篇科技文章让其阅读，然后要求受访人回忆文章各说了些什么。表中的相关总模式与知识沟假说吻合。这也即是说，在每一次的情况下，对媒介大量宣传的话题的理解与教育程度的相关都比对未大量宣传的话题更高。一个例子也许能帮助我们更清楚地了解这个问题。4 种比较之一针对的是第一篇关于医学和生物学的文章。在这项比较中，对传播量较大的话题，教育程度与对文章理解程度间的相关为 .109。这个相关值较传播为小的话题的相关值 .032 来得大，这正是知识沟假说的作用方式所预测的结果。

表 12.1 在两个总领域中教育程度与对科技文章（其题宣传程度不同）理解的相关性

领域	第一篇阅读的文章		第二篇阅读的文章	
	宣传较多的话题	宣传较少的话题	宣传较多的话题	宣传较少的话题
医药和生物	r =. 109 （N = 84） n. s.	r =. 032 （N = 111） n. s.	r =. 264 （N = 90） p. <02	r =. 165 （N = 108） n. s.
社会科学	r =. 278 （N = 104） p <. 01	r =. 228 （N = 93） p <. 05	r =. 282 （N = 91） p <. 01	r =. 117 （N = 97） n. s.

资料来源：同图 12. 2。

可能导致知识沟的原因

知识沟的假说何以见得是正确的呢？蒂奇纳、多诺霍和奥里恩（1970）列出了 5 种理由：

1. 社会经济地位高的人和社会经济地位低的人在传播技能上是有区别的。他们的受教育水平通常存在差异，而人们基本的信息处理工作如阅读、理解、记忆等均需靠教育打下基础。
2. 在已存的信息数量或先前获得的背景知识等方面也存在差异。社会经济地位较高的人基于其所受的教育，可能对某个问题早有了解，或者也可能通过以往的媒介接触而对此有更深入的了解。
3. 社会经济地位较高的人可能有更多的相关社会联系。也就是说，这类人可能与同样接触公共事务和科技新闻的人们有交往，并且可能与他们就此类问题展开过讨论。
4. 选择性接触、接受和记忆的机制也可能在发挥作用。社会经济地位较低的人可能找不到与他们的价值观和态度相一致的涉及公共事务或科技新闻的信息，或者他们只是对此类信息兴味索然。
5. 大众媒介系统自身的本性就是为社会经济地位较高的人而用的。印刷媒介上的许多公共事务和科技新闻以及印刷媒介本身就是以社会经济地位较高的人的兴趣和口味为取向的。

在公共事务方面的知识沟

研究者收集的一些其他类型的资料也证实了知识沟假说。知识沟假说的一个预言是，社会经济地位较高的人比经济地位较低的人更可能接触某类特定的信息(特别是关于公共事务和科技新闻的信息)。

图 12.3 展示的是收听罗斯福总统一次重要演讲的听众的社会经济地位细分图。这一柱形图表明，所处的经济地位越低，收听这一演讲的听众的数量也随之减少。这幅图本身已经为知识沟假说提供了一些依据。社会经济状况较差的人较少去听演讲，因此对该演讲的内容也就不甚了解。

总统竞选的辩论通常都是大选活动最精彩的部分，比如 1996 年总统宝座的角逐者克林顿（Bill Clinton）和多尔（Bob Dole）之间的辩论，或者如副总统候选人戈尔（Al Gore）和肯普（Jack Kemp）之间的辩论。由于辩论所具有的戏剧性、刺激性和独特性，这些辩论有可能克服影响人们参与选举活动的选择性接触和冷淡态度。

辩论有多种效果，但最直接的效果就在于增进了受众对总统候选人在各个问题上所持立场的了解。不过，有关 1976 年总统选举的研究表明，最愿意观看大选辩论的人往往就是较积极参与政治的人，而且这类人通常都是受教育水平较高的人（Bishop，Oldendick，& Tuchfarber，1978）。研究结果表明，这些辩论的结果使得原来知识富有的人更加富有，而知识贫乏的人更加贫困。换言之，这些结果支持了知识沟扩大的假说。

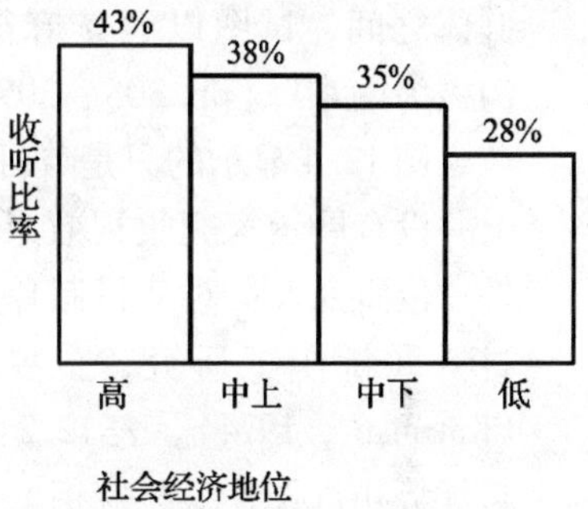

图 12.3 按社会经济地位显示收听罗斯福总统广播演讲的听众

资料来源：Adapted from P. F. Lazarsfeld, *Radio and the Printed Page* (New York: Duell, Sloan and Pearce, 1940), p. 28.

格里芬（R. J. Griffin，1987）在威斯康星州的西艾利斯市就能源问题做过一项固定样本的研究，在该研究中也有支持知识沟的证据。研究者发现，受教育水平较高的人主要是从报纸的能源报道中获知能源问题的知识，而受教育水平较低的人则主要是从电视上有关能源的广告节目中了解能源问题。这一发现提议，对于能源或类似的复杂问题，信息活动的策划者有必要针对不同的受众选择不同的媒介。

《芝麻街》

《芝麻街》（*Sesame Street*）第一年的报告表明，该节目的主要收视对象是城市里贫困家庭的孩子（Ball & Rogatz. p. 209）。第一年的报告还声明，《芝麻街》节目有助于缩小优势儿童与弱势儿童之间的知识沟（p. 358）。不过，对该节目的观众测试结果作过进一步研究的其他研究人员对这一结论提出了质疑。

对该项结论的最主要的挑战来自《重游〈芝麻街〉》（“*Sesame Street*” *Revisited*. Cook et al., 1975）一书。学者库克（Thomas Cook）及其同事对《芝麻街》制片人收集的节目评估数据作了充分的分析，在此基础上他们提出了具有挑战性的反驳意见。其中有一组数据分析的是每户家庭中家长文化程度的高低与收看《芝麻街》节目多少之间的关系。图 12. 4 显示的是 1971 年的一些数据，就是在过去的 3 个月里，每周至少收看一次《芝麻街》节目的家庭根据家长文化程度排列百分比的情况。这些情况都呈现出一个有规律的模式：家长的文化程度越高，家庭收看《芝麻街》节目的次数就越多。基于这样一些资料，库克及其同事得出了以下结论：“这些数据隐含的意义就是，在不同经济收入或文化层次的群体之间，试图以《芝麻街》节目缩小知识沟极为困难”（pp. 308 – 309）。

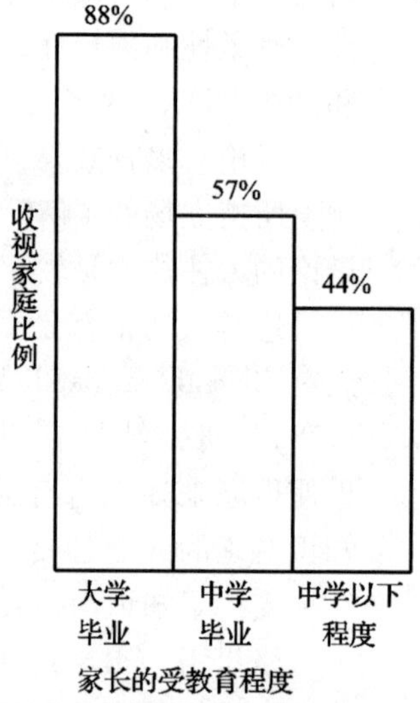

图 12. 4　6 岁以下儿童前 3 个月中（1971）收看《芝麻街》节目至少一次的家长的受教育程度

资料来源：Adapted from T. D. Cook, H. Appleton, R. F. Conner, A. Shaffer, G. Tamkin, and S. J. Weber. “*Sesame Street*” *Revisited*: *A Case Study in Evaluation Research* (New York: Russell Sage Foundation, 1975), p. 293.

图 12. 4 显示的只是节目的收视情况，实际上并没有展示家庭收视效果的不同。然而，另外一位研究人员对节目制片人收集的其他一些材料重新作了研究，主要是研究收视效果（Katzman, 1974）。表 12. 2 显示的是弱势儿童与优势儿童收看《芝麻街》的成果得分情况比较表，表中有许多非常有意思的结果，但与目前我们探讨的问题最相关的就是一列弱势儿童和优势儿童的得分。根据收视情况的前三个四分位数，这项比较表明，在每一个四分位数中，优势儿童的成果得分都要高于弱势儿童。换言之，即使收看的节目完全一样，优势儿童从《芝麻街》节目中获得的益处都要高于弱势儿童。不过，在第四个四分位数中，情况则有所不同（弱势儿童的进步超过优势儿童，47 对 45）。这也就展示出这样一种可能性，即：对于经常收看该节目的人而言，知识沟可能会缩小。但是，对于前三个四分位数而言，知识沟可能会扩大。

针对库克和其他人的批评,《芝麻街》的创作人员回应说，该节目的宗旨并不是用于缩小优势儿童与弱势儿童之间的知识沟（Lesser，1974，p. 186），而是希望通过该节目，让所有家庭的孩子均有一个良好的学前准备。当然，《芝麻街》经久不衰，每个星期都有成百万户美国家庭观看该节目，而且世界上 83 个国家如今也有了本国语言版的《芝麻街》节目。

表 12.2 从收看《芝麻街》数量与受众背景看成果测试中的事先测验和获益得分情况

	四分位数（从最少到最多）			
	1	2	3	4
背景				
总数				
事前测验	76	86	94	101
进　步	19	31	39	48
弱势儿童				
事前测验	76	84	87	97
进　步	19	29	37	47
优势儿童				
事前测验	95	102	113	110
进　步	27	38	40	45

资料来源：From N. Katzma, "The Impact of Communication Technology: Promises and Prospects." *Journal of Communication* 24, no. 4 (1974); 55. Reprinted by permission.

知识沟假说的改进

在后来的一项研究中，蒂奇纳、多诺霍和奥里恩（1975）研究了可以缩小甚至消除知识沟的某些条件。研究人员对明尼苏达州的 15 个社区做了关于知识与其他变量关系的调查，并且在对该调查出作分析的基础上，提出了对知识沟假说的以下修订：

1. 当人们感到在某个地方议题上存在冲突时，对该议题的知识沟可能会缩小。
2. 在**多元化的社区**里，由于存在各色各样的信源，因而知识沟有扩大的趋向；而在**同质性的社区**里，人们的信息渠道虽不正式但相同，因此知识沟扩大的可能性较小。
3. 当一个议题对本地的人们有迅捷且强烈的影响时，知识沟就很容易缩小。

一般说来，这项研究表明，一个议题引起社会关切的程度是一个重要变量。等人们关切时，知识沟有希望得到缩小甚至消除。

知识沟缩小的其他证据来自我们提及的卡茨曼（Katzman，1974）对《芝麻街》分析所得的数据。我们有必要再来看一下另一张表格的一些数据。图 12.5 显示的是四种收视量下弱势儿童和优势儿童的测试后得分（测试前得分加上进步得分)。对于经常收看该节目的孩子来说，知识沟的缩小越来越明显。实际上经常收看该节目的弱势儿童成果得分要比不常看节目的优势儿童的成果得分高。

许多因素可能造成知识沟的扩大或缩小。也许当一个群体浸润在充足的信息之中时，知识沟就可能被克服。或者，社会名流参与信息传播也可能有助于该议题获得更广泛的关注，从而为更多的人所接受。

研究人员万塔和埃利奥特（Wayne Wanta and William Elliott，1995）1991 年 3 月曾作过一次关于公众对艾滋病知识的调查。因此，1991 年 11 月，当洛杉矶湖人队的篮球明星“魔术师”约翰逊宣布他 HIV 测试呈阳性时，他们有充分的准备展开紧随其后的一项调查。万塔和埃利奥特（1995）认为，约翰逊声明后有 3 个因素会起作用：人们高度利用艾滋病影响个人的信息、媒介对约翰逊声明的广泛宣传和著名体育明星发布声明这件事本身具有的戏剧性。基于这 3 个因素，他们预计，在高文化程度和低文化程度的公众之间，有关艾滋病的知识沟将缩小而非扩大。他们的研究结果也证实了这一点。在紧接着约翰逊的声明之后，不同文化层次的人从该事件中获得的艾滋病知识不相上下。实际上，低文化层次的人对艾滋病知识的增长幅度更大，这也表明低文化层次的人赶了上去。

这些研究及其他一些研究的结果表明，在某些特定情况下知识沟会扩大，而在另一些情况下知识沟则会缩小。在消除知识沟方面，电视有其独到的作用。电视即使不能完全消除知识沟，至少也能抑制知识沟的扩大。

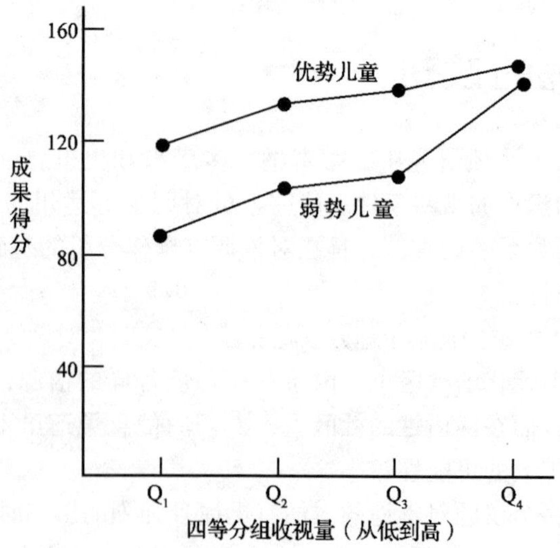

图 12.5　在四种收视量下优势儿童和弱势儿童收看《芝麻街》后测试成果得分情况

资料来源：Adapted from N. Katzman，“The Impact of Communicaion Technology：Promises and Prospects，” *Journal of Communication* 24，no. 4（1974）：55.

在有些社区，有线电视的一个用途就是直播市政府会议及其他活动。这一做法的宗旨就是让政府活动更加公开、透明。这些实践表明，电视直播为市民参政提供了一个新渠道。在堪萨斯的威奇托市，有人对收看市政府会议的观众作过一次调查，试图弄明白都是些什么人收看，知识沟是否会扩大（Sharp，1984）。研究者发现，低文化、低收入、少数民族的人和境遇好的人一样喜欢看该节目。换言之，知识沟没有扩大。夏普（Sharp）发现，这类电视节目的观众往往是那些与该社区有切身利害关系的人，而这类人在低社会经济地位层次和高社会经济地位层次中都有。与一个社区有利害关系可以从多方面体现出来，如在该社区长期生活、录属于该社区的组织，以及能够举出该社区的某个问题。于是，夏普的研究指出，个人动机是寻求信息的一个重要因素，而且当寻求信息的动机非常强烈的时候，知识沟会缩小而非扩大。

知识沟假说的普遍性

在知识沟假说刚刚提出的时候，有些研究人员就建议，有必要对这一假说重新表述，以便使其涵盖范围更为广泛。罗杰斯（1976）认为，这种差距同样存在于人的态度及外在行为上，而不仅仅体现在知识水平上。他还进一步提出，知识沟不单是大众媒介的力量所致，也应包括人际传播的效果，以及人际传播和大众传播相结合的效果。最后，他还认为，知识沟并不仅仅出现在两种接收群体之中（比方说，社会经济地位高和低的人），社会经济地位及其相关变量不是造成知识沟的唯一因素。

吉诺瓦和格林伯格（Genova & Greenberg，1981）发现，导致知识沟最主要的因素还不是社会经济地位及教育，而是受众基于利益需要而产生的兴趣。他们集中研究了两种兴趣——首先是自我兴趣，指新闻信息对于个人来说在感觉上的有用性；其次是社会兴趣，指新闻信息对于个人应对社会环境和人际网络来说在感觉上的有用性。他们做了一项固定样本研究，考察受众对两个新闻事件的了解程度，一件是正在进行的全国足球联赛罢赛事件，另一件是尼克松弹劾案的进展情况。他们的研究结果表明，不是文化程度，而是两种兴趣在更大程度上决定着受试者了解程度的高低。而且，在这两种兴趣中，社会利益与知识获得之间的关联更为密切。研究人员因此得出结论："与最初的知识沟假说相比，这是一个更为乐观的假说，它告诉我们，提高公众的知识水平可以另辟蹊径"（p. 504）。

知识沟与新技术

传播技术的发展日新月异，为此，传播革命或信息爆炸一类的词汇人们已耳熟能详。一些正在开发当中的或业已问世的新科技产品包括录像机、录像带、有线电视、网上报纸、通过家用电脑获得的计算机信息服务、互联网、万维网和只读光盘。其中许多科技产品功用非凡，用户可以凭借它更好地控制传播过程和接收内容。

从理论上讲，这些新技术的应用可以惠及所有人。正如帕克和邓恩所言（Parker and Dunn，1972）：

> 信息业独一无二的最大潜力可能就在于，它可以将教育成本降低到某种程度，在这种程度上，我们的社会为所有成员终生提供公开且平等的学习机会（p. 1392）。

然而，在实践当中，这些新技术对公众的信息拥有水平，尤其是不同层次公众的信息拥有水平会有怎样的影响，则还不甚明了。大多数新科技产品都很昂贵。正是由于费用的缘故，较为富裕的人就比不太富裕的人有更多的机会从新技术中获益。诸如此类的种种原因致使传播技术革命产生不幸的后果，使知识沟进一步扩大（Lepper，1985）。正如帕克和邓恩（1972）进一步指出的那样：

> 如果这类信息不能为全社会普遍享用的话，那么原来的信息富裕户可能会获益良多，信息贫困户则会雪上加霜。而知识沟的扩大将可能导致社会紧张因素的增加（p. 1396）。

第 17 章讨论了关于传播新技术影响知识沟的调查。

知识沟研究的新进展

潘和麦克劳德（Pan & J. M. McLeod，1991）曾呼吁进一步深化知识沟的理论研究。他们认为，现有的知识沟研究已到达两种不同的层次——一种是微观层次或个体层次，研究的是个人怎样获取知识；另一种是宏观层次或社会层次，研究的是信息控制及其与社群结构、权力等级的关系。他们主张系统地建立个人层次和社会层次上各变量之间的联系，以拓展知识沟理论。举例来说，在社会层次的研究表明，社群矛盾会约束编辑选用有争议议题的新闻报道。然而，通过考察编辑个人的认知过程，包括已经内化的职业准则和价值观念，对该议题的研究完全可以进一步拓展。

最近的研究试图厘清这样一对关系，即经常被引述的导致知识沟的原因（尤其是教育、社会经济地位及兴趣或动机）与知识进步之间的关系。包括吉诺瓦和格林伯格（1981）研究在内的多项研究发现，人们之所以获得某类信息，兴趣（一个近似于动机的概念）比教育的作用更大。但其他的研究并未发现，怀有某种动机的人们获得的知识增加了。比如，格里芬（1990）在一项有关能源信息的研究中发现，不太富裕、年纪较大、生活在旧式家庭中的人们对能源议题显得孤陋寡闻，但这类人其实是很应该有动机了解能源消费方面信息的人。同样，在一项有关饮食与癌症关系的研究中，威斯瓦那斯、卡恩、芬尼根、赫托哥和波特（Viswanath，Kahn，Finnegan，Hertog，and Potter，1993）也未能证实动机比教育程度更能使一个人获得某方面的信息；倒是动机、教育及其他因素相辅相成，才共同影响着人们的知识水平。

知识沟可能正在扩大，而非缩小。从1970年代以来的几十年中，美国的财富分配更加不平衡（Gaziano，1997），知识沟的大小跟收入的多少有很大的关系。

要更加完整地理解知识沟，我们需要更多地研究随着时间的推移媒介宣传对知识的影响。盖兹阿诺（Gaziano，1997））在考察了近百项知识沟研究之后发现，大多数研究都开展于同一时间点上。她发现，很少有研究记载了随着时间推移产生的变化。

对知识沟假说的批评

德温（Brenda Dervin，1980）曾对知识沟假说提出批评，说该假说完全是建立在传统的信源—信息—信宿传播范式上的。她认为该范式在美国的传播学研究中非常流行，但它掩盖了一些特定的假设。这种观点基本是强调实现信源的目标，并且按此目的想方设法操纵受众。德温认为，这种研究方法将导致“指责受害者”（blaming - the - victim）综合症。她建议，传播宣传活动（和传播研究）应当更多地基于信息使用者的立场。她因此呼唤为使用者建构的信息及由使用者界定的信息。这一思路强调使用者寻求意义的需求，并试图确定人们正在寻找解答的问题，这些问题是人们在特定情境中（如因健康问题需咨询医生时）需要解答的问题。

伊瓦特（Evatt，1998）认为，从事知识沟研究的学者应该确信他们正在调查测验的信息是有用的，并且跟针对的受众有关系。被测验的受众可能不会处理诸如人造卫星的名称等具体的事实知识，但是他们可能拥有概念知识，这些概念知识可以使他们表现出合格公民的行为。伊瓦特建议研究者在测量公共知识时使用更多开放式问题。

填补知识沟

有志于缩小知识沟的传播者可以采取多种办法。威斯瓦那斯及其同事（1993）提出，让人们融入各种团体的策略可能有助于克服知识沟。另外一种管用的办法是，先明确一次特定传播活动的多个目标受众，然后再巧妙设计送往各个受众的消息。比如说，弗兰肯伯格和萨代尔（Frankenberger and Sukhdial, 1994）介绍说，可以根据不同种族和风险几率等因素，将有关艾滋病的一次传播活动的青少年受众分成不同的组，并为各个组选用适合该组情况的消息和媒介。麦克劳德和波斯（D. M. McLeod & Perse, 1994）认为，致力于缩小知识沟的记者应该突出他们所提供信息的用处。赞鲍尔和费洛（Zandpour & Fellow, 1992）则指出，仅仅一种方法，即同时使用西班牙语和英语两种语言来表述重要信息，有时就有助于缩小知识沟。

结论

最初的知识沟假说认为，当大众媒介向社会体系传播的信息不断增加的时候，社会中社会经济地位较高的人比社会经济地位较低的人通常能更快地获知这些信息。不过，自假说提出以来，知识沟假说已在各个方面得到改进和拓展。首先，信息有时会扩大知识沟，而有时则可缩小知识沟，这点已毋庸置疑。多项研究都已证实，在这一过程中，最为关键的一点就是兴趣或动机。假如有足够的兴趣，而且，尤其是这种兴趣能在群体中均衡分配的话，那么信息就有助于缩小知识沟。其次，因传播而出现的知识沟不纯粹是知识的差距。这种差距也可能涉及态度和行为。鉴于此，有位学者（罗杰斯，1976）倡议，将这种现象重新定义为**传播效果沟**（effects gap），而不是知识沟。最后，这种差距并不局限于社会经济地位高的人和社会经济地位低的人之间（通常根据受教育水平来测量）。在对政治兴趣盎然的人与兴趣索然的人之间，年长者与年幼者之间，同样存在显著的差距。

当然，在特定情况下，媒介可以缩小知识沟。但这并不意味着，我们可以对媒介扩大知识沟的情形置之不理。有关缩小知识沟的多项研究表明，寻求知识的动机是缩小知识沟的关键因素。但一个人仅有寻求知识的动机显然是不够的，他还必须有接触信息的机会。由于电视已广泛普及，因此它可以用作铲除知识沟的工具。这样，我们就可以看到，经常收看《芝麻街》的观众之间，知识沟得以成功地缩小。我们注意到，在这些观众身上，各种作用因素的融汇结合是非常必要的，这些因素包括接触信息的机会和获取信息的动机。

如果接触媒介是一个关键因素，那么关于知识沟仍有很多的事情有待关注。有些媒介要比另一些媒介更容易接触到。在许多城市，要想得到全方位的有线电视服务，一年就得花费数百美元。获得电脑信息服务的电脑装备也不便宜，而且电脑信息服务本身的费用也不低廉。社会作为一个整体，有必要采取措施确保全体社会成员都能均衡地获得信息。否则我们看到的将是知识沟的日益扩大。而且，知识沟研究表明，在复杂议题，如能源议题上，富裕者可能会从一种媒介（报纸）获知信息，而不富裕的人可能会从另一种媒介（电视广告）获得信息。这一发现提醒信息活动的策划人员研究受众的必要性，而且，若要影响不同的受众就宜选择不同的媒介。最后，正如德温（1980）提醒我们的，信息活动的出发点大概应是信息潜在使用者的需求。

【关键词】

效果沟（effects gap）：出自罗杰斯（Rogers，1976），这种观点认为，差距不仅发生在信息方面，而且发生在态度和行为方面。

同质性社区（homogeneous communities）：几乎所有人共用几种传播来源的社区。

知识沟假说（knowledge - gap hypothesis）：出自蒂奇纳、多诺霍和奥里恩（Tichenor，Donohue，and Olien，1970），认为"随着大众媒介向社会传播的信息日益增多，社会经济地位较高的人将比社会经济地位较低的人以更快的速度获取这类信息。因此，这两类人之间的知识沟将呈扩大而非缩小之势"。

多元化社区（pluralistic communities）：人口多样、信源众多的社区。

自我兴趣（self - interest）：吉诺瓦和格林伯格（Genova and Greenberg，1981）将此概念应用于知识沟，指新闻信息对于个人来说在感觉上的有用性。

社会兴趣（social interest）：吉诺瓦和格林伯格（Genova and Greenberg，1981）将此概念应用于知识沟，指新闻信息对影响个人的社会环境和人际网络来说在感觉上的有用性。

社会经济地位（socioeconomic status，SES）：一种基于收入、受教育水平和职业上的概念。

【讨论题】

1. 什么是知识沟假说？有哪些理由使我们认为它可能是真的呢？
2. 穷人有哪些信息需求？
3. 在哪些问题上可以用电视去缩小知识沟？
4. 电脑和互联网等新技术的发展可能有助于克服知识沟吗？为什么可能？为什么不可能？
5. 影响一个人从大众媒介上获取信息的最重要因素有哪些？
6. 动机和兴趣的概念如何与知识沟相联系？
7. 其他学者对知识沟假说作出了哪些批评？
8. 专业传播者可以采取哪些步骤去缩小知识沟？

第13章 大众传播的效果

多年以来，大众传播理论和研究的主要关注点之一就是评估大众传播的效果。这可能是出于下列原因：

1. 公众关心大众媒介对于受众的效果 过去，关注点集中在漫画书、电影，以及电视暴力。更近一段时间，又增加了新的关注点——互联网上的仇恨消息以及炸弹制造方法的指导、说唱音乐中的反社会消息、重金属音乐中的自杀主题、电视剧中毒品滥用问题和性内容。

2. 大众传播消息的创造者关心他们的工作效果 如果你从事传播工作但却感到你的工作没有什么效果或者不知道你的工作有什么效果，那会让你感到很沮丧。

3. 理解原因和效果是一种最强大的人类知识之一 总体来说，理解事情的因果关系能为人们提供一种控制事件的方法，避免出现人们不愿看到的后果。

4. 按照因果关系分析大众传播非常符合科学研究的模式 许多科学研究致力于确认原因。科学实验更是如此，而这种方式是科学中的典范。

本章讨论了大众传播效果理论的发展过程，然后详细介绍了一些理论（鉴于议程设置和知识沟这两个理论领域的重要性，我们也已单独在第11章和第12章做了介绍）。第13章还讨论了电视暴力这一特殊领域，关于这个领域已经有了广泛的效果研究。

效果理论的总体趋势

子弹理论

子弹理论（bullet theory）是后来的研究者命名的大众传播效果研究的第一批概念之一，也有人称之为**皮下注射器理论**（hypodermic needle theory），或**传送**

带理论（transmission belt theory，DeFleur & Ball-Rokeach，1982）。这种看法基本属于天真的和简单的观点，它预测，对接触大众传播的所有受众，这些消息都有很强的、或多或少普遍的效果。

“子弹理论”这个名称显然并未被早期研究大众传播效果的任何思想家所使用（Chaffcc & Hochheimer，1985），然而，发明这个词语又是对当时广泛持有的观点的很好描述。这个看法受第一次世界大战中宣传所表现出的力量影响，如我们已经在第6章中指出的。在第二次世界大战前它是非常流行的看法，当时，很多人都担心，希特勒式的煽情政客可能通过大众传播的力量在美国掌权。宣传分析研究所的创立就是对这种恐惧心理的反应，它开始进行大规模的运动，教育美国人民如何识别宣传技巧。

有限效果模式

几乎是从一开始，大众传播的效果研究就没有给子弹理论太多的实证支持。相反，许多证据支持了**有限效果模式**（limited-effects model）。那些年有一些关键研究导致了“大众传播只有少量效果”这种观点。霍夫兰的陆军研究（第8章）显示，导向类影片在传递信息上虽然有效，但却未能改变人们的态度；库珀和贾霍达对卡通连环画《比考特先生》的研究（第4章）指出，选择性理解可能降低了消息的有效性；拉扎斯菲尔德及其同事所作的选举研究（第10章）显示，受到大众传播竞选宣传影响的人很少。

克拉珀所著的《大众传播的效果》（1960）一书详细地描述了有限效果模式。克拉珀对大众传播的效果提出了5个普遍原则，前两个如下：

1. 大众传播一般不能成为产生受众效果的充要条件，而更可能处于各种中介因素的影响中，并通过它们而起作用。
2. 在强化现有条件的过程中，这些中介因素一般作为对传播效果有所贡献的代理者，但不是它的唯一原因在起作用……（p. 8）

克拉珀提到的**中介因素**包括选择过程（选择性理解、选择性接触和选择性记忆）、群体过程、群体规范和意见领袖。

大众传播效果有限的观点有时也被作为最小后果定律（the law of minimal consequences）提及。这个词语并未出现在克拉珀的书中，而是由身为纽约大学教授的他的妻子克拉珀（Hope Lunin Klapper）创造的（Lang & Lang，1968，p. 273）。

强大效果模式

强大效果模式（powerful - effects model）认为，在特定情况下，大众媒介可以对很多人产生重大影响。它最初是由诺利—纽曼在她的《回归强大的大众媒介概念》（*Return to the Concept of Powerful Mass Media*，1973）一文中提出的。她的沉默的螺旋理论可能适合强大的效果模式。其他三个研究也指出，大众媒介产生了强大的效果。这些研究是由门德尔松（Mendelsohn，1973），麦克柯比和法夸尔（Maccoby & Farquhar，1975），鲍尔—罗基奇（Ball - Rokeach）、罗基奇及格鲁伯（Rokeach and Grube，1984a，b）所做的。

门德尔松（1973）描述了他亲自参与的三个研究计划。第一个是哥伦比亚广播公司的“全国司机测试”，吸引了3500名观众登记加入司机训练课程。第二个计划是制作一部醉酒与驾车的6分钟短片，名为《一个醉鬼的历史》。这部影片有足够的娱乐性，可以与伊斯特伍德（Clint Eastwood）的影片《肮脏的哈利》一起在首轮电影院放映。结果显示，十分之三的观众说他们要考虑改变他们以前的安全驾驶观念。第三个计划是一部信息性肥皂剧集，针对洛杉矶的墨西哥裔美国人，结果使得6%的观众（13400人）报告说，他们已加入社区的组织，从而达到了该剧的一个主要目的。门德松尔认为，这三个宣传计划之所以成功，是因为它们遵循了一定的步骤：（1）清楚说明了宣传活动的目的；（2）对准了目标受众；（3）克服了受众对特定议题无所谓的态度；（4）找到了想在消息中强调的相关主题。

一场致力于降低心脏病的宣传活动提供了另一个研究大众传播强大效果的机会（Maccoby and Farquhar，1975）。这个研究在三个城镇中进行。一个城镇的受试者接受为期6个月的大众传播媒介宣传活动，一个城镇除了接受同样的宣传活动外，还增加了对高危成人的固定样本组的深入讲解，第三个城镇作为控制组，没有接受任何一种传播活动。在宣传活动开始前，研究者对三个城镇的受试者进行了一次实验前测验，包括对信息、态度的测量汇报行为，以及体检。此次传媒宣传和深入讲解的目的是改变行为，以降低冠状动脉疾病发生的危险。这些行为的改变则包括减少或停止吸烟、改善饮食（特别是禁食含高胆固醇的食物），并增加运动量。

研究结果显示，两种宣传都很有效，受试者在降低鸡蛋的消费量、降低吸烟量、降低胆固醇以及降低康费尔德（Cornfield）风险指数方面都有效果。康费尔德风险指数是一种全面测量心脏病风险的方法。最大的效果出现在采用大众传播宣传和对选定人群深入指导的沃森维尔城；但在仅采用大众传播的基尔罗伊城也出现了显著的效果。

另外一个也可以被认为大众传播产生了明显效果的例子是由鲍尔—罗基奇、罗基奇和格鲁伯（1984a，b）进行的伟大的美国价值观测验（The Great American Values Test）研究。这些研究者开发出一套旨在改变人们价值观的模式——这并非一件容易的工作，因为我们的价值观通常深植心中，并且是我们人格的基本成份。他们的模式指出，当人们被迫面对他们的基本价值观互不一致的情况时，他们会改变自己的价值观和态度——甚至于行为。这是一个与一致性理论（参见第7章）有关的理论。研究者认为，那些被迫认识到其信仰系统中存在不一致的人，体验到了一种对自己不满的感觉，而这种不满的感觉便能导致他们重新评估和改变自己的价值观。

这些研究者（Ball－Rokeach et al.）设计了一个广泛的实验，来测试他们改变价值观的理论。他们制作了一个半小时的电视节目，名为《伟大的美国价值观测验》。他们获得了阿斯纳（Ed Asner）和希尔（Sandy Hill）的合作，两人答应担任该节目的主持人。其中前者曾主演《玛丽·泰勒·穆尔节目》（*The Mary Tyler Moore Show*）和《卢·格兰特节目》（*The Lou Grant Show*）；后者曾是《早安美国》的主持人。这个节目开始时，讨论了某些评估美国人民价值观的舆论调查结果。然后阿斯纳和希尔开始提出挑战，向观众指出某些被评估的价值观之间的不一致。例如，他们指出，公众把“自由”列为第3位，但将“平等”列为第12位。阿斯纳质疑这种排列的意义，并暗示，人们可能只对自己的自由感兴趣，而对别人的自由不感兴趣。这两个主持人继续进行同样的讨论——公众将“美丽的世界”价值观列为第17位，而与其相对照，“舒适的生活”价值观排列位置却高得多。他们认为，对“美丽的世界”价值观排列位置较低的事实可能是为什么那么多人愿意与污染和丑陋为邻的原因。

某天晚间，这个节目在华盛顿东部的三城地区由三大电视网同时播出。播出前，该节目还在电视和《电视指南》等刊物上大量宣传预告。但在80英里外的亚基马城，这个节目被遮盖了，这样可以将该城受试者作为控制组。

研究者通过比较三城地区和亚基马城的样本，研究这个节目造成的影响。对每一个城市的居民都通过电话簿中的号码随机抽样。节目播出后，马上打电话给三城地区的1699位受访者，问他们是否看了这个节目，他们看节目时是否曾被打断过。这两个城市的受访者均接到问卷，要他们给18种基本价值观打分，并要他们指出对种族主义、性别歧视和环境保护的态度。他们还回答了测量他们对电视依赖程度的一些问题。接着，为了测量节目对行为改变的效果，受访者接到请求，寄钱给实际存在的三个组织。这些请求分别是在节目播出后的第8周、第10周和第13周提出的，其中一个组织的目标是给黑人儿童提供机会，另一个组织是要帮助华盛顿州立大学的妇女体育项目，还有一个环境组织是要推动反污染的措施。

由于研究者得以把这个节目安排在三大电视网同时播出，排除了与其竞争的其他节目，因此该节目获得的收视率引人注目——据尼尔森公司调查，为65%，这意味着，在那个时段65%的电视观众收看了这个节目。结果显示，这一节目在为那些组织募捐方面也获得了效果——三城地区的受访者比亚基马城的受访者捐的钱多出很多。而且，观众中那些未中断收看节目者比那些中断收看者捐的钱多。

这个节目的观众也改变了他们对价值观的排名。他们对“自由”与“平等”这两个目标价值观的排名显著地提高了。第三个价值观“美丽的世界”排名也略有上升，但不像前两者那么突出。与价值观有关的态度也受到了影响。观众的态度变得更反对种族主义，更支持保护环境。学者们还发现，观众对电视的依赖是产生效果的一个重要因素。那些在依赖电视程度上给予高分者更可能收看这个节目，而在看过之后，他们更可能改变他们的价值观，改变他们的态度，并捐钱给节目中讨论的与价值观有关的事业。

《伟大的美国价值观测验》的实验获得了令人惊异的结果：半小时的一个节目竟可以改变观众的态度、他们对基本价值的排名及他们参与政治性行为的意愿。而且，所有这些实验都是在真实世界的环境中完成的，从而打消了对这些结果是否适用于实验室之外的环境的任何疑问。

大众传播还有另一种强大效果：看电视会降低人们参与社区组织和其他群体的意愿（见方框 13.1）。

方框 13.1　电视和公民参与的下降

社会学家普奈姆（Robert Putnam）描述过自 1960 年代以来美国在**社会资本**方面（网络、规范、以及对公民社会的社会信任，它们能够帮助人们在互惠的基础上进行合作）的低落。这种下降明显地表现在投票、参加政治集会、去教堂，甚至是参加保龄球队等方面人数的下降。普奈姆认为，造成这些公民参与人数下降的主要嫌疑因素是电视。

普奈姆的数据显示，看电视跟社会信任和群体成员身份呈强烈的负相关。他发现，在所有教育层次上，经常看报纸的人都更可能成为参与者，而经常看电视的人都更可能成为孤立者。

来源：Putnam（1995，1996）.

效果的大小

自从大众传播研究出现半个世纪以来，学者提出了很多理论和研究方法，对大众传播效果大小的问题也提供了很多不同的答案。这些理论可以用以时间为轴的图来表示每一个理论盛行的时间及其对媒介效果大小的认识（参见图 13.1）。

子弹理论是关于大众传播最早和最简单的概念，它认为大众传播有相当大的效果。然而，过了一段时间之后，这个概念便被有限效果模式所取代。但是后来，研究却又开始支持这种观点：有限效果模式可能矫枉过正。对一些主题的很多研究指出，大众传播的效果比有限效果要大。这些主题包括知识沟、议程设置和电视暴力效果。它们的立场可以被称为**适度效果模式**，这一观点认为有限效果模式过多地减少了大众传播的效果。最后，我们还讨论了最近的很多研究，包括诺利—纽曼（1973）、门德尔松（1973）、麦克柯比和法夸尔（1975）、鲍尔—罗基奇、罗基奇及格鲁伯（1984a，b）等人的研究，它们均显示，大众传播具有相当强大的效果。然而，强大效果模式比子弹理论可能更细致更谨慎。“强大的效果”并不是能普遍地或简单地产生，只有在正确的环境中使用正确的传播技巧，它才可能产生。

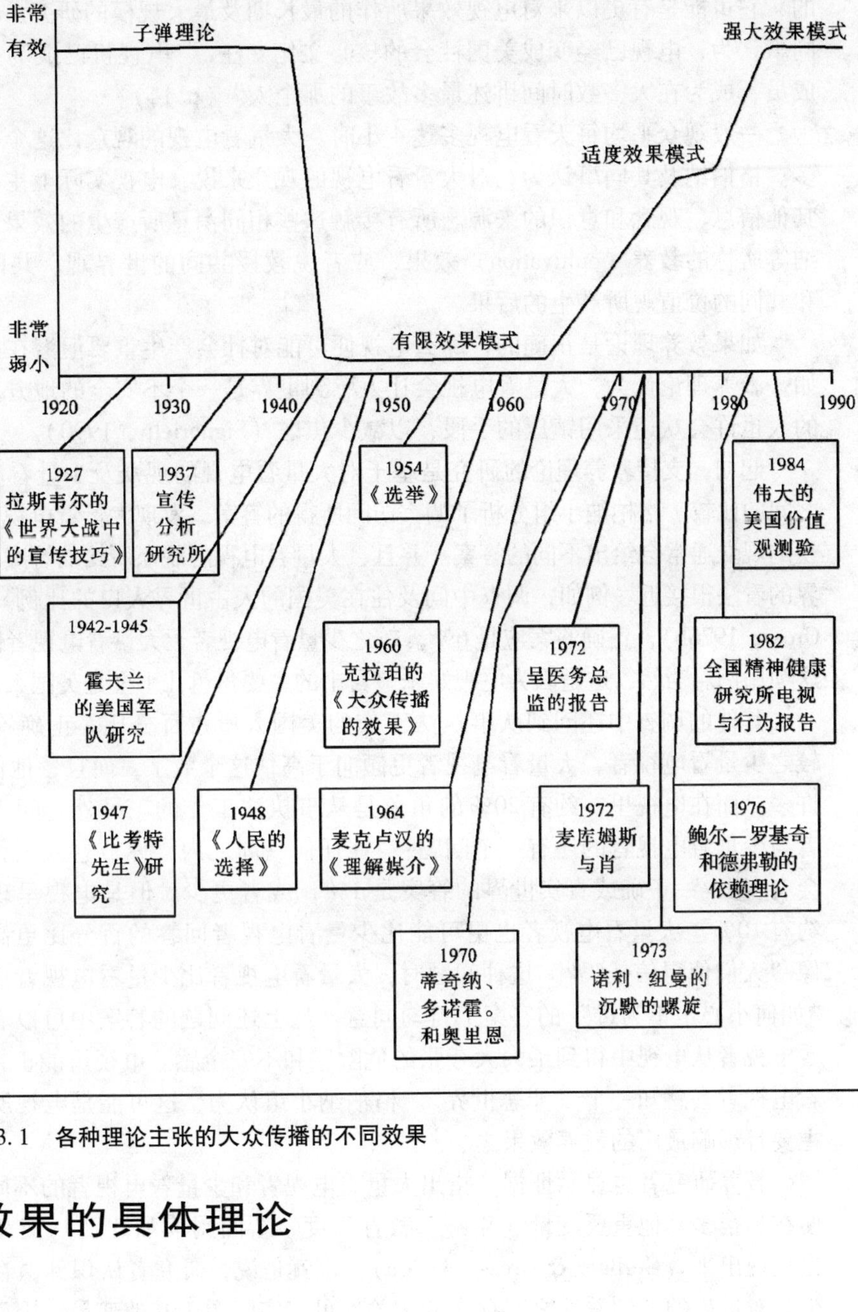

图 13.1　各种理论主张的大众传播的不同效果

媒介效果的具体理论

教养理论

开发**教养理论**是为了解释看电视对人们的理解、态度和价值观的影响。这一理论是研究者格伯纳及其同事（Gerbner，Gross，Morgan，and Signorielli，1980）在宾夕法尼亚大学安南堡传播学院（Annenberg School of Communication）发展出的，它可能是有史以来对电视效果所作的最长期及最大规模的研究。格伯纳及其同事认为，电视已经变成美国社会的核心文化支柱，“电视机已成为家庭的关键成员，成为在大多数时间讲述最多故事的那个人”（p. 14）。

一般观众平均每天看电视多达4小时。大量看电视的观众比这个平均数还要多。格伯纳及其同事认为，对大量看电视的观众来说，电视实际上主宰和涵盖了其他信息、观念和意识的来源。所有接触这些相同消息所产生的效果，便是格伯纳等所称的**教养**（cultivation）效果，或者说教授共同的世界观、共同的角色观和共同的价值观所产生的后果。

如果教养理论是正确的，那么电视便可能对社会产生重要但潜在的效果。例如，教养理论认为，大量看电视会让人感到世界是一个不安全的地方。充满恐惧的人也许会欢迎采用镇压的手段，以减少焦虑（Signorielli，1990）。

起初，支持教养理论的研究是基于对大量看电视的观众及少量看电视的观众之间的比较。格柏纳小组分析了调查访问所得的答案，发现大量看电视和少量看电视的观众通常会给出不同的答案。并且，大量看电视的观众所给的答案与电视对世界的看法很接近。例如，调查中问及住在美国的人占世界人口的比例（Gerbner & Gross，1976b），正确答案应是6%。较之少量看电视者，大量看电视者倾向于高估这项比例。当然，这是因为电视娱乐节目中的主要角色几乎全是美国人。

其他的调查中还问到从事执法工作的美国人所占百分比。正确答案是1%。较之少量看电视者，大量看电视者更倾向于高估这个数字，而且，他们还估高了许多。而在电视里，约有20%的角色是从事执法工作的。另外，问大量看电视者与少量看电视者的还有一个问题：“在任何一周之内，你被卷入某种暴力的机会有多少？”正确或真实世界的答案是1%，或者更少。但是电视呈现的答案是约有10%。大量看电视者也更可能比少量看电视者回答的百分比更高。在回答像“人们值得信任吗？”这种问题时，大量看电视者比少量看电视者更倾向于在“如何小心也不为过”的答案上打勾同意。从上述问题的答案中可以看出，大量看电视者从电视中得到了大大夸张的危险感和不安全感。电视可能正在引导大量看电视者去感知一个“罪恶世界”。格伯纳小组认为，这可能是电视所造成的最主要且影响最广的教养效果之一。

教养研究者也显示证据，指出大量看电视者和少量看电视者的不同之处，即使在与很多其他重要变量（年龄、教育程度、新闻阅读和性别）交叉的情况下也显现出来（Gerbner & Gross，1976a）。也就是说，研究者认识到，在看电视多少与对世界的不同看法之间存在的相关性可能实际源于其他变量，因而他们试图控制这些变量。

然而，这些程序未能让所有其他研究者满意。格伯纳小组的研究遭到赫希（Paul Hirsch）的批评，认为他们在控制其他变量方面做得并不够。赫希（1980）的进一步分析指出，如果同时控制很多不同的变量，那么能够归于电视的效果会变得非常小。

鉴于赫希及其他人的批评，格伯纳及其同事修订了教养理论（Gerbner et al.，1980）。他们又加上了两个概念——主流化和共鸣。这些概念考虑到，对不同的社会群体而言，大量看电视会有不同的结果。当大量看电视导致不同社会群体的意见趋同时，就会发生**主流化**（mainstreaming）的后果。例如，高收入类别与低收入类别的大量看电视者均认为，罪行恐惧对个人而言是一个非常严重的问题。然而，在这两个类别中的少量看电视者并没有一致的看法。低收入类别中的少量看电视者对罪行恐惧的看法，与高收入类别和低收入类别中的大量看电视者一致；而在高收入类别中少量看电视者并不认为罪行恐惧是个问题。当教养效果在人口的某一特定群体中非常突出时，就会产生**共鸣**（resonance）。例如，较之少量看电视者，男性与女性中的大量看电视者一致认为，罪行恐惧是个严重的问题。但最赞同这个看法的是大量看电视者中的女性，因为她们是特别易受罪犯攻击的对象，因此与电视中对高犯罪世界的描绘产生了“共鸣”。

后来加上去的主流与共鸣概念对教养理论是很大的修正，教养理论不再宣称电视对所有大量看电视者都具有统一和跨界的效果了。它现在主张的是，电视与其他变量是相互作用的，看电视对某些次级团体的人有很强的效果，而不是对其他所有人都有影响。格伯纳团队（Gerbner et al.，1980）也承认，在很重要的一点上赫希是对的——当同时控制了其他变量时，归于电视的剩余效果就非常小了。然而，考虑到大多数人（至少在美国是这样）长期充分接触电视的累积效果，这种影响仍不容忽视。

鲁宾、波尔斯和泰勒（Rubin，Perse & Taylor，1988）对教养理论主张的因大量有规律地收看电视而产生的普遍跨界效果提出了进一步的质疑。在对观众的调查中，他们发现了观看电视对理解社会现实的效果，但其效果是因节目而异的。也就是说，看日间连续剧的观众在理解利他主义与相信他人方面得分偏低；看晚间电视剧的观众（通常是关于强力角色控制他人的内容）倾向于贬低政治效力；看动作片和冒险片的观众会更关心他们本身的安全。他们也发现，较之接触电视，年龄、性别、社会经济地位、看电视的意向（有计划地看电视）和电视内容的真实感是更能预测对他人信任度的指标。这些结果提供了一些证据，说明观众是主动地、有差别地评估电视内容的。换句话说，电视观众是主动者。

教养理论最近的一个改进是将可能的教养效果分为对两种类型或变量的效果：第一级信念和第二级信念（Gerbner，Gross，Morgan，and Signorielli，1986；Hawkins & Pingree，1990）。**第一级信念**（first-order beliefs）是指对真实世界的各种事实的信念，例如，对一年中暴力受害者比例的看法。**第二级信念**（second-order beliefs）是指从以上事实推论得出的关于期望与倾向的信念，例如，世界是安全的还是危险的地方等问题。这两种信念可能是相互联系的，第二级信念可能来自对第一级信念的推论。但是，一些研究显示，第一级信念和第二级信念并不总是有明显的相关（Hawkins & Pingree，1990）。

有证据显示，看电视影响到第一级信念，但第二级信念则受电视和其他因素的影响，如某人生活的街坊（Gerbner et al.，1986）。赛托（Saito，1995）指出，第一级和第二级信念都可能在个人和社会层次产生，从而创造出一种四重的教养可能效果模型（fourfold typology of possible effects of cultivation）。

对教养理论，许多批评者的论点是，期待整体的电视观看都产生教养效果是不合理的（Saito，1995）。一些研究者提出，教养理论可能不适用于总体上的电视内容，但可能适用于特定种类的电视节目（Potter，1993）。麦克劳德和他的同事（Mcleod et al，1995）称这种假设为**扩展的教养假说**（extended cultivation hypothesis）。但是，格伯纳、格鲁斯、摩根和西格诺里（Gerbner，Gross，Morgan，and Signorielli，1994）基本拒绝了扩展的教养假说，他们认为，在节目偏好的基础上测试教养效果没有反映教养理论的基本假说。

在一次对犯罪行为的媒介影响研究中，麦克劳德和他的同事（1995）测试了原来的教养假说和扩展的教养假说。他们想要解释公众在对社会犯罪表现方面的错觉倾向。许多调查显示，公众认为犯罪行为在增加，而犯罪统计学的数字却显示，几乎各种罪行的犯罪率都在下降。麦克劳德小组考察了三个媒介效果假说，这三个假说可能解释公众对犯罪的曲解。这三个假说包括：原来的教养理论假说，认为总体的电视观看可能与犯罪率的偏差认知相关；修正的教养理论假说，认为观看虚构类罪行节目和其他特定类型的电视内容与犯罪率的偏差认知相关；以及新闻折射假说，认为接触地方新闻内容可能强烈影响对罪行等问题的偏差理解，因为这种消息（特别是在电视中）具有可感觉的高度现实性和接近性”。研究发现了支持新闻折射假说的证据，但是，对原来的教养理论和经过修正的教养理论的两种假说都没有支持。研究者的总结认为，整体说来，充满罪行的地方电视新闻最强烈地意味着罪行危机，并促进了人们的虚构体验。

对教养效果进一步研究的一个大有前途的话题是检验电视节目的一致性及其一致性的来源。原本的教养理论假设，电视节目是高度一致的，后来的理论重新表达了这种假设。格伯纳研究小组（1994）认为，电视内容的一致性来自电视节目制作的集中化和追求大量观众的经济动机。他们指出：

> 在电子媒介的内容制作和节目发行方面，各行业之间联系紧密，它们中的多数力求吸引最大量和最多样的观众，由于这个事实，最流行的节目材料表达的便是一致的和互补的消息，常常再生产已经证实有利可图的节目品种（p. 19）。

夏皮罗（Shapiro，1995）将此称为教养理论的文化制度模式（cultural-institutional model），并认为，对教养理论这一方面的研究极少。

研究者也开始考虑新传播技术对教养过程的影响。一些学者认为，新技术，如有线电视和家用录像机，最可能打破大量观众对同样电视内容的接触，而同样的电视内容正是教养理论的基础（Potter，1993；Perse，Ferguson，& McLeod，1994）。但是多布罗（Dobrow，1990）发现，大量看电视的观众使用家用录像机是为了更多地观看他们已经喜爱的同类节目，而少量看电视的观众使用家用录像机是为了使他们收看的内容更具多样性。她的结论是，家用录像机可以提高而不是降低教养过程的效果。同样，格伯纳研究小组（1994）认为，利用家用录像机改变观看节目时间，实际的结果可能是降低了观众观看节目内容的多样性。

教养理论本来的设计是适用于电视观看的，但是探索在其他媒介中是否发生着同样的过程，也是非常合理的，如摩根和西格诺里（Morgan & Signorielli，1990）所说，“其他媒介怎样教养？教养什么？”（p. 28）

教养理论的一个有趣发展是将其应用于研究色情作品可能产生的效果。女权主义的学者认为，色情作品是文化适应的一个代表，对关于女性及性角色的文化信念具有广泛的效果。普雷斯顿（Preston，1990）认为，典型的实验室实验集中于短期的效果，可能忽略了色情作品对文化信念的重要影响。普雷斯顿采用教养理论的思路检验了长期接触色情作品的效果。接触的色情作品包括阅读隐晦色情杂志和在家用录像机上观看 X 级电影。通过 4 个变量来检验对文化信仰的效果：性别角色成见、性别特征、性感成见和强奸神秘论。结果显示，较之少量接触者，高度接触色情作品的男性更倾向于对性别角色、性别特征和性感具有高度成见。对于女性来说，接触色情作品与形成性别角色成见之间没有关系。对于性别和性感特征的成见，妇女实际上显示了相反的效果，即越多地接触色情作品，越不接受成见。接触色情作品与接受强奸神秘论无关——例如，男性与女性都认为，不能违反妇女意志强奸她们。

沉默的螺旋

较之很多其他的传播理论，赋予大众媒介更大效果的理论要属诺利—纽曼（Elisabeth Noelle Neumann，1973，1980）发展出的沉默的螺旋（spiral of silence）理论。诺利—纽曼主张，大众媒介在影响公共舆论方面确实有很大的效果，但是，由于过去研究的局限性，这些效果被低估了或未被察觉。

诺利—纽曼认为，大众传播的三个特质是它的累积性、普遍性及协调性，三者综合在一起，便产生了对公共舆论的巨大效果。**累积性**指特定主题或消息随着时间进行的积累。**普通性**指大众媒介的广泛存在。**协调性**是指某个事件或议题的统一画面，这幅统一画面可以继续发展，并且通常由各种报纸、杂志、电视网和其他媒介共享。共鸣的效果是克服选择性接触，因为人们不能选择其他的任何消息，并且它能造成这样的印象，即大部分人看待议题的方式与媒介表现议题的方式是一样的。

按照诺利—纽曼的理论，公共舆论是通过一个叫做**沉默的螺旋**的过程形成的（图 13.2）。在具争议性的议题上，人们对公共舆论的散布形成印象。他们试图判断，自己的意见是否属于大多数，然后他们判断公共舆论是否会朝赞同他们意见的方向改变。如果他们觉得自己的意见属于少数，他们就会倾向于对该议题保持沉默。如果他们觉得公共舆论正在逐渐背离自己的意见，他们也会倾向于对该议题保持沉默。他们越是保持沉默，则其他的人便越是觉得某种看法不具代表性，他们便越是继续保持沉默。

沉默的螺旋理论假定，个人具有一种准统计学感觉官能，借此他们确定"哪种观点和行为模式是他们的环境所允许和不允许的，哪些观点和行为模式正在得势或失势"（Noelle - Neumann，1993，p. 202）。

大众媒介在沉默的螺旋中扮演了很重要的角色，因为人们通过大众媒介来发现公共舆论的分布。大众媒介能以三种方式影响沉默的螺旋：（1）对何者是主导意见形成印象；（2）对何种意见正在增强形成印象；（3）对何种意见可以公开发表而不会遭受孤立形成印象（Noelle - Neumann，1973，p. 108）。

诺利—纽曼认为，是否愿意对议题发表意见，主要取决于人们对意见气候的理解——如果意见气候与个人的意见相左，则人们会保持沉默。而保持这种沉默的驱动力量据说是害怕孤立。拉索沙（Lasorsa，1991）怀疑人们对敌对意见气候的恐惧是否真的有那么强，因而进行了一项研究来调查这个问题。拉索沙进行了一次调查，他测试对政治的直言不讳是否不仅受到个人对意见气候的感知的影响（像诺利—纽曼提出的那样），同时也受到其他变量的影响，这些其它变量包括年龄、受教育程度、收入、对政治的兴趣、个人实力大小、个人与议题的相关性、个人对新闻媒介的使用，以及个人对其所在位置正确与否的信心。经过回归分析，结果显示，直言不讳受到一些人口变量（年龄、受教育程度和收入）、个人实力大小、对新闻媒介政治信息的注意，以及对自己位置的信心的影响，而不受个人与议题的相关性和新闻媒介的总体使用的影响。拉索沙说，他的结果显示，当人们面对公共舆论时，并不像诺利—纽曼理论中所主张的那样无助，而是存在一些条件，可以用来挑战沉默的螺旋的。

诺利—纽曼认为，大众媒介在人们试图确定大多数人的意见是什么时，起着重要的作用。里默和霍华德（Rimmer & Howard，1990）试图测试沉默的螺旋的主要假设，即人们使用大众媒介评估多数人的意见。他们对一种有毒的废料聚氯联苯（PCB）进行了一次公众舆论调查，据信这种废料可以导致癌症。他们测试了受试者对几种大众媒介的使用，也测试了受试者了解的对 PCB 的大多数意见（大多数人的意见是，在对 PCB 问题采取任何行动之前，应等待进一步的测试），看其感觉有多准确。他们发现，在媒介的使用和准确估计大多数人对 PCB 的立场之间没有相关性。这样，研究结果便没有支持大众媒介在沉默的螺旋中扮演重要角色的假设。

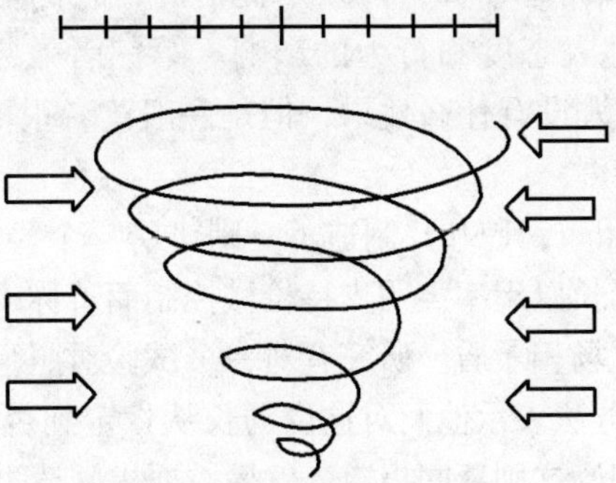

图 13.2 沉默的螺旋。大众媒介表达一种主导意见，对异常意见的人际支持逐渐减少，这样形成了一个沉默的螺旋，其中表达主导意见或不表达异常意见的人数日益增加

资料来源：From D. McQuail and S. Windahl, *Communication Models for the Study of Mass Communication* (London; 1981), p. 68.

萨尔温、林和马特拉（Salwen，Lin，and Matera，1994）研究了三个社区中的居民对使用"官方英语"问题表达意见的愿望。他们发现，较之受试者对地方观点的感受和对地方媒介报道的感受，愿意说出意见的总体倾向与人们对全国观点的感受和对全国媒介报道的感受更为相关。这些结果为沉默的螺旋理论提供了混合的支持证据（二战期间诺利—纽曼在德国的活动最近成为讨论的题目，见方框 13.2）。

方框 13.2 挑战一个学者的背景

近些年，关于诺曼—诺利 1940 年代曾在纳粹德国做记者的事情，争议日益增长。一些作者认为，她的一些著作反对犹太人、支持希特勒当局（Simpson，1996；Bogart，1991）。辛普森认为，诺曼—诺利的沉默的螺旋理论受到她在纳粹时代的思维的影响。如辛普森在诺曼—诺利的后期理论著作中看到，她对"种族的、民族的和文化的多样性，以及总体的民族多元社会有一种持续的不信任"（p. 151）。

但是，其他学者为诺曼—诺利进行了辩护，说对沉默的螺旋理论的评判，应该根据科学的原则，而非通过对作者的背景进行考察（Kepplinger，1997）。

第三者效果

有时候，人们对大众传播消息的反应显示，他们似乎认为，这些消息对他们本人无效，但可能对其他人有效。**第三者效果**（the third - person effect）是由戴维森（W. Phillps Davison，1983）提出的，它的假设是，人们倾向于夸大大众媒介消息对其他人态度和行为的影响。第三者效果的基本思想是：特定的消息“对你我这样的人没有什么效果，但是一般读者很可能受到很大影响”（Davison，1983，p. 2）。

冈瑟（Gunther，1991）制造了一则诽谤一个警察局长的新闻，以此调查第三者效果。这位局长以坦率声明支持枪械控制而著称，但是新闻报道说，他在外地的几次演讲与此立场相矛盾。研究者对一个试验对照组没有出示这则新闻，只要求受试者按19点计分法表示他们对这位局长从肯定到否定的意见。而对其他组的受试者，则要求他们读这则新闻报道，然后，要求阅读过新闻报道的受试者在同样量表中指出，他们认为报道文章会给他们自己、班级中的其他学生、明尼苏达州立大学的其他学生和普通明尼苏达居民带来多少态度改变。将他们的得分与控制组的得分相对照，来决定那些阅读这篇文章的受试者的实际观点改变。平均而言，文章的读者预料别人的观点改变超过他们自己实际表现出来的观点改变。

第三者效果涉及到两个主要假设：感知假设和行为假设。**感知假设**认为，人们会觉得某条大众传播的消息对其他人比对自己有更大的效果。**行为假设**认为，由于这种感知，人们会采取各种行动。萨尔文（Salwen，1998）调查了这两个假说，研究问题的情境是公众对限制政治宣传运动传播的支持。对于跟政治竞选活动有关的宣传问题，记者和政治家已经表达了极多的怨言。但是，人们愿意支持对这些宣传活动进行限制吗？受试者被问及新闻媒介“对于别人”和“对于你自己”的影响，他们还被问及是否赞成对竞选新闻进行限制。人们表示，对于别人的影响要超过对自己的影响，这支持了感知假说。同时，感觉到对别人的影响与对自己的影响之间的差异越大，人们就越愿意支持对宣传活动进行限制，这又支持了行为假说。

另一个应用第三者效果的例子可能是对特定种类的审查制（试图控制或限制信息）的理解。有时想要控制其他人接触某种信息的那些人的立场似乎在说：“它对我是没有任何影响的。但我担心它对他人的影响。”例如，主张审查色情作品的人有时似乎更担心它对其他人的影响，而不是对自己的影响。冈瑟（1995）询问一批受试者关于色情作品对自己和对他人的影响，以及他们是否支持对色情进行法规限制的意见。他发现了第三者效果影响。人们倾向于认为，色情作品对其他人比对自己有更大的影响。他还进一步发现，显示了最多第三者效果的这些受试者最支持对色情作品进行限制。

还有一个稍微不同的调查第三者效果的环境，就是说唱音乐中的暴力歌词的潜在影响。政治候选人和许多其他人号召唱片公司进行自我审查，清除反社会歌词。一项对大学生的研究（McLeod，Eveland，and Nathanson，1997）发现，人们倾向于认为反社会歌词对别人的影响要超过自身（感知假设）。结果还显示，越可能感知第三者效果的那些人，越可能支持对说唱音乐进行审查（行为假设）。

在人们感知大众媒介形象对理想体重的影响时，也出现了第三者效果（David and Johnson，1998）。研究者要求女学生思考电视节目对女观众关于理想体重感知的影响，这些电视节目可以是《海岸警卫队》或者极具魅力女性做的电视广告。研究者还要求她们思考这些消息对她们自己的影响、对女同学的影响、对学校里其他女性的影响，以及对美国女性的总体影响。结果显示，被访人觉得媒介对别人的影响要超过对自己的影响。同时，随着跟被访人社会距离的增加，第三者效果也随之增加。

第三者效果的一个方面认为，个人和对照群体的社会距离越大，第三者效果越明显。比如说，大学生可能估计，反社会说唱歌词对那些没有上大学的年轻人的影响会超过其他大学生。一项研究认为，最关键的变量可能并不是社会距离，而是感觉上的接触可能性（Eveland，Nathanson，Detenber，and McLeod，1999）。那些显示出第三者效果的大学生可能认为没有上大学的年轻人更容易接触说唱音乐。

对第三者效果的一个有趣解释是，人们其实比自己认为的更容易受到大众媒介的影响。第三者效果假说认为，人们觉得其他人比自己更容易受到大众媒介的影响。但是，在某些情况下，他们当然可能错误理解了（低估了）消息对他们的影响（Davison，1983）。

社会学习理论

在心理学领域，对研究大众媒介效果有用的一种理论是班杜拉（Albert Bandura，1977，1994）的**社会学习理论**（social learning theory）。这一理论认为，许多学习是通过观察别人的行为产生的。这一理论在分析电视暴力可能产生的影响方面特别有用；但它也是一种总体的学习理论，可以应用于大众媒介效果的其他领域。

强化理论（reinforcement theory）是学习理论的早期形式之一，它指出，当某种行为得到奖励而被强化时，学习的过程就发生了，但是，如果这是唯一的学习方法，那么人们就得自己尝试各种各样的行为，并坚持那些得到奖励的行为，而抛弃那些导致惩罚的行为。社会学习理论认为，人们可能绕过这种低效率的学习途径，靠观察和储存观察来获得一些行为，并以此作为进一步行为的指南。

社会学习理论认为，人们具有认识和思考的能力，能够从观察和体验中获益。社会学习理论认为，许多人类学习是通过观察别人展示各种行为而产生的。例如，一位芭蕾舞蹈学生可以通过观察教师的特定动作来学习。显然，这种学习也可以通过大众媒介发生。某人可以观看另一个人在电视上的特定行为，然后在实际生活中自己练习这些行为。

大众传播的许多效果可以通过社会学习的过程产生。这些效果可以包括人们学习如何穿着新款时装，在约会时如何举止，应如何作男人或女人。通过诸如电视等大众媒介，社会学习尤其有效，在电视上，一个模范人物可以向不同地点的许多人传达新的思维和行为方式，这样就获得一种加倍效力（Bandura，1994）。关于社会学习中的**自我效能**角色，参加方框 13.3。

利用社会学习理论，哈里森和坎特（Harrison and Cantor，1997）考察了电视在影响受众认识“瘦”和理想体形方面所扮演的角色。研究者发现，瘦的形象和节食在大众媒介上很常见，大众媒介展示的瘦的演员受到奖赏。他们发现，那些经常接触描绘和提倡瘦的消息的观众的减肥动力通常偏高，并且更可能对自己的体形不满意。

方框 13.3　自我效能在社会学习中的作用

影响社会学习是否发生的一个重要变量是**自我效能**。自我效能是指人们对自己某种能力的判断，这种能力是指控制他们发挥功能的水平和影响他们生活的事件的能力。班杜拉（Bandura，1994）认为，“模范影响必须……像传达知识和行为准则一样，也用来增进自我效能”（p. 81）。许多致力于改变人们行为的传播宣传活动会提出行为模范，但是同时努力诉诸于或提高受众成员的自我效能感。

方框 13.4　电视来到斐济岛

最近，电视来到南太平洋的斐济岛，因此社会学习理论的力量通过电视得以显示。多年来，斐济的女性以体形胖大为美。后来，1995 年，斐济岛开通了第一个电视频道，引入《贝弗利山 90210 号》和《梅尔罗斯镇的希瑟·洛克利尔》两部表现瘦形美女的电视剧。研究者在 1995 年调查了一个女性样本，然后在 1998 年又调查了一次。1998 年样本中有 29% 的女性在一次饮食紊乱测试中得分很高，而三年前这个比例为 13%。在 1998 年调查中，那些声称每周观看三个晚上或三个晚上以上电视的年轻女性更可能认为自己“太大或太胖”，这种可能性要比那些较少看电视的女性高出 50%。

来源：Goode（1999）.

媒介的框架构造

在一个有争议性的问题上，人们通常可以看到争论各方竭力以自己的术语去定义（define）或构造（frame）某个议题。例如，在对人工流产的辩论中，一方可能力图将争论表达为有关未出生的儿童生命的问题；同时，另一方则说，这个争议实际上是关于妇女对发生在自己身上变化的选择权利。在一定程度上，成功地说服他人接受自己对辩论议题的界定，其主张者实际已经赢得了争论。采用问卷调查的研究证实，公众对人工流产的意见可能仅仅根据问题措辞的变化就发生极大的差异。

新闻媒介也倾向于以各种不同的方法构造议题。**构造的框架**可以被定义为“新闻内容的一种核心组成思想，它能够提供一个背景，并通过选择、强调、排除和阐述方式来提示议题是什么”（Tankard，Hendrickson，Silberman，Bliss，and Ghanem，1991）。

媒介学者发现，构造概念有助于研究媒介的新闻报道。在某种程度上，媒介构造概念提供了一个新范式，来取代研究媒介“客观性和偏见”的旧范式（Hackett，1984）。偏见研究倾向于集中关注新闻对某位竞选者、思想或机构的报道是正面的、中立的还是反面的。而一旦人们从构造的角度来理解新闻报道，旧的偏见概念就显得有些狭窄和简单化了。

对受众来说，新闻报道的构造可能比新闻报道的偏见更具某些隐秘的和有力的影响。受众成员可能发现某篇报道对某个政治候选人是有偏见的。但是，他们不可能轻易发现某个新闻事件是被包装为特定新闻的（见方框13.5）。

方框 13.5　媒介构造的概念化

传播学者恩特曼（Robert Entman）说媒介构造表现了功能：

1. 构造的框架定义了问题。
2. 构造的框架判断了原因。
3. 构造的框架作出了道德评价。
4. 构造的框架提示了解决办法。

有时候，构造是由当权者定义，然后被大众媒介选中并加以传播的。例如，在里根政府时期，来自拉丁美洲的多数新闻是按“共产主义威胁美国”这种方式来构造的。当然，发生在那一地区的事件完全可能以其他的方式来构造。例如，这是一些发展中国家，其中许多人生活艰难。但是，新闻报道却倾向于反映美国政府对形势的构造。研究者对二战之后40多年来的多数国际事件报道进行检验，发现“冷战”通常提供了一个压倒性构造框架。

除了允许对新闻报道采取更加老练的分析之外，构造概念还具有其他优势。构造概念可以帮助我们理解人们如何处理新闻。例如，构造新闻报道可以影响人们处理和储存来自报道中的信息的方法（Bleske，1995）。对一些人们心中已有的话题，一些构造新闻的方法可以比现有的思想或概略方式更好地抓住受众。

有时候，对新闻报道的构造是通过一些特定的设计进行的。在处理这些新闻报道中，这些设计可以很早进行。这些设计包括标题、导语（新闻报道的开篇段落）、引人注目的引语（从一篇文章选出的引语，以醒目方式标出）和核心段落（文章中表明主题的中心段落）。这些设计有时符合**先期组织者**（advance organizers）的类别。先期组织者的概念基于这样的思想，即人们头脑中储存的信息是有层次地组织起来的，其中各类特定的信息是被集中组合，纲举目张地置于一个更广的主题下（Ausubel，1960）。一个先期组织者提供了某种更普遍的结构，通过这个结构，特定信息便可以在特定信息提出之前已经组织就绪。

研究显示，媒介的构造可以对受众成员产生效果，影响他们最终对议题的解释。例如，沙和、多姆克（Shah and Domke，1995）进行了一次实验，他们让一组受试者接收一则以伦理构造表述的关于保健问题的新闻；让另一组受试者接收以社会构造表述的关于保健问题的新闻。以伦理构造表述的新闻强调的是保健的权利和道德方面；而以社会构造表述的新闻强调的是保健的社会代价和利益，间接地提及个人代价和利益。结果显示，按照伦理构造接收新闻的受试者更可能将保健解释为伦理议题；按照社会构造接收新闻的受试者更可能将保健解释为社会议题。不仅如此，当问及与保健完全不同的议题时，接受伦理框架的受试者也倾向于使用伦理构造去解释问题。

一位研究者（Iyengar，1991）认为，媒介进行的一些最重要的构造就是提出谁应对问题负责任、谁可能提供问题的补救方法。他的研究指出，由于多数电视新闻集中于与背景无关的零星事件，导致观众将社会问题的责任归于个人，而不是归于整个社会。例如，对恐怖主义的报道，媒介报道既可以集中于劫机、人质处境和炸弹等问题的细节；也可以分析说，恐怖主义是一个普遍的政治问题，受到经济和政治压迫、全球政治和地区政治动乱的影响。前者可能导致公众将恐怖主义行为的责任归于特定的个人和组织，而后者却可能让人们将责任归于整个社会。

关于环境问题产生的原因，马厄（Maher，1995）考察了报纸在此方面构造框架可能产生的效果。他通过对地方报纸进行内容分析，确定了媒介对得克萨斯州奥斯汀市地方环境问题产生原因的构造框架，然后，他从公众中选取样本进行调查，评估了他们对产生这个问题的原因的理解。梅尔的理论是，媒介的构造忽略了人口增长与环境问题的联系，而公众在媒介报道的影响下，也将不能得出这样的联系。他的分析结果显示在表 13.1 中。表中显示，媒介报道提及的各种原因所占的比重，与公众提及这些因素作为巴顿溪地区环境问题原因的比重之间，有相当接近的对应关系。

表 13.1　媒介构造与公共舆论认为巴顿溪环境问题的原因

	媒介对原因的构造 *	公共舆论认为的原因 * *
原因		
开发商	89.2	56.1
污染者	57.3	16.3
经济增长	53.7	9.3
人口增长	2.4	7.6
其他	—	11.1

* 新闻报道提到原因的比例。这一数字超过 100%，因为许多报道提到不止一个原因。

* * 调查受试者提到原因的比例。这一比例根据人们对“你认为什么是巴顿溪环境污染的重要原因”这个问题的回答确定。

资料来源：From Thomas Michael Maher，“Media Framing and Salience of the Population lssue; A Multimethod Approach，” unpublished Ph. D. dissertation，The University of Texas at Austin，1995. Reprinted by permission.

麦克卢汉的媒介决定论

麦克卢汉（Marshall McLuhan，1965）在1964年提出了媒介即消息（the medium is the message）的看法（p.7），震惊了全世界。麦克卢汉的文章及演说充满了双关语和警句，表现出神秘的特点，但他的杰作《理解媒介》（*Understanding Media*）一书讲述得却很明白，清楚地指出了他所谓的“媒介即消息”的意思。他写道：“虽然技术的效果并未在意见或概念的层次上发挥作用，但却能稳定地、不受任何抵制地改变感官比例或理解模式”（p.18）。麦克卢汉说，传播媒介最重要的效果在于它影响我们理解与思考的习惯。感官比例（sense ratios）的概念指的是我们各种感觉器官的平衡作用。原始人重用所有的5种感官—嗅觉、触觉、听觉、视觉、味觉。但是技术，特别是传播媒介，使人们只强调一种感官，超过其他感官。麦克卢汉说，印刷媒介强调视觉，因此影响了我们的思维，使它变成线性的、连续的、规则的、重复的和逻辑的。它使人类的思考可以与感情分开。印刷媒介带来专业化和技术，同时也造成了疏离感与个人主义。就社会层面看，印刷媒介使国家可能产生，并导致民族主义的上升。

与印刷媒介相比，电视强调的更多的是感觉。麦克卢汉（1965）将电视描述为一个视觉的、听觉的和触觉的媒介。它比印刷媒介更需要介入和参与。麦克卢汉提出，电视可能恢复印刷媒介所毁坏的感官比例的平衡。麦克卢汉说，从更为宏观的角度看，电视正在使我们重新部落化，将我们从单个的民族国家变成一个地球村。困扰很多传播理论家及大众传播从业者的论点之一是，麦克卢汉说，大众传播的内容是无关紧要的。麦克卢汉是这么解释的：“媒介的内容就像盗贼携带的一块多汁的肉，用来分散看门狗的注意力”（p.18）。也就是说，媒介的重要效果来自于它的形式，而不是它的内容。

麦克卢汉（1965）说，成长于电视机前的一代人是第一批后读写（postliterate）时代的人。他提出，今天的父母正眼见他们的孩子成为“第三世界”。由于电视及其他新媒介的影响，孩子们与父母的思维方式不同。在一次表现他的生活与工作的公共电视节目中，麦克卢汉说：“如果说荷马是被读写能力扫荡的话，那么，读写能力就能被摇滚扫荡。”

研究者曾试图测试麦克卢汉的一些观点，但问题之一是，他的观点涉及如此长远、如此广泛的效果，很难测试出来。一些研究的缺陷就在于，它们所探讨的是相当短期的效果，而显然，麦克卢汉所谈的效果必须花很长一段时间才能显现出来。

麦克卢汉的一些观点在现在比它们刚提出来的时候更受重视。例如，全国教育进展评议会（the National Assessment of Educational Progress，1975）试图解释为什么年轻一代美国人的写作技巧越来越低劣，它举出看电视的作用，并指出：“文化变得越来越不以印刷物为导向了”（p.44）。一位研究者认为，处理政治信息是一种需要智力的活动，依赖电视获得政治信息会削弱我们处理这类信息的能力，因而威胁到我们的民主（Manheim，1976）。

麦克卢汉的两种不同思考模式的概念，似乎已经预言了对大脑左右半叶不同作用的讨论，这些讨论多半发生于1965年《理解媒介》出版以后。这类研究指出，大脑左右半叶各有所司，大脑左半叶司逻辑、理性和语言，而右半叶司直觉、非理性和图像。麦克卢汉后来也直接将他的研究与大脑两半叶功能的研究联系起来（1978）。

梅罗维茨（Joshua Meyrowitz，1985）采用了麦克卢汉式的想法，并推进了一些。梅罗维茨与麦克卢汉都担心新电子媒介，特别是电视带来的社会后果。但是梅罗维茨认为，对于电视影响人们的方式，麦克卢汉的感官比例与感觉平衡的概念并未提供足够解释。于是梅罗维茨试图将麦克卢汉的思想与社会学家戈夫曼（Erving Goffman，1959）的想法综合起来。戈夫曼曾写到“情境的界定”是如何影响行为的，但他看重的是面对面的互动，而忽略了媒介。梅罗维茨的主要主张是，通过将各种各样的人聚于相同的地方，电子媒介便使原先很清晰的角色变得模糊起来。其中的一些结果是，合并了男性与女性的角色，模糊了儿童与成年人的角色，并且将政治领袖降低到普通人的层次。

媒介霸权

另一个认为大众媒介影响广泛（如果不是非常强大的话）的概念是**媒介霸权**（media hegemony）。葛兰西（Antonio Gramsci）认为，霸权是指“日常思维中惯常的、想当然的那些结构形成的一种主导结构”（Gamson，Croteau，Hoynes，and Sasson，1992，p. 381）。霸权观点认为，社会中统治阶级的思想成为社会中的统治思想。社会中的主导阶级控制大众媒介，并利用它控制社会中的其他人（Sallach，1974）。媒介霸权认为，美国的新闻和其他媒介内容是为了满足资本主义或公司意识形态的需要。

媒介霸权的观念是很难用研究测得的，虽然它提出了一个很有力的影响，但在实际操作中，这种影响却是有点模糊的。如果情况真是如此，由于它描述的是如此普遍的现象，也很难对它进行研究，因为几乎不可能去设定一个不受制于所研究效果的控制组，来对此进行比较研究。然而，一位研究者已经尝试评估媒介霸权的思想，至少是针对新闻报道方面（Altheide，1984）。奥尔瑟德说，如果你看到阐述媒介霸权的文章，它们似乎至少包括三方面可以进行测试并获得证据的假设：

1. 新闻记者的社会化包括充满主导意识形态的报道方针、工作惯例和导向。
2. 新闻记者倾向于报道保守的和维持现状的话题和消息。
3. 新闻记者倾向于对美国进行正面报道，而对外国尤其是第三世界国家进行负面报道。

奥尔瑟德称，已经发现的证据可以对这些命题中的任何一个提出质疑。关于第一个命题，他引证研究显示，外事记者在报道国际紧张局势的缓和时，会根据他们本身的背景采取非常不同的报道角度。此外，对新闻记者的背景和态度的其他一些研究也显示了相当的多样性，而非同质性。关于第二个命题，奥尔瑟德举出很多例子，包括水门事件，但不仅限于此。在进行这些报道中，记者并不支持现状。关于第三个命题，奥尔瑟德引证了对新闻记者所作的调查研究，指出这些记者在很多问题上倾向于同意第三世界的立场。并且，研究尼加拉瓜叛乱期间的电视报道，显示电视重复地对叛乱者进行报道，包括一些细节上的报道——而不完全是支持现状的内容。

有两位研究者（Shoemaker & Mayfield，1984）试图发现测试媒介霸权观念的研究，但只发现了三个。其中两个研究支持了媒介霸权的观念，另一个研究则没有。情况似乎也是这样的。至少是在美国，精英阶级必须花费相当多的时间去捍卫他们的思想，以回应批评攻击（Gamson，Croteau，Hoynes，& Sasson，1992）。在这种情形下，很难看到对每日思想的统治。

一个特殊的理论领域——电视暴力的效果

在电视的相当一部分历史上，一个主要的担忧是电视暴力可能带来的效果。内容分析的结果显示，电视上呈现着大量的暴力内容。一组数字指出，年龄在12岁的孩子，平均每人已经在电视上看过10.1万次暴力场面，包括1.34万次死亡情节（Steinfeld，1973）。

有关电视暴力对人们行为可能带来的效果，有人提出很多不同的假说。其中一个是**净化假说**（catharsis hypothesis），它认为，通过替代性地表达暴力倾向，观看电视暴力可以降低实施侵犯行为的冲动。还有**刺激假说**（stimulation hypotheses），认为观看电视暴力会增加实际的侵犯行为。还有**模仿假说**或**模范假说**（imitation or modeling hypothesis），认为人们从电视上学到侵犯行为，然后再到外面去照样模仿。稍微不同的一个是**免除抑制假说**（disinhibition hypothesis），认为电视降低了人们对侵犯他人行为的抑制。如果这个假说正确的话，电视暴力可能教导了一种普遍的规范，即暴力是一种与他人交往时可以接受的方式。

在调查电视暴力影响的数以百计的研究中，只有极少数支持净化假说，多数研究支持两种刺激假说——模仿和免除抑制假说。在这些研究中，结论最清楚的是沃尔特斯和利沃林—托玛斯（Walters & Llewellyn - Thomas，1963）的实验（图13.3）。该实验指出，较之看过非暴力影片（青少年在学习技艺）的受试者，看过暴力影片（用刀格斗的场面）的受试者更可能增加对他人实行电击的可能。这个发现支持了免除抑制假说，因为受试者的侵犯形式与影片展示的侵犯形式是不同的。由美国医务总监任命的一个特别委员会指定进行的一项调查电视暴力影响的研究，也获得了同样的结果，这是由利伯特和巴伦（Robert Liebert & Baron，1972）进行的研究，调查电视节目《神出鬼没》（*The Untouchables*）中的暴力情节对儿童的影响。人们可能批评这些实验，因其研究的只是电视暴力的短期影响，而且他们在实验室中进行测试，涉及到人为因素。例如，可能的情况是，在实验室中人们更愿意表现出侵犯行为，因为他们不必担心报复，而在现实生活中，他们几乎总会遇到报复。

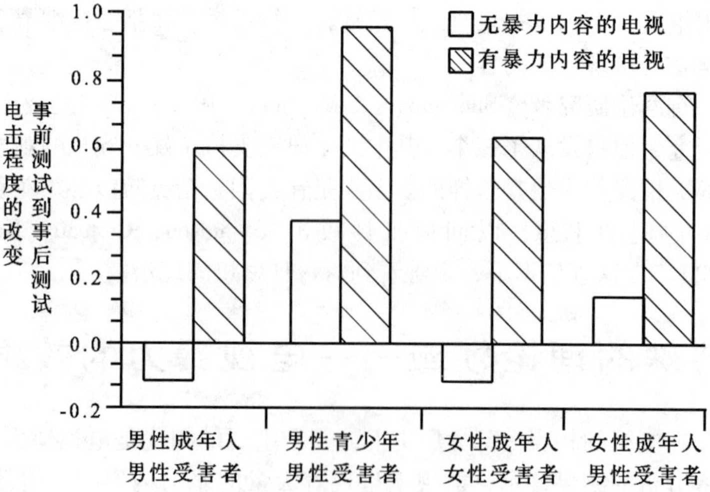

图 13.3　观看暴力或无暴力电视后施加电击程度的改变

资料来源：Data from R. H. Walters and E. Llewellyn - Thomas, "Enhancement of Punitiveness by Visual and Audiovisual Displays," *Canadian Journal of Psychology* 17 (1963): 244 - 255.

但是，其他研究，包括几个固定样本研究，超越了这些局限性。有个固定样本研究涉及到了电视暴力的长期影响，医务总监委员会对此做了报告。
这是莱夫科维茨、埃伦、沃尔德和休斯曼（Lefkowitz, Eron, Walder, and Huesmann, 1972）在 1959 年和 1960 年开始对年轻人的侵犯行为进行研究。当医务总监委员会委托的研究于 1969 年开始以后，莱夫科维茨等人可以利用他们早期取得的研究成果，再做后续的研究。男孩们在现实生活中的交叉相关数据显示了与实验室中大部分实验结果相同的关系：观看电视暴力内容增加了侵犯行为（参见图 13.3）。事实上，该研究对年龄 19 岁的年轻人可能有侵犯行为的最佳预测因素是他在三年级时看了电视暴力节目。

一个人是否变得暴躁，通常认为家庭环境是影响因素。莱夫科维茨和他的同事们研究了家庭环境与长大后的侵犯行为可能有关的几个方面：父母的不合谐程度、父母惩罚小孩的倾向，以及父母去教堂的规律性。这些测量（实施于这些

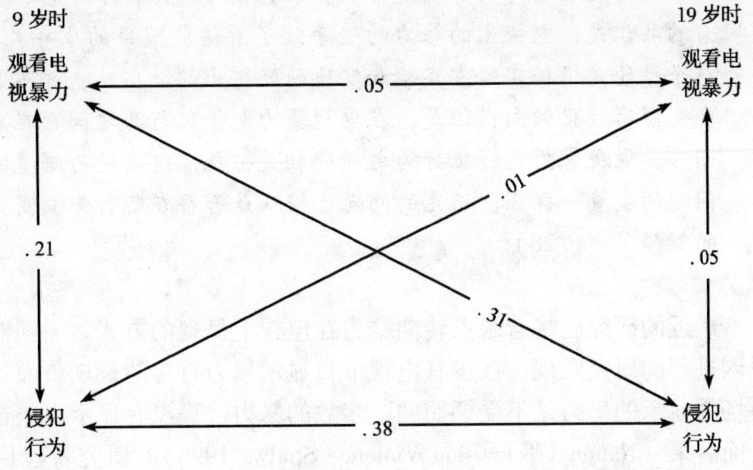

图 13.4　10 年间 211 位男性收看电视与侵犯行为分数的交叉时滞相关

资料来源：From M. M Lefkowiz, L. D. Eron, L. O. Walder, and L. R. Huesmann, "Television Violence and Child Aggression: A Follow-up Study," in G. A. comstock and E. A. Rubinstein (eds.), *Television and Social Behavior*, vol. 3 (Washington, D. C.: U. S. Government Printing Office, 1972), p. 49.

男孩子们上三年级的时候）对他们在 19 岁时侵犯行为的预测准确程度，不如他们在三年级时收看电视暴力的行为。

这两种研究——在实验室中的实验和在实验室外调查的相关性研究——在总体结论上均一致：观看电视暴力会增加犯行为。这就是 1972 年医务总监顾问委员会报告作出的结论，虽然该委员会是以相当斟酌的语气阐述这些结论的：

> 这两种发现在三个方面是一致的：在观看电视暴力与侵犯行为之间初步地、暂时地显示出一种因果关系；任何这类因果关系只在某些儿童（那些有侵犯倾向的儿童）身上起作用；这类因果关系只在某些环境下起作用（p. 11）。

一个批评家说，这是一个打了折扣的结论，受到委员会中的电视网成员的极大影响，而呈交给该委员会的研究实际上得出的是更强有力的结论。有些研究者特别反对他们所说的那些因果关系只适用于有侵犯倾向的那些儿童的表述。在阅读了呈交给委员会的 5 卷本研究报告中的一本以后，研究者利伯特（Robert Liebert, 972）总结认为，电视暴力可以导致"许多正常儿童"产生侵犯行为（p. 30）。

1982 年，全国精神健康研究所发布了一份研究报告，更新了 1972 年医务总监的研究。这个报告提出了这样的结论：

> 所有这些暴力的影响是什么？在经过10多年的研究之后，大部分研究者的共识是，电视上的暴力的确导致了看这些节目的少年儿童的侵犯行为。这个结论是根据实验室实验和实地研究得出的。当然，并不是所有的儿童都会变得有侵犯倾向；但是，在电视暴力与侵犯行为之间存在正相关。就规模而言，电视暴力与侵犯行为之间的相关，就像过去进行测量的任何其他行为问题的变量一样强。研究的问题已经从是否存在某种影响变为寻找对该影响的解释了（p.28）。

最近的研究已将着眼点转向暴力在电视上呈现的方式。一项对有线电视和电视网进行的研究发现，极少有电视节目显示暴力行为的长期负面后果，多数的暴力场景显示的暴力是不受惩罚的，多数的暴力过程没有显示出痛苦或暴力的长期负面后果（National Television Violence Study，1996）。研究者建议，电视制片人应该发挥创造性，更多表现暴力行为受到惩罚，更多表现暴力行为带来负面后果，更多表现不同于暴力方式的其他解决问题的方法。

结论

传播学者至今未能得出一个统一的理论，来解释大众传播的各种效果。不过，我们已经有了一些理论，每一个理论均试图解释大众传播的某一特别方面。当传播研究向前迈进时，或许我们会看到这里面的一些小理论合并成一个整体的大众传播效果理论。或许这些理论中的一些因经不起实证研究的检验而被淘汰，而其他理论则存活下来。

近期关于大众媒介效果理论的探讨似乎都认为，大部分大众媒介的效果不会普遍产生，而是取决于其他的变量（Chaffee，1977）。佩里（Perry，1988）认为，某个假设的真实性因环境的差异而不同，因而呼吁研究者将研究的发现置于产生它们的环境中。

多伊奇（Deutsch，1986）在总体讨论社会科学时曾评论道：

> 社会结构和大部分社会结局可能都是相对微弱的力量和过程相叠加的结果。对单一原因和单一模式的寻找已经耗费时日，也已变得不像曾经设想的那样富有成果。特定种类的结局似乎最经常在所有系统都“动作”时才发生——也就是说，当所有的微弱因素，或至少是它们中的一些关键因素，指向同一方向时才发生。越来越多的这些微弱因素正在一步步地得到确认（p.11－12）。

因此，“视……而定”（it depends）这句话是对很多媒介效果问题的一个准确表述。然而，“视……而定”这个答案不应该带来绝望和无所作为。所谓“视……而定”并不意味着我们对发生的事情一无所知。相对于40或50年前，现在我们对后果依赖的因素有了更确定的认识。就像卡茨（1980）所说，选择性理解和人际关系是大众传播效果所依赖的两个重要变量。

【关键词】

先期组织者（advanced organizers）：在构造新闻报道框架时，可以很早进行的早期处理报道的设计（例如标题、导语、引人注目的引语、核心段落）；基于这样的思想，即人们头脑中储存的信息是有层次地组织起来的，其中各类特定的信息是被集中组合，纲举目张地置于一个更广的主题下（Ausubel，1960）。

行为假说（behavioral hypothesis）：在第三者效果中，这种假说认为，因为人们会觉得某条大众传播的消息对其他人比对自己有更大的效果，所以会采取各种行动。

子弹理论（bullet theory）：又称作**皮下注射器理论**或者**传送带理论**。认为传播消息对于接触它们的所有受众有强烈的、普遍的效果。（又见第一章和第六章的讨论）

净化假说（catharsis hypothesis）：认为通过替代性地表达暴力倾向，观看电视暴力，可以降低实施侵犯行为的冲动。

协调性（consonance）：某个可以继续发展的事件或议题的统一画面，通常由各种报纸、杂志、电视网和其他媒介共享。

教养（cultivation）：出自格伯纳等人（Gerbner et al.，1980），教授共同的世界观、共同的角色观和共同的价值观。见**教养理论**。

教养理论（cultivation theory）：一种理论，认为长期看电视会影响人们的理解、态度和价值观。见**教养**。

累积性（cumulation）：指特定主题或消息随着时间进行的积累。

免除抑制假说（disinhibition hypothesis）：认为电视降低了人们对侵犯他人行为的抑制。

扩展的教养假说（extended cultivation hypothesis）：一种术语（出自McLeod等人，1995），认为教养理论不适用于总体上的电视内容，但可能适用于特定种类的电视节目。（出自Potter，1993）

第一级信念（first-order beliefs）：在教养理论中，指对真实世界的各种事实的信念，例如，对一年中暴力受害者比例的看法。见**第二级信念**。

构造框架（frame）：“新闻内容的一种核心组成思想，能够提供一个背景，并通过选择、强调、排除和阐述方式来提示议题是什么”（Tankard et al.，1991）。

皮下注射器理论（hypodermic needle theory）：见**子弹理论**。

模仿假说或模范假说（imitation hypothesis or modeling hypothesis）：认为人们

从电视上学到侵犯行为，然后再到外面去照样模仿。

有限效果模式（limited - effects model）：一种模式，基于大众传播的效果很小的观点。（又见第一章的讨论。）

主流化（mainstreaming）：当大量看电视导致不同社会群体的意见趋同时，就会发生主流化。

媒介霸权（media hegemony）：这种概念认为，社会中统治阶级的思想成为社会中的统治思想。社会中的主导阶级控制大众媒介，并利用它控制社会中的其他人（Sallach，1974）。葛兰西（in Gamson et al.，1992）认为，霸权观点是指“日常思维中惯常的、想当然的那些结构形成的一种主导结构。”

中介因素（mediating factors）：出自克拉珀（Klapper，1960），在**有限效果模式**中的选择过程（选择性理解，选择性接触以及选择性记忆）、群体过程、群体规范以及舆论领袖。

感知假说（perceptual hypothesis）：在第三者效果中，这种假说认为，人们会觉得某条大众传播的消息对其他人比对自己有更大的效果。

强大效果模式（powerful - effects model）：一种模式，认为结合一定技巧和环境，大众媒介可以对很多人产生极大的效果。

共鸣（resonance）：当教养效果在人口的某一特定群体中非常突出时，就会发生共鸣。

第二级信念（second - order beliefs）：在教养理论中，指从关于真实世界的事实中得出的关于期望与倾向的信念，例如，世界是安全的还是危险的地方。见**第一级信念**。

自我效能（self - efficacy）：指人们对自己的某种能力的判断，这种能力是指控制他们发挥功能的水平和控制影响他们生活的事件的能力。

社会资本（social capital）：出自普奈姆（Putnam，1995），网络、规范，以及对公民社会的社会信任，它们能够帮助人们在互惠的基础上进行合作。

社会学习理论（social learning theory）：这一理论认为，许多学习是通过观察别人的行为产生的。

沉默的螺旋（spiral of silence）：如果人们认为自己的意见属于少数，他们会出于害怕孤立而不愿意表达他们的观点。这种克制然后会影响其他人不愿意表达他们的观点，从而创造一个螺旋。因为人们主要通过大众媒介来确定什么是多数人的意见，所以大众媒介能够导致这种现象。

刺激假说（stimulation hypothesis）：认为观看电视暴力会增加实际的侵犯行为。

第三者效果（third - person effect）：由戴维森提出，这种假说认为，人们倾向于夸大大众媒介消息对其他人态度和行为的影响。

传送带理论（transmission belt theory）：见**子弹理论**。

普遍性（ubiquity）：指大众媒介的广泛存在。

【讨论题】

1. 大众传播的效果是大是小？传播学者关于这个问题的思考是如何演变的？
2. 你认为，教养理论的哪一种更可能正确——是原来的普遍效果假说还是修正后的特定种类或风格的节目的效果假说？
3. 第三者效果起作用的例子有哪些？你能举出一些人们仅认为一则消息会对他人起作用便采取行动的例子吗？
4. 第三者效果可能意味着人们低估消息对自己的影响。有什么例子说明你或其他人可能低估了大众传播对你自己或他们自己的效果？
5. 在沉默的螺旋理论中大众媒介起什么作用？大众媒介起这种作用的例子有哪些？
6. 通过新闻媒介进行的社会学习过程怎样才能发生？这种现象的一些例子是什么？
7. 一些作家认为，媒介对事件的框架构造比带偏见的报道更有力量。为什么这可能是真的？
8. 大众传播效果的几个理论认为，效果可能是偶然发生的，或者说依赖于其他变量因素的。两三个最重要的这种变量是什么？

第14章 大众媒介的使用

在前面几章论及的大部分是媒介对它们的受众做了什么。确实，我们大多数人，不论是媒介内的，还是媒介外的，均认为媒介是在“动员”其观众、听众和读者。在潜意识里，我们常常继续接受媒介的皮下注射器模式，或子弹模式，认为他们直接击中被动的标靶。但是，受众并非总是被动的，有一项名为“顽固的受众”的经典研究就指出，受众常常是相当主动的（Bauer，1964）。其他的研究者（Bryant and Street ，1988）也响应这种说法：“在传播学科，主动传播者（active communicator）的概念正迅速上升到突出的地位”（p. 162）。鲁宾（1994）认为，在使用与满足研究领域，**受众活动**（audience activity）——使用者有意地选择媒介内容以满足他们的需要——是核心的概念。

沿着相似的思路，一些作者建议，用大众传播内容的积极解读者（reader）概念取代受众（audience）概念（Gamson，Croteau，Hoynes，& Sasson，1992）。这些作者强调，多数大众媒介内容的含义丰富，可以进行多种解读。

在本章中，我们将探讨被称为**使用与满足研究方法**（uses and gratifications approach）的领域，检验受众用媒介做了一些什么。使用与满足研究将关注的焦点从传播者的目标转向接收者的目标。它试图确定大众传播的哪些功能可以为受众使用。至少在一个方面，媒介的使用与满足研究非常符合报业的自由主义理论（见第15章）和米尔（John Stuart Mill）的人类理性概念。这二者均强调个人自我实现的潜力。

使用与满足研究的开始

卡茨（Elihu Katz，1959）首先在一篇文章中描述了**使用与满足研究**。在文章中，他对贝雷尔森（Bernard Berelson，1959）所谓“传播研究看来行将就木”

的说法作出回应。卡茨认为，行将就木的领域是将大众传播视为说服的研究。他指出，直到当时，大部分的传播研究皆致力于调查这样的问题："媒介对人们做了些什么?"

卡茨（1959）建议，如果这个领域将研究的问题改成"人们用媒介做了什么?"就可以解救自己免于死亡。他举出了在这方面已经完成的一些研究。有趣的是，其中的一个研究正是贝雷尔森（1965）本人做的，那就是他于1949年所作的"怀念报纸意味着什么?"的研究。这一研究是在报纸罢工期间访问人们，研究人们怀念什么。

在报纸投递工人罢工的两周里，多数读者被迫寻找其他新闻来源。绝大多数人说，新闻是他们最怀念的东西。很多人读报是因为这是被社会接受的行为。有些人则认为，报纸是知天下事不可或缺的东西。然而，还有许多人看报纸是为了逃避现实、放松自己、娱乐休闲和提高社会声望。这些人认为，了解公共事务可以增加谈资。另有些人看报是想要从报上得到关于时尚、食谱、天气预报及其他有用信息，作为他们日常生活的指导。

卡茨所举的另外一个例子是赖利和赖利的研究（Riley & Riley，1951）。它显示，那些很好地融入伙伴群体中的儿童将媒介中的探险故事用于集体游戏，而那些没有很好地融入伙伴群体中的儿童将媒介中的同样内容用于幻想的白日梦。这个例子说明了使用与满足研究的一个基本方面——即不同的人可以将相同的大众传播消息用于完全不同的目的。另外一个研究（Herzog，1944）是检验广播剧对按时听收音机者的功用。有些听众发现自己从面临的问题中得到了感情的宣泄。另外一些听众认为，收听广播剧能逃避现实。第三种人是为他们自身的问题寻求解决办法的。

竞选宣传中的使用与满足

布拉姆勒和麦圭尔（Blumler and McQuail，1969）以使用与满足理论作为总体研究策略，对1964年英国的大选进行了研究。研究的主要目的是"发现为什么人们要收看或不收看政党广播；他们利用广播想获得什么；在电视上表现政治人物的各种方法中，他们有什么偏爱"（pp. 10－11）。以前的竞选研究显示大众媒介竞选宣传对选民影响很小，他们的部分目的就是解答这些研究遗留下来的挑战性问题：如果选民不受大众媒介竞选节目的影响，那么他们为什么观看这些节目呢？同时，研究者也期待，根据观看者收看电视的动机将他们分类，可能发现态度改变与接触宣传之间以前尚未发现的关系，因而最终可能告诉我们关于效果的一些东西。

布拉姆勒和麦圭尔（1969）使用开放式问题访问小样本群体，以确定人们看政治电视节目的动机。根据对这些问题的回答，他们列表显示了8项观看政治节目的理由。这张表又被拿来用在其后大样本的调查访问中。以这次访问为基础，研究者举出了每一种理由被提及的频度。最常提及的三个理由反映了布拉姆勒和麦圭尔称之为“监视政治环境”的需求。有超过半数的受访者选了这些理由中的一个，说明人们使用政治节目作为了解政治事务的信息来源。从调查访问得来的其他数据显示，监视的具体目的之一是发现竞选活动所作的承诺和保证。只有三分之一的受访者选择“提醒自己记得本党的优点”，而研究者认为，选择这个理由表示这些人利用政治节目来加强原有态度。这便对早期研究认为人们使用大众媒介主要是为了加强原有态度的结论提出了怀疑。

个人需要和媒介使用的分类

几年以后，卡茨、布拉姆勒和格里维奇（1974）的论文总结了当时那一领域的研究，指出那些研究涉及（1）这些需要产生对起源于社会和心理的（2）需要；（3）大众媒介或其他来源的（4）期望；这些期望导致（5）媒介接触的不同模式（或参与其他活动）；导致（6）需要的满足；和（7）其他结果，也许大多是无意获得的结果（p. 20）。

他们举出两位瑞典研究者于1968年提出的使用与满足模式，包括下列要素：

1. 受众被设想为主动的，也就是说，对大众媒介的使用在很大程度上被认为是有目标导向的行为。
2. 在大众传播过程中，将需要的满足与媒介的选择联系在一起的主动权在于受众。
3. 媒介必须与满足受众需要的其他来源相竞争（pp. 22 – 23）。

使用与满足的文献提供了几种受众需要与满足的分类方法。有些人将此分为**即时的和延时的**满足（Schramm，Lyle，and Parker，1961）；有些人将此分为**信息—教育的与幻想—逃避的**娱乐（Weiss，1971）。

麦圭尔、布拉姆勒和布朗（1972）在英格兰的研究中建议采用下列分类：

1. **转移注意力** 逃避例行公事和问题；宣泄情绪。
2. **人际关系** 信息在交谈中的社会利用；媒介替代了同伴。
3. **个人身份或个体心理** 强化或确认价值观；自我了解；探索真实，等等。
4. **监视** 关于可能影响或帮助一个人从事或完成一件事的信息。

1975年，利维（Mark R. Levy，1978b）考察了麦圭尔、布拉姆勒和布朗的范式对跨国情况的适用性，他的研究选取了纽约州奥尔巴尼县的240位成人作为样本。他发现英格兰研究中所得出的四组或四类项目在美国只剩下三类，而且相互重叠得很厉害。所有这三类都包括监视，其他两类也混淆不清。利维推测，导致差异的可能有几个因素：美国有较多电视新闻来源可资获取，美国人可能依赖电视满足更多样化的需求，以及两个国家电视新闻存在不同的风格和表现方式。

利维后来对同一研究作了更完整的报告，他（1978a）总结认为，电视新闻除了告知受众信息之外，也测试他们对“新鲜”事件和人格的认识与态度。然而，对观众而言，亲身的参与和媒介反映的真实是有距离的，这种真实是经过精英的新闻解读者“过滤”的，是安全的。他说，很多观众“主动地”在两个相互竞争的新闻报道中挑选，“将他们的日程安排得与电视新闻的播出一致，密切地、有选择地注意节目”（p. 25）。据报，对新闻节目选择的理由如表 14.1 所示。

表 14.1 受访者选择新闻节目的具体标准比率

收看原因	新闻（节目）		
	下午 6：00	晚上 11：00	电视网
主动			
新闻质量	12.0	12.4	7.9
节目形式	18.1	6.0	1.8
新闻主播	21.3	29.1	41.8
小计	51.4	47.5	51.5
被动			
“习惯”	8.8	4.8	2.2
频道内容	24.3	31.2	27.9
不知道	5.1	5.8	7.2
小计	38.2	41.8	37.3
其他原因	10.4	10.7	11.2
	（N = 189）	（N = 140）	（N = 125）

资料来源：From Mark R. Levy, “The Audience Experience with Television News,” Journalism monographs 55, April 1978, p. 7. Reprinted by permission.

卡茨、格里维奇和哈斯（1973）将大众媒介视为个人用以联系（或隔离）他人的工具。从有关大众媒介的社会及心理功能的文献上（大多是推测的），他们选出 35 种需求，并将其分成 5 类：

1. **认识的需要** 获得信息、知识和理解。
2. **情感的需要** 情绪的、愉悦的或美感的体验。
3. **个人整合的需要** 加强可信度、信心、稳固性和地位。
4. **社会整合的需要** 加强与家人、朋友等的接触。
5. **舒解压力的需要** 逃避和转移注意力（pp. 166 – 167）。

在一项研究中，波尔斯和考特赖特（Perse and Courtright，1993）比较了电脑与其他满足需要的手段，他们引出 11 种基本心理需要（见方框 14.1）。

方框 14.1　传播可能满足的需要

波尔斯和考特赖特（1993）借鉴格林伯格（Greenberg, 1974）的早期成果，列出了一个大众传播、人际传播或以电脑为中介的传播可以满足的各种需求：

1. 放松
2. 娱乐
3. 忘掉工作或其他事情
4. 与朋友交往
5. 获知关于自己和别人的事情
6. 消磨时间（尤其是无聊的时候）
7. 寻求刺激
8. 降低孤独感
9. 满足一种习惯
10. 让其他人知道我在乎他们的感情
11. 让某人为我做某事

对使用与满足理论的批评

使用与满足研究也引来一些批评，特别是说它缺乏理论性，说它对关键概念定义太泛（例如“需要”），说它无非是一种搜集资料的策略（见 Elliott，1974；Swanson，1977，1979；Lometti，Reeves，and Bybee，1977。）

极少有研究去寻求满足的前提（Palmgreen and Rayburn，1982）。人们通过媒介使用来寻求实现的满足，一般都是从他们对为什么要使用媒介的回答推断而来的，从而引发怀疑，说这种需要是被媒介创造出来的，或它是对媒介使用的合理化解释。

自从弗洛伊德以来，许多研究已经指出人类动机的复杂性和隐蔽性，使用与满足研究利用自我报告来确定人们的动机，未免有点简单和天真。1983 年，有人批评使用与满足研究混淆了操作定义和分析模式；质疑它的内部一致性；引证说它提供的模式缺乏理论支持；说它“讨论散乱，远离结果，不能证实理论的基础”（Stanford，1983，pp. 247 –250）。

对使用与满足研究的另一个批评是说它过于狭隘地集中于对个人的研究（Elliott，1974）。它依赖心理学的概念，例如需求，而忽视社会结构和媒介在该结构中的位置。对这种批评，鲁宾和温德尔（Rubin and Windahl，1986）作出了一个回答，他们提出了一种使用与满足理论和依赖理论相结合的综合方法（Ball Rokeach & DeFleur，1976）。他们的**使用与依赖模式**（uses and dependency model，Rubin and Windahl）将个人置于社会系统之内，这些系统有助于他们形成自己的需要。

使用与满足研究也受到提出媒介霸权论学者的批评。他们说，这种思路走得太远了，居然认为人们可以自由地选择媒介的内容和他们需要的解释（White，1994）。根据这些学者的观点，大众媒介的消息倾向于强化文化中的主导世界观，受众很难回避这种媒介提供的带有偏向的解读。

最后，一些研究发现，受众之接触大众传播，并不总是高度精心的或目的明确的行为，因而对使用与满足研究的某些基本观念提出了挑战。在大众传播的环境中，人们似乎常常是以一种自动导航的方式来行进的（Donohew，Nair，and Finn，1984）。这种看法认为，很多人在使用大众传播时可能并不非常用心，事实上，说它是**仪式化**的或**习惯性**的行为可能更合适。很多人在大部分时间里可能对监视环境或接受指导不感兴趣，他们只对一些温和的、令人愉悦的刺激感兴趣。

对看电视所做的一个大规模研究（Kubey & Csikszentmihalyi，1990）认为，在看电视的时候，主动的受众常常是一个误导性概念。对看电视进行的这个研究针对不同的人群，其受试者年龄从10岁到82岁不等。研究发现，人们一致报告说，他们对电视的体验是被动的、放松的、注意力分散的。研究者也声称，与印刷品相比较，由于图像的表现特点，电视和电影很可能在观众中产生更为一致的认识与情感反应。一致效果不是使用与满足研究预测的结果。

对使用与满足理论的实证测试

大众媒介的用途之一是情绪管理，研究者经常提及这种用途。泽尔曼和布赖恩特（Zillmann and Bryant，1985）在**情绪管理理论**（mood management theory）中进一步发展了这种观点，认为人们有选择地接触大众媒介内容，包括音乐和电视节目，接触的方式有助于管理他们的情绪。在一个实验研究中（Bryant and Zillmann，1984），这些学者使一些受试者体验压力的感觉，而使另一些受试者体验无聊的感觉。他们发现，感到压力的受试者选看轻松电视节目的数量6倍于感到无聊的受试者，而感到无聊的受试者选看刺激节目的数量2倍于感到压力的受试者。这个研究是个控制实验，而非依赖自我报告，这是其优点之一。

根据个人情绪，电视观看的行为可能不同。基于电视收看日志的调查也支持了这种假说。研究者发现，跟无压力的女性相比，那些感到压力的女性会观看更多的游戏节目和综艺节目，并且总体上观看更多的电视；感到压力的男性比无压力的男性观看更多的动作片和暴力片（Anderson，Collins，Schmitt，and Jacobvitz，1996）。对家庭中电视收看的录像也证实，感到压力的男性看电视的频率要超过无压力的男性。

罗梅梯和阿丁顿（Lometti and Addington，1992）研究了关于电视受众的两种对立观点。一种是使用与满足观点，认为主动的受众寻找节目以满足他们心理的和社会的需求；另一种是消极受众观点，认为受众首先决定看电视，然后再从可以获得的节目中寻找想看的内容。他们做了一个全国调查，调查结果很少支持被动观众观点，只发现在9%的节目决策中，人们随机观看电视节目。

其他的几个研究对使用与满足理论的基本信念提供的支持较少。在1985年9月费城的一次报纸罢工时期，埃利奥特和罗森伯格（Elliott and Rosenberg，1987）遵循40年前贝雷尔森开拓式的报纸罢工研究，研究了媒介的使用。研究者利用罢工的时机，检验了读者从报纸寻求满足感与媒介使用的关系。他们主要调查的是读者在费城报纸罢工期间是否转向其他媒介，以实现监视环境、接触社会、消磨时间、娱乐和广告的功能。结果显示了读者转向其他报纸、新闻杂志、地方和全国电视新闻以寻找监视环境和接触社会的轻微倾向，但是相关性并不明显。满足消磨时间、娱乐和广告的需要与增加对其他媒介的使用没有联系。研究者对此的解释是："媒介满足主要是社会环境和背景因素的结果，可能更多地依赖习惯，而非依赖内在的需求状态"（p. 687）。

在1990年斯通和斯通（Stone and Stone，1990）所做的研究中，更进一步的证据指出，至少有一些媒介的使用可能是习惯所致。在电话访问中，人们对他们提出的8种陈述意见指出了同意与否的程度，以表示他们看晚间电视连续剧的理由。其中的一个陈述就是"那是个我喜欢的习惯"。结果显示，受访者对被认为是习惯的陈述与他们为什么持续收看晚间电视剧的理由最为接近。

新技术与主动的受众

有线电视和其他新媒介提供了更多的使用选择。对这些新的选择与使用者追求满足的方式之间的相互关系，研究者才刚刚开始研究。有关新技术对人们使用大众媒介的影响，目前只有少数研究提供了一些线索。

有线电视为受众提供了新的、多样化的机会，使之成为主动的受众，使用有线电视的频道数量由10个或更少增加到108个。有线电视的受众采用各种策略，应付可选择数目增加的新情况。其中一个策略便是缩小定期收视的频道，从可收看频道中挑选与自己兴趣相符的子目录。这部分自己感兴趣的频道被称为个人的**频道保留目录**（channel repertoire）（Heeter & Greenberg，1985）。观众对有线电视频道选择的增加有不同的认识。在某种程度上，观众似乎被现有的节目及频道淹没了。对订阅35个频道系统的有线电视使用者所做的一项调查发现，观众在他们的频道选择器上，能以号码或位置准确无误地确认的频道平均只有9种（Heeter & Greenberg）。

在有线电视的观众打开电视机时，约有一半时候，他们已在心中想好了打算要看的节目。另外一半的时候是在看电视的同时选择节目。观众使用各种扫描策略来决定要看什么节目。这些不同的策略可以是自动的（按顺序呈现，从一个频道自动摇到下一个频道），或是受到控制的（按照某些预定目标，从一个挑选的频道换到另一个挑选的频道)，精心的（搜索所有的或大部分的频道)，或是局限性的（只限于有限数目的频道)，穷尽的（在找到最佳的选择前对所有的频道进行搜索)，或从一而终的（在首先选定可接受的频道后便停住不动了)。对于有线电视来说，最主动的受众倾向于使用控制的、精心的和穷尽的频道搜索策略，他们多是年轻的成年人（Heeter & Greenberg，1985)。

录像机也给电视受众提供了成为更主动受众的机会。它为使用者提供了看电视时间的更多灵活性，还增加了内容方面的选择机会。利维（1980）认为，使用录像机改变收视时间是一种要求很高的工作，那些不嫌麻烦的人一定是电视受众中的最主动者。

证据表明，录像机的使用者基本上是主动的受众，对此更进一步的研究也是利维（1987）做的。在以色列进行的一个研究中，他让拥有录像机的受试者回答问卷，其中包含对9种不同类型活动的测试。该测量工具是利维和温德尔发明的测量受众活动的模型，以前已经用来对电视新闻的观众进行过测量。这种模型测量9种主动的活动：接触前、接触中和接触后的选择；接触前、接触中和接触后的投入；接触前、接触中和接触后的利用。较之前面对电视新闻受众的研究，录像机的使用者所显示的主动程度在大部分项目中都更高。

有几项研究检验的是人们将电脑用作传播工具的使用情况。在1988年的调查研究中，波尔斯和考特赖特（1993）发现，在12种满足需要（例如放松、娱乐、自我认识和刺激）的使用中介的传播和人际传播中，电脑得分是最低的。然而，几年以后，情况有了很大的变化。另一项研究（Perse and Dunn，1995）涉及通过信息服务和互联网使用电脑跟他人的交流，研究者称之为**电脑联系**（computer connectivity）的方式。结果发现，人们将电脑用于电子传播，满足的是以下需求：学习、娱乐、社会联系、逃避、消磨时间或出于习惯。使用联网电脑或信息服务，是为了消磨时间，或者出于习惯，表明了电脑仪式化的使用方式，而不是选择特定内容、用于满足需要的方式。研究者认为，为了联系而对电脑的这种仪式化使用，可能实际上引导某些电脑网络和信息服务的使用者变得对电脑上瘾（见第17章对网瘾的讨论)。

使用与满足研究在帮助我们理解人们怎样使用万维网、电子邮件和电子空间的其他技术特别有帮助。对新技术和使用与满足研究的进一步讨论见第17章。

使用与满足研究的近期发展

近期的一个新发展是离开传统的思路，即那种将受众认作主动的或被动的观点，而是将活动当作一种变量来对待（Rubin，1994)。也就是说，在某些时候，媒介的使用者在处理媒介消息时是有选择的、理性的；但是在另外的时候，他们使用媒介是为了放松或逃避。受众活动在形式和程度上的差异可能也对媒介的效果产生影响。例如，由格伯纳及其同事提出的教养式的效果，更可能发生于受众个体将看电视用于转移和逃避的情况。

其他研究做了新的努力，利用使用与满足理论来更好地理解大众传播的效果。比如说，金和鲁宾（Kim and Rubin，1997）发现，一些类型的受众活动（例如选择、注意和关注）是媒介效果的催化物，而其他类型的受众活动（例如回避、走神和怀疑）是媒介效果的抑制物。

另一种新的方向强调使用媒介来满足特定需要。例如，大众媒介的一个用处可能是消除孤单。坎那瑞和斯皮茨伯格（Canary and Spitzberg，1993）发现了支持这种使用的证据，但是其相关性依赖于孤独的程度。他们发现，在情境孤独中（指暂时处于孤单的情况下），人们最常使用媒介来减轻孤独感；在持续孤独中（指多年来一直处于孤单的情况下），人们较少使用媒介来减轻孤独感。对此的解释可能是，持续孤独者将他们的孤独感归于内在因素，因此不相信媒介传播能够减轻孤独感。

电影学者开始利用主动受众的研究方法来理解观看极端暴力电影的行为。例如：《储备狗》（*Reservoir Dogs*）、《果肉迷题》（*Pulp Fiction*）、《真实浪漫》（*True Romance*）、《天生杀手》（*Natural Born Killers*）、《人咬狗》（*Man Bites Dog*）、《亨利：连环杀手肖像》（*Henry*，*Portrait of a Serial Killer*）、《坏上尉》（*Bad Lieutenant*）、《杀迷人的佐薇》（*Killing Zoe*）人们为什么观看这些电影？他们可能使用什么类型的主动认知处理策略来忍受暴力？希尔（Hill，1997）研究了观看暴力电影的焦点群体，发现这些观众以**阐释机制**（portfolios of interpretation）回应，这是他们用于收视体验的一种特殊反应方法。这套机制包含的因素有对虚构暴力的概念化，将之视为娱乐；有对暴力的期待和乐于选择自我审查的方法；以及建立个人可接受暴力度的水平。

结论

使用与满足研究提醒我们的很重要一点是——人们使用媒介的目的是很不相同的。这一研究认为，在很大程度上，大众传播的使用者是有控制权的。对主宰早期研究的很多过于强调受众被动和说服效果的研究，使用与满足的理论可提供一剂健康的解药。

测试使用与满足理论基本信条的实证研究迄今产生出的只是众说纷纭的结果。布赖恩特和泽尔曼（1984）的研究发现，受试者在感到压力时会选择放松情绪的节目，而在感到无聊时会选择刺激性的内容，这个结果支持了观众选择能提供其追求的媒介内容以满足需要的假设。但是埃利奥特和罗森伯格（1987）在重做贝雷尔森的报纸罢工研究时，并没有发现重大的改变，即没有发现失去报纸的读者努力转向其他媒介去实现他们原来拥有、现在失去的功能。埃利奥特和罗森伯格总结认为，对大众媒介的使用可能大部分只是习惯所致。斯通和斯通（1990）的研究也提出了在解释媒介使用时习惯的重要性。

尽管产生了这些众说纷纭的结果，但当我们进入数字时代时，媒介使用者开始拥有越来越多的选择机会，使用与满足理论会极大地增强我们的理解力。很明显，媒介使用者在拥有500个有线电视的频道，或拥有可以变更时间、保留和重复观赏电视内容的录像机之后，较之几年前传统的媒介使用者来说，便成为主动得多的受众了。使用与满足理论最终对这种新媒介的使用者应该是有得说道的。毕竟，这是试图最直接地研究主动受众的唯一一个理论领域。

使用与满足理论应该引导我们去关注大众传播的受众，哪怕是在最低的限度上。德温（1980）建议，信息活动的发展应该始于研究潜在的信息使用者和人们为了理解世界而提出的问题。同样的教导可能也适用于大众媒介的多数内容制作者。在很多领域，媒介策划者应该对他们潜在的受众和受众想要获得的那些满足作更多的研究。

【关键词】

受众活动（audience activity）：使用者有意地选择媒介内容以满足他们的需要。

频道保留目录（channel repertoire）：缩小定期收视的频道，从可收看频道中挑选与自己兴趣相符的子目录（Heeter and Greenberg, 1985）。

电脑联系（computer connectivity）：通过信息服务和**互联网**，使用电脑跟他人交流。

情绪管理理论（mood management theory）：出自泽尔曼和布赖恩特（Zillmann and Bryant, 1985），这一理论认为，人们有选择地接触大众媒介内容，包括音乐和电视节目，接触的方式有助于管理他们的情绪。

阐释机制（portfolios of interpretation）：出自希尔（Hill, 1997），暴力电影观众用于收视体验的一种特殊反应方法。

仪式化的或习惯性的（ritualistic or habitual）：使用大众传播的词汇，涉及到较低程度的注意力。

使用与依赖模式（uses and dependency model）：出自鲁宾和温德尔（Rubin and Windahl, 1986），一种依赖理论和使用与满足研究相结合的综合方法：它将个人置于社会系统之内，而这些系统有助于他们形成自己的需要。

使用与满足研究方法（uses and gratification approach）：一种媒介研究方法，将关注的焦点从传播者的目标转向接收者的目标，以确定大众传播的哪些功能可以为受众所用。

【讨论题】

1. 受众是主动的而不是被动的，这种说法有什么证据？
2. 从大众媒介的使用中可能获得一些满足，在这些满足项目中，你认为哪些是最有用的？为什么？
3. 研究者得出了从大众媒介中可能获得的使用和满足的各种列表，其中的项目从两种到 35 种不等。列出一个短的表或列出一个长的表，各有什么利弊？
4. 受众表现主动的方式可能有许多种，尽可能举出一些。
5. 研究者建议，将受众活动的概念作为变量，按照从低到高的等级来处理。用这样的方法来思考受众活动，其优点在哪里？
6. 对使用与满足研究方法的批评主要有哪些？
7. 互联网等新传播媒介提供了旧媒介没有提供的使用与满足的方法吗？或者它们仅仅以不同的方式满足了旧的需求？
8. 如何将使用与满足研究方法用于帮助我们理解大众传播的效果？

第六篇

媒介渠道

PARK Ⅵ Media Channels

现代大众传播的产品一般来说都是由复杂的商业组织制作的，这些组织雇用大量的员工。过去，大众传播的理论化仅仅停留在个体接收者作为信息加工者的层面，或者停留在受众作为群体成员的层面，或者至多停留在由人际传播串联起来的个体层面。现在看来，这样做已经不够。只有当我们把注意的焦点从对个体的分析转移到对社会整体的分析上时，大众传播的某些特定方面才变得突出起来。一旦这样做，我们就能开始思考大众传播在社会中扮演的角色，以及大众传播对整个社会发挥的功能。第 15 章采取了更宏观的角度，考察了大众媒介与社会之间的关系。第 16 章研究了大众媒介的一个重要方面，即作为机构的媒介——媒介所有权的形式和这些形式可能对媒介内容的影响。第 17 章考察了迅速扩张的电子空间，以及有关其过程和效果的正在发展的理论。

第15章 现代社会中的大众媒介

没有大众媒介——报纸、杂志、书籍、广播、电视和电影，现代社会几乎无法想象。依据大众媒介发挥作用的政治经济体系、社会发展的阶段、以及个人的兴趣和需要，大众媒介对许多人意味着许多不同的东西，提供着各种各样的功能。在本章中，我们将研究几种有关在不同的社会形态下媒介应是什么样和应该如何运作的观点，并且考察媒介实际运作的一些情况。

为了建构完备的大众传播理论，有必要适当了解大众传播在社会中的作用。传播理论的目标之一就是对大众媒介的效果作出尽可能准确的预测。政治、社会和经济的力量直接影响媒介的内容。媒介所有权和控制权也影响媒介的内容，媒介的内容又决定了媒介的效果。

报业的四种理论

对于世界报业体系的一种众所周知的划分办法，是在《报业的四种理论》(*Four Theories of the Press*) 一书中提出来的 (Siebert, Peterson, Schramm, 1956)。该书的作者将世界的报业分成四大类：威权性（原译集权主义）、自由权理念（原译自由主义）、社会责任理念和苏维埃—极权性的报业（见表15.1）。这些类型属于“规范性理论”(normative theories)，源自观察，而非第2章描述的那种利用社会科学方法进行的假说检验和重复检验。

表 15.1 大众媒介的四种理论

	威权理论	自由权理论	社会责任理论	苏维埃—极权理论
产生发展	16～17世纪的英国；在很多地方仍被广泛采用和实践	1688年后被英国采用，后又被美国采用；在其他地方也有影响	20世纪的美国	产生于前苏联，前纳粹德国和意大利也采用过类似理论
理论来源	君主和/或政府绝对权力的哲学思想	弥尔顿、洛克、米尔的著作；理性主义和自然权利的一般哲学思想	霍京的著作、报业自由委员会、媒介从业者；媒介守则	马列主义、斯大林的理论，还包含黑格尔的思想及19世纪俄国人的思想
主要目的	支持、推进现政府的政策；为国家服务	告知、娱乐、销售——但主要用于了解真相、监督政府	告知、娱乐、销售——但主要用于讨论争议	为苏维埃社会主义制度的成功和发展做贡献，特别是服从政党的专政
媒介使用权	取得皇家专利权或类似许可的人	任何有经济手段的人	任何想表达某种意见的人	忠诚和正统的党员
媒介控制	政府特许状、行业协会、许可证、审查(有时)	依靠“思想自由市场”实行“真理的自我修正过程”，依靠法庭	社群意见、消费者行为、职业道德	政府经济、政治行为及监督部门
媒介禁忌	批评政治机器或当权官僚	诽谤、亵渎、无礼、战时煽动	对公认的私人权利和重要的社会利益的严重侵犯	批评党的目标（与批评策略技巧不同）
媒介所有权	私有或公有	主要为私有	私有；除非政府为了保证为公众服务而接管媒介	公有
与其他理论的主要区别	执行政府政策的工具，但不一定为政府所有	监督政府或满足社会其他需要的工具	媒介必须履行社会责任，如果做不到，需有人迫使其执行	国有并被严格控制，媒介只作为国家的助手而存在

资料来源：From F. S. Siebert, T. B. Peterson, and W. Schramm, *Four Theories of the Presss* (Urbana: University of Illinois Press, 1956), p. 7. Reprinted with permission of the University of Illinois Press.

方框 15.1 新技术与威权政府

新加坡也一直对碟形电视接收装置实行严格控制，限制私人所有，而希望通过引进可由国家控制的有线电视系统，使拥有卫星电视接收天线失去意义。

为了对付自由化的互联网可见的威胁，信息部长已决定，政府将接管它，并对其进行监督。《纽约时报》的一篇社论观察道（1995. 11. 8）：

> 这条计策就是使政府得以通过当地服务商监督用户对互联网的使用……政府集中了一群用户，确保他们代表政府的观点，从而削弱了一个未经审查的关于新加坡政治生活的网上论坛。在新加坡，一点点民主都可能是危险的事情（p. A14）。

新加坡北方的邻居马来西亚也对拥有电视卫星接收天线进行严格的控制。马来西亚还十分担心那些留学国外的马来西亚学生在互联网上"玷污"国家的名声。国家信息部长艾哈迈特（Mohamed Rahmat）说，马来西亚正在考虑立法控制这些滥用行为（Reuter，1995. 9. 10）。在缅甸，一位掌权的军政府成员苗尼翁（Myo Nyunt）少将正在努力摧毁"异类文化"，即由外表颓废的娱乐艺员煽动起来的不符合缅甸文化的那些东西（Associated Press，1995. 2. 25）。

为了讨好敏感的观众，同时也取悦精神紧张的政府，亚洲的卫星电视机构不得不进行自我审查。特纳（Ted Turner）的卫星卡通频道（TNT & Cartoon Network）去掉了穆斯林观众不喜欢的小猪形象。默多克（Rupert Murdoch）的星空卫视取消了对北亚地区的BBC新闻广播，因为共产党官员认为未经审查的西方新闻是有威胁的；星空卫视还对播放流行音乐的Channel V大量删改，使其可被政府严格控制的新加坡媒介所采用（Reuter，1995. 1. 18）。

如今，在22个阿拉伯国家中，大量家庭和办公室收看半岛电视台的节目。半岛电视台是不受审查的24小时阿拉伯语新闻频道，来自海湾小国卡塔尔的首都多哈。这个卫星频道报道那些在其他国家当地受到压制的话题，例如压迫女性、迫害持不同政见者、缺乏民主等。半岛电视台的运作坚持极端原则（对于当地而言），即新闻报道应该中立，免受审查。在一系列的热线节目中，它也为普通的阿拉伯人提供了表达自身观点的机会（Burns，1999）。

虽然仍然带有很多限制因素，但是伊斯兰世界的各国政府已经允许人们上网。在伊朗的德黑兰和沙特阿拉伯的利雅得，都有网吧开放。在伊朗，用户必须做出承诺，不去"接触违反伊斯兰规章的网站"，否则会失去网络使用权。在沙特阿拉伯，所有网络连接都必须经过政府的高速电脑系统，这样用户就无法进入列入黑名单的大量网站了。

埃及、约旦以及黎巴嫩都得出互联网利大于弊的结论，从90年代中期开始允许人们上网，而伊拉克和叙利亚仍然禁止人们上网（Jehl，1999）。

威权理论

在西方，印刷机和活字发明于君主拥有绝对权力的威权统治时代。所以，毫不奇怪，报业的第一个原理或者理论——**威权理论**（authoritarian theory）——认为，报业应该支持和促进当权政府的政策，并为国家服务。出版者必须获得君主或政府的允许和（有些情况下）特许才能出版。当权政府利用特许（patent）、许可（licensing）、直接审查制（direct censorship）以及出版者协会的自我约束来防止来自个人的批评。在威权体制下，报业既可以是公有的，也可以是私有的，但无论怎样，它都被认作是政府推进政策的工具。

审查制（censorship），无论是来自政府的还是来自私人的，在当前世界上许多国家依然存在，包括那些自称民主的国家。因为可能引起法律纠纷，美国哥伦比亚广播公司（CBS）的电视新闻杂志节目《60 分钟》被迫撤销了一个批评烟草工业的节目。这个节目的主要信息来自一位烟草业的前高级管理人员，他曾签下协议，不得泄露公司的内部事务。CBS 的律师担心，电视网会被起诉，不过烟草公司要求赔偿的根据将不是节目对它进行了不实报道，而是 CBS 导致它的雇员违反合约。这一法律诉讼可能让 CBS 损失数十亿美元（*New York Times*，November 12，1995 P. E14；Carter，1995）。许多人认为这是个危险的先例，它将使调查类报道节目减少。（CBS 后来播出了大部分节目内容）

新闻记者经常与新加坡政府发生冲突，因为新加坡政府以对新闻内容进行严格控制而闻名，官方对节目和出版物都进行审查或编辑（见方框 15. 1）。《亚洲华尔街日报》、《远东经济评论》和《国际先驱论坛报》（后者归《纽约时报》和《华盛顿邮报》共同所有）都曾与新加坡政府发生冲突，被罚款，或者受到严格的控制。这个城市之国允许《时装》（*Vogue*）杂志和《她》（*Elle*）周刊发行新加坡版，但不允许《世界主义者》（*Cosmopolitan*）这样做。根据信息和艺术部长尤（George Yeo）的话，“不允许《世界主义者》发行，是因为它倡导和宣扬另类的生活方式”（Reuter，1994. 11. 1）。

自由权理论

从启蒙主义思想和理性主义、自然权利的一般理论中产生发展出来的报业**自由权理论**（libertarian theory）与威权理论的观点正好相反。自由权理论的观点来自弥尔顿（Milton）、洛克（Locke）和米尔（Mill）的著作，他们认为，报业的功能在于帮助人们了解真相，监督政府，同时，报业还具有告知、娱乐和销售的功能。按照自由主义理论，报业主要是私有的，任何可以负担这项事业的人均可自由出版。媒介通过两种方式受到控制。一种是通过多数人的声音，“思想自由市场”下的“真理的自我修正过程”可以使个人区分真理和谬误。另一种是通过法律体系，法律对于诽谤、亵渎、无礼和战时煽动的行为进行规范。

报业的自由权理论是 18 世纪最先从英国发展起来的。但是，在北美的英属殖民地脱离英国以前，这一理论是被禁止的。1776 年之后，自由权理论在不受殖民统治的美国地方开始实行，并且作为附属于宪法的《权利法案》的第一条修正案被正式采纳。

19 世纪中叶，米尔在其所著的《自由权论》（*On Liberty*，1859/1956）第二章中提出出版自由的观点，这是迄今为止支持出版自由最简洁、最精确的表述之一。米尔认为，如果我们使某种意见沉默下来，就会导致真理的沉默。以下是那段经常为人们所引用的话：

> 如果除了一个人以外，人类的意见都相同，人类迫使这个人保持沉默的理由也不比这个人迫使人类保持沉默——如果他有足够的权力这样做的话——的理由更正当。……如果被压制的意见是正确的，人们就被剥夺了抛弃错误而获得真理的机会，如果那种意见是错误的，人们就失去了一个几乎同样宝贵的机会，即利用真理与错误的碰撞而获得的对真理更清晰的理解和更鲜明的印象（p. 21）。

米尔（1859/1956）认为，既然没有一个人是完全正确的，那么每种意见是对还是错的问题应该留待每个人去判断。他补充说，如果一个人对自己的意见缺乏信心，他通常会依靠流行的或多数人的意见，以寻求支持或引导。（本书第9章曾讨论过现代社会心理学所研究的群体判断对个人判断的影响。）

米尔（1859/1956）认为，一般来说，"整个世界"的意见未必比个人意见更正确无误，因为群体经验、社会经验同个人经验一样，都是有局限性的（p. 22）。米尔说：

> 时代并不比个人更正确。每个时代都会持有许多被后来的时代认为不仅错误、甚至荒谬的意见。同样可以肯定的是，现在人们普遍接受的观点有可能在未来岁月中被否定，就如同那些过去曾经普遍接受的观点现在被否定一样（p. 23）。

米尔（1859/1956）认为，由于每一次都无法证实某个意见是错误的而假定它是正确的，与假定某个意见是正确的而不允许对其进行反驳是根本不同的。如果我们假定某个意见是正确的，唯一的理由就是它经受住了每一次试图证明其错误的考验。这也是人类以理性保障正确的唯一途径。

自由权理论认为，人类有能力纠正自己的错误；但是这种情况只有在人们有机会通过讨论或者辩论最终得出事实或者真相的时候才会发生。米尔（1859/1956）认为，一个人得以逐渐接近自己所要了解的某一问题的全部真相的唯一途径，就是听取不同意见或想法的人对于这件事可能持有的各种观点（p. 25）。（本书第5章有关于抽象问题的讨论）。

其后，米尔（1859/1956）还提出，不仅意见应该在理性的基础上得到检验和捍卫，而且如果意见不能经受挑战，便会失去活力和效果。他说，一种意见无论多么正确，如果不对它进行"充分的、经常的、无所畏惧的讨论"，那么这种意见就可能变成僵死的教条而非活生生的真理。他补充说，讨论不大可能完全被阻止；而一旦开始，只要最轻微的辩论，便可使那些未经辩论考验的信仰让位（p. 43）。（第9章中，麦奎尔对反说服的免疫研究与这一观点有直接联系。）在工业革命尚未影响到出版业以及后来的广播业之前，自由权理论关于真理终将在市场中取胜的观念是有用的和行得通的。但是，随着技术的发展，报纸的发行已变得越来越快，越来越广，大规模生产的经济价值变得越来越重要。大报开始买下或购并小报，所以到今天只有很少的城市还有竞争性的不同报纸存在。这就引起了媒介圈内和圈外的有识之士质疑自由理论在当今民主社会中是否有用的问题。人们认为，随着媒介中不同的声音越来越少，我们已经越来越难以让一些重要的、有时是不流行的观点被人听到了。

此外，20世纪的心理学也显示，人类并非总是按照看起来比较合理的方式处理信息。合理化本身反而变成为非合理行为作出合理解释的一种努力。这些发现削弱了“人是理性的”哲学思想，而这些思想又是自由权理论得以建立的基础。

社会责任理论

在20世纪的美国，一种观念发展起来。这种观念认为，媒介是《权利法案》提供保护的唯一产业，因而媒介必须担负起社会的责任。**社会责任理论**（social responsibility theory）是从媒介从业人员的实践、媒介自律守则与报业自由委员会（哈钦斯委员会）的工作中发展出来的。社会责任理论认为，正如自由权理论提出的，媒介具有告知、娱乐和销售的功能，但是除此之外，它还必须将争议带到讨论的平台上（Siebert，Peterson，and Schramm，1956）。

社会责任理论主张，任何人如果有重要的事情要说，他都应该得到一个可以表达的场合。如果媒介不承担提供这个场合的义务，就应有人来监督媒介，使其尽到责任。按照这个理论，媒介应受到社群意见、消费者行动、媒介职业道德的控制，对于媒介中的广播电视来说，由于可占用的频道或频率数量有技术方面的限制，所以同时还应受到政府立法机构的控制（Siebert，Peterson，and Schramm，1956）。在美国，对广播电视“取消规制”的讨论已进行了多年。这项主张认为，由于有线电视和低功率播出等新技术的产生，现在每个社区都有足够的频道而不需要通过立法加以规范了。

对于由谁来监督媒介依照对社会负责的轨道运行，对于如何决定一项重要的意见是否值得占用媒介空间和时间来讨论，社会责任理论进行了相当多的讨论。哈钦斯委员会发现，媒介很少将每日传播的新闻与可能影响受众的更大问题联系起来。今天，有了很多明显的例外情况。例如，1999年早期，《纽约时报》发表了由四个部分组成的长达2.6万字的系列报道“全球传染病”，考察了当时的世界金融危机（2月15－18日）。

哈钦斯委员会提出的另外一个对报业的批评是缺乏对事件的后续报道。在这个领域，许多媒介采取了新的措施。在阿拉斯加的埃克森·瓦尔兹号（Exxon Valdez）石油泄漏灾难十周年之际，全国公共广播电台（3月6日）和《纽约时报》（Verhovek，1999）对威廉王子港的生态状况进行了大量报道。

哈钦斯委员会认为，许多问题存在的原因在于记者和编辑的受教育程度以及报道之前的准备不足。不管在过去还是现在，这种原因似乎都站得住脚。在处理关于数学、科学、历史、地理等方面的基本事实时，记者和编辑经常犯错。由于这些事实方面的错误，人们便质疑整个报道的准确性。如果记者和编辑们在这些事实上都犯错误，那么受众还会认为其他情况是正确的吗？这就导致了对媒介可信度的质疑。现在，这种可信度恐怕处于前所未有的低谷（见方框 15.2）。

方框 15.2　媒介可信度的坏年头

1998 年发生了一系列丑闻，严重破坏了媒介可信度。

- 5月11日：《新共和》杂志解雇了编辑格拉斯（Stephen Glass），他承认自己曾经编造了6篇文章和21篇文章的部分内容。
- 6月18日：《波士顿环球报》解雇了作家史密斯（Patricia Smith），她在专栏文章中虚构材料。
- 6月28日：《辛辛那提探路者报》被迫在头版向一家香蕉公司（Chiquta Banana）道歉，否定了刊登批判该公司经营问题的18页文章。该报赔偿一千万美元，连续三天在头版刊登道歉启事，并解雇了首席记者盖劳格（Michael Gallagher）。因为盗窃语音留言邮件信息，这个记者随后受到起诉和联邦调查局的调查（全国公共广播电台，《早间版》，1998年7月7日）。这位记者最后承认盗窃内部语音留言邮件信息的罪行（《纽约时报》，1998年9月25日，p. A 16）。
- 6月2日：CNN 被迫撤消了一个神经毒气报道，这个报道认为美国军方在老挝1970年的一次行动中使用致命神经毒气谋杀反美人士。两个制片人被解雇，另一个辞职，明星记者阿内特（Peter Arnett）受到申斥。一个律师曾雇佣私人侦探调查该报道，他说报道无法证实。

在1998年中期这一系列媒介错误之前，皮尤（Pew）人民和报业研究中心的一项调查表明，56%的被访人员认为新闻报道通常不准确，这个比例比1985年增加了20%。70%的被访人员认为应该通过法庭对那些失实或不公正的报道进行罚款（全国公共广播电台，《早间版》，1998年7月7日；《全盘考虑》，1998年7月1日）。

媒介可信度在下列事件中也受到了削弱。记者在好莱坞电影中扮演角色，模糊了事实和虚构故事之间的界限。斯科（Daniel Schorr）在电影《游戏》中扮演一个虚构的主持人，一年前他还曾在《网》中扮演角色。十几个 CNN 记者曾在科幻电影《接触》中扮演角色，其中一个记者在 CNN 负责报道实际的太空探索。一些曾经备受尊敬的新闻节目主持人在退休之后出任大型公司的发言人。布林克利（David Brinkley）为农业综合企业米兰德公司（Archer Daniels Midland）做广告。从那时起，这种喧闹的宣传活动成为“软新闻”的一部分，为商业公司提供无形的宣传服务。正是在布林克利以前曾经效力的 ABC（美国广播公司）新闻中，出镜记者在《早安美国》中为该公司的所有者——迪斯尼公司——的主题公园做宣传，索耶（Diane Sawyer）1997 年屡次在新闻杂志节目中为 ABC 的连续剧《艾伦》做宣传。在这种情况下，观众是无法期待客观报道的，这些活动只能虚弱媒介的可信度。

多年以来，米兰德公司一直是 ABC 的《本周》节目、全国广播公司的《媒体见面会》节目、公共电视台的《新闻一小时》节目、全国公共广播电台的《全盘考虑》节目的赞助商，这个身份有效地减少了媒介对其政治捐款的报道。这个大型谷物处理公司喜欢将自己标榜为“通向世界的超级市场”。但是，该公司同时跟共和党和民主党的政治人士关系密切，通过捐款和游说等形式有效地保证了自身的利益，这个事实并没有受到媒介的关注。该公司大量做电视广告，来弥补其形象损失——该公司曾大规模操作价格而在1996 年被罚款 1 亿美元；1998 年 8 月，曾为该公司效力的三名员工在芝加哥受到审判，1999 年 7 月，这三名员工中有两人被判入狱两年，一名被判入狱半年，其中两人被要求支付最高达 35 万美元的罚款（Eichenwald，1999；Goodman，1998；Rich，1998）。

苏维埃—极权理论

在当代世界上很多地方，报业的威权理论已经发展成为报业的**苏维埃—极权理论**（soviet - totalitarian theory）。苏维埃国家认为，媒介的主要目的在于为苏维埃制度的成功和发展做贡献。媒介受政府经济、政治行为以及监督部门的控制，只有忠诚的和正统的党员才可以有规律地使用媒介。党的策略允许批评，但是党的宗旨和目标是不允许批评的。在苏维埃体制下，媒介都是国有的，并由国家掌握，媒介只是作为促进国家发展的一种有力的助手而存在。

自《报业的四种理论》出版之后，社会主义国家已经发生了很多变化。在中国，80 年代报纸的私营所有制在有限的范围内得到允许。政府容忍了更多的批评，特别是对个人和地方政策的那些批评，因为这些人和事不利于“四个现代化建设”的目标。

在独联体国家和东欧国家，对媒介目前的功能和作用，最好的表述是正在变迁之中。北朝鲜、越南和古巴是目前唯一还在遵循前苏联报业模式的国家，媒介明确表示为政府的意志服务（见方框 15.3）。

方框 15.3　重访四种理论

《报业的四种理论》（Siebert，Peterson，and Schramm，1956）出版至今，已经历了 40 多年。近年来，它越来越受到质疑。在这些质疑中，最广泛、最系统的批评恐怕要数尼罗内的《最后的权利：重访报业的四种理论》（Nerone，1995）。在这本书中，伊利诺伊大学传播学院的八位学者认为“四种理论”的提法起源于冷战的高潮时期。这些批判者观察到：“20 世纪，工业资本主义在美国是毫无争议的主导制度。这孕育了一种意识形态氛围，来维护资本和‘自由市场’作为经济系统的总体利益……毫无疑问，教育系统在当时没有挑战工业资本主义经济秩序的前提……。”（p. 9）

他们说："……人们不能指望资本驱动的报业去彻底批判经济系统或者提供其他可行方案，因为报业本身"受到资本的控制和主导"。从一开始，资本驱动的报业的目标就不是充当它自身所属系统的监督者。监督者是不会去监督其所有者的。"(p. 26)

他们还认为：

> 四种理论是三位作者对这些问题的看待方式的结果。更准确地说，他们是一种观点的发言人，这种观点形成于新闻教育和报业之间，形成于学者和经济系统之间，形成于冷战中的两个超级大国之间。本书划分出一个质疑的领域，界定了谈论的话语，并厘清了学者理解传播系统的方式（pp. 15－16）。

除了教授新闻技巧之外，新闻学校和新闻系还培养学生去接受那些工业资本主义秩序的前提，以及他们在这些前提中扮演的角色（Nerone 1995，p. 10）。

批评者（Nerone，1995）认为，《报业的四种理论》在现实中只是一种理论而已（也就是说，一种传播系统在结构、政策以及行动中反映它在其中运行的社会）。《报业的四种理论》的作者认为，社会可以通过一种哲学进行一致的分类和界定。《报业的四种理论》的批评者认为，从历史上看，这四种理论是非常不同的事情，并不是同一意义上的理论（p. 18）。他们指出，没有哪个报业系统可以通过一个连贯的理论来界定，四个理论中的每一个都过于简化（p. 20）。

《报业的四种理论》存在另一个主要问题，即它通过其中的一个理论——**自由权**——来界定所有理论，并利用自由权的词汇去讨论其他理论（Nerone，1995，p. 21）。批评者认为，"《报业的四种理论》一书本身存在偏见，认为任何不符合这个世界观的系统都缺乏自由"（p. 25）。

另一种批评声音认为，《报业的四种理论》没有关注媒介所有权的集中化，因而实际上"神秘化了媒介在社会中的角色，尤其是在资本主义社会中的角色"（Nerone，1995，p. 23）。批评者认为，《报业的四种理论》"……仅仅从政治层面来含蓄地界定自由和控制，即将它们作为政府权力的特征，却在极大程度上忽视了其他种类的权力"（p. 23）。换句话说，《报业的四种理论》将自由权定义为政府限制的阙如，而极少或者完全没有谈到对媒介的其他形式的限制。

《报业的四种理论》没有考虑到媒介既不受政府控制也不受私有资本控制的情况（例如，政党和运动团体、工会、非赢利组织和宗教团体的出版物）。到20世纪末期，我们还可以在某种程度上加入电子空间的一些新渠道——个人网站、新闻组、聊天室等等。对《报业的四种理论》的指责（Nerone，1995）是：

> 《报业的四种理论》是一个例子，说明几个著名的学者毫不怀疑地接受了媒介所有者提议解释他们自身存在的神秘化意识形态。服务于社会的自由报业迷题之所以存在神话，是因为它有助于媒介所有者自身永远的利益。《报业的四种理论》想去探索这个神话；却在实际上以知识论证的方式为神话提供了一种认可（p. 29）。

作为权力代言人的新闻媒介

奥斯楚尔（J. Herbert Altschull）在其《权力代言人》（*Agents of Power*, 1984）一书的头版中指出，《报业的四种理论》的分类方法是在冷战时期形成的，如今已不再适用。他认为，这种分析是一种“我们对他们”的思维方法，反映出那个充满敌意的时代。奥斯楚尔说：“在我们努力避免全球性冲突时，面对的最尖锐的困难之一就是贴标签的行为和冲突的语言”（p. 108）。他认为，完全独立的报业不可能存在，在任何体制中，大众媒介都是那些掌握经济、政治、社会权力的人们的代言人。

奥斯楚尔（1995）大部分根据亲身经验，对世界报业体系的历史和运作情况进行了全面的评审，总结出当今报业的三种模式：市场（market，或资本主义）模式；共产主义（communitarian，或社会主义）模式；进展（advancing，或发展）模式。奥斯楚尔从信仰、目标和对报业自由的看法三个方面比较了三种模式，见表 15. 2、15. 3 和 15. 4。

表 15. 2　信仰条目

市场经济国家	共产主义国家	前进中国家
媒介不受外界干涉	媒介改造和培养人们的阶级和文化意识	媒介是一个统一的而非多元的力量
媒介为公众的知情权服务	媒介满足人们的目标需要	媒介是有益社会变革的工具
媒介报道要公正客观	媒介有目标地报道经历的现实	媒介旨在作用新闻工作者和读者之间双向交流的工具

资料来源：From J. H. Altschull, *Agents of Power*: *The Media and Public Policy*, 2nd ed.（White Plains, NY: Longman, 1995）, p. 427. Reprinted by permission of Longman.

表 15. 3　新闻目的

市场经济国家	共产主义国家	前进中国家
追求真理	寻找真理	提供真理
对社会负责	对社会负责	对社会负责
不进行政治或文化宣传（或教育）	教育公众，组成政治和文化同盟	进行政治、文化教育
不偏不倚地服务于大众，支持资本主义教义	要求以支持正确教义的方式服务于公众	与政府合作，追求有益目标的改革，以此服务于公众
履行监督政府的职责	塑造观念和行为	维护和平的工具

资料来源：同表 15. 2。

表 15.4 对媒介自由的看法

市场经济国家	共产主义国家	前进中国家
媒介自由意味着记者不受任何外界的控制	媒介自由意味着所有人的意见都可以发表，而并非只是发表富有和权力阶层的意见	媒介自由意味着记者良心的自由
自由的媒介不是权力的奴仆，也不受权力的操纵	要求自由媒介去反抗合法社会的压迫	国家的生存比媒介的自由更重要
无需国家制定新闻政策以保障自由的媒介	要求国家制定新闻政策以保证自由媒介采取正确的形式	需国家制定新闻政策为媒介自由提供法律保障

资料来源：同表 15.2。

奥斯楚尔（1995）得到了以下结论：

1. 在所有的报业体系中，新闻媒介都是那些实施政治、经济权力者的代言人。因此，报纸、杂志、广播、电视并非独立的行为者，尽管它们存在着实践独立权力的潜力。
2. 新闻媒介的内容总是反映投资者的兴趣。
3. 所有报业体系都认可自由表达的原则，尽管自由表达是用不同的方法定义的。
4. 所有报业体系都赞成社会责任的教义，宣称自己可以满足人民的需要和兴趣，并声明它们愿意提供让人民参与的渠道。
5. 三种报业模式中的每一种模式都认为其他的模式是异端。
6. 新闻院校传播他们生活于其间的该社会的意识形态与价值取向，并不可避免地帮助权势者继续控制新闻媒介。
7. 新闻实践与理论总是不同的（pp. 440 –441）。

在著作的第一版中，奥斯楚尔（1984）总结了自己的观点：

> 报业的历史表明，报纸及其现代变种已越来越趋向满足那些自私的资助者的利益，与此同时，媒介还在制造不朽的假象，仿佛新闻是为广大消费者服务的。期望新闻媒介发生戏剧性的逆转，指望它们嘲弄那些资助报业的大财阀，就是陷入了最狂热的乌托邦式幻想（p. 299）。

在对美国和中国国家电视新闻的内容分析中，三位研究者（Chang，Wang，and Chen，1998）总结道：

> 现实的社会建构视角认为，两大电视网（美国广播公司新闻和中国中央电视台新闻）对新闻的选择和表现并不过多地依赖于事件本身的特性，而是

取决于它在更广泛的社会结构中的位置，这个社会结构跟事件的外部环境相关。

研究者从两个全国电视网中搜集了26天的资料，总结这些资料，他们认为，各个新闻机构在社会中的位置最能影响新闻创造的世界。他们认为，不管是美国广播公司还是中国中央电视台，对新闻的选择和表现都较少地依赖于新闻本身的特性，而较多地取决于新闻机构在更大的社会结构中的位置（p. 294）。

媒介的功能

拉斯韦尔和赖特（Charles Wright）是最早认真考虑大众媒介在社会中的功能和角色的学者。赖特（1959）按照受众的本质、传播实践的本质以及传播者的本质定义了大众传播。耶鲁大学的法学教授、传播学者拉斯韦尔（1948/1960）认为，大众媒介有三个功能：监视环境，联系社会各部分以适应环境，一代代传承社会遗产。赖特（1959，p. 16）又补充了第四种功能：娱乐。除了这些功能之外，媒介还可能产生反面功能，即社会及其成员不想要的结果。一个单独的新闻事件可能同时兼具正面和反面的功能。

监督

监督（surveillance）　监督是大众媒介的第一个功能，它向受众提供并告知新闻。媒介发挥的这种功能通常表现为向人们发出危险警报，例如极端的和危险的天气情况或军事形势。监督功能还包括媒介提供那些与经济、公众和社会生活密切相关的新闻，例如股市行情、交通路况、天气预报等。

媒介发挥监督功能也可能引起几种反面功能。如果过度强调危险和威胁，便可能导致社会的恐慌。拉扎斯菲尔德和默顿（1948/1960）都曾指出一种“麻醉性”反面功能，即，如果一个人接受了过多的信息，便可能陷入一种对信息漠不关心或被动消极的状态。除些之外，过多地接触那些不寻常、不正常、极特殊的“新闻”，还会导致受众毫不了解社会上平常、正常、普通的事件。

在一篇题为《意识过量》（*Awareness Overdose*）的文章中，作者（Mac Nair, 1993）问道：“是否我们已经吞下了太多关于健康的口号，所以我们不再在乎健康了?”新闻通常被定义为不寻常的事。但是当不普通、不寻常的事成为普通、寻常的事之后，新闻就常常会漏掉一些事件，即使是谋杀事件。几名外国游客在佛罗里达被谋杀后，《纽约时报》的专栏作家贝克（Russell Baker，1993年9月11日）写道：

> 这成为美国衰落的象征：8名外国游客在佛罗里达被杀，成为美国许多媒介的头条新闻。可是成千上万的美国人被谋杀，却成了司空见惯的事，根本激不起一点波澜……在谋杀这件事上，美国人无关紧要”（p. A21）。

联系

联系（correlation）　联系是大众媒介的第二个功能，它是对环境信息的选择和解释。媒介常常会批评，并指示人们应如何对周围发生的事件作出反应。因此联系功能就体现于媒介中那些社论和宣传内容。媒介发挥的联系功能通过对偏差行为的曝光，通过突出选择个人授予其社会地位，并可能通过对政府行为的检查来强化社会规范，帮助全社会达成共识。在实现联系的功能时，媒介可能阻止对社会稳定产生的威胁，还可以经常反映并管理公共舆论及其表达。

如果媒介灌输成见或者培养众口一词，阻碍了社会变革和创新，减少了批评，以牺牲少数人发表意见的机会强化了多数人的观点，维护甚至扩张了那些需要遏制的权力，那么媒介的联系功能也会变成反面功能。

媒介联系功能发生反面影响最常被人提及的一个例子就是由布尔斯廷（Daniel Boorstin）创造的伪事件（pseudoevents，见第11章）一词，即制造“形象”或塑造“人格”——多数此类货色出现在公共关系行业中，公司和产品被赋予某种“形象”，个人被赋予公共“人格”，这种人格通过能够获得公众注意的事件来创造。那些渴望成为政治人物或演艺圈明星的人寻找在媒介中露面的机会，以获得公众的承认和接受；公司则寻求一种受人尊敬的形象或推出某种吸引大众的产品或服务。

传承社会遗产

传承社会遗产（transmission of the social heritage）　传承社会遗产是大众媒介的第三个功能。这个功能就是将信息、价值观和规范代代相传或者将之告知新来者。通过这种方式，传承社会遗产功能打下了共同经验的基础，从而增强了社会凝聚力。媒介发挥传承遗产的功能，使个人在开始正规的学校教育之前以及学校教育结束以后，都能通过持续的社会化过程而融入社会之中。媒介通过提供给个人一个使其认同的社会而减少了个人对社会的疏离感和漂泊无定的感觉。

然而，由于大众媒介的非个人化特性，也有人指控媒介造成了社会中人的个性丧失（一种反面功能）。大众媒介横亘于人与人之间，阻碍了传播中人际交往的机会。

人们还指责大众媒介减少了社会中亚文化群体的多样性，使社会文化过分趋同，形成了大众社会。这种观点指出，由于大众媒介的影响，我们讲话的方式、穿着的方式、思考的方式和行为以及反应的方式逐渐变得一样。这种观点基于这样的思想，即数千小时的长时间接触媒介，造成数百万人接受了媒介表达的角色模式。随着这种标准化趋势的产生，人们指责媒介阻碍文化的生长。

娱乐（Entertainment）　也许媒介中的大部分内容旨在娱乐，即使报纸也是如此，只要我们注意到众多的专栏、特写和补白，就不难发现这一点。媒介的**娱乐**功能旨在将人们从每天的难题中解脱出来，提供喘息的机会和轻松的时间。有人说，媒介向人们展示大众化的艺术和音乐，由此提高了大众的艺术品位。然而，也有其他的人认为，媒介鼓励人们逃避现实，毁坏了美术，降低了大众品位，妨碍了人们对真正艺术的欣赏。对媒介各种功能及反面功能的总结见表15.5。

支持社会的价值观和意识形态

拉斯韦尔（1948/1960）指出，在社会中形成并传播的价值观构成了支持整个社会网络的意识形态（1960，p. 123）。他认为，在世界政治思想冲突中，“执政的精英互相视为潜在的敌人……对方的意识形态可能对国内不忠的那部分人更有吸引力，并且削弱了每个统治阶级的国内权力地位”（1960，p. 124）。

拉斯韦尔还指出：“统治阶级对其他阶级特别警惕，并依靠传播作为维护权力的手段。”（1960，p. 124）在讨论阻碍一个社会有效传播的因素时，拉斯韦尔提出：

> 对社会整体的有效传播最严重的威胁与人们对权力、金钱和尊贵所持的价值观有关。也许媒介权力扭曲最引人注目的例子就发生在精心修改传播内容以迎合或反对某种意识形态的时候。与财富有关的权力扭曲，不只出于财富影响市场的企图，也由于人们对经济利益的僵硬观念。上层阶级的人士只与同一阶级的上等人相处，而不接触其他阶级的成员，从而忽视了修正自己的看法，这是发生于尊贵社会阶级的无效传播的常见例子（pp. 126－127）。

如今，越来越多的美国媒介正在极力吸引更高层次的受众（即那些拥有高学历、高收入、从事体面职业的人），以期吸引那些提供高价消费品的广告客户。在此过程中，媒介设计传播内容以符合那些追求高层次受众的兴趣。因此人们指责媒介未能反映拉斯韦尔所指出的其他阶级的担忧、意见和观点。媒介遭人诟病的一个广为提及的例子就是在60年代中后期横扫美国的城市骚乱中体现出来的反面功能，引起骚乱的主要原因，就是倍感挫折的少数民族未能通过媒介渠道向一般大众发泄自己的积怨。

在美国报纸编辑协会的年会上，协会主席格里恩（Loren Ghiglione）指责编辑们“更多地以生活舒适者的眼光来观察世界的变化”。他说：“我们通常将自己当作与权势集团作战的大卫王，但是大众更多地将我们看成维持既得利益者现状的巨人歌利亚”（Jones，1990）。

随着媒介更多地采用高层次内容，记者、编辑、摄影师和新闻节目主持人也更多地从中上阶级或者是那些盼望进入中上阶级的人才中遴选，这些人才则认同于接受采访的官员立场。人们常指责，这些新闻从业人员对官方的认同及进入中上阶级的热望，使他们对社会的报道常常带有不自觉的偏见。媒体的从业者通常极力否认这些指责，但是他们的报道和编辑风格却常常出卖他们，暴露出他们的真实立场。

表 15.5 大众传播功能分析（依据拉斯韦尔和赖特的理论）

功能	反面功能
1. 监视：提供并告知新闻	
预警性新闻——自然界的危险情况	过分强调危险可能导致社会恐慌
工具性新闻——对经济、公众和社会而言重要的新闻	麻醉作用——漠不关心、被动、吸收过量
宣扬规范——人物、事件	
2. 联系：选择、解释、批评	
强化社会规范——达成共识，将异端行为曝光	强化遵从，将刻板成见永久化
赋予地位——意见领袖	制造伪事件、形象或“人格”
阻止对社会稳定产生的威胁	阻碍社会变革，阻止创新
监督并管理公共舆论	尽量减少批评、实行多数意见专制维护、扩张权力
制约政府，保护人民	
3. 传承文化：教育	
增加社会凝聚力——扩大社会共同经验的基础	减少社会亚文化群体的多样性，促进大众社会形成
减少社会无序性——疏离感	丧失个性，缺乏人际接触
继续社会化过程——在学校教育之前和之后，提供帮助，进行整合	标准化趋势，阻碍文化生长
4. 娱乐	
个人休息，调整，逃避压力，充实闲暇时间	鼓励逃避主义，纵情享乐
制造大众文化——艺术、音乐—— 增加大众的文化接触	败坏艺术
提高大众品位，偏好	降低大众品位，阻碍艺术发展

资料来源：Adapted from Charles W. Wright (1960). "Functional Analysis in Mass Communication," *Public Opinion Quarterly*. 24：605 – 20 (winter). Also see：Charles R. Wright, *Mass Communication*：*A Sociological Perspective* (3rd ed.), pp. 4 – 6. New York：Random House (1986)；and Harold D. Lasswell, "the Structure and Function of Communication in Society," in Wilbur Schramm, ed., *Mass Communication* (Urbana：University of Illinois Press, 1960, pp. 117 – 130)。

过去，电视网的高层管理者极力否认节目的赞助人曾对播出节目的内容和形式发表意见。然而，要么是节目的制作过程改变了，要么是电视网对其经营方面的讨论变得越来越直率了，总之，一份报纸的辛迪加专栏文章的导语在报道本季即将在一家电视网上推出的一个娱乐性节目时说：“几个月以来，全国的电视评论者都拒绝对这个新的秋季节目发表评论，但是 CBS 已经从赞助商那儿得到了热烈的赞同，而这个群体的评论是最有分量的”（Gendel，1986）。

以前，电视网中的早间新闻是由新闻部门制作的；而现在却属于娱乐部门。这些信息娱乐（infotainment）节目不再具有传统意义上新闻节目的特征，取而代之的是娱乐特征。这些节目是按照广告商的需要设计的，目的是吸引更多的“高层次”受众。真正的现实（hard realities）和这些新型信息娱乐表演（infotainment shows）之间的差别有时很突出。

谈及社会中的信息流动，拉斯韦尔（1960）说：

> 如果统治阶级害怕大众，统治者便不会让普通百姓与自己一起知道事情的真相……其差异的程度便是统治集团歪曲现实真相的程度，这个限度是他们认为维持其权力必须依赖的……由此，传播的渠道就会受到控制，这种控制是希望按照执政者的意图来组织广大社群的注意力，其方法是只对巩固统治集团的权力地位有利的事件作出反应（p. 129）。

“五角大楼档案”中所保存的有关越南战争的真相未能为广大美国公众所知晓。对它的揭露是一个极好的例子，支持了拉斯韦尔的上述观点。另一个例子是公共广播电视公司长期挣扎于经济、政治的控制中。国会、总统和许多经济、政治集团运用各种各样的方法影响公共广播电视的节目内容，并消灭那些与他们自己观点不同的意见，而这违反了 1967 年建立公共广播电视法案的基本原则。这些力图控制公共广播电视的办法甚至包括取消政府对公共广播电视机构所有财政拨款的提议（Wicklein，1986）。而公司赞助者则大量选择公共电视台的节目予以财政支持，以影响其节目方针（pp. 32 – 33）。

我们头脑中的世界

杰出的政治专栏作家李普曼在他的经典著作《舆论》（*Public Opinion*，1992）中讨论了现实世界和我们感觉的现实（reality）之间的不一致。他指出，在大多数情况下，我们并不直接了解我们所生活的环境，但是“无论我们认定其为真实的图景到底是什么样的，我们往往都把它们当作现实环境本身来对待”（p. 4）。李普曼指出：尽管我们发觉，很难将这样的观念应用到我们现在奉行的信仰中，但是这样的观念却不难应用到其他人、其他的时代，应用到人们过于认真相信的那些荒唐的世界图景上。

虚构（fictions）和符号（symbols）除了对现存社会秩序的价值之外，对于人类传播也很重要。几乎每个人都会遇到那些看不到而又难于掌握的事情。李普曼（1992）观察到，“任何人对于自己未曾经历的那些事件，唯一的感觉就是他对那种事件的主观印象所产生的感觉。”他又补充说，在特定的时候，我们对虚构事件的反应就像我们对真实事件的反应那么强烈，我们还常常自己制造一些虚构的景象。在以上情况下，在我们和真实环境之间，都存在着一个伪环境（pseudoenvironment），而我们往往是对这个伪环境做出反应。如果这些反应是我们的行为的话，那么它们却是发生于真实的环境中，而并非刺激了这些反应的伪环境。由于这个原因，李普曼说："人类为适应环境做出的所谓调整往往是通过虚构中介（medium of fictions）发生的"（pp. 13，15）。

李普曼的话并不意味着这些虚构都是谎言，而是说，我们是对自己制造的环境表象作出反应。我们之所以会这样做，是因为真实环境太大、太复杂，太短暂，难以直接体验（参见第5章关于抽象的讨论）。为了对周围的环境做出反应，我们首先必须将环境改造成一个更简单的模式，然后才能对之进行处理。

接下来，李普曼（1922）又讨论了"人们施之于环境而产生的世界景象，这些景象往往是受到伪环境的刺激而作出的反应"（p. 20）。这些行动可能带来各种命令：

> ……出动军队或者缔结和平、征兵、征税、驱逐、监禁，保护或者抄没财产，鼓励某种企业，同时阻碍另一种企业，促进或阻碍移民，改进传播或进行审查，建立学校，组建海军，公布'政策'和'目的'，设置经济壁垒、添置或者取消产业、将某类人置于另一些人的统治之下、偏向一个阶级而反对另一个阶级等"（pp. 20，21）。

于是，我们所做的一切不是根据确定和直接的知识，而是依照我们对世界的图景（pictures），而且，这些图景往往都是由他人提供的。我们想象世界的方式决定了我们要做的事，我们的努力，感情和希望，但不是我们期望的成就和结果。李普曼（1922）指出，宣传就是试图改变我们对之反应的这种图景的一种努力。在《舆论》一书中，李普曼分析了为什么我们头脑中的图景总是误导我们对外部世界行动的原因。他列举了以下限制我们接近事实的原因：审查制度，社会接触的局限性，每天关注公共事物的时间太少，将事件压缩成短消息（抽象）的过程中发生的曲解，用简单的词汇描述一个复杂的世界（第5章），害怕面对会威胁我们生活的事实（第7章）。

流行品位和社会行为

在一篇题为《大众传播、流行品位和有组织的社会行为》（*Mass Communication, Popular Taste, and Organized Social Action*）的文章中，两位著名的传播学者和社会学家拉扎斯菲尔德和默顿（1948/1960）对社会使用媒介的方法提出了几个重要问题。他们最担心的一个问题就是有权势的利益集团利用大众媒介进行社会控制。他们指出，在主要的权力集团中，有组织的企业“占据了最显要的位置”，已经替代了控制松散公众的较为直接的手段，它们利用的是被称为公共关系的新的宣传手段。他们说：

> 经济力量似乎已减少了直接的剥削，而主要利用大众媒介进行宣传……广播节目和行业性的广告服务取代了恐吓和高压政治……媒介的工作就是促使公众顺从目前的社会经济现状（1948，pp. 96－97；1960，pp. 493－494）。

发生在1990年底的一件事是一个很好的例子。1990年末，埃克森公司付给阿拉斯加旅游者协会700万美元，以赢回那些因1989年石油泄漏事件而远离此地的潜在游客。如果埃克森公司自己发布广告，说威廉王子港已经“几乎恢复”了元气，则可能招致怀疑。埃克森公司采取了另外的办法，它把可以扣税的美金作为营业支出，付给阿拉斯加旅游者协会，而这家协会是一家名声良好、极有信誉的组织（Creed，1990）。

拉扎斯菲尔德和默顿（1948/1960）接下来讨论了媒介的几个功能：**赋予地位；强化社会规范；麻醉性反面功能。赋予地位**（status conferral），或者说被大众媒介承认，指的是一个人重要得足以突出于大众之外，这个人的言行重要得足以引起媒介的重视。由于媒介使这样的个人和群体的地位合法化，因而赋予他们相应的地位和声望。

通过“暴露”那些偏离社会公认道德的情况，大众媒介还可以强化**社会规范**（enforcement of social norms），其公布的行为迫使社会成员认识到发生了这些违反公德的行为，并要求个人对此采取立场。无论私下的信仰如何，个人都必须作出选择：要么否定或者拒绝规范，从而确认自己不受社会道德框架约束的身份；要么支持和遵守这些社会规范。拉扎斯菲尔德和默顿说：“公之于众的做法缩短了‘私人态度’与‘公共道德’之间的距离”（1948，p. 103）。

公之于众的做法通过防止个人持续回避某个问题，从而带来压力，要求其采取单一而不是双重的道德规范。大众媒介通过将偏离社会规范的情况公开曝光的方法重新确认了社会规范。

两位学者认识到，大众媒介对普通受众持续刺激的另一个后果是“麻醉”。他们称之为**麻醉性反面功能**（narcotizing dysfunction）。这个概念假定，拥有大量冷漠、迟钝的人口并不符合社会的最大利益。作者指出，信息泛滥会造成对问题的一种表面化关注，而掩盖了大众的冷漠。被告知并对其产生兴趣的人们可能了解了一些社会问题；但他们并没有认识到，自己未能对此做出决定，也没有采取行动。两位学者认为，在这种情况下，大众媒介是最显要也最有效的社会麻醉剂，逐渐增大剂量的麻醉可以将我们的精力从主动参与转为被动获知（pp. 105－106）。

社会顺从理论

在多数西方社会中，由于社会和经济体制的原因，媒介是由企业提供财政支持的。反过来媒介也支持这种体制。拉扎斯菲尔德和默顿（1948/1960）认为，这种支持不仅表现在广告上，也表现在媒介的节目内容上，这些内容通常都是肯定和赞同现存社会结构的。用这两位学者的话说：“这种持续不断的肯定强化了接受的义务”（1948，p. 107）。

两位学者指责说，这种肯定不仅通过媒介说出的东西表达出来，而且更重要的是，通过媒介没有说出的东西表达出来，因为媒介“未能提出有关社会结构的基本问题”。两位学者认为，以商业支持为背景的媒介不具备对社会问题给予批判评价的基础，反而“限制了那种真正具有批判性的观点发展”（p. 107）。他们注意到，偶尔也会出现一些批评性文章和节目，但是这样的东西太少了，以至于被大量顺从性材料所淹没。他们强调指出，如果一些社会问题干扰商业利益，商业媒介就会抛弃这些问题；经济的压力迫使媒介忽略那些敏感的争议问题。

前任美国驻苏联大使凯南（George F. Kennan）批评道，由于媒介受到广告的影响，变得顺从，缺乏批评性的分析，从而导致了冷战的延长（“Mac-Neil/Lehrer NewsHour,”1988. 12. 23）。

使媒介有效的条件

拉扎斯菲尔德和默顿说，要使媒介有效，需要具备三个条件：垄断化，引导而非改变基本的价值观念，以及面对面接触的补充。

垄断化

如果大众媒介的反宣传缺失，就会出现垄断化现象。**垄断**（monopolization）现象不仅在威权社会中存在，而且可能在任何社会存在。如果一个社会对任何争议、任何价值观、任何政策和任何公共形象都没有相反的意见表达，便可称之为垄断化。有时，这种相反意见在一个社会中几乎不存在或者完全没有，于是就表现为这样的情况，那就是，如果媒介对一个“神圣不可侵犯”的机构提出了质疑，质疑的文章和节目就会成为引起争议的风暴中心，而后来，这些超越规范的杰出文章和节目也会长时间地被人们记住。

评论家们认识到，对高收视率和高收入受众的追求，使商业性的电视网大量抛弃过去那种具有争议性的影响力强大的纪录片。

以电视纪录片而闻名全美国的莫耶斯（Bill Moyers）说（*Newsweek*，1986. 9. 15）：

> 我们的重心已经从新闻业的标准和实践转向演出业的标准和实践了……总统提出“美国回归”的口号，CBS的新闻形象宣传广告便说：“我们使美国立于世界之巅。”这些并不是巧合，当你决定不去审视你的文化而去吹嘘它的时候，发生的情况就是如此（p. 53）。

有线电视和家庭录像的发展使电视网的观众减少，收入下滑。结果，电视网削减了部分开支，包括用于拍摄纪录片的那部分开支。一篇报道电视网削减开支的文章提到（Boyer，1986）：

> 回首过去，在电视网的费用充足而且表现活跃之时……它们对摄制新闻和公共事务节目的义务感是很强的。CBS曾保有20多位全职的纪录片制作人队伍，而现在仅剩下一位。取代思考性的、有时深思式的而且通常是收视率较低的纪录片的，已经是杂志性节目（magazine shows）……和一些短平快的即时纪录片（instant documentaries）……其目的在于提高收视率（pp. 1，28）。

对其他一些重要的设想、问题、政策和价值观的处理都只是附带性的。电视纪录片《宗教生意》对宗教问题的某些方面提出了质疑，但是，对有关宗教在社会中的整体价值这个更大的问题，却极少在主要媒介中讨论，如果还有媒介提及的话。近几年来，媒介中咨询经营方式的节目越来越多，但是却没有人质疑一些根本的假定——例如，对自然资源的私人所有权。尽管有宪法第一修正案制订者们的意图，尽管有启蒙主义关于真理将在思想的市场战胜的观念，尽管有米尔那些主张思想和讨论自由的论点——包括不经积极捍卫的信念将失去活力的论点，许多构成我们社会信念的基本假定都从未受到认真的质疑和挑战。

引导

拉扎斯菲尔德和默顿（1948/1960）指出，广告通常试图对现存的各种行为模式和态度加以**引导**（canalization），它常常试图使消费者变换一下他们已经习惯使用的产品的品牌，无论是牙膏还是汽车。一旦某种行为模式和态度建立之后，人们便可以按照不同的方向对其加以引导。相对而言，宣传要处理的常常是那些复杂得多的问题。宣传的目标可能与那些已经根深蒂固的态度相左，因而需要重塑目标，而并非简单地引导现有的价值体系。作者总结道，尽管大众媒介在引导基本态度方面是有效的，但是极少有证据表明，仅靠它们自身就能带来态度的转变。

补充

拉扎斯菲尔德和默顿（1948/1960）还引述了第三个条件：面对面接触的补

充（supplementation）。在这里，大众媒介既非垄断者也不是引导者，然而，媒介的作用仍然可能是有效的。作者举了库格林神父的例子，他将宣传性的广播演说与组织地方群众结合起来。人们听过他的演说之后，再对他所表达的观点进行集体讨论。广播讲话与散发报纸和宣传小册子互相结合，再对这种按地方组织的讨论小组加以协调，所有这些环节都在相互强化效果，结果证明特别成功（第10章讨论过“媒介论坛”）。

这种将大众媒介和强化性的讨论群体结合在一起的方式是很耗费钱财的，通常这种方式只见于旨在有计划地实施改变以维护现状的情况下，或者发展中国家为传播某种创新事物而积极倡导的条件下。这种将大众媒介与小组讨论相结合的方式常常被那些中央政权享有绝对权威的政治体制采用。然后，这种做法又用来补充中央领导的政策和指示。正如拉扎斯菲尔德和默顿（1948/1960）指出的，那些试图为现代工业社会带来变革的组织如果采用这种将媒介和讨论组互相结合的方式，却难以成功。他们指出：“那些处于权力结构边缘的前瞻性组织一般不具备那些位于权力中心的自满自足集团那样巨大的财政手段”（1948，p. 117）。

两位作者还补充道：“有组织的企业的确造就了大众媒介实际上的‘心理独占’，广播广告和报纸广告赖以立足的，是以自由企业为方式的制度。”他们最后说，“与那些已经被我们的社会文化同化了的人进行面对面的接触，主要加强了占统治地位的文化模式。”（的确，如果不做此种接触的话，我们往往会产生如第7章中所提到的心理失调。）作者总结说：“由此，使大众媒介发挥最大效力的条件就是，使传播朝着维持现行社会和文化结构的方向进行，而不是相反。”（p. 118）

只要人们用批评的眼光看看目前充斥都会报纸的大量“特刊”内容，看看地方广播的节目，就会发现，它们是为商人而并非为广大消费者设计的。仅有的例外似乎就是那些评论书籍、电影、表演艺术和餐馆的文章了。许多人消费支出的最大项目就是购买房屋，因而那些星期日报纸的地产版不仅登满了房屋广告，甚至还配有“社论”内容，几乎毫无例外地对地产开发商、建筑商、地产经纪人用尽溢美之词。人们会发现，报纸上的这些文章，实际上就是各个公司的公关材料，大肆宣传各个房屋开发商的优点，或者表明通过某家代理商买卖房屋的好处。批评房屋设计、地板装饰、建筑质量、细部设计、价格与所提供价值的比较、贷款情况或者其他相关事项的内容，在房产专版上都是极少被提及的。对汽车、食品、时尚、旅游版面来说，情况也是一样。人们发现，在有关旅游的文章中，服务员毫无例外地一呼即至，当地人一致笑脸相迎，服务绝对高效，食宿完全舒适，价格全部合理，旅游地的天空也永远晴朗湛蓝。

新闻中的持久价值观

社会学家甘斯（Gans，1979）认为：“新闻本身不局限于对真实的判断，它也包含了价值观，或者说，带有偏好的陈述”（p. 40）。他认为，在美国，新闻的基础是媒介认为国家和社会应该如何的图景。这些价值观很少直截了当地表现出来，必须经过推理才能使人明白，因为在多数情况下新闻记者是不会将价值判断插入新闻报道的。甘斯把这些称作持久价值观（enduring values），并说，通过长时间的观察，就能在各种不同的新闻报道中找到这些价值观。他认为，这些价值观常常有助于给新闻下定义，并对哪些活动可能变成新闻发挥影响。通过不断总结，甘斯确定了 8 种持久的新闻价值观（见表 15. 6）。这些价值观体现在记者描述事件的方式上、叙述故事的证据上，以及经常使用的动词、名词和形容词的含义上。

民族中心主义

甘斯（1979）提出的第一种持久新闻价值观是对其他国家表现出来的**民族中心主义**（ethnocentrism，即认为自己的种族、国家、文化优于所有其他民族的一种态度）。据他观察，这种观念在国外新闻中特别明显，这些新闻总是按照别国遵循美国价值观和实践的多少来评价别人的优劣。他补充说，这类新闻夹杂了很多对其他国家国内状况的批评，只是由于它们偏离了美国的理想。甘斯说，在所有国家中，民族中心主义最明显的表现就是战时新闻。例如，自己国家的军队犯下的暴行通常不会被报道。

表 15. 6　甘斯总结的新闻中的持久价值观

民族中心主义	认为自己的民族优于其他民族（在国外新闻中最明显）
利他的民主	新闻暗含政治应以公众利益和服务为基础
负责任的资本主义	新闻暗含生意人应避免大量剥削工人和消费者以及赚取不合理的利润
小镇田园主义	喜欢定居于小镇而不是其他地方（崇尚自然及小型）
个人主义	保护个人自由，不受国家和社会的侵犯
中庸主义	反对超越限制或极端主义（违反法律、违反主导道德准则和持久价值观）
秩　　序	尊重权威和相应的持久价值观，关注社会凝聚力
领导素质	有道德或有能力的领导，公正直率有远见，精力充沛，勇气十足

资料来源：Adapted from Herbert J. Gans, “The Messages behind the News,” *Columbia Journalism Review*, Jan. -Feb. 1979, pp. 40 –45.

利他的民主

甘斯（1979）认为，国内新闻强调**利他的民主**（altruistic democracy）。通过经常报道那些脱离未言明的美国式理想的偏差事件，国内新闻指出了美国式民主应该如何运作。从那些关于腐败、冲突、抗议和官僚弊政的新闻报道中，可以看出这种民主。但是甘斯说，当报道涉及官僚弊政时，新闻就会带有很大的选择性。虽然媒介一直关心新闻自由及与之联系的公民自由权，但其程度却不如媒介对激进分子人权被侵犯的关心，对正当司法程序，对人身保护令和其他宪法保护措施的关心，特别是对罪犯的保护措施的关心。在甘斯看来，尽管媒介坚持报道在实现利他的、正式的民主中一些政治和法律的过失，但是媒介较不注重报道妨碍民主实现的经济障碍。甘斯说，媒介很少关注贫穷和无权之间的关系，也很少注意美国中产阶级获取政治权利的艰难。按照甘斯的想法，媒介有这样的假设：经济和政治是彼此分开、各自独立的。典型的情况是，在这种价值观看来，私有企业干预政府事务的后果不如政府干预经济那么严重。结果，新闻很少注意公共津贴被私人利用之严重程度。

负责任的资本主义

甘斯认为，另一项持久的新闻价值观，即**负责任的资本主义**（responsible capitalism），是"一种乐观的信念，它认为，在一个美好的社会中，企业家将互相竞争……但是他们将避免赚取那些不合理的利润，避免对工人和消费者的大量剥削"（1979，p. 41）。他说，对于目前经济中许多寡头垄断的现象，我们很少听到批评，不管是明确的还是含蓄的。甘斯指出，"'福利骗子'也是持续的威胁，并且是比普通逃税人更有新闻价值的报道对象"（p. 42）。例外的情况是，1990年媒介对金融界丑闻进行了多次报道，尽管有的人批评说，只是在政府机构将丑闻揭露出来之后，媒介才进行了报道。

其他持久价值观

甘斯（1979）所列举的其他持久价值观还包括**小镇田园主义**（small-town pastoralism），即最喜欢定居小镇，而不是其他地方；**个人主义**（individualism），即保护强健的个人主义者，反对社会和国家对自由的侵犯；**中庸主义**（moderatism），不鼓励超越限制或极端主义；**秩序**（order），分道德秩序和社会秩序两种，包括反对任何拒绝流行道德或规则的行为；**领导素质**（leadership），即维持道德和社会秩序的方法。按照甘斯的观点，新闻不仅包含价值观因素，还包括意识形态，尽管组成这种意识形态的观念只有部分被人们想起。他将"这种价值观的集合及与其联系的**真实判断**（reality judgement）称为准意识形态（paraideology），部分地是为了与那些通常意义上经过深思熟虑、系统化和更加教义化的被称为意识形态的价值观相区分；然而，它仍然属于意识形态"（p. 45）。他说，反映在新闻上的价值观，既不是自由主义的，也不是保守主义的，而是专业主义的价值观（见方框15.4），特别是改革主义者的价值观，或者说对"诚实、公正、有能力的公共或私人机构和领导者"的信念。违反这种价值观的报道会激怒当权者，无论是自由主义的还是保守主义的当权者（Gans，1985，p. 32）。

方框 15.4　美国广播公司的《每周一人》

《每周一人》是《美国广播公司晚间世界新闻》节目的一部分，通常在周五晚上播出，这个节目片段很能代表新闻中的价值观。这部分节目完全由新闻记者控制，所以很能代表他们持有的价值观——什么人值得赞美，什么精神值得强调。

一项对五年时间内《每周一人》的分析发现了关于人物类型和价值观的特点（Larson and Bailey，1998）。被报道的人通常住在美国；在政界和娱乐界工作；通常是有名的白人男性。研究人员发现：

> 对个人主义、英雄主义和无私精神的表现要多于平民主义、资本主义和爱国主义。被报道的女性的知名度通常低于男性，并且更多地从事社会服务工作，担当照顾者的角色（p. 487）。

他们还认为，黑人比白人更多地来自贫困背景，通常是某个领域的创始人，并更可能跟社会问题相关。无私是一种经常被赞美的价值观，尤其是涉及到女性的时候。他们总结认为，"我们从中得到的教益是'做好事'和助人为乐是人们应该效仿的榜样，这样能够保护我们的社会"（p. 496）。

制造新闻：对真实的社会建构

社会学家塔奇曼（Gaye Tuchman）在她所著的《制作新闻》（*Making News*）一书中，认为新闻是对真实的社会建构。这本书基于作者10年间在新闻编辑部门的一系列亲身参与观察和对新闻从业人员的访谈而成。塔奇曼说，制造新闻的行为，就是建构事实本身的行为，而不仅仅是建构事实图景的行为（p. 12）。她认为，新闻是法定机构的同盟者，同样使现状合法化。塔奇曼将新闻专业主义、新闻组织与公司资本主义的出现联系在一起。她认为，新闻是一种社会资源，对这种社会资源的建构限制了我们对当代生活的分析思考（p. 215）。她认为："通过新闻的常规动作，通过认定新闻专业工作者具有裁定知识、表述新闻事实的权利，新闻使社会现状合法化"（p. 14）。

控制新闻从业人员和维护现状

为什么媒介要保持自己的新闻和编辑方针，媒介应如何保持这些编辑方针，布里德（Warren Breed，1955）在他所写的两篇文章中对此进行了阐述。布里德曾担任报纸记者，他是哥伦比亚大学的博士，长期在图兰大学任教职。在《新闻编辑部里的社会控制》（*Social Control in the Newsroom*）这篇文章中，布里德向世人提示了新闻和编辑方针通常在什么地方保持，在什么地方绕过。布里德观察到，报纸的发行者，即报纸的拥有者或拥有者的代表，有权设定和执行报纸的编辑政策。然而服从不是自动产生的。

布里德（1995）认为，所谓的编辑政策（policy），是指体现在社论、新闻专栏、新闻标题中的取向。布里德指出，偏向（slanting）几乎不意味着推托搪塞，而通常是“省略、有差别的选择、带有偏好的安排”，比如说给符合自己编辑方针的事件或观点加一篇“特写”文章，将一篇不合自家编辑方针的报道“埋藏”在版面中，等等（p. 327）。布里德指出，无论承认与否，每家报纸都有自己的编辑政策。政治、商业、劳工这些主要是出于对阶级考虑的方针部分是集中体现编辑政策的地方。布里德指出，编辑政策通常是隐蔽的，因为它违反了新闻道德规范，而媒介经理人员也要避免被人指责命令新闻报道发生偏向，从而陷入窘境。

报纸的编辑方针是隐蔽的，不会有人告诉年轻记者，他必须学会预测上司希望他做什么和怎样做，以获得奖励，避免惩罚。由于编辑方针是不会明说的，因此，年轻记者必须以一种间接的方式掌握编辑方针。首先，新闻从业人员必须每天阅读报纸，并学会识别其特色。通常，他的作品也是按照同事们的模式写出来的。新来者的报道很容易按照那些确定好的标准化过程去写。对新来者作品的编辑做法又是一个指南，告诉他哪些做法可被接受，哪些做法不行。偶尔，对一个新闻人员的惩罚也会以侧面的方式教他学习，它意味着，如果不遵循编辑方针，惩罚将随之而来。

通过同事之间的闲谈或其他方式，年轻记者了解到上司的兴趣、所属关系和特点。在工作会议上，同事们列出了各自的发现，管理者就此讨论如何去组织一个报道。管理者说的话和没有说的话，给记者们提供了了解管理者意图的机会。同样，管理者也不会明白说出编辑方针，新闻人员了解管理者意图的其他信息渠道还有内部的谈话，在会议上观察上司与各种领导人打交道时的表现和管理者下意识中表达出来的观点。

1990年，金泽尔（Roger Kintzel）是《奥斯汀美国政治家报》的出版者，他也是大奥斯汀地区商会的主席。该报报道了建议采取大量减免赋税等优惠条件吸引电脑芯片制造财团——美国记忆公司——来奥斯汀安家的运动，观察者批评说，该报这方面的报道似乎不够客观（Forrest，1989）。显然受此刺激的《奥斯汀美国政治家报》针对这种批评发表了一篇长文，为这种利益冲突辩解。除了其他一些论点，文章还说（Ladendorf，1990）：

- 金泽尔坚持说，冲突不会发生，因为他将不允许冲突存在……
- 金泽尔说：“对我而言，将两样事情分开是轻而易举的。我非常惊讶人们竟会认为，仅仅为了在商会里一年的志愿工作，我竟有必要去操纵新闻。”
- 报纸没有牺牲它的品格（p. H1）。

两年前，一位高科技方面的资深新闻记者沙利文（Kathleen Sullivan）失去了她在《奥斯汀美国政治家报》的工作。沙利文是个怀疑论者，不是鼓吹者。在一次未经报道的火灾和化学物质泄漏事件之后，沙利文报道了一家奥斯汀半导体芯片制造厂中工人们的安全和健康状况，这惹恼了地方上一位有权势的经纪人。她报道说，为吸引一家联邦基金资助的改进电脑芯片生产的财团——半导体材料科技公司，地方上使用了各种公开的和私下的鼓励手段。这位有权势的经纪人向金泽尔表示了不满。当时，金泽尔已经是由这位人物担任主席的商会经济发展委员会的常务副主席。当沙利文正在完成一篇批评奥斯汀另一家高科技企业的文章时，她被迫辞职了，而报社并未公布原因。同时报社还提出“如果她保证不对报纸进行批评、起诉，不在将来的新闻报道中使用她在《政治家报》工作时收集到的资料，那么，报社将付给她八千美元”（Curtis，1988）。在沙利文离开该报三个星期之后，她被《旧金山考察家报》雇用，仍从事高科技方面的报道（Shahin，1988）。沙利文在《考察家报》最初发表的一系列文章中的一篇，是关于奥斯汀戴尔电脑公司的一种最畅销的电脑不符合联邦通讯委员会制定的无线电频率发射标准的文章，她承认，这篇文章就是被《政治家报》压制的报道（Shahin & Forest，1988）。

布里德（1955）举出了新闻从业者必须遵守编辑方针的很多原因，所有者有权解雇或降职，就是其中一个原因。然而，主编们有许多机会避免这种极端情况的发生。编辑们可以不理会那些可能与报纸政策相左的题材，如果非报道不可，也可以指派一个懂得分寸的“安全”记者去写。如果编辑发现一个送到手上的报道写得不能接受，还可以对它进行编辑，但所给的修改理由不是不符合编辑方针，而是时间紧或版面少等正当理由。

年轻记者对那些雇用了他们，给他们指明了界限并提供了其他一些帮助的人当然心存感激，满怀尊敬。布里德（1955）说：“这种对上司的义务感和私人感情加在一起，在产生顺从方面起到一种巧妙的作用”（p. 330）。这个因素似乎不仅决定了年轻记者对报纸政策的遵从，而且还决定了士气和好新闻的标准。

大部分年轻记者都想往上爬，这种愿望是促使他们服从编辑方针的另一个原因。许多记者注意到，获得提升的一个捷径就是写一篇大块的头版报道，而这也意味着报道不会违背报社的编辑方针。许多新闻从业者把新闻版面视为晋升肥缺的铺路石，而“爱惹麻烦的人”的坏名声却是进步的一大障碍。

布里德还举出了服从编辑方针的其他原因：包括缺少一个可以效忠的对立面群体，愉快的工作性质（编辑部里的集体感、工作的趣味性、非财政的特权），而且，追求新闻变成一种价值观和持续的挑战。基于以上所有这些原因，年轻的新闻工作者逐渐认同资深记者和媒介上层。由于有相同的规范，年轻的新闻从业人员很快就学会了他们的操作方法，模仿他们，而将自己带到工作中的个人信仰和伦理观念放在一边，服从报纸的编辑方针与规范。

偏离编辑方针的可能性

在某些情况下，偏离编辑方针（policy deviation）是允许的。由于编辑方针是隐蔽的，因此它的规范通常不是完全清楚的。如果编辑方针明确地对外公布，那么它也必须提供其动机、理由、可供选择的变通方法和其他复杂的东西。由于编辑方针是不明说的，所以通常记者在一个未明确规定的范围内可以有一定自由度。

采集新闻的记者可以利用他们对某个事件比较丰富的知识来打破编辑方针的限制，因为上司可能对这个特写的事实不甚了解。在很多情况下，记者们处在一个可以做出决定的位置上。如果因为一则新闻违反编辑方针，记者无法使其通行，他可以通过一位朋友将这个故事“移植”到竞争性的媒介上发表，然后这位记者便可以说，这则新闻已变得太重要，无法忽略了。

在决定什么该报道，什么不该报道的新闻上，有自己采访范围（警方、消防队、市政厅、法院等）的记者比那些只能接受编辑委派、采访单独事件的记者有更大的选择余地。有自己采访范围的记者有时可以放弃一些符合编辑方针但是他们本人不喜欢或者认为有违专业信条的新闻。当然，只有在潜在的竞争报社的同仁互相合作的条件下，这种情况才能出现。正如人们所料，那些“明星”记者违反编辑方针可能比普通记者更易获宽容。

布里德（1955）认为，这种编辑方针在多大程度上得到维护，现在的权力关系体系就在多大程度上得到维护。他说：“编辑方针通常是保护私有财产和阶级利益的，于是，得到这些利益的阶级和群体便更可能去保护它们”（p. 334）。虽然大部分新闻报道是客观的，社群可以通过开放的方式形成意见，但是，重要信息常常拒绝一般民众的问津，此时，政策新闻被淹没，或被偏斜报道。

- 一条标题是“美国养老金的巨大流失”的新闻，报道了美国公司养老金计划缴纳不足，一年达10多亿美元的情况，这条报道被淹没在C17版中不起眼的地方（*New York Times*，1992. 2. 15）。
- 一篇报道说，一个联邦地区法庭认定一位前城市企业贷款主任有罪，他盗窃了25万美元，试图将这笔钱用于个人及其经营行为的基金。这篇报道被放在B1版，以头版标题大加突出（*Austin American-Statesman*，1992. 2. 15）。

布里德（1955）总结认为，由于对新闻记者的奖励主要来自同事或者上司，而并非来自读者，因此，记者们为迎合更为实用的编辑部价值观，常要放弃自己的社会和专业理想。由此新闻从业人员既获得了地位的奖赏，又获得了群体的肯定。布里德说：

> 所以，新闻编辑创造出的文化模式并不能满足广大读者的民主需要，任何朝向“自由和有责任的媒介”的转变，都必须产生于可能对出版者施加

的各种压力，因为出版者扮演着制定和协调编辑方针的角色（p. 335）。

人们常常提到的引发60年代少数民族城市的骚乱，原因之一就是少数民族的怨愤情绪没有与一般公众交流的表达渠道。当然，他们正确地认识到，在希望问题得到改变之前，首先得有人知道他们的问题。从那时起，这种情况被称作“表达意识提高”。在布里德（1955）的文章发表13年后，“对城市动乱问题的国家咨询委员会报告”（*the Kerner Report*）在谈到媒介对城市少数民族积怨的报道时说（NACCD，1968）：

> 我们的第二个批评，也是最基本的批评，就是媒介没有恰当地分析和报道美国的种族问题，与此相关，也未能满足黑人民众对新闻的合理期待，总之，对黑人和白人两个方面的受众，新闻机构都缺乏交流，没有使他们感到美国面临的问题，并提出可能解决的办法。媒介只从白人的立场出发，报道和描述事件。贫民区里的疾病和困窘生活，黑人一触即发的怨愤，都很少被传达出来。轻蔑和冷遇是黑人日常生活的一部分，而这都来自他们所说的‘白人报刊’（the white press）——这些报刊不断重复地，虽然可能是无意地，反映出美国白人的偏见、家长态度和漠视。这些情况虽是可以理解的，但对于一个有义务向整个社会传播消息并教育广大社会成员的机构来说，却是不可原谅的（p. 366）。

又见方框15.5。

方框15.5　一份先锋黑人报纸

虽然美国大多数报刊忽略少数群体的问题和利益，但是一个积极的黑人报纸业却一直在努力为其读者服务。在内战前大约成立了40家黑人报纸，另外1187家成立于19世纪之前，1500多家成立于20世纪初。黑人报纸的平均生命周期是9年，主要原因在于缺少广告（Sullins and Parsons，1992，p. 206）。

俄克拉荷马市《黑人电讯报》是寿命较长的报纸之一，该报1915到1955年在公民权利问题上居于领导地位。虽然发行量只有10000到26500份，但是该报为读者提供了白人报纸忽视的关于黑人的全国新闻，所以在全国都有追随者。该报编辑敦吉（Roscoe Dunjee）不仅自己撰写社论，而且亲自冒险去检验歧视法，并支持促进学校和公共运输系统活动家的合并。他主张通过法庭和投票箱进行和平变革。

二战期间，胡佛的联邦调查局调查过黑人报纸，虽然试图、但没能以叛国罪控告敦吉。负责俄克拉荷马市办公室的联邦调查局警员说，《黑人电讯报》1942年的一期报纸“带有很大的偏见，并且充满共产主义词汇，例如‘公民自由’、‘不可剥夺的权利’，以及‘言论与新闻自由’”（Sullins and Parsons，1992，p. 210）。

敦吉1955年退休，1965年逝世。1974年，他被美国报纸出版者协会追认为“美国新闻业巨人”之一。自敦吉创刊时起，《黑人电讯报》持续了66年，于1981年停刊。

对记者进行评估的新闻来源机构

大部分新闻来源机构都很可能试图控制和影响媒介，让媒介总是按照他们所希望的方式描述新闻事件。毕竟，那是多数公关行业的惯用行为，也是一些商业公司向媒介提供消息的原因之一。现在，有商业公司已提出了公司评估记者的标准系统，特别针对那些报道商业题材的记者。一家这样的专业公司提供了一份有400多个记者简介的名单，用于标注（Gladstone，1995）。一般来说，评估重点在于记者报道公司消息时的表现好坏。（1995年，美国能源部长付给一家专业公司4万多美元，对报道这个部门的记者进行评估。）怀疑者认为，持批评观点的记者会被拒绝采访；报道的内容也会变得越来越媚主。那些批评家认为，这些公司正在试图找到一些不以批评态度报道公司情况的记者。

大众传播与社会文化整合

在布里德（1958）的第二篇文章中，他审视了媒介维持现状功能的方式。他指出，在价值观发生冲突的情况下，媒介有时为了表现尊崇传统、公共礼节和秩序的美德，会牺牲对重大事件的准确报道。布里德发现，报纸一般为自己的家乡或其领导人说好话。他举出的大部分例子，都与保护美国社会主导价值观和利益的动机有关。

布里德（1958）首先观察到，对于任何社会来说，主要的问题就是维护社会的秩序和凝聚力，包括维护对价值体系的共识。他引用德弗罗（E. C. Devereau）的话："深植于社会结构之中的各种障碍物阻止了这种正面冲突的传播；禁区内的问题根本得不到讨论，这样，人们就不必'面对'冲突了"（p. 109）。

关于"禁区"，可以看一个相当引人注目的例子，那就是媒介突然停止了对越战期间不公平的征兵方法的讨论；即使在越战结束后，这种不公平的方法还在继续：在大多数情况下，中产阶级家庭的男孩升入大学，而穷人家的孩子则去了亚洲。

虽然其他作者已经提出，媒介通过将适当行为戏剧化的一些方法在维持社会的共识，布里德（1958）却首先指出，媒介还可以利用省略的方法达到上述目的。他说："媒介可以省略或淹没那些可能危及社会文化结构及人们信念的新闻"（p. 111）。

传记作家卡罗（Robert Caro，1990）花了大量工夫去重现约翰逊总统在战时服役的情况。那是一次"总共只有13分钟"的军事行动，即约翰逊作为一名B-26轰炸机的乘客在新几内亚上空飞行，结果吸引了日本战斗机的出动。卡罗说，约翰逊曾在1941年向得克萨斯州的选民许诺，如果美国参战，他将位于"战争最前线，在战壕中浴血奋战"。接下来，卡罗说，"约翰逊在美国参战的头五个月努力发展他的政治前途，同时，他把自己精心安置于一种官僚式的‘安全的、温暖的海军床位’上，而这恰恰是他曾经许诺避免去的地方。”只是因为选举临近，才迫使约翰逊飞到太平洋战区，但他不是去作战，而是以观察员身份去的。在约翰逊完成了仅有的一次战斗任务之后，他“马上搭乘下一班离开战区的飞机走了，”卡罗说。在执行作战任务中打下日本飞机的飞行员和下士都没有因为此次使命得到大张旗鼓的宣扬，而约翰逊却获得了银星奖章，这是军队中最高的第三等战功勋章。在后来的年代，约翰逊经常穿着在其翻领扣孔中带着微型奖章的衣服。巴斯比（Horace Busby）是得克萨斯州的一名新闻记者，在1948年到1968年期间偶尔为约翰逊工作，他说：“40年来，我一直在想，这个故事什么时候会被讲出来。真相一直在那儿，等待某人去发现”（Trueheart，1989）。

布里德（1958）发现，政治和经济方面的新闻是最常遗漏的。典型的情况是，这些新闻涉及“精英分子或精英群体以不民主的方式取得特权”。他注意到，最引人注目的事实是：“阶级”这个词很少被媒介提及，而“阶级，即社会的不平等，正与美国信念相反”（1958，p. 114）。布里德确认的其他神圣不可侵犯的领域还有宗教、家庭、爱国主义、社区、医疗、法律和正义。

宗教 关于宗教，布里德（1958）说：“值得注意的是，宗教对于社会整合具有双重的重要性。宗教的价值不仅在于其自身，而且在于它捍卫和维护了使社会稳定有序的其他感情”（p. 112）。

家庭 布里德（1958）争论说，媒介将家庭描绘成这样一种机构，少了它社会将会毁灭。虽然最近媒介的确也花了一些时间和版面来报道非传统家庭的另类生活方式，但一般来说，人们很难对布里德的评论提出异议。

爱国主义 布里德（1958）注意到，爱国主义是媒介保护的另一个价值观。他说：“如果一个人被指控为不忠诚，媒介会立即停止对他的善意讨论。他不可能被描绘成一个领袖人物，而只是一个被众人怀疑的‘有争议的人物’”（p. 113）。关于媒介对待爱国主义和民族中心主义的编辑方针，布里德说：

> 美国的海外的士兵会违反规范，侵犯人身和财产。如果在国内，这种过失会导致公开处罚。但是媒介会尽力淡化美国士兵在海外的失职行为。因为在别的国家，他们是我们“民族”的代表，因此，他们处于一种准神圣的地位（p. 113）。

社区 布里德（1958）说，媒介对其所在社区的报道总是“进步、发展和成就得到称颂，而失败则被掩盖”（p. 113）。布里德注意到部分媒介的“商会”态度。有一份报纸，在头版有一条导读，题目是“继续增长”，它为一篇叫做《奥斯汀的光明前景》的文章做宣传。这篇报道对该市在建设、贸易、制造、金融、保险、地产、服务业、政务、运输、传播和公用事业等方面的发展大加赞扬

(Breyer, 1995)。但是报道中却丝毫没有提到相应增长的犯罪、交通堵塞、污染、以及赋税，还有地方设施在高峰期不能提供足够的水电供应，以及日渐拥挤的学校等问题。

医疗 布里德（1958）说，“在报纸中医生几乎从来不以反面形象出现，在其他的媒介中，如日间电视连续剧中的医生形象，也都是令人崇敬的”(p. 113)。很少有新闻报道显示“医生表现得自私，而是都表现得具有专业精神”(p. 114)。布里德这样说是在40多年以前，现在的情况则有了显著的改变。由于医疗费用不断上涨，人们对健康问题日益担忧，医疗事故诉讼案件大幅度增加，媒介对医疗行业报道的广度和深度，较以前已大大增加。

法律和正义 布里德（1958）认为，媒介的作用就是保护“权力”和“阶级”。他发现：“几个世纪以来，批评家一直注意到精英们在媒介上所享有的不成比例的权力和媒介在对他们的所作所为进行报道中的掩饰态度”（p. 111）。许多人会认为，自从布里德发出那样的评论49年来，情况已经发生了很大变化，特别是全国性媒介对那些广为人知的公众人物的报道大有改进。当纽约州的首席大法官被控敲诈勒索罪，并被判入狱服刑15个月时，媒介对于这件事进行了近一年的全面大量报道（Barbanel, 1992；Verhovek, 1992；Schemo, 1993）。

几年后，媒介报道了“得克萨斯公共正义”小组（www. tpj. org）的调查结果。该小组发现，在得克萨斯最高法院（该处法官经选举产生）法官募集的900万美元竞选款项里面，有40%来自有案件尚待审理的律师及相关方面。这项研究考察了给九个大法官当中的七个人的捐款，法官都参加了1994年或1996年的竞选。

哥伦比亚广播公司《60分钟》节目曾质疑得克萨斯州的大法官职位是不是拿来卖的，而上述的调查发生在这个节目播出后的十年。十年前，主要捐款人是起诉人的起诉律师，而时至今日，主要捐款人成了商会团体、公司以及公司的辩护律师（美联社，1998）。

其他如一些慈善机构或“非营利”组织的总裁们盗窃基金的劣行也没有逃脱媒介的注意。“联合之路”的总裁年薪为39万美元，却因从自己管理的慈善机构窃取数十万元用于个人及其女友的挥霍而被判入狱7年，外加3年的缓刑期(Barringer, 1992b；Arenson, 1995；Facts on File, 1995)。美国帕金森病研究会主任因邮电欺诈而被捕，他供认，在十年时间里，共贪污了80多万美元(Walsh, 1995)。证券交易委员会指控新世纪博爱基金会的创建者们通过一种金字塔式的筹资方法从其他慈善机构骗取了一亿多美元；联合国儿童基金会指控其肯尼亚机构的成员通过各种方法从该组织骗走了1000万美元（Fortune, 1995)。易受侵害的全国有色人种协进会（NAACP）因许多丑闻导致其执行总裁被驱逐，并因此而被媒介曝光（Shepard, 1995）。圣公会教堂也避免不了丑闻的侵袭，它的一位前任财务主管被发现将220万美元的教堂基金挪作他用，主要用于她的个人消费（Niebuhr, 1995）。

1992 年的联合之路丑闻事件促使媒介开展了对该组织在其他 16 个主要城市中总裁收入的调查，结果发现，“联合之路”主管们的薪水是他们平均捐助数目的两倍（Barringer，1992a）。这一年稍后的一个研究发现，1991 年，在 100 家最大的慈善机构中，有三分之一以上的机构付给其主要管理者的年薪超过 20 万美元，其中七家超过 40 万美元（Associated Press，1992）。

慈善机构获得很多税收优惠，因此它们的运作也必须公开，税收申报单和财政陈述应该向大众公布。这样监督者和捐赠者就可以知道慈善机构是如何花钱的。但是，慈善机构越来越多地开设营利性质的附属公司，这样就很容易掩盖它们的财政情况，虽然合法但很容易造成滥用。将合法使用与非法滥用分离开来有相当的难度，因为这里的操作涉及到隐私问题。例如，明尼苏达公共广播电台被迫披露，其总裁每年从该广播电台附属的营利公司中得到 38 万美元，而他从州公共广播系统中还获得工资 7.4 万美元。在俄克拉荷马市，“喂养儿童”慈善机构经营着一家附属货运公司，这家公司雇佣了该慈善机构创始人的女儿，而她同时又是该慈善机构的法律顾问。这些情况在该机构的年度报告中从未提及。

还有囊肿性纤维化基金会的例子。这个组织的前任执行官跟该组织营利性质的附属公司签了三年的管理合同，这个公司是从基金会的医药系统中剥离出来的。基金会不必告知捐赠者关于这项合同的事宜。

非营利性质公司的营利性附属机构不必汇报他们在工资上的花费，不必汇报他们雇佣的咨询人员。在这种合作关系中，成本和收入可以进行转移，这样营利性质的公司可以少交税，而慈善机构从表面上看也减少了管理费用（Abelson，1998）。

政府官员的命运也好不了多少。一位美国前财政部长被控犯有三项重罪——逃漏联邦收入税 4.7 万美元，试图就其财政状况向政府作伪证，阻挠联邦法院大陪审团工作（Johnston，1994）。近来，又有一位内阁成员（农业部长）被迫辞职，至少还有三位正在或已经接受审查（Elliott，1995；Stein，1995）。

前内政部长瓦特（James G. Watt）因试图对联邦大陪审团施加影响而被指控犯有一项轻罪。经过法庭辩论，瓦特承认了这项指控。在这以后，一家报纸在 A 版用 4 栏标题的文章，指责他逃避了 18 项作伪证和滥施影响的重罪指控（Johnston，1996）。

布里德（1958）说，当电视剧把一个生意人描写成一个坏人时，他们注重的是个人而并非整个机构。布里德批评说，当报纸的调查报道反映的是开展竞选运动的财务、游说活动或经济权力集中这类结构性错误的详细情况时，他们通常含糊其词。他说媒介“不会靠揭露机构工作上的失误来向主要的机构挑战”（p. 116）。

结论

自二战结束以来，世界发生了重大变化。许多媒介体制已不适用于传统的

《报业的四种理论》的分类了，特别是在那些发展中国家。不仅如此，自80年代以来，在社会主义国家，媒介功能和对媒介的控制也发生了显著而且连续不断的变化。

在西方社会里，很明显，大众媒介的理想化功能，如报业的自由权理论和社会责任理论所确认的那些功能，由米尔提出的那些合乎逻辑的推理，与新闻实践有很大出入。许多人对新闻理论和实践进行了探讨，赖特（1959）、拉斯韦尔（1948/1960）、李普曼（1922）、拉扎斯菲尔德与默顿（1948/1960）、布里德（1955，1958）、奥斯楚尔（1984，1995）、甘斯（1979，1985）和塔奇曼（1978）等人只是其中的几位。尽管布里德（1955，1958）40年前提出的媒介的遗漏问题现在依然存在，但可能已不像过去那样普遍了。然而，对一个民主社会来说，理想和现实之间的差异，仍是一个主要问题。

【关键词】

利他的民主（altruistic democracy）：出自甘斯（1979）的八种持久价值观，这种价值观是指政治应以公共利益和服务为基础。

威权理论（authoritarian theory）：报业的第一种理论，认为报业应该支持和促进当权政府的政策，并为国家服务。

引导（canalization）：出自拉扎斯菲尔德和默顿（1948/1960），使媒介有效的三个条件之一（又见垄断化和补充），媒介试图对现存的种种行为模式或态度加以引导。

联系（correlation）：出自拉斯韦尔（1948/1960），大众媒介的一种功能：对周围环境信息的选择和解释。

强化社会规范（enforcement of social norms）：出自拉扎斯菲尔德和默顿（1948/1960），大众媒介的一种功能，曝光与公共道德相背离的偏差行为。

娱乐（entertainment）：出自赖特（1959），大众媒介的一种功能，媒介将人们从每天的难题中解脱出来，充实闲暇时间。继拉斯韦尔（1948/1960）提出的监督、联系、传承社会遗产之外，补充的第四种功能。

民族中心主义（ethnocentrism）：出自甘斯（1979）的八种持久价值观，认为自己的种族、国家、文化优于所有其他民族的态度。

个人主义（individualism）：出自甘斯（1979）的八种持久价值观，保护强健的个人主义者，反对社会和国家对自由的侵犯。

领导素质（leadership）：出自甘斯（1979）的八种持久价值观，有道德或有能力的领导，公正直率有远见，精力充沛，勇气十足。

自由权理论（libertarian theory）：这种报业理论认为，报业的功能在于帮助人们了解真相，监督政府，同时，报业还具有告知、娱乐和销售的功能。

中庸主义（moderatism）：出自甘斯（1979）的八种持久价值观，反对超越限制或极端主义。

垄断（monopolization）：出自拉扎斯菲尔德和默顿（1948/1960），使媒介有效的三个条件之一（又见**引导**和**补充**），如果反面宣传缺失，或者对于任何问题、价值观、政策或公共形象都没有反面观点，就会产生垄断化。

麻醉性反面功能（narcotizing dysfunction）：出自拉扎斯菲尔德和默顿（1948/1960），大众媒介的功能之一（更恰当一点说，这是大众媒介的一种后果），媒介刺激过量的后果；麻醉性反面功能这一概念假定，拥有大量冷漠、迟钝的人口并不符合社会的最大利益。

秩序（order）：出自甘斯（1979）的八种持久价值观，尊重权威和相应的持久价值观，关注社会凝聚力。

负责任的资本主义（responsible capitalism）：出自甘斯（1979）的八种持久价值观，“一种乐观的信念，它认为，在一个美好的社会中，企业家将互相竞争……但是他们将避免赚取那些不合理的利润，避免对工人和消费者大量剥削”（p. 41）。

小镇田园主义（small - town pastorialism）：出自甘斯（1979）的八种持久价值观，喜欢定居于小镇而不是其他地方。

社会责任理论（social responsibility theory）：这种理论认为，媒介具有告知、娱乐和销售的功能，但是除此之外，它还必须将争议带到讨论的平台上。

苏维埃—极权理论（Soviet - totalitarian theory）：这一理论来自前苏联，认为媒介的主要目的在于为苏维埃制度的成功和发展做贡献。

赋予地位（status conferral）：出自拉扎斯菲尔德和默顿（1948/1960），大众媒介的一种功能，媒介认同个人和群体的地位，并使之合法化。

补充（supplementation）：出自拉扎斯菲尔德和默顿（1948/1960），使媒介有效的三个条件之一（又见**引导**和**垄断**），利用有组织的讨论群体巩固来自大众媒介的消息。

监视（surveillance）：出自拉斯韦尔（1948/1960），大众媒介的一种功能，媒介告知和提供关于机会或威胁的新闻。

传承社会遗产（transmission of the social heritage）：出自拉斯韦尔（1948/1960），大众媒介的一种功能，媒介使信息、价值观和规范代代相传或者将之告知新来者。

【讨论题】

1. 对报业的四种理论，各举出一个符合这种情况的国家。
2. 你所举出的国家是否跟理论所描写的完全一样？
3. 如果一个社会声称自己的报业是按社会责任的理论运作的，那么，应该由谁来监督这些监督者（媒介）?
4. 改进媒介报道的准确性应采取什么步骤?
5. 媒介是不是“权力的代言人”? 试进行解释。
6. 奥斯楚尔对媒介的分类方法是否比“报业的四种理论”更有用，是或不是，说出你的理由。
7. 举例说明大众媒介所具有的正面功能以及反面功能的情况。
8. 近年来媒介的哪些“虚构”（按李普曼的说法）引起了大量人民的反应?
9. 举出一件近期发生的“伪事件”，为什么说这是“伪事件”?
10. 按照甘斯的说法，你能想出一个持久的新闻价值观么?

第16章
媒介连锁公司与集团

格伯纳语言模式（见第3章）认为，传播“通过某种方式，获得可利用的资料”而发生。对于传播过程的这两个方面——方式和可获得性，格伯纳列出了研究范围：“对渠道、媒介、设备控制的调查”和研究“管理、分配、接触资料的自由”。

如第15章指出的那样，布里德（1955）指出，“媒介惯于遗漏或淹没那些可能威胁社会文化结构的新闻”，“编辑方针通常保护私有财产和阶级利益”（p. 334）。与此密切相关的是第15章提到的观点，例如拉扎斯菲尔德和默顿关于“社会顺从理论”的讨论，甘斯的“负责任的资本主义”，塔奇曼关于“对真实的社会建构”的评论，以及奥斯楚尔的观点，即新闻媒介是拥有政治经济权力人物的代言人，新闻媒介的内容总是反映那些媒介资助者的利益（见第15章参考文献）。如果这些看法都是正确的，那么要理解大众传播的运作，就需要掌握一些大众媒介所有权的知识。

媒介产业的权力集中及其对媒介内容的影响，这些话题在美国已经并不新鲜——这种担忧已经有100多年的历史。自从二战以来，尤其是近十年，这种集中化趋势急剧加速。

如果人们接受报业的自由权和社会责任理论，接受米尔在观点自由方面的论断，接受法官汉德（Judge Learned Hand）的立场：“从多数人的嘴中更有可能得到正确的结论”[U. S. V. Associated Press 52F. Supp. 362，372（D. C. S. D. N. Y. 1943）；又见 www. casp. net/times -2. html]，那么人们肯定会赞成这种说法，即当新闻和观点缺少多样性的时候，会威胁真理和理解。

电视

哥伦比亚广播公司与维亚康姆公司合并

1999 年 9 月，维亚康姆公司（Viacom）和哥伦比亚广播公司宣布了一桩最大的媒介合并（373 亿美元），组成位居时代华纳之后的世界上第二大媒介公司。在合并之时，维亚康姆公司拥有派拉蒙电影公司（《泰坦尼克号》、《拯救大兵瑞恩》等）、西蒙/舒斯书籍出版公司、世界上最大的影视连锁出租店百视达（Block buster）公司与派拉蒙家用录像公司、派拉蒙电视公司、UPN 网络、MTV、尼克罗迪恩电视网、表演与喜剧中央有线频道、以及派拉蒙主题公园。哥伦比亚广播公司也拥有 15 家主要电视台、全国最大的广播电台集团，以及其他媒介资产。合并之后，原先三个大型的广播电视网无一幸存地成为媒介集团的一部分（Mifflin, 1999）。

1985 年，西屋公司已经以 54 亿美元购并哥伦比亚广播公司。在电子传播收入方面，哥伦比亚广播公司居第二位，西屋公司居第六位。1993 年，前者的电子传播收入是35 亿美元，而后者是7. 05 亿美元（Broadcasting & Cable Yearbook, 1995, p. C-221）。这次购并涉及到 16 家电视台、21 家调频广播电台，以及 18 家调幅电台，需要获得美国联邦通讯委员会的豁免权，因为新组成的公司拥有的广播电视台总数超过了当前的限制，按照规章，一家公司在同一市场或交叉市场不能拥有两家电视台（Andrews, 1995; Wharton and Flint, 1995）。哥伦比亚广播公司在前十年已经进行了大量裁员，而西屋公司向华尔街分析家宣布，该公司计划进一步裁员，并从附属电视台获得更多利润，从而在两年内至少削减 7000 万美元成本，获得 3 亿美元利润的提升（Lowry, 1995）。

时代华纳公司购并特纳广播公司

1995 年，时代华纳公司以 75 亿美元购并特纳广播公司，这引起了当时世界上媒介和娱乐界的极大关注，这种关注维持至今。在购并之前，时代华纳公司在 1993 年的有线收入是 41 亿美元，在全国居于领先地位（Broadcasting & Cable Yearbook, 1995, p. C-223）。

时代公司和华纳公司的合并发生于1989 年，成为当时世界上最大的媒介公司。时代公司不仅出版《时代》、《生活》、《财富》、《体育画报》、《金钱》以及《人物》杂志，而且还出版时代—生活丛书、小型棕色丛书以及一些周报。它还深入电影、广播电视、有线电视、投资公司以及森林产品（纸浆、纸板、包装、建材、室内墙面、卧室家具、林地等）。新的时代华纳公司成为美国最大的杂志出版商，在全球拥有读者数量超过 1. 2 亿。作为世界上最大的视频公司、第二大有线电视公司以及最大的图书出版商之一，时代华纳公司的业务遍布五大洲（Bagdikian，1990，p. 240）。（见方框16.4）

迪斯尼公司购并都市传播集团

1995年8月，迪斯尼公司以190亿美元购并都市传播集团［美国广播公司（Capital Cities/ABC）的母公司］，使之成为当时最强大的媒介和娱乐公司（Fabrikant，1995）。1993年，都市传播集团/美国广播公司的电子传播收入是46亿美元，在全国居第一位（广播电视、节目编排、有线电视以及技术）（Broadcasting & Cable Yearbook，1995，p. C－221）。这一举动合并了电影娱乐、有线电视、广播电视，并通过与地方电话公司的合资融进电话网。

1985年3月，美国第三大电视网美国广播公司被都市传播集团以35亿美元的价格购并。那时，美国广播公司拥有纽约、芝加哥、底特律、洛杉矶和旧金山的电视台，主要市场的12家广播电台，一家出版社，以及一家电影公司。1984年，美国广播公司申报的收入是37亿美元，利润1.95亿美元。而都市传播集团1984年的利润是1.35亿美元，总收入是9.397亿美元，拥有7家电视台（包括在费城和休斯顿的电视台）、12家广播电台、8家日报、9家周刊以及几个有线电视系统。

通用电器公司购并美国无线电公司

1993年，通用电器公司在电子传播方面的收入是31亿美元，在全国排名第三（Broadcasting & Cable Yearbook，1995，p. C－221）。1985年，通用电器公司以62.8亿美元购并美国无线电公司（Radio Corporation of America，全国广播公司的母公司）。美国无线电公司拥有全国广播公司和位于全国大城市里的7家电视台。美国无线电公司全部收入中只有很少部分来自广播电视，电子产品和服务的收入是广播电视的两倍，其中大部分来自国防和太空开发合同。美国无线电公司的其他收入来自出版社，以及冷冻食品、汽车租赁等多元业务。

通用电器公司购并美国无线电公司之后，人们忍不住要推测，如果通用电器公司被卷入另一场阴谋或者定价丑闻，那么美国无线电公司旗下的全国广播公司会如何报道。从1911年到1967年，通用电器公司先后65次成为反垄断诉讼的被告。其中有一次导致3名公司官员被判刑，罚款等费用加起来超过5800万美元（Moskowitz，Katz，and Levering，1980，p. 178）。

集团拥有的电视台

过去20年里，在排名前100位的城市市场中，集团拥有的电视台数量增加了一倍，占这些市场里面电视台数量的74.5%（表16.1）。

表 16.1　电视台集团所有权方面的历史趋势

	1973	1980	1982	1985	1989	1990	1995
	排名前 100 位市场中的电视台数量						
甚高频	266	261	263	295	304	307	307
超高频	106	136	157	264	373	392	427
甚高频和超高频	372	397	420	559	677	699	734
	集团在排名前 100 位市场中拥有的电视台数量						
甚高频	200	215	226	256	274	275	282
超高频	61	84	106	165	255	260	265
甚高频和超高频	261	299	332	421	529	535	547
	集团在排名前 100 位市场中拥有电视台的比例						
甚高频	75. 2	82. 4	85. 9	86. 8	90. 1	89. 6	91. 9
超高频	57. 5	61. 8	67. 5	62. 5	68. 4	66. 3	62. 1
甚高频和超高频	70. 2	75. 3	79. 0	75. 3	78. 1	76. 5	74. 5

基于每年排名前 100 位的城市市场。这 100 个市场的构成每年会有些许变化，取决于 Arbitron 和 Nielsen 对电视市场的排名。

资料来源：Herbert H. Howard（1995）. TV station group and cross – media ownership：A 1995 update. Journalism & Mass Communication Quarterly，Vol. 72，No. 2（Summer），p. 396. Reprinted by permission.

1999 年 8 月，由于多年以来放松对广播电视规制的呼声甚高，美国联邦通讯委员会进行投票，首次决定允许同一电视网或者公司可以在大城市里拥有两家电视台。一家全国报纸的标题写道："地盘之争就要到来"。电视网和连锁公司有了新的机会，可以增加他们在有线、卫星频道聚集地区的存在。他们的节目也多了一个出口，这样可以降低总体的成本（Carter，1999）。

几个星期以后，美国报业协会呈文联邦通讯委员会，说报业已被挤到边缘，要求取消对报纸和电视台在同一市场中交叉所有权的禁令，这个禁令已经长达 25 年（Bloomberg News，1999 年 8 月 24 日）。

美国广播公司、哥伦比亚广播公司以及全国广播公司意识到他们在全天候新闻方面无法跟 CNN、MSNBC、Fox 新闻频道竞争。因此，晚间新闻报道改头换面。他们关闭或缩减了国内和国外的新闻记者站，希望他们的记者能够灵活地转战各地，同时，更多地依靠非本电视网人员进行新闻采集（Mifflin，1998a）。

报纸拥有的电视台

观察一下在排名前100位的市场中报纸对电视台的所有权，我们看到22.5%的电视台现在归报纸所有（表16.2）。这与过去的趋势是相反的，如一个作者指出的那样：

……地方报纸—电视台交叉所有权已变得非常稀少。1995年1月1日，在排名前100位市场的734家地方电视台中，只有2.6%（19家）涉及到跟报纸有关的地方交叉媒介所有权。而在1973年初期，这个数字是16.1%（60家）……联邦通讯委员会避免地方媒介交叉所有权的目标基本实现（Howard，1995）。

报纸

甘尼特（Gannett）是美国最大的报业连锁集团，出版《今日美国》和其他86家日报、周报以及半周报，拥有电视台、广播电台、有线系统、辛迪加电视节目公司以及北美最大的室外广告公司（Bendavid，1995；Anon，1995；Harwood，1995）。（关于甘尼特，详见方框16.1和Bagdikian，1997，第4章）

1995年8月，奈特—里德连锁公司（Knight - Ridder）以3.6亿美元购并莱舍家族（Lesher family）在旧金山郊区拥有的四家日报（Hall and Hallissy，1995）。奈特—里德连锁公司位于迈阿密，有追求质量的口碑，拥有的日报数量仅次于甘尼特。在购买莱舍家族日报之前，它拥有27家日报。购入莱舍报纸之后，1995年底，该连锁公司给属下最大的报纸联盟《费城探询者报》和《费城每日新闻报》施加压力，要求其将利润增长一倍，采取的手段包括提高报摊售价，裁员230 - 250人，减少特写文章，减少20%的地方新闻。为了满足投资者的要求，须将利润目标在两年内由8%提高到15%（Glaberson，1995c）。

表16.2　报纸对美国电视台的所有权，1995年1月1日

	甚高频			超高频			甚高频和超高频		
市场排名	数量/	报团所有	%	数量/	报团所有	%	数量/	报团所有	%
1 - 10	44	24	54.5	91	6	6.6	135	30	22.2
11 - 25	58	22	37.9	81	4	4.9	139	26	18.7
26 - 50	80	34	42.5	104	10	9.3	184	44	23.9
51 - 75	70	28	40.0	85	8	9.4	155	36	23.2
76 - 100	55	24	43.6	66	5	7.6	121	29	24.0
1 - 100	307	134	43.0	427	33	7.7	734	165	22.5

资料来源：同表16.1，p.399.

方框 16.1 大卫对歌利亚

大型媒介公司不能容忍那些小镇周报和“购物报”，因为这些小报带走了当地的一部分报纸广告，缩小了地方垄断报纸的盈利空间。要了解大型媒介公司如何扼杀那些反映小镇品格的地方日报和周报，可以参阅麦科德的《连锁帮，一家报纸与甘尼特帝国》(1996)。这本书读起来像一部神秘小说，细节丰富生动，讲述了一家周报被迫倒闭的故事。一家日报的出版者如果不是立场坚定，甘愿遭受损失，也差点遭到同样的命运。

越来越多的报纸被媒介连锁公司购并，随着这种趋势的发展，报纸所有者越来越少。1920年有1920名报纸所有者，但是到了1986年，这个数字只剩下不到1/3，只有626个了，而总发行量却增长了两倍多。从1950年到1997年，在人口急剧增长的情况下，美国的日报数量却从1772家减少到1509家（表16.3）。

表 16.3 美国的日报数量

年份	晨报	晚报	晨报和晚报总数 *
1950	322	1450	1772
1960	312	1459	1763
1970	344	1429	1748
1980	387	1388	1745
1990	559	1084	1611
1997	705	816	1509

*“全天”报纸每天出版几个版本，在晨报一栏和晚报一栏中，均统计在内，但在总数当中，它们只被统计了一次。

资料来源：Adapted from Facts about Newspapers：A Statistical Summery of the Newspaper Industry (1998). Vienna, Va.：Newspaper Association of America.

对于许多媒介批判家来说，最引人注目的是竞争性日报数量的大量减少，以及媒介市场上竞争观点的减少。在美国人口最多的10个城市中，只有四个城市——纽约、洛杉矶、芝加哥、底特律——存在相互竞争的普遍发行日报（底特律报纸还处于一个联合运营协议的约束之下）。费城有两家日报处于单一所有制之下。在10个人口最多的城市中，5个城市每城只有一家普遍发行的日报，这5个城市是休斯顿、圣地亚哥、达拉斯、圣安东尼奥、以及菲尼克斯（表16.4）。

表 16.4 美国人口最多的 10 个城市中的普遍发行日报

城市	1990 年人口（百万）	日　报
纽约	7.32	《新闻报》、《邮报》、《时报》、《华尔街日报》
洛杉矶	3.48	《新闻报》、《时报》
芝加哥	2.78	《太阳时报》、《论坛报》
休斯顿	1.63	《纪事报》
费城	1.58	《探询者报》、《新闻报 a》
圣地亚哥	1.11	《联合论坛报》
底特律	1.02	《自由报》、《新闻报 b》
达拉斯	1.00	《早间新闻报》
菲尼克斯	0.98	《共和报》
圣安东尼奥	0.94	《新闻快报》

a《费城探询者报》和《费城新闻报》均归奈特—里德连锁公司所有，在同一所大楼内办公。

b《底特律自由报》归奈特—里德连锁公司所有，《底特律新闻报》归甘尼特连锁公司所有。在业务、制作以及发行设施方面，这两家报纸之间存在一个联合运营协议。在周六、周日和假期里，两报合作制作联合版本，每家报纸独立编辑各自版面。

资料来源：1990 U. S. Census；Editor & Publisher International Yearbook，1998.

自 1986 年以来，至少 21 家日报已经倒闭或合并，这里面包括一些大型报纸，更多的城市没有了日报之间的竞争。1986 年以来倒闭或者合并的报纸包括《休斯顿邮报》、《密尔沃基新闻报》和《密尔沃基哨兵报》、《圣安东尼奥之光报》、《圣地亚哥论坛报》、《安克雷奇（阿拉斯加）时报》、《匹兹堡日报》、《达拉斯时代先驱报》、《堪萨斯城时报》、《迈阿密新闻报》、《洛杉矶先驱考察家报》、《巴尔的摩新闻—美国人报》、《巴尔的摩太阳晚报》、《圣路易斯环球民主报》（Hendren，1995；Verhovek，1995）。近些年的牺牲品还有《菲尼克斯公报》、《纳什维尔旗报》、《查塔努加时报》（Anon，1999，Sack，1998）。[1878 年，当时 20 岁的奥克斯（Adolph Ochs）买走《查塔努加时报》一半的股权，然后在 1896 年购得《纽约时报》控股权。] 当《休斯顿邮报》于 1995 年 4 月关门之后，美国人口第四大城市休斯顿成为美国最大的没有相互竞争报纸存在的城市（Fitzgerald，1995）。（公司报纸是否会带来危害？见方框 16.2）

方框 16.2 关于公司报纸的经验研究发现

德默斯（David Pearce Demers, 1996）回顾了他本人自 1987 年以来进行的深入研究，并在写成的书中总结认为，关于连锁所有制和报纸进入率下降减少了市场多样性的说法，缺乏经验证据的支持（p. 309）。他说：

> 他们（媒介）是社会控制的代理……内容的多样性受到主导价值观和媒介依赖性的限制，主导价值观是指负责任的资本主义和社会秩序等，媒介依赖性是指媒介需要从精英人士那里获得消息，以及从广告商那里获得财政支持……他们极大地依靠政治和经济权力中心来获得新闻，这意味着通常从当权者立场来构造新闻，新闻内容通常提倡符合资本主义理想和经营人士利益的价值观。主流媒介极少促进或激发极端的社会变革。媒介的监督功能基本上是一种神话……媒介消息为这个“系统”的价值观、规则、机构以及领导人提供广泛的支持，但也经常批评当权者，尤其是当精英团体在基本政策问题方面意见不一致的时候（pp. 310－311）。

德默斯（1996）说：“关键问题是公司形式的组织是否正在摧毁或者限制观点或角度的多样性”（p. 314）。他总结道：

> ……连锁报纸过多地强调利润，大型报纸和连锁报纸好像更能获利。有证据表明，连锁报纸较少报道地方新闻……虽然公司报纸好像更能获利，但是没有证据表明这对编辑产品或新闻自由构成不良影响。事实上，大量证据显示，连锁和大型报纸在编辑方面更有活力，并且更加注重产品质量（p. 314）。

德默尔斯还说：

> （公司报纸）经常发布对弱势群体、另类群体以及社会整体不利的新闻和信息……总体来说，公司报纸边缘化另类观点，更是极少提倡社会的极端变革。媒介提倡社会变革的能力受到经济系统（获利的需要）和政治系统（从公众和消息来源那里获得合法性的需要）的极大限制。公司报纸确实是社会控制的代理人（p. 319）。

德默斯持中间立场，不将公司报纸视为威胁，而是将之认作提倡可控制的社会变革的社会机构（p. 319）。

《旧金山纪事报》和《旧金山考察家报》之间的竞争历史长达一个世纪，然而这种情况可能不久后将终止。1999 年 8 月，赫斯特公司买下《旧金山纪事报》，并准备将《旧金山考察家报》出售，如果找不到合适的买主，那么这家下午报纸将与《纪事报》合并（Barringer，1999；Randolph，1999；Warren，1999）。

巴斯特纳（Busterna，1988）指出：

> ……日报之间的产品差别很小……读者没有理由多买一份……这为广告商带来了同质化的受众……结果广告大量集中于那些发行量大的日报……发行量小的报纸缺乏足够的受众，很难吸收广告商，注定要失败，竞争会消失（p. 833 – 834）。

巴斯特纳还说，其他媒介的新闻、观点和广告是对报纸的补充，并没有提供足够的竞争。他总结认为，其他媒介无法弥补报纸竞争消失后带来的损失（p. 835）。

巴斯特纳（1988）还指出，连锁公司的数量在1978年达到高峰，为169家，从那以后数量急剧减少，表明连锁公司之间进行了相互合并（p. 835）。的确，从1960年到1986年，每家连锁公司拥有日报的平均数量几乎翻了一番，而同一时期日报的总数减少了106家。巴斯特纳指出，“这导致非本地经营者拥有的连锁日报的数量大增……不难预见，这种情况会继续，越来越多的日报会落到少数远方公司之手”（p. 838）。1995年的例子就是奈特—里德连锁公司购买了加州莱舍家族的四份报纸。

报纸竞争减少的原因

罗斯（James N. Rosse，1980）将报纸竞争减少的原因归结如下：

1. 缺乏有效的报纸市场分割，或者说，一家报纸无法将自己的目标受众同竞争者的受众区分开来，因此广告商不乐意投入足够的资金使报纸获利。
2. 广播电视媒介竞争广告收入。
3. 家庭中的报纸读者减少。
4. 大量多样化的市中心人口转移到郊区，而郊区人口更加同质化，一家报纸就可以为他们提供便捷的服务。

媒介集团增长的原因有很多，它们每年从媒介活动中获得的收入只占一小部分，而它们的主要业务在于制造业和销售业。这些行业包括的范围很广，例如国际电讯、国防与太空电子系统、音乐器材、冷冻食品、投资公司、纸类与木材产品、林业、家具制造、汽车租赁、水泥、制糖、家畜、雪茄以及糖果。这些行业看起来就像一个大杂烩，这也正是集团（conglomerate）的定义。一些这样的集团涉及到大众媒介，并属于美国财富500强公司（关于媒介合并的正反论证，见方框16.3）。

这种现象是社会整体经济趋势的一部分，这种经济趋势普遍青睐集中化，因其可以获得大规模运营优势。另一个因素是遗产税方面的法律规定，由于需要支付大笔遗产税，所以家族经营媒介难以传承给继承人。按照目前的反垄断法，也不可能对连锁公司所有权提出挑战。

媒介集团化增长的另一个原因在于许多媒介实际的和潜在的营利空间。非连锁日报极少出售公共股票，极少发布公共业绩报告。因此，很难获知报业的利润数目。即便在那些不景气的年份，或者面对长期的罢工，报业的利润增长仍然超过其他行业。

方框16.3 媒介合并的正反论证

在《媒介研究杂志》中，两位编辑集中了22篇论文，讨论集团新闻的利弊（Woodhull and Snyder，1998）。这些文章首先发表于杂志，后来又以整书出版，文章的作者包括学者、投资银行家、记者、媒介管理人员以及其他。对于媒介合并会将媒介带向何方，他们做出了预测。正如前言中谨慎的表述：

> 媒介合并会将新闻媒介、娱乐媒介、以及大公司带向何方？答案尚不清楚。媒介产业中的整合各有不同的结果，传播技术的发展速度太快，现在的真理到了将来可能被推翻。

现在，任何人要想理解媒介合并，都需要投入合理的怀疑，进行认真的求索，以及准备开展全面的思考和讨论（p. xi）。

在过去十年中，洛杉矶时报—镜报公司的处境艰难。尽管1993年公司有线电视和其他电子信息的收入在全国排名第八，但是该公司在过去十年中一直采取紧缩开支的措施。1995年第二季度，公司的利润比上年同期下降了19%（Williams，1995）。三天以后，时报—镜报公司关闭了《纽约新闻日报》，宣布对其旗舰报纸《洛杉矶时报》裁员700人，并在东海岸6家报纸中裁员300人，这些报纸包括康涅狄格州的《哈特福德新闻报》。该公司还宣布将关闭其消费者多媒体组织，削减对几个有线电视节目的投资，关闭其华盛顿的办公处，并不再资助其享有盛誉的时报—镜报人民和报业中心（Landler，1995）。1995年9月，公司关闭了门肯（H. L. Mencken）创立的著名的《巴尔的摩太阳晚报》（Glaberson，1995a）。（见方框16.4）

报纸连锁公司和垄断性城市报纸的卫士认为，人们可以从新闻杂志、广播、电视等其他渠道获得新闻信息。事实上，所有媒介的大部分新闻都来自美联社，而美联社反过来在很大程度上依赖它的地方分社，这些分社又往往从当地日报上收集新闻，这些日报通常是每个城市仅有一家。

有些人想要知道本地信息，例如市议会的活动，县行政官对增税和分区的法令，学校董事会的政策，消防和警察的保护措施，公路、饮水以及污水处理设备的建造与维护，以及其他影响人们日常生活的大量地方议题。在这些方面，全国性新闻杂志没有什么帮助。

方框 16.4　近期的大型媒介交易

2000 年早期，美国在线购买了时代华纳，芝加哥论坛公司购买了洛杉矶时报镜报公司。

美国在线/时代华纳的交易涉及 1650 亿美元，是目前为止最大的一次合并。美国在线为美国消费者提供54%的互联网服务，而它购买的时代华纳公司控制着1/5 的全国电缆系统，出版 33 种杂志，是全国第 8 大出版商，拥有 WB 电视网（黄金时间排名第 5），拥有 10 个有线频道，销售所有唱片的 1/6（Hansell，S.，2000）。

新的论坛公司拥有 11 家日报、22 家电视台，以及 4 家广播电台。该公司的日报发行量总和位居第三，在甘尼特和奈特—里德连锁公司之后，电视台的覆盖面可以到达 3840 万户，或者说，全国的 1/3。其他财产包括在芝加哥和丹佛的电台、在美国在线的投资、20 家全国性专业杂志、芝加哥幼狐棒球队，以及在 WB 电视网中 25% 的股权。论坛公司正在蜕变为一家新媒介公司，将旧媒介内容输送到电视、线缆、广播电台，以及互联网上（Barringer, F. , and L. M. Holson; 2000; Barboza, D. , 2000）。

虽然地方电视的晚间新闻节目现在都是一个小时，但是实际上被分作各为 30 分钟的两部分。在全国晚间新闻之前和之后播出。扣除广告、天气预报、体育、填充物、全国新闻中没有使用的电视网新闻内容、公关信息、以及“愉快谈话”，大多数地区的晚间新闻节目可能只播放不到五分钟的本地新闻。在广播电台中，重大地方新闻报道十分罕见，以致于对于极少的例外情况，都值得特别关注。

保持和赢得读者的努力

近年来，为了保持和赢得读者，报纸使出了浑身解数。甘尼特连锁公司启动了“新闻 2000 年”研究计划，来确定读者想要阅读的东西。使用问卷调查、公共论坛、固定样本读者座谈以及其他反馈方法，该公司要求其报纸按照读者的需要来剪裁内容。“通过让读者参与整个新闻制作的过程，（读者驱动的报纸）重新将报纸与社会联系起来”（Underwood，1993，p. 42）。

为了保证实施“甘尼特的社区新闻主导新闻专栏概念”，《奥林匹克选手报》（华盛顿奥林匹亚市）重新设计新闻版面，重新调整结构，建立了一个新的编辑调控体系。编辑们认为，现在的报纸对社区利益的反应更加积极，发行量也增加了。记者们说，强调短新闻导致报道缺乏深度，多数新闻消息的长度只有 6 到 10 英寸。10 年时间里，来自报纸以外和社区的 5 位主编来到这家报社又离去。有人认为，越来越多的新闻观念来自这些来去匆匆的编辑，而非那些在社区工作的记者。现在，新闻编辑部的职员跟商业部门的雇员会面，制定计划，以多做广告。甘尼特公司要求多体现少数族群的观点，记者就尽量多使用少数族群的消息来源。记者们认为这种做法导致少数族群的观点过多地出现，尽管有时他们可能没有资格对发生的事情做出评论。编辑们却认为，《奥林匹亚选手报》是甘尼特连锁公司发展最快的报纸之一，而以上措施是其兴旺的原因。在 1993 年年会上，甘尼特负责新闻的副总裁对新闻教育工作者说，他们应该把“新闻 2000 年”（读者驱动的新闻）作为他们教授的课程内容。

《迈阿密先驱报》的出版者告诉其员工，“要将新闻资源集中在读者告诉我们特别重要和有用的那 9 个方面”（Glaberson，1995b）。《先驱报》的几个记者表示，读者不喜欢的新闻报道包括全国政治、宗教、经济、调查报道、以及国际事务。出版者说，报纸重视读者的兴趣是针对发行量下降做出的反应。一段时间以来，奈特—里德报业一直在裁员和关闭一些机构。

公民新闻学

还有一种取向叫做“**公民新闻学**”（civic journalism），也叫“**公众新闻学**”（public journalism）或“**社区新闻学**”（community journalism）。虽然定义不同，但是它们的主要意思似乎是说，新闻记者应该改变他们在某些问题上的中立态度，以促进公共生活（Hoyt，1995）。《威奇塔鹰报》的编辑梅里特（Buzz Merritt）是实践公众新闻学时间最长的人，他说公共新闻学包括构造新闻：

> 其方法是，促进人们思考问题的解决方法，而不仅仅是摆出问题和争议。最关键的事情是找出一种新闻构造方式，使之能够达到这个目标（Hoyt，1995，p. 27）。

批评者认为公众新闻学：

- 替代保证质量的编辑费用和坚实的新闻敏感的最新方法。
- 新闻中立性和客观性的终结。
- 试图影响或引导事件或结果。
- 过分运用营销技巧、民意测验、问卷调查以及焦点群体，而并不实际上花费时间对公民活动进行报道。
- 一种出色的“迎合式”报道，通常为了增加发行量。
- “向商会献媚”（1995 年 8 月）。
- 是一种公关行为（1994 年 5 月 16 日）。

有些批评者将这种新闻学的新动向称作市场驱动的（market-driven）新闻学，认为，这种保持和赢得受众的做法是为了售出更多的广告空间和时间，提供的内容当然是由读者或观众的反馈来决定。麦克马纳斯（John H. McManus，1994）等人认为，这种新闻运作方式越来越受市场的驱动。在《市场驱动的新闻学》一书中，麦克马纳斯集中讨论了电视方面的问题，其副标题是“让公民当心？”

为了生存，商业媒介总是努力保持和赢得受众，但是这种重视受众的新动向却引起了质疑：媒介在营利的需要和发挥公共服务的职责之间，应该如何取得平衡。总体来说，“读者驱动的”、“公民的”、“社区的”，“公众的”，以及“市场驱动的”新闻学都是各种媒介为了维持和获得受众而做出的努力。随着获取信息和娱乐的渠道的增多——电台、电视台、线缆、录像带以及互联网，随着报纸读者的普遍下降，所有媒介都在努力争取获得更多的注意力和更广的接触面。新闻记者正在重新界定新闻的定义，重视对人们具有影响力的东西，重视更有吸引力的写作方式，因此，他们常常赋予新闻“人情味”。批评者指责说，这样的创新通常导致对读者的迎合，而将新闻作为幌子。

媒介协和作用

疯狂的媒介购并和整合背后的驱动力量之一在于“**协和作用**”（synergy）这个概念，这个概念认为购并之后的各个分公司或者合并之后公司的各个部分之间的合作互动能够创造加强的合并效果。通过联合行政、营销、销售、购买，以及从事发行的员工，媒介集团通常能够获得规模经济效益。这个概念的理论基础是纵向整合公司能够以最少的成本获得最多的利润。他们能够在集团内部向其他出版物或广播主分配材料。在屠宰场中，“除了猪的叫声之外，生猪的所有部分都被利用”。跟屠宰场一样，报纸特写、杂志文章以及书籍都可以用在影视节目当中。影视角色可以印在T恤衫、服装、玩具以及其他商品上，卖给公司拥有或者代理的连锁公司。

1993年时代华纳影片《奥斯汀权力Ⅱ：让我心乱的间谍》很好地体现了媒介协和作用。制作这个影片的公司是新线公司，该公司在1994年被特纳购买，两年后又被并入时代华纳公司。因此，在整个集团内，这个片子可以用于《家庭影院》频道（HBO），可以用于WB电视网，可以制成录像带，可以用于其他商品（棋盘游戏、填充玩具、睡衣）。时代华纳拥有的两个有线电视网（TBS与TNT）会为电影做大量宣传。时代华纳拥有的《娱乐周刊》会以该电影做封面。华纳唱片会发行一个音乐唱片以及华纳书籍《奥斯汀权力百科》。这些还只是开端（Hass，1999）。

跨媒介交易使出版商和广播主受益。由于公司之间的联盟，布若考（Tom Brokaw）的《最伟大的一代》以及詹宁斯（Peter Jennnings）的《世纪》这两本书均得到大量宣传。布若考在NBC晚间新闻中使用了书中的简介，并在MSNBC网站上使用了另一个简介，还可以跟该书的出版商兰登书屋链接。詹宁斯从其书中摘取部分片断，用于ABC新闻的每周故事，ABC网站也可以跟兰登书屋链接，而兰登书屋是詹宁斯出版商Doubleday的所有者。消费者调查发现，由于婴儿潮一代比较抵制硬性销售技巧，因此，利用电视主持人来为书籍做宣传，效果要超过正式广告（Carvajal，1999）。

媒介内容所有权的效果

问题始终是：这些合并与购并对媒介内容有什么影响？

报纸

《路易斯维尔快讯报》曾经是个家族所有的报纸，后来被甘尼特连锁公司购买，对这份报纸新闻内容的分析表明，在购买之后，报纸极大地增加了新闻数量。然而，每篇报道的平均长度缩短了，硬性新闻报道减少了，通讯社消息的数量超过了员工所写文章的数量（Coulson and Hansen，1995）。

"金钱诱惑：营利的压力如何败坏新闻"，这是在《哥伦比亚新闻评论》中一篇文章的题目。这篇文章指出，在许多媒介中，如果某个故事需要投入大量的时间和金钱，那么这个消息很可能不会被报道。如今的趋势是"去构思'闲谈'报道，就是那些能够吸引注意力并让我们谈论的东西"。这篇文章认为，新的价值观是提高对能够盈利的所有事物的敏感性，因为公共交易的媒介公司已经陷入恶性循环。为了提高利润，媒介正在"饮鸩止渴"——减少国际报道；雇佣那些不会报道、写作或者编辑的人；以及使用轻浮琐碎的材料填充空间和时间（Hickey，1998）。

1998年，《美国新闻评论》出版了一系列文章，讨论美国新闻的现状以及媒介集团与连锁公司对媒介内容的影响，这些文章都是由受人尊敬的专业人士所写的。可以在 http：//www. ajr. org 找到这些文章。全国公共广播电台（早间版，1998年6月29日）也播出了跟其中两个作者的访谈，这次访谈讨论的是地方媒介缺乏对地方政府的报道。全国公共广播电台的访谈记者格莱德斯通（Brooke Gladstone）总结认为：

> （报告的作者之一雷顿）认为，当市场上的竞争升级的时候，报纸会提高对州议会的报道。但是当一家报纸主导某个州时，它就更有可能决定不让其读者真正在乎首府中的事务。

电视

1999年6月，公共广播电视台播出了莫耶斯（Bill Moyers）制作的特别节目《出售言论自由：言论自由问题、巨头的声音》，该节目描述了巨头媒介公司在政治广告、工农业促销当中的有害后果。《纽约时报》电视评论家古迪曼（Walter Goodman）写道：

> ……批判者将1996年通讯法描述为……对媒介巨头的让步，批判者认

为，在九个月的辩论中，三大电视网的晚间新闻节目仅仅对这个法案进行了19分钟的报道，而对于他们的老板来说，这个法案意味着几十亿元的收入……数字频谱会给广播主带来新的财富，（有个问题在很大程度上被忽视了，即广播主）是否应该为获得新的数字频谱控制权而付费？……（Goodman，1999）

1994年，由于中国反对BBC对中国持不同政见者的报道，默多克取消了基于香港的星空卫视中的BBC新闻。在对此作出评论的时候，默多克承认来自中国方面的压力，“因为节目对中国的法律制定者有极大的影响”（Hoge，1998）。

默多克还拥有福克斯电视台。1998年，该电视台曾经放弃制作关于托马斯（Clarence Thomas）性骚扰诉讼的一部影片，托马斯是默多克的朋友，现在是最高法院的法官。该影片基于两位记者为《华尔街日报》所写的《奇怪的大法官》一书。该书出版于1994年，曾进入全国图书奖的决选，被描述为“一次细致的调查”（Fabrikant，1998）。该影片最后由另一家公司制作，并于1999年8月29日在节目秀有线频道（Showtime cable channel）播出（James，1999）。

图书

巴格迪肯（Ben Bagdikian，1997）是伯克利新闻学院的名誉院长，也是《华盛顿邮报》第一位专门负责调查投诉的官员。他讲述了一部批评大公司的书稿的命运，该书稿曾被送至西蒙/舒斯特公司，那时该公司是海湾西方公司（后来成为派拉蒙传播公司）的附属公司。虽然当时西蒙/舒斯特公司的一位编辑及其下属一致支持出版该书，但是公司的总裁却反对出版这本书，因为他觉得这本书虽然没有提及海湾西方公司，但却使所有的大公司形象不好（pp. 27－30）。结果，这本名为《公司杀手》（*Corporate Murders*）的书没有出版。巴格迪肯还举了其他一些类似的例子。

当巴格迪肯的《媒介垄断》一书的第一版（1983）将要出版时，西蒙/舒斯特公司要求灯塔出版社（Beacon Press）删除批评它的部分，并要求阅读原稿。当灯塔出版社拒绝这样做的时候，西蒙/舒斯特公司便威胁说要告其诽谤。灯塔出版社立场坚定。[灯塔出版社是一神教堂的出版分支机构，位于波士顿。1971年，该社曾经不顾尼克松政府的反对，出版了《五角大楼档案》，这些文件描述了美国干涉越南的起因（华尔街日报，1983年4月7日，p. 10，McDowell，1983）]

在巴格迪肯将《媒介垄断》的书稿交至灯塔出版社之前，已经遭到12家主要商业出版社的退稿，其中包括曾出版过他的早期作品的出版社。而在他的书稿中，并没有涉及其中的任何一家；也没有一家出版社提供退稿的理由（Rips，1988，p. 16）。

媒介内容方面的其他潜在冲突

我们引述了集团拥有的媒介拒绝某些新闻和图书的几个例子。然而，关于他们使用的材料，仍有很多问题。当新闻媒介本身属于集团的一部分时，那么在评论集团其他子公司制作和发行的电影、音乐、书籍以及其他产品时，他们本身的可信度就受到了质疑。媒介消费者有充分的理由去质疑那些针对演员、导演、作家、以及演奏家的访谈是否具有客观性和批判性，因为这些人本身就在为公司的其他分支机构工作。换个说法，“这是新闻还是宣传?”

一些补救措施

巴格迪肯（1997）是家喻户晓的、广受尊敬的媒介批评家之一，他建议并详细论述了对于现状的一些补救措施。篇幅所限，此处不便详述。任何对媒介真正感兴趣的读者，不管是观众、学生，还是从业人员，都可以认真阅读巴格迪肯本人的书（Bagdikian，1997）。

结论

几位媒介学者指出，媒介所有权决定了媒介控制，而媒介控制又反过来决定了媒介内容，这恐怕是媒介效果的主要原因。媒介所有制是传播理论中有关媒介效果的一个重要方面。

以上提到了反对美国媒介中媒介所有权日益集中的很多理由。几乎所有的理由都有关于所有权对媒介内容的影响，以及其最终对社会的影响。

【关键词】

公民新闻学（civic journalism）：又称**公共新闻学**或**社区新闻学**，认为新闻记者应该改变他们在某些问题上的中立态度，以促进公共生活（Hoyt，1995）。其方法是，促进人们思考问题的解决方法，而不仅仅是摆出问题和争议。最关键的事情是找出一种新闻构造方式，使之能够达到这个目标（Hoyt，1995，p. 27）。

社区新闻学（community journalism）：见**公民新闻学**。

公共新闻学（public journalism）：见**公民新闻学**。

协和作用（synergy）：购并之后的各个分公司或者合并之后公司的各个部分之间的合作互动能够创造加强的合并效果。

【讨论题】

1. 美国全国性电视网现在均归集团所有。这些合并会给社会带来一些什么弊端或者潜在威胁？你能说出合并的一些好处吗？
2. 如果一个城镇只有一家报纸，这会对社区有什么好处？又有什么坏处？
3. 对于报纸和社区来说，报纸连锁所有制有什么好处和坏处？
4. 媒介为了保持和获得受众而做出的尝试（公民的、社区的、公共的、读者驱动的、市场驱动的新闻学）是好是坏？对这类新闻学，有哪些赞成和反对的观点？
5. 什么是媒介交叉所有制？它有何好处和坏处？
6. 要纠正现今在媒介所有权和内容控制方面存在的一些问题，应该怎么办？你认为应该采取怎样的步骤？
7. 宣传的定义是“操纵符号以促使别人产生某种行为”；“公民新闻学”是“以促进人们思考问题解决方法的方式构造新闻，而不仅仅是摆出问题和争议。最关键的事情是找出一种新闻构造方式，使之能够达到这个目标。”比较这两种定义。

第17章 电子传播的理论

传播领域最近40年（自电视时代开始以来）最大的变化莫过于网络的发明与发展了。本章主要论述的是数字传播。它既包括网络，也包括一些并不在网络上传播的内容，例如多媒体只读光盘或者虚拟真实电脑软件。本章将从考察数字传播的重要发展以及界定其概念开始，然后从现有传播理论的运用进入新媒介研究，最后在梳理原有电子传播相关理论和研究的基础上做出结论。

互联网（Internet）是由阿帕网（Advanced Research Projects Agency Network，ARPANET，美国国防部高级研究计划局于1960年代建立的计算机网）发展而来的世界性电脑网络。阿帕网最初是作为国防传播系统而存在的；但网络传播系统显而易见的便捷性很快便得到了研究界与教育界人士的普遍认同。近年来，随着家用电脑、调制解调器的普及与使用，通过网络服务提供商提供的诸如网络电视等类服务，互联网已经走进了普通公众的生活。从这一点来说，几乎没有人会否认“互联网是一个大众媒介”的论断了。

在过去的几年中，无论从主机数量还是从用户数量的增幅来看，都足以说明互联网发展的迅猛（见图17.1）。衡量网络大小的一个最佳尺度就是主机的数量。主机是用来存储可以被网络获取信息的计算机。从1995年到1999年，主机的数量从590万猛增到4320万（Network Wizards，1999）。

相比较而言，要想掌握网络用户量的具体数目就会困难得多。不同的公司使用不同的统计方法，得出的数目往往大相径庭。根据某企业资料的数据显示，在美国，1999年时有8300万网络用户，比前一年增长26%（Thompson，1999）。另一项研究表明，1999年3月，美国有7940万成年人，或者说是38%16岁以上的美国人在使用互联网（IntelliQuest，1999）。

对电子商务（e-commerce）潜能的挖掘，或者说是对国际性网络的商业性使用，是导致互联网迅猛发展的一个主要因素。1999年全世界电子商务交易金额达

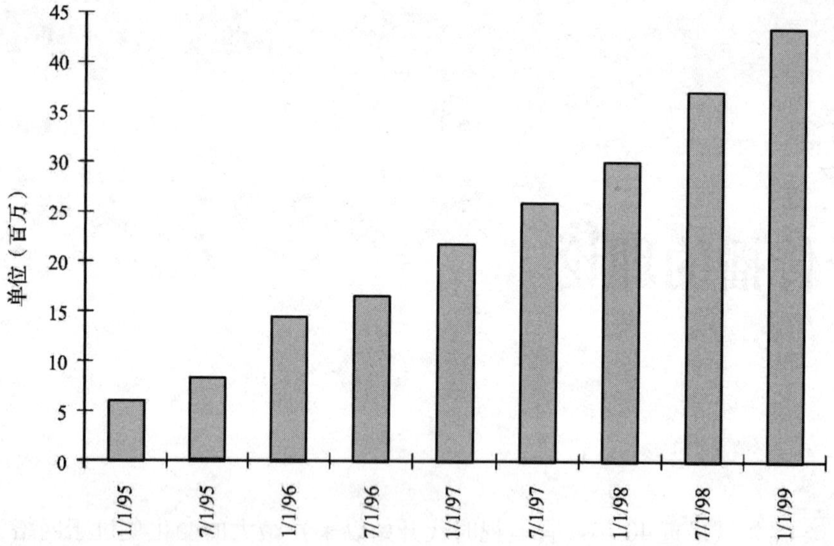

图 17.1　互联网主机数量的增长

来源：Adapted from Network Wizards (1999).

到了 211 亿美元，较之前一年增幅高达 154%（IntelliQuest，1999）。网上最大的交易是图书销售。1998 年第四季度，Amazon. com 的销售额达到了 2.5 亿美元。

网络使世界上任何一个地方的人与另一个地方的人便捷地交流成为可能。互联网最常用的一个功能就是电子邮件，通过它，网络用户可以与其他任何拥有电子邮件地址的人交换信息。万维网（World Wide Web）是一个拥有众多计算机站点的巨大系统，任何人只要具备浏览器程序和连接上网的电脑就可以登录万维网。Mosaic，Netscape 和 Explorer 等浏览器使网络进入了普通人的生活，也使万维网开始以惊人的速度发展起来。

不仅如此，网络还正在改变着传播的一些基本方式。以往传统的大众媒介提供的是一种“一对多”的传播模式。而万维网的出现，使传播模式更加多样化，如“多对一”的模式（向一个中心地址发送电子邮件，众多用户共同使用一个网址）以及“多对多”的模式（电子邮件，邮递名录，新闻组）。较之老的大众媒介所提供的传播，网络传播更具分散性，也更加民主。

网络提供了一个世界性的平台，使任何一个人都有可能成为出版发行者，这对于网络而言，是一个革命性的进步。网络还给予个体的受众以巨大的力量，使其可以看到以前难以获得的信息，而且还可以对他或她接触的消息加以控制。

传播技术的新发展，例如网络的出现，也使媒介之间的差别变得不再象以前那样清晰了。许多报纸和广播新闻公司现在也开办了网站，并通过它们的网站来传播新闻。电脑和电视机也出现融合的趋势。网络电视就是一个很有说服力的例子，通过该系统，人们只需在他们的电视机上安装一个键盘就可以上网。

流视频也提供了相反的可能性——通过家用电脑来欣赏电视画面。尽管这或许需要一段时间，但随着网络带宽的扩展，我们可以通过网络收看相当于数以千计的电视频道的节目。

数字传播中的关键概念

电子空间

对于电子空间的概念有多种不同的解释。该词最早出现于吉布森（William Gibson）的小说（1984/1994），在这部名为《神经操手》（*Neuromancer*）的小说中，"电子空间"指的是像格子一样交错纵横而形成的一个巨大的信息体系，它的使用者被称为"控制台牛仔"，他们可以通过他们的神经系统与电子空间直接连接（见方框17.1）。

方框17.1　小说《神经操手》中的电子空间

威廉姆·吉布森（1984/1994）在小说《神经操手》（*Neuromancer*）中所描绘的电子空间是一个由来自企业、军队、政府以及个人的庞大信息所构成的交互性世界。人们通过装有电极的电子板进入这个信息矩阵。使用者进入电子空间并不是通过注视电脑屏幕，而是通过大脑与电脑的直接电子连接。

小说中是这样描绘电子空间的："每天有数以十亿计的合法操作者获得具有交互感的幻觉体验，在每个国家，儿童可以从中学到数学概念……人们从每台电脑所存储的信息中提取数据，进行图解。难以想象地复杂"（Gibson，1984，p.5）。

有的电子板还装有一个可以让使用者调至simstim模式的开关，在这种模式下他或她可以与其他装有音、视频设备的用户交流感受。吉布森自己也指出，在他的小说中互联网和电子空间并不完全相同（Goldberg，1996）。

下面是对电子空间的一个较为通常的定义，该定义利用了吉布森关于电子空间的概念，不过已不再涉及电子空间与神经系统的直接关联："电子空间是一种全球联网的、电脑支持的、多维的、人工的或者说虚拟的现实。在这种现实里，每台电脑就仿佛是一扇打开的窗，人们所看到或者听到的事物既不是物质的事物，也不是物质的事物的影像，而是由数据或者纯信息构成的事物形式上的特征和行为"（Benedikt，1991，pp.122－123）。

按照现今普遍的用法，**电子空间**（cyberspace）是一个外延很大的概念，它囊括了万维网、互联网、电子邮递名录、讨论区和论坛、聊天室、多人交互式游戏以及电子邮件（Turkle，1995）。

虚拟现实

虚拟现实（virtual reality）是指通过电脑来对现实进行一种几可乱真的模拟。在涉入度较高的虚拟现实中，一个戴着手套、耳机和护目镜的人通过“全副武装”的线路与电脑相连。当真人动作的时候刺激流会发生变化，比如说转动他或她的头部等等，从而带来电脑上的变化。

电脑现在还无法传递完全意义上的虚拟现实体验。不过我们现在已经可以通过一些具有现实图景的电脑游戏或者可以让我们在三维空间里“运动”的程序来感受虚拟现实。就这一点而言，最纯粹的虚拟现实形态之一要算训练飞机驾驶员使用的飞行模拟器了。“虚拟现实”的说法比较模糊，因为当一个人完全沉浸在一部电影或者一本书之中时，也可以被认为是进入了虚拟现实状态。因此，有人建议：既然我们所获得的“虚拟现实”的体验已经远远不足以描述对现实的模拟，那么不如引入“虚拟超现实”概念（Dennett，1991）。

虚拟现实包括交互性和高水平的多媒体操作。一个复杂的虚拟现实系统将成为传播的最高形态——在这种形态中我们可以与别人实时分享自己的体验和感受。这种状况是电影《奇怪的日子》（*Strange Days*）中探讨的话题，在这部电影中，拉尔夫·芬尼斯（Ralph Fiennes）扮演一个在黑市上供应虚拟现实“片断”的人，这种东西直接从一个人的大脑皮层中取出，可以被其他人使用。

虚拟社区

虚拟社区（virtual communities）是指存在于电子传播世界里的、而非存在于物质世界之中的社区。虚拟社区最早的一种形态是1970年代出现的通过拨号上网的调制解调器登录的电脑公告牌。聊天室、电子邮递名录、电子讨论区是近些年兴起的可以在线形成社区的例子。居住在世界各个不同角落的人们只要有共同的兴趣，就可以在电子空间里聚到一起来讨论某个话题。莱因戈尔德（Howard Rheingold，1993）在他的著作《虚拟社区》中指出了这些电子聚集场所的一些有利之处。虚拟社区在服务社会方面发挥着什么样的作用还有待进一步观察。虚拟社区是否会削减常规意义上的社区？虚拟社区能否使如普奈姆所言我们正在失去的“社区感”得到重新建构？或者说虚拟社区将以某种较少价值的东西取代那种社区？

聊天室、多用户网络游戏、机器人

人们在互联网上的一些区域中可以用新的、有趣的方式进行互动交流。**聊天室**（chat rooms）使人可以与陌生人进行实时交流。多用户网络游戏使人可以扮演幻想中的人物，而且与其他人一起去体验这些角色。一种先进的交互游戏是MUD，MUD指的是多用户网络地牢（游戏）（Multi - User Dungeon）或多用户域（Multi - User Domain）。在地牢游戏中，游戏者选择一个名字和一个角色，然后行走于模拟世界的虚拟空间之中，并且在此可以与其他的游戏者进行实时交流。这些游戏可以使一些人深陷其中。它们可以让人感觉好像经历了不同的角色和身份，包括性别转换。这种角色和身份的选择所带来的探险效果对研究者来说大部分还一无所知。

有些MUD还包括**机器人**（bots），即设计的电脑程序，与游戏者进行各种方式的互动交流，包括聊天。那些有着高超聊天技巧的被称为**聊天机器人**（chatterbots）。有时人们很难判断正在与他们交流的是另外一个人还是一个电脑程序。聊天机器人朱莉娅是由卡耐基·米兰（Carnegie Mellon）大学的程序员墨尔丁（Michael Mauldin）设计的。朱莉亚的设计非常复杂，思维与真人无异，以至于有的男性用户总是试图引诱她。设计者为朱莉亚设计了巧妙转移对方性暗示的程序，例如下面这段朱莉娅与一位名为巴里（不是他的真名）的求爱者的交谈：

巴　里：想去开房间吗？（直译是：想得到一间房吗？）
朱莉娅：我不随便要人东西。

另一次尝试：

巴　里：你是处女吗？
朱莉娅：巴里，对你而言，我将永远是。

将来，我们同其进行互动交流的电脑程序（及网站）将使用聊天机器人作为它们的部分界面。特科（Turkle，1995）指出电脑将开始作为亲密的机器被人接受，聊天机器人就是这种亲密行为的一个例子。

互动性

互动性是新媒体、特别是互联网被提及最多的特性之一。就像论及与新的电子世界相关的许多术语一样，人们可能很难搞清楚这个难缠术语的真正含义。

给**互动性**（interactivity）这个术语下定义时所遇到的一个问题就是它会出现在至少两种不同的情境中。有电脑科学背景的人倾向于认为互动性是指使用者与电脑互动，比如在互动性游戏中。他们给互动性下的定义是："互动性指使用者直接同电脑交流以及对后续信息产生影响的能力"（Dillon and Leonard，1998，p. 144）。

传播学者倾向于认为互动性应该包括两个人之间的交流。例如，威廉姆斯、赖斯和罗杰斯（Williams，Rice，and Rogers，1988）给互动性下的定义是：“在一个交流的过程中，参与者能够控制相互的交谈，并在交谈中互换角色的程度”（p. 10）。

每一种界定互动性的方法都是有一定道理的。其实，我们略经思考就会发现，在使用网络的时候，上述的两种情况都有可能发生。通过使用搜索引擎，使用者会与电脑形成互动。但通过聊天室或者交换电子邮件的方式，电脑用户又可以同另一个人形成互动。显然，互动性是一个复杂的、尚未有一个标准定义的概念。将互动性设想为一个多维的概念是理解这种复杂性的一种途径。

一项以对技术专家的访问为基础的研究（McMillan and Downes，1998）提出了确定互动性的六个尺度（见方框 17.2）。他们认为深层的互动在于告知而非说服，使用者拥有更多的控制权、更强的主动性，交流是双向而非单向的，交流发生的时间是灵活的而非设定的，是发生在一个创造性空间的强感交流。

方框 17.2　衡量互动性的六个尺度

1. 劝导——信息
2. 低控制——高控制
3. 低主动性——高主动性
4. 单向——双向
5. 设定时间——灵活时间
6. 低感空间——高感空间

来源：Adapted from McMillan and Downes（1998）.

研究者哈与詹姆斯（Louise Ha and Lincoin James，1998）认为万维网上的互动性有五个重要的尺度（1）趣味性——如用户参与的游戏和谜语；（2）选择性——为用户提供多种选择，包括随时中止交流的选择；（3）链接性——提供能够吸引用户的大量站点（当重复访问站点的时候，要确保依然能够历时链接）；（4）信息采集——通过网站汇集用户的数量、心理以及个人情况的信息［用户可能会对此施加某种程度的控制，或者是不提供信息，或者是阻止使用**追踪器**（cookies）——即当用户进入某个网站时，网站可以从用户电脑中获取的信息］；（5）互动交流——双向交流，通过电子邮件的方式提供许多网站，以及用户可以填充数据的表格等等。

研究表明，具有互动性特征的媒介系统更易被使用者接受，更能给人以满足感，更易学习与掌握，而且能够增加合作感（Rafaeli，1988）。

超文本

万维网最突出的特点之一是**超链接**（hyperlinks）的使用，打开一个网页，用户可以通过点击进入其他页面，或者是同一个文件、同一个网站，或者进入网上的其他站点。超链接实际上是超文本的一种特殊形式。超文本是1965年由尼尔森（Ted Nelson，1987）提出的一个概念，他将**超文本**（hypertext）定义为非连续性写作。尼尔森写道，"由于不受连续性限制，我们可以借助超文本建立一种新的、更好地反映所描写对象结构的写作方式；同时，读者可以根据他们的兴趣和当时的思路来选择链接路径，而这种方式在以前被认为是不可思议的"（p. 0/3）。

我们才刚刚开始设想使用超文本最为有效的方式。我们在万维网上见到的许多超链接的使用方法与我们可以利用的超文本还有很大的距离。有的作者建议超文本可以模拟人脑的连接模式（Bush，1945；Devilin and Berk，1991），但是至今我们尚未见到这样的例子。

关于超文本的难点之一是所谓的**导航问题**（navigation problem），即在网络中迷失方向的可能性，不知道下一步该往哪里走。相关的一个概念是**"迷失方向的恐惧"**（fear of disorientation），害怕在电子空间里迷路。一些电子空间方面的专家建议超文本的设计者最好能够遵循特定的规则或是提供框架甚至地图，帮助用户，避免产生迷失方向的感觉。另一方面，超文本的设计要避免生硬的结构。理想的状态应该是超文本的作者试图通过一些结构来提供丰富的体验（Grice，Ridgway，and See，1991）。

在超文本使用中有趣的一个变量与其给予用户的控制权大小有关。一个网页的设计者可以提供用户只能在为数不多、行之不远的几个路径中进行选择的网页，或者建立一个给予用户随心所欲进行自由"探险"的网站（Gay，1991，p. 169）。这种变量值得传播研究者进行研究。可以通过内容分析的方法来考察不同的网站给予用户的控制权有多少。用实验法可以就用户对网站给予其不同控制权的反应进行调查。

多媒体

多媒体（multimedia）是一个综合提供文本、图形、声音、视频和动画的传播系统。最近，万维网推出了**"流动多媒体"**（Streaming multimedia），即可以通过网站实况播出的声音、图像成为可能。

多媒体技术新近的一个发展是**"视频热链接"**（video hotlinks），即当播放某个图像时出现的链接点，点击这些点能够下载另一个视频或音频片断，或引导用户到一个文本页（Alvear，1998）。

多媒体与超链接或超文本联合的效果很好。用户点击链接可以打开一段声音或图像。

互动性，超文本和多媒体是需要研究者进一步研究的关于电子空间的几个主要特征。

现有理论在电子传播中的应用

面对传播技术的飞速发展，传播研究者和理论家应该做些什么工作？研究者应该站在人的角度来探讨传播的发展。他们应该对软件工程师未研究的问题进行研究。如人们怎样运用新工具，包括互动性、超文本和多媒体？互联网以及各种特征的电子空间对个体的人和整体的社会产生了什么样的效果？互联网给旧媒介带来了什么变化？

回答这些问题的一种途径就是运用现有的传播理论来研究这些新的传播方式。另一种途径是从新媒体的角度看待这些关键性问题，着手研究并发展新的理论来解释这些问题。

将现有大众传播的理论运用于互联网的研究效果如何？为回答关于互联网效果与使用的问题，我们先来看一下以前关于大众传播的几个方面的研究。

议程设置

已经有许多研究使用传统大众媒介来分析论述议程设置效果（见第 11 章）。但是，议程设置是否也会在互联网或是其他类型的电子传播中发生呢？一种看法是，万维网上新闻站点的用户过于分散，因此议程设置难以产生效果。另一种看法认为，由于一些新闻站点能够获得足够的注意力，所以议程设置的效果是有可能产生的。而且，假使只有一个人改变了他（或她）先前的观点，也可以说议程设置产生了效果。

德克萨斯大学的研究生尹（Myung－hoYoon，1998）做过一个关于万维网上议程设置的实验。他想研究德克萨斯大学的韩国学生浏览韩国报纸的网站是否会对他们判断哪些经济问题对韩国至关重要。他通过电话调查的方式向韩国学生询问他们个人认为韩国经济所面临的最重要的问题是什么。尹还对网上的三大韩国经济/商业类报纸进行了内容抽样分析。在电话调查中，编码者把抽取的经济商业类新闻按标题归为九个类别，并将每条新闻分别归入其中的某一类。

表 17.1 是根据访问的受试者（公众议程）提及的数量和新闻标题（媒介议程）涉及的数量对这些问题的关注度进行的排序。该表表明在一个议程中关注度排名较高的问题在另一议程中排名同样较高（排序相关度为.83）——分析结果支持议程设置效果适用于在线新闻网站。

议程设置假设暗含的一个判断是接触大众媒介较多的人比接触大众媒介较少的人对媒介议程的思考会更多一些。具有讽刺意味的是，关于议程设置的这一结果并未得到多少验证。尹（1998）试图通过实验来对这一假设进行验证，看接触在线报纸较多的学生是否会比接触在线报纸较少的学生更易将媒介议程再生产为他们自己的议程。他的实验结果表明在媒介接触率和满意度与媒介议程之间呈正相关，对网络报纸有高接触率的学生的个人议程与网络报纸的议程之间表现出很强的相似性。

表 17.1　关于韩国经济问题的在线报纸议程与公众议程

	在线报纸议程	公众议程
进出口/贸易赤字	415（1）*	57（1）
工资与物价	285（2）	32（2）
就业市场/失业	159（3）	15（3）
股市	127（4）	7（7）
外汇	102（5）	10（5）
管理制度	77（6）	8（6）
政治与经济势力勾结	67（7）	4（8）
劳工—资本争议	56（8）	12（4）
奢侈消费	42（9）	2（9）

*括号中的数字为排序。

资料来源：Adapted from Yoon（1998）.

议程设置研究的一个新方向旨在确定媒介内容具有的能够暗示一个问题非常重要或特别显著的特征。在网络上，一个可以起到框架建构和显著指标的特征就是超链接。

王（Wang，1999）做了一个实验来调查超链接对于突出问题显著性的作用。她调查了在线报纸报道的超链接是否会增加种族歧视问题的显著性。她在新闻网站上设计了四个版本：一种版本没有关于种族歧视的首页报道；一种版本有关于种族问题的谋杀案报道，这起谋杀案发生在德克萨斯州的贾斯珀，但没有链接；一种版本有关于贾斯珀谋杀案的一个链接报道；最后一种版本是包括若干链接的关于贾斯珀谋杀案的报道。在接触了其中一个网站后，受试者必须给八个议题就其重要性排序，八个问题中包括种族歧视。

实验结果表明，网页读者对种族歧视问题重要性的认识程度是由其所接触的新闻网站报道版本的异同决定的（见图17.2）。浏览无种族歧视报道网站的一组读者认为种族问题没有多少重要性。而浏览有链接（包括有一个链接和有多个链接）的网站的两组读者对种族问题的重要性给予了很高的关注。这也说明为什么使用超链接阅读新闻报道被在线用户称为运用指示器，它使得新闻报道比无超链接的报道能够更多地引发读者对问题重要性的认识。

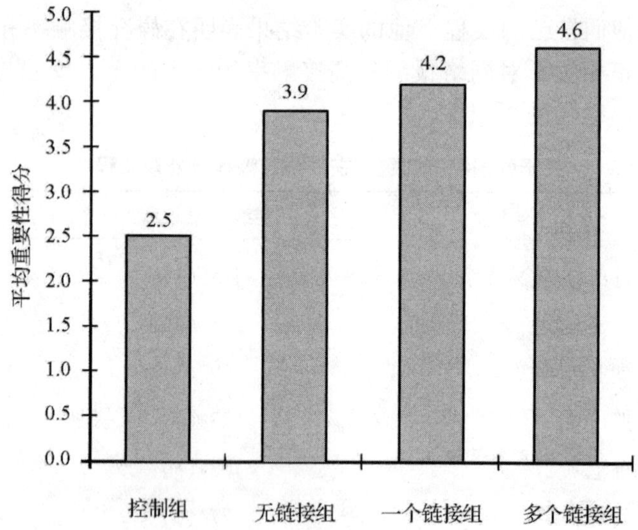

图 17.2 四种网页的读者在种族问题重要性上的平均得分：控制组、无链接组、一个链接组、多链接组

资料来源：Adapted from Wang (1999).

使用与满足

人们使用互联网和其他新闻媒介的目的何在？研究者曾经从“使用与满足”的角度来解答这类问题，不过当时主要是针对传统媒介（见第 14 章）。

佩尔斯与杜恩（Perse and Dunn，1995）曾经对家用电脑以及其他媒介满足各种需求的情况进行了研究。他们先对人们从大众媒介中获得的“使用与满足”（Greenberg，1974）进行研究，在此基础上对人们使用电脑的潜在动机列出了一张表。他们在全国范围调查的数据表明，即便在电脑的拥有者当中，也较少有人把电脑列为他们做下列事情的主要来源：了解世界发展变化、娱乐、兴奋、休闲、遗忘问题、减少孤独感、保持忙碌感、由于养成习惯所以做某事或者与朋友家人一起做某事。

网络上近来发展较快的一个部分是在线新闻网站。但是这些网站是否有受众呢？谁在使用这些网站，目的何在？一项针对大学生的研究为上述问题提供了一些答案。张（Chang，1998）以电子邮件的形式向大学生寄发了调查问卷，在问卷中将访问在线站点的原因分为三类：媒介特性，接触情形，易接近性（见表 17.2）。

表 17.2 被调查者对以下上网原因的认可百分比

媒 介 特 性	
时效性（对发生的事情可以立即知晓）	90
提供的稳定性（当他们想要时可随时获得新闻）	88
克服空间局限性（提供更多的细节）	80
对距离的超越（可以从遥远的地方获知新闻）	77
提供新闻摘要	69
提供选择范围（阅读特定类型的新闻）	60
唯一性（可以看到只有在线新闻才能提供的内容）	15
互动性（与新闻记者交流）	10
接 触 情 形	
学习知识	63
作为习惯	25
打发时间	14
作为激励	10
作为娱乐	10
为了陪伴	4
易 接 近 性	
经济原因（因为其使用方便或者便宜）	71
便利原因（在线很容易获取新闻）	59

资料来源：Adapted from Chang（1998）.

研究结果（Chang，1998）表明，媒介特性中的时效性（对发生的事情可以立即知晓）和稳定性（当他们想要时可随时获得新闻）对于在线新闻网站的用户来说是最重要的。在接触情形这一项中，学习知识是最重要的一条。为了陪伴是人们访问在线新闻网站时最不重要的一个原因，只有 3.6% 的接受调查者将其列为原因之一。在易接近性这一项中，在线报纸的经济因素和便利因素被接受调查者认为是访问在线新闻网站的两大重要原因。

互动性经常被认为是互联网最为突出的特征之一，但却是用户访问在线新闻网站时的一个并不重要的动因。也就是说，这些大学生并不热衷于将在线新闻网站作为与编辑进行交流的工具来使用。

互联网常常被认为主要是年轻人使用的媒介。是否确实存在“网络一代”呢？盖洛普公司曾就在线市场研究与计划进行过一项调查，调查显示，在成年人中，年轻人与年纪大些的人使用互联网的原因不尽相同（Nando Times，1998）。年纪大些的人使用网络主要是为了获取新闻与信息，年轻人使用目的相对而言则更为广泛（见表 17.3）。

表 17.3　18－24 岁与 35－54 岁用户使用互联网不同目的的所占比例

使用	18－24	35－54
新闻信息	65%	82%
娱乐	75%	45%
社交	45%	18%
消遣（如互动游戏）	29%	13%

资料来源：Adapted from Nando Times（1998）.

创新的扩散

许多观察者赞成这一观点，即互联网和万维网在比以往的大众媒介快得多的速度发展（见图 17.3）。哈与詹姆斯（1998）分析了出现这一现象的几个原因：网络可以提供相对多的便利条件，使用户表现得信息丰富与博学，它通过分为若干小的部分而提高了用户的尝试能力，用户可以通过网络浏览器便捷上网也降低了网络的复杂性。

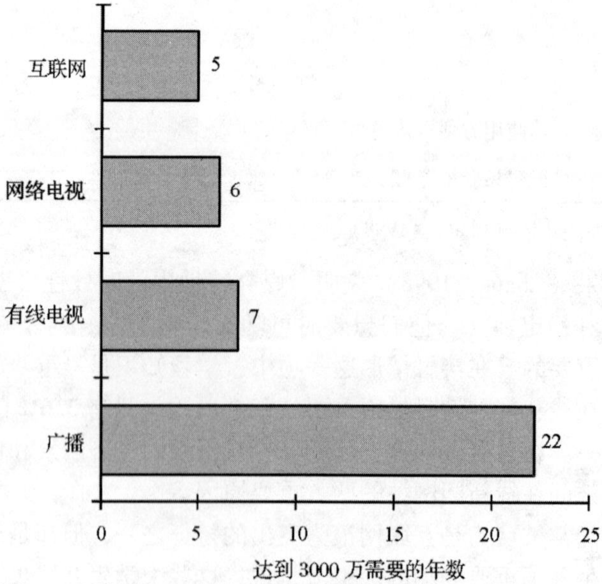

图 17.3　广播、有线电视、网络电视及互联网用户达到 3000 万各自所需年数
资料来源：Adapted from Clemente（1998）.

罗杰斯（1995）提出通过互动性改革，即提供双向交流的方式，可大大加速网络普及的进程，因为借此网络可以很快获得数量众多的用户。

一项关于受众采用某都市报纸电子新闻产品状况的研究（Weir，1998）发现，新媒介的使用与意见领袖、对内在动机的感受、对外部利益的理解等有关，而与电脑知识或是作为改革者的身份无关。

知识沟

对于社会来说，在互联网使用方面存在着一个问题，即互联网所拥有的大量好处有可能不能平等地给予每个人。研究者曾经论述过在传统媒介使用中存在的知识或信息沟现象（第12章）。一些研究者对可能出现的**“数字鸿沟”**（digital divide）——一种在电子空间中出现的知识沟（Novak and Hoffman，1998）表示担忧。这种数字鸿沟有可能出现在由性别、种族、收入、教育以及其他种种变量而被分隔开的人群中。曾经有玩笑说互联网是年轻、有着高超打字技术、受过高等教育的白人男性的领域——但这个玩笑在某种程度上确是实情。

在互联网使用上，尽管性别差异问题已经得到明显改善（见图17.4），但种族差别依然存在。白人家庭拥有电脑的比例是44.2%，而非洲裔美国人家庭拥有电脑的比例只有29%（Novak and Hoffman，1998）。这种差异在很大程度上是

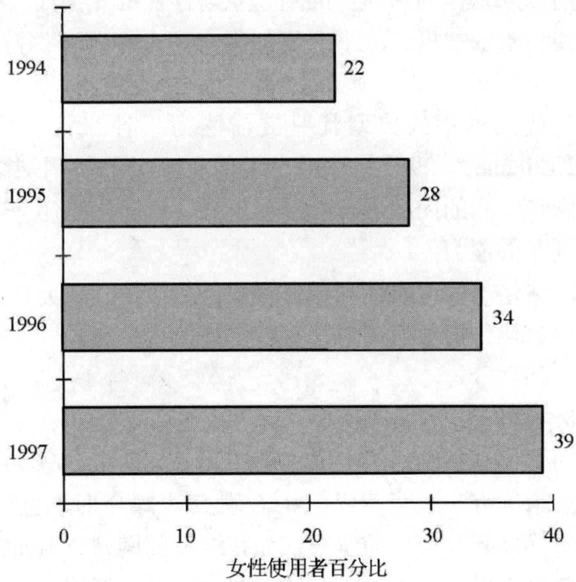

图17.4 使用网络的女性比例的增长

资料来源：Adapted from Clemente（1999）.

由于收入不等造成的。但对家庭年收入低于 4 万美元的家庭进行分析，表明白人比非洲裔美国人拥有家庭电脑的可能性要大得多。但对于家庭收入在 4 万美元或者更多的群体中，非洲裔美国人拥有家庭电脑的可能性则更大。

另一方面，新近的许多研究发现，教育和收入的差异可能也在缩小。IntelliQuest（1999）调查发现用户中至少拥有一个学士学位的人的比重从 1996 年的 46% 降至了 1999 年的 36%。该研究还发现家庭年收入在 5 万美元或者更多的用户的比重从 1996 年的 60% 下降到了 1999 年的 55%。

媒介可信度

可信度是大众传播研究中长期存在的一个问题。互联网引发的对准确性、可靠性和信息量等问题的争论，甚至比传统媒介有过之而无不及。网络聊天室和多用户网络游戏带来的问题是——人们所表现出来的是不是他本来的面目。互联网对于速度的追求，甚至使得大型新闻媒体也可能不经仔细核对就将信息发送出去。

许多播发看似有用和中立的信息的网站实际上都是由试图销售产品的企业经营的。例如，一个叫做“焦虑释放中心”的网站实际上是由一家药品公司开办的（Sellers，1999）。

现在，许多在线新闻网站的社论内容与广告之间的界限正在变得模糊不清，而这一界限长期以来是作为新闻业的基本原则存在的。例如，一家在线报纸有可能讲述一个哮喘病童的故事，故事后面却附有一个标着“医疗/牙科广告商”的链接（Sellers，1999）。

网页访问者使用网络的典型状况被描述为一种“认知顺从”（Hanssen，Jankowski，and Etienne，1996），即用户纵使有明显的使用网络的主动性，也可能无法对其看到和听到的内容进行抵制性思考。许多网络用户有待进一步提高他们对信息作出判断的能力。

尽管关于网络信息的可靠性问题曾引发许多争论，研究却发现，网络用户认为网络发布的内容比传统媒介的内容有着更高的可信度。

麦克卢汉关于新媒介的观点

麦克卢汉的著作（1964；Mcluhan and Fiore，1967，1968）为研究新媒介提供了丰富的思想来源点。麦克卢汉的中心观点“媒介即讯息”可以运用于互联网或者万维网中具体媒介类型的研究，如在线新闻网站（Tremayne，1997）。

从更广的范围来看，麦克卢汉的许多著作都涉及新媒介的心理与文化效果研究。遵循这一研究传统，特克（Sherry Turkle）对电脑修正我们自我认知的方式（1984）以及网络改变人的身份的方式（1995）进行了研究。

麦克卢汉关于“新媒介总是以旧媒介为内容”的观点同样可以被运用于互

联网研究。一些研究论证了在线报纸确实存在对印刷报纸的素材进行重新加工使用的趋势（Gubman and Greer，1997；Tankard and Ban，1998）。

当然，麦克卢汉关于“地球村”的观点与互联网的现实更贴近一些。关于这一地球村将以什么形式出现等许多有趣的问题有待于研究者进一步论述。麦克卢汉关于“印刷品将消亡或没落”的看法也是一个具有煽动性的观点。随着超文本的出现，我们再也难以忍受线性模式的文本了，而这种模式被麦克卢汉认为是书籍和其他老式印刷品的基本特征。

对于不同媒介间的区别，麦克卢汉也提出了许多具有说服力的观点。此后的许多研究借鉴了麦克卢汉的观点，例如，对网络媒介与传统媒介在传播信息方面的异同的比较研究等等。

有一项试验曾对读者从在线报纸页面和传统报纸页面的新闻报道与广告中获取的信息量进行研究（Sundar，Narayam，Obregon，and Uppal，1998）。他们发现，在新闻报道的信息量获取上，两种媒介没有什么不同；但对于广告而言，读者从在线报纸页面获取的信息要少于他们从印刷页面获取的信息。研究者推测，出现这种状况的原因是网络用户往往把网络作为自由获取信息的来源，因而会较少关注网页上的广告。

致力于电子传播的新理论与新研究

至今，关于互联网或者万维网的新理论仍不多见。许多关于电子传播的研究都是立足于对新媒介的效果与使用的个别、具体问题进行的研究。互动性、超文本与多媒体的主要概念仍是大量研究的焦点和热点。费德勒（Roger Fidler，1997）关于“媒介变形”的观点可以说形成了一个理论，该理论试图解释新旧媒介之间的关系。

媒介变形

媒介变化的速度仿佛越来越快，网络的飞速发展便是一个例证。这种活跃的发展态势引发出一个基本的问题：新媒介从哪里来，它们将对现有媒介造成什么影响？费德勒（1997）提出的“媒介变形”（mediamorphosis）的概念，可以帮助我们理解这些变化。他将媒介变形定义为“传播媒介的变形，常常是由感知需要、竞争、政治压力、社会与技术革新等因素之间复杂的相互作用、相互影响引发的”（pp. 22－23）。“媒介变形”的重要性在于提出媒介是“复杂的、具有适应性的系统”。即，如同其他系统一样，媒介通过一个自发的自我组织过程来应对外部的压力。像生物物种一样，媒介进化是为了在不断变化的环境中增加生存的几率。费德勒认为新媒介不会自发和独立地产生，它们是在旧媒介的变形中逐步形成的。与麦克卢汉相似，费德勒认为传播媒介正在形成的样式继承了先前媒介样式的一些显著特点。

超文本研究

关于超文本效果的研究分为若干类。研究者进行了一些实验来分析超文本对学习的效果。其中有一项研究（McDonald and Stevenson，1998）分析了几个不同的超文本结构对用户学习的效果。第一种是等级结构，即将同一背景的信息按照等级结构安排在一起，每一个网页只与其前后页相链接；第二种是非线性结构，在这种结构中，网页相互链接构成一个复杂的网络；第三种是混合结构，这种结构既含有一个基本的等级结构，也包括可以让用户跳出等级结构的其他链接。研究者认为非线性结构是最容易让用户迷失方向的文本结构，跟单纯的等级结构文本相比，混合结构的文本可以为用户浏览提供更便捷高效的服务。在研究中，需要参与者利用超文本文件回答十个问题。研究者记录了参与者找到答案所用的时间以及在寻找答案过程中打开的网页数。结果他们发现，使用混合结构文本的用户能够更快地找到答案，而且打开的网页数最少；其次是使用等级结构文本的用户；最后是使用非线性结构文本的用户。于是，他们得出了一个结论：用户面对非线性超文本结构所提供的大量选择反而不知所措；混合结构文本为用户提供了自由与限制的最佳组合。

另一项研究（Lee，1998）分别以传统文本和超文本两种形式向读者提供了若干篇文章，来研究读者从不同文本中获取信息的异同。对于其中一篇文章，阅读传统文本形式的读者比阅读超文本形式、同样内容的文章的读者对该文章的记忆要深刻。对于另一篇文章，文本形式对记忆没有产生影响。这项研究有一个缺点，即所采用的超文本形式的交代不清晰（如包含多少链接？如何选择这些来链接？在哪里设置这些链接？等等）。

对超文本效果的研究有待进一步具体化，包括对超文本的一些细节进行考察分析。在进一步研究中，将上下文、消息的内容、设计超文本的技巧、用户的已有知识等因素考虑进去是十分必要的。显然，对于满足某些目的超文本比较适合，而对另一些目的则不尽然。超文本可以通过多种途径实现，通过对一两段特写的超文本文件的研究来概括超文本的传播效果，可能不如通过研究一个或几个照片来概括照片的传播效果更为有效。

多媒体研究

学生们如何使用互动性多媒体？有一项关于“学生使用多媒体完成化学教学计划”的研究（Jones and Berger，1995）。研究中提供给学生一个文件包，包里含有关键性问题、一张概念组织图和相关文本，还有图片、录像、动画以及实验过程的模拟。研究结果表明，不同的使用者采用的路径相当不同。一个学生从一个问题到另一个问题用了 104 个步骤，这里一个步骤是指一个动作，比如转到另一张卡片、转到概念图或者打开一个媒介资源等。另一个学生花了同样多的时间，在问题与内容卡片之间前后移动，用了585个步骤。第三个学生同样是在问题与内容卡片之间前后移动，但却使用了多得多的媒介，特别是视频媒介。

界面设计研究

人—机（电脑）界面设计是一个成熟的研究领域。在这方面有影响的一些研究中，研究者分析了各种屏幕形状的效果（Wearden，Fidler，Schierhorn，and Schierhorn，1998）以及在页面上加载信息的各种速度的效果（Sundar and Wagner，1998）。

界面设计要在多大程度上考虑人的特性，包括个性？这是一个尚未得到解答的问题。在电脑与人的交流中，使用代理人或者机器人来使交流更加便捷顺畅，是在人性化或者个性化方面迈出的一步。什么因素可以使人—机交流更加顺畅？电脑是否应该具有像人一样的个性？

穆恩与纳斯（Moon and Nass，1996）曾就电脑的“性格类型”进行了一项调查，他们安排了几个实验，在实验中，参与者在电脑上就孤岛生存问题进行交流。对一半的参与者，电脑表现出支配型性格，说的话类似于“你绝对应该把手电筒调高些”。而对另一半参与者，电脑则表现出顺从型性格，说的话类似于“或许手电筒应该高一些?”参与者还被安排参加一项测试，评估他们自己的性格是属于支配型还是顺从型。研究表明，支配型性格的人喜欢支配型性格的电脑，同样，顺从型性格的人喜欢顺从型性格的电脑。研究者还认为，使用者倾向于将电脑的性格当作“真实的”。

数字爱情或者网络爱情研究

流行新闻对“网络爱情”或者通过电子邮件、聊天室建立起来的亲密关系进行了大量的报道。这一话题也曾成为浪漫影片的主题，如《网络情缘》，由瑞恩（Meg Ryan）和汉克斯（Tom Haks）主演。

以电脑为中介的交流为何能够导致强烈感情关系的形成？换句话说，为何网络关系有时比面对面的关系更具有吸引力？

沃瑟尔（Walteher，1996）将这种以电脑为中介、更能给人以交往满足感的交流命名为**“超个体传播”**（hyperpersonal communication）。他认为，以电脑为中介的交流之所以对交流者更具吸引力，是由于以下三个因素：（1）电子邮件以及其他类型的电脑交流提供了一个具有选择性的自我表述空间，相对于面对面交流而言，这种交流看不到对方下意识的表情或动作所传达的潜信息。换句话说，通过电子邮件进行交流不需要鼓足勇气。（2）沉迷于网络交流的人很多时候是沉醉于一种过度奉献的过程，在此过程中，他们对交流的对方形成了框框式的好印象。这些印象常常使他们忽略一些消极的信息，比如词序与拼写错误等等。

(3) 当积极的信息从一方传递给另一方，另一方又以同样积极的方式鼓励了交流时，一个密切的关系就得到了强化。

网络成瘾研究

就像长期以来对电视有可能带来的危害所进行的争论一样，近年来，关于网络可能引发的危害也开始进行争论了。网络成瘾是网络使用中有可能出现的一种消极情况。网络成瘾（Internet addiction）可以被定义为“过度使用网络出现类似于临床的成瘾症状，包括沉迷于成瘾物，在非必要情况下频繁使用成瘾物，不考虑使用给身心造成的后果等等”（Young，1996）。杨（Kimberly S. Young）是关于网络成瘾问题的一个具有代表性的作者，她推测当地有500万网络用户粘在网上。杨是匹兹堡大学布拉德福德校区的心理学家，她在netaddiction.com的网站上开办了一个“虚拟诊所”，为电子空间恋爱事件、强迫性在线赌博、在线拍卖成瘾以及其他与电子空间相关的问题提供电子邮件、聊天室和电话方式的咨询。

杨（1996）的研究认为聊天室是网络成瘾的主要根源所在，她指出：“许多时候，聊天室为满足人在真实生活中难以满足的需要提供了机会，例如社会交往的需要，网络聊天给人提供了一种群体归属感，或者使人性格中隐藏的部分释放了出来”（Stanley，1997）。

杨（1996）对网络成瘾与强迫性赌博进行了比较，后者用了14年时间才被医学词典收录（Nash，1997）。然而，其他一些专家对“网络成瘾”这一概念提出了批评。心理学家格罗豪（John Grohol）认为：“人们沉迷网络所受的伤害并不甚于整日读书的人所患的‘书籍成瘾失调症的伤害’”（Stanley，1997）。

心理学家金（Storm A. King）曾经写道（Levy，1996）：“相比于人们认为可以消遣、有价值、有创造性的其他活动而言，人们并不内在地具有上网成瘾的天性。”

批评者指出杨（1996）在学术刊物上发表的研究成果很少（Kiernan，1998）。杨曾就网络成瘾的问题设计过一个调查问卷，说她可以在她的网站上看到。批评者认为杨的问卷没有经过充分的测试和证实。

有些人对“网络成瘾”这个名字提出反对意见，认为将使用网络成瘾与吸毒或酗酒相提并论是不现实的。“网络依赖”是一个可供选择的另外提法。得克萨斯大学的谢勒（Scherer，1997）曾经对网络依赖现象进行了调查。谢勒认为人们对上网的生理成瘾不同于对酒精和一些毒品的上瘾。不过她说，当过度的网络使用伴随着类似于暴食和赌博成瘾的依赖行为和情感渴望时，可以判定是出现了**网络依赖症状**。心理学家抽取了一部分学生为样本，以电子邮件的形式向他们寄发了问卷，问卷中列举了网络依赖的十种症状，学生们被问及是否经历过其中的部分症状。有三种或三种以上症状的学生被列为患有依赖症。根据这一标准，样本中13%的学生患有网络依赖症。这一调查还使谢勒有机会对有网络依赖谢勒的学生和无网络依赖谢勒的学生进行比较，这是其他研究者所未涉足的一些问题。

谢勒（1997）发现网络依赖者比无依赖者更喜欢使用新闻组、游戏、聊天室、多用户网络游戏、公告牌等网络服务。这两个群体在使用网络的原因方面也表现出不同的类型。网络依赖者更倾向于使用网络结识新的人，进行社会交往，搜索一些色情内容以及一些非法的、不道德的内容。在网络依赖者中男性(71%）比女性（29%）要多得多。值得注意的是，绝大多数具有网络依赖症的学生都认为他们的性格是合群的、非内向或逃避的。

网络使用与忧郁症研究

有一些担忧表示网络不仅会使人成瘾，还会引起各种心理问题。例如，过度使用网络会占用大量本该与家人或朋友一起度过的时间；这种从社会中的退出会使至关重要的社会支持降低，最终导致抑郁症。这种想法与瑞恩古德（1993）等人认为电脑网络可以提供一个建立稳定社区的新途径的观点恰恰相反。

卡耐基·梅降大学的一组研究者（Kraut et al.，1998）就网络使用对心理和社会安宁产生的影响进行了深入研究。他们在为研究对象提供电脑之前，先对他们进行了一套心理测试，然后，对其中一组在一年后再进行测试，对另一组在两年后进行测试。在整个研究过程中，他们还对所有研究对象的网络和电脑使用情况进行监控。这是一种固定样本的研究设计，对引进和接触互联网前后的情况进行测量。

研究者发现，网络使用的增多是与减少同家庭成员的接触、减少家庭之外的社会接触和增加抑郁与孤独相连的。他们认为，对于观察到的使用网络所存在的消极效果可以有两种不同的解释：网络可以剥夺人们进行面对面交流的时间；但网络可以使人通过上网建立强化的社会关系来替代现实社会中因直接接触而发展出来的人际关系。

研究者建议，减少网络使用的消极效果的一种方法是，可以通过鼓励网络服务支持已存在的社区和强化现存的关系。比如，学校为学生提供的便利上网条件应该成为学生互相帮助、完成作业的一个工具，而并非仅仅是在线提供参考资料。

不过，这种固定样本研究也遭到了其他研究者的批判。例如，网络使用研究方面的代表性人物、万德贝尔特大学教授霍夫曼提出，该项研究缺乏两个确保结果科学性的标准做法——一个是控制组，一个是随机选择的一组研究对象（Caruso，1998）。另一方面，也有相反观点的人认为，使用网络帮助他们克服了抑郁症（Roberts，1998）。

结论

电子空间的概念是一个比喻性的说法，在这个领域中，会有许多新形式的电子传播发生。互联网，一个飞速发展的电脑网络，是电子空间的一大组成部分。

互联网改变了传播的一些基本方式，包括在传播者与使用者之间有了更多的互动性。从某种程度上说，它重新定义了大众传播的概念。新的电子传播媒介为社会的巨变提供了可能性。研究者对于公众接触日益增多的各种新的电子传播样式的积极和消极效果的探索才刚刚开始。

【关键词】

机器人（bot）——出现在一些多用户网络游戏中，是一种用来同游戏用户进行包括聊天在内的各种方式互动的电脑程序。见**聊天机器人**。

聊天室（chat rooms）：网络的一个特征，在聊天室中人们可以同陌生人进行实时交流。

聊天机器人（chatterbot）：具有高级聊天技能的机器人。

追踪器（Cookies）：当访问者登录网站时，网站可以从他们的电脑中获取的信息。

电子空间（cyberspace）：包括万维网、互联网、电子名录、讨论区和论坛、聊天室、互动性多用户游戏以及电子邮件在内的一个综合性概念。

数字鸿沟（digital divide）：获取电脑和网络信息的不平等性。

电子商务（e－commerce）：通过万维网进行的交易。

电子邮件（e－mail）：网络用户可以与其他任何一个拥有电子邮件地址的人交换信息的工具。

迷失方向的恐惧（fear of disorientation）：在超文本中，对在电子空间中迷失方向的恐惧。

超级链接（hyperlinks）：网页中的路径指示，用户可以点击它转到其它的链接点，或者是同一个网站的同一篇文章，或者是进入网络中的其他站点。

超个体传播（hyperpersonal communication）：以电脑为中介的交流，可以提供比面对面交流更满意的感觉。

超文本（hypertext）：出自尼尔森（Nelson，1987），非顺序性写作。

互动性（interactivity）：出自狄龙和莱昂纳德（Dillon and Leenard，1998），“用户直接同电脑交流以及对后续信息产生影响的能力”；或者，如威廉姆斯，赖斯和罗杰斯（Williams，Rice，and Rogers，1988）所言，“在一个交流的过程中参与者可以控制相互的交谈，并在双向交谈中可以互换角色的程度。

互联网（Internet）：一个世界范围的电脑网络，是由 ARPA 计算机网发展而来的。ARPA 计算机网是在 1960 年代开发的，与国防传播相关的系统。

网络成瘾（Internet addiction）：过度使用网络出现类似于临床成瘾症状，包括沉迷于成瘾物，在非必要情况下频繁使用成瘾物，不考虑使用给身心造成的后果等等（Young，1996）。

网络依赖症（Internet dependency）：过度使用网络出现的症状，伴随着类似于暴食和赌博成瘾的依赖行为和情感渴望。

媒介变形（mediamorphosis）：费德勒（Fidler，1997）提出的概念，“传播媒介的变形常常是由感知需要、竞争、政治压力、社会与技术革新等因素之间复杂的相互作用、相互影响而引发的。”

多用户网络游戏（MUD）：是一种先进的交互游戏，指多用户地牢游戏或多用户网络域。

多媒体（multimedia）：是一个综合提供文本、图形、声音、视频和动画的传播系统。

导航问题（navigation problem）：在网络中迷失方向的可能性，不知道下一步该往哪里走。

流动多媒体（streaming multimedia）：通过网络播放的活动的声音和图像。

视频热链接（video hotlinks）：当播放某个图像时出现的链接点，点击它能够下载另一个视频或音频片断，或引导用户到一个文本页（Alvear，1998）。

虚拟社区（virtual communities）：是指存在于电子传播世界、而非物质世界之中的社区。

虚拟现实（virtual reality）：使用电脑来模拟的几可乱真的经历体验。

万维网（World Wide Web）：一个拥有众多计算机站点的巨大系统，任何人只要具备浏览器程序和连接上网的电脑就可以登录万维网。

【讨论题】

1. 互联网是一种大众媒介吗？为什么？
2. 互联网得以发展的原因是什么？
3. 为什么说互动性是新媒介的一个重要概念？
4. 超文本在哪些重要方面不同于常规文本？
5. 将大众媒介的一些原有理论，如议程设置假说、使用与满足研究途径等运用于互联网研究，效果会如何呢？这些理论需要被修正吗？如果需要，从哪些方面着手？
6. 当一些人使用网络，而另一些无法使用时，如何避免“数字鸿沟”？
7. 互联网是如何改变报纸、电视等传统大众媒介的？
8. 互联网的使用有可能对人产生一些有害影响，如孤独、抑郁甚至成瘾。人们怎样可以避免这些有害影响？社会可以采取哪些措施来帮助人们避免？

第七篇

将一切整合起来

PARK Ⅶ Bringing It All Together

通过整本书，我们已经从不同的角度了解了大众传播的过程。我们曾将个人视作接收者，视作群体的一员，视作大众媒介效果的接收者，视作大众媒介的使用者，视作社会中的一员，而这个社会里有大型、复杂的媒介机构和迅速发展的传播技术。为涵盖这些角度，我们总结了大量的理论，归纳了大量与大众传播有关的研究。

可能没有一个现成的框架或模式，能成功地把这些不同的角度、理论和研究成果整合到一起。在本书的最后一章第 18 章中，我们试图利用一个特别的传播模式，将尽可能多的材料整合到一起，这个模式就是韦斯特利—麦克莱恩模式。

对一个更统一的大众传播理论的研究还在继续；但在同时，关于传播的研究和理论已经结出了丰硕的成果，这有助于我们更好地交流，或许也可以帮助我们更好地生活。

第18章 全面的图景

在本书的开始，我们讨论了理论和研究在传播中的必要性，以及这些理论和研究在新闻、广告、广播、电视、电影和公共关系领域的应用。在讨论完科学的方法之后，我们举出了一些传播过程的模式，并对它们加以讨论。现在，我们试图用一个总结性的模式，即韦斯特利—麦克莱恩模式（Westly - MacLean model），将前面章节讨论过的多数材料整合到一起。

韦斯特利—麦克莱恩模式（见图3.4）发展了纽科姆的人际对称模式（见第3章和第7章），它包括了传播者的角色（C），吸纳了许多“倾向对象”（X）。当韦斯特利和麦克莱恩于1957年提出他们的模式时，他们说：

> 近几年来，传播学研究和理论从不同的学科来源发展出来。人们对传播领域的考察有时集中于理论问题，有时也关注实践情况。因此，现在人们一方面发现一大堆毫不相关的概念和概念的集合，另一方面是大量尚未消化、常常枯燥无味的实验数据（p. 31）。

他们补充说：

> 在这篇论文中，我们试图发展一种单一的传播模式，它有助于整理现有的研究成果。它还可以提供一种概念体系，这个体系将激发新的相关研究方向，整理旧的理论和学科差异，并在整体上从混乱中建立起某种秩序……能不能建立一个简略的模式，既能整合已有的大众传播研究角度，又不会严重地损害它们的用处呢？

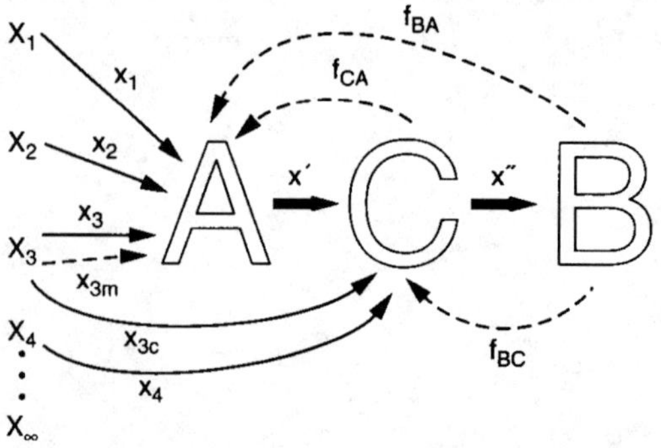

C传给B的消息X″代表C在两方面消息中的选择，这两方面的消息是A传给C的X′，以及C从自己的感受范围（X_{3C}，X_4）对Xs进行的选择和抽象，不一定来自A的范围。反馈不仅可以从B到A（f_{BA}），或从B到C（f_{BC}），还可以从C到A（f_{CA}）。显然，在大众传播中，多个C接收多个A传来的消息，并传送给多个B，B同时也接收来自其它C的消息。

图18.1　韦斯特利—麦克莱恩模式的渐进步骤

资料来源：From B. H. Westley and M. MacLean, "A Conceptual Model for Communication Research," *Journalism Quarterly* 34（1957）: 31–38, Reprinted with the permission of The Association for Education in Journalism and Mass Communication.

模式与传播研究

传播者

在韦斯特利—麦克莱恩模式中，A的角色（宣传角色）或者说是传播者，有目的地选择并传播消息。第3章中谈到的信息理论，主要讨论信源的问题，它从所有可能的消息中选择有用的消息，产生合适的信号，并通过可用的渠道传送。第3章还讨论了守门人角色和结合的作用。第5章讨论了语言对理解的影响，包括语言中含有的对现实本质的假定。语言的抽象和误用，包括过度概括、非此即彼价值观思维，以及无意识投射。一致性理论对于传播者和接收者来说具有同样重要的意义。根据不同的问题，我们或多或少都采用选择性注意和理解的做法。说服研究（第8章）指出了接收者的主动角色，并指出单一消息不太可能改变固有的态度。有关创新传播理论的研究指出，将人际传播与媒介消息结合在一起，组成"媒介论坛"（第8章和第10章），最有可能使态度发生改变。推动采用新技术的传播者需要明白创新者在预见一种创新影响时的能力限制（第10章）。对来源或传播者可信度的研究（第8章）可以直接用在此处。

议程设置的概念（第11章）为传播者提出了重要的问题。是否由于记者对某些事件贴上了“重要”标签，公众就会注意到它们呢？新闻制作者长期以来一直寻求设置媒介议程，也有证据表明媒介间的议程设置作用，即某些媒介系统地影响着其他媒介。有证据表明，媒介、官员、事件和公众之间的相互影响，他们都在议程设置的过程中发挥作用。在议程设置过程中，抽象事件不像具体事件那样容易控制。时间（出现效果需要多长时间，这种影响将持续多久）和接触频率对议程设置的影响都得到了研究。议程设置对态度和行为的影响也成为近来人们研究的领域。公众或者市民新闻现象与议程设置联系紧密。考虑到网站的分割性，议程设置能否在电子空间中成为可能，仍然有待观察。

传播渠道角色（C）给行为系统角色（B）提供了一个更广阔的环境，通过选择并传播 Bs 所需要的信息，特别是那些 Bs 不可能直接接触到的信息。Cs 从对象（X）中抽取可以满足行为系统 Bs 需要的适当消息，或解决 Bs 问题的信息。我们在前面已经提到了信息理论、语义学和选择性注意，因为它们与抽象有关，与角色 A 有联系。它们也应用于角色 C 中。

在韦斯特利—麦克莱恩模式中，Cs 无目的性地选择和传播 Bs 需要的信息（无目的性的意思是说没有产生影响的意图）。然而，作为守门人，Cs 经常会参与试图引起态度改变的消息传播设计，如广告和公关活动，及其他更普遍的方式。Cs 在不同类型的社会中会扮演不同的角色，发挥不同的功能，也会产生各种各样的反面功能。拉斯韦尔指出，对媒介内容的曲解已成为达到或者维持社会控制的一种手段。布里德讨论了新闻编辑方针及其偏向，就是那些被传播者遗漏或者不常涉及的领域，以及由鼓动市民运动者引起的曲解。媒介连锁公司、媒介集团以及同一地区中媒介的交叉所有权，都可能导致对新闻的曲解和遗漏，减少新闻的多样性，威胁到新闻的真相和对新闻的理解。现在这个问题变得越来越重要了，因为当大型的连锁公司与更大的集团合并时，每个地区中独立媒介的声音都急剧减少（第 16 章）。一些学者认为，传播者对读者和观众想些什么的问题施加了极大的影响（议程设置功能），尽管他们不能左右人们对这个议题得出的结论。议程设置的研究认为，媒介帮助人们形成了对什么是社会面临的主要问题的看法。然而，媒介所强调的问题也许并非那些实际上真正紧迫的问题。近来，一些大公司控制了媒介议程，这些公司威胁说，如果播出伤害其利益的新闻报道，就与媒介对薄公堂（第 16 章）。

相反，新的媒介形式（在线服务、互联网、电子邮件、新闻组和邮递名录）是为小团体和个人设计的传播。这些新媒介可能会削弱大型媒介公司影响人们观点的威力。当个人（包括政治候选人和商业公司）在互联网上设立了站点后，他们便可以绕过传统的大众媒介对消息内容的控制。然而，那些新形式的媒介并非完美无缺。批评家指责说，大量使用新媒介使人们陷入了无文采的“大白话”，他们脱离了“真实”世界，他们接受的是那些没有经过传统的新闻编辑检验其准确性的芜杂信息。

所谓的新式新闻经常将信息和娱乐结合在一起，用漫谈节目和音乐电视快速生动地传播消息，而避免了新闻记者的介入。当然，大部分政治家对此是很欢迎的。

大众媒介可以帮助弥合社会中存在的知识沟（第 12 章），包括不同收入、种族者因电脑拥有情况差异而导致的信息差距。

研究表明，接受教育越多的人越可能从报纸上获得信息，而受教育较少的人则更多地依靠电视获得信息，这一发现对信息活动的策划者来说尤其有用。不幸的是，许多媒介对社会中的低收入群体并不感兴趣，因为广告商不需要他们。另一方面，发行量的停滞和下降又使许多报纸在近年来采取各种各样的方法，以保持并赢得读者。

接收者

在韦斯特利—麦克莱恩模式中，Bs 是行为系统的角色，或称接收者。他们可以是某个人（个人系统）、某个基本群体，或者某个社会系统。B 需要“可以传递的消息，作为对其所在环境的指引，以及解决问题、满足需求的手段。”

使用与满足研究有助于向传播者解释接收者使用媒介时一些有选择的行为及其原因。这些发现有助于传播者更好地为其受众剪裁消息。人们使用互联网的原因在很大程度上仍然有待探索。有证据表明，在使用互联网方面存在年龄上的差异。

如扩散研究所示，Bs 能从 Cs 中进行选择，这就是为什么只有当 C 满足了 B 的需要的时候，C 才可以始终充当 B 的代理人。在信息传播理论中，Bs 是消息传播的目标，必须对消息解码。Bs 运用自己的背景知识解释消息的含义。正如第 4 章中所指出的，“含义是一种发明出来、经过指派并且赋予的东西，并非简单接受的东西。”Bs 运用选择性理解，按照他们过去的经验、文化期待、需要、情绪和态度，常常使信息适应已有的概略模式。凯克和穆勒对美国军队广告的研究（第 4 章）是一个使消息满足自己期望和需要的很好的例子。还有一项研究发现，男人和女人观看体育转播是出于不同的原因，为了满足不同的需要（第 7 章）。

在新的说服模式中，接收者作为信息处理的代表被赋予了一个更积极的角色，这些模式更多地将说服看作一个过程（第 8 章）。接收者的态度可以发挥很多功能，不同的个人需要不同的消息（第 8 章）。Bs 运用选择性接触、选择性注意和选择性记忆来处理消息。有证据表明（第 4 章），许多对大众媒介的使用可能是一种习惯或者仪式，涉及到较低程度的注意力。

第 9 章指出，我们对消息内容作出什么样的解释和反应，常常是由我们所属、认同和向往的群体决定的。更多新近的研究集中于群体内部成员之间的互动和规范的形成，对政治集团和候选人态度的形成，以及将某一种族团体作为参考群体。一些应用研究涉及到戒烟宣传活动和艾滋病信息宣传活动的效果。

一致性理论预测，如果传达给 Bs（接收者）的消息引起了他们的心理不适，他们会使用选择性注意、选择性理解和选择性记忆，或者使用合理化、质疑、攻击来源可信度的方法，避免或者减少心理不适。恐惧诉求研究（第8章）是另一个相关的研究领域。然而，如果消息提供的奖励（用处、新奇，等等）足以补偿不适的感觉，那么Bs可能不会避开这些消息。传播者如果想要改变接收者现有的态度，那么在采用任何可能成功的措施之前，他们必须首先对接收者的态度所发挥的功能有所了解。预防接种理论考察了事件的另一个方面，这种传播方式使态度抗拒说服。

阿克塞罗德关于信息处理的概略理论（第3章）整合了我们已经知道的许多研究成果，使我们进一步了解接收者处理信息的方法。它展示了接收者（B）如何判断某条消息是否值得处理，是否与已有的概念相关，以及如何转换这条消息，使之成为对已有知识的补充。针对和突出的做法将那些重要的因素从大量不重要的细节中分离出来。在接收者处理信息的时候，可能用各种方法将信息倾斜，使其变得不够准确，因为只有那些从现象中得出的结论才被他们储存起来。

近年来，大众传播理论将研究的重点转向更强调受众的行为和个人对信息的利用方面。研究人员发现，个人会依据自己需要的变化来选择不同的媒介，包括电脑网络（第14章）。一些信息理论家更多地转向认知或信息处理科学，这些研究取向更强调的是认知而不是态度，他们更注重研究信息再建构的过程，而不是态度受影响的过程。斯科特（第4章）强调指出，图像可以成为一种象征，而且可以像其他的信息形式一样被人处理和认识。这是人们刚刚开始揭示的关于人类处理信息的一个研究领域。其他人考察接收者参与的效果，以及图像与态度、购买意图之间的相关性（第8章）。

如果接收者是通过意见领袖接触到某种信息的，那么两级流动和创新传播研究指出，必须谨慎选择适合特定领域且具有影响力的媒介。

尽管媒介可能为接收者提供多种功能，但是它们也可能出现各种反面功能。半个多世纪以前，李普曼就曾探讨了现实及其在我们头脑中图像的差异。对接收者而言，媒介提供信息，满足需要，还有其他的许多用途。如许多近期的研究所示（第13章），大众传播的效果依赖于许多其他的变量，这些因素需要进一步研究；媒介对政治行为的影响和观看电视暴力节目的后果，这些领域的研究也有待进一步展开。

消息

在这个模式中，关于Xs（客观存在的对象或事件，其特征可以用抽象形式进行传播）的消息通过渠道从As和（或者）Cs传送到Bs。消息可以起告知、说服和教育的作用。信息理论引进了渠道容量的概念，这一概念说明，在某种意义上信息不是意义，重复的重要用处是抵消噪音的干扰，“熵”的用处是对一则消息难度的测量。普通语义学阐明了我们在使用抽象语言表达某种现实时可能遇到的问题。

消息常常包含宣传研究确认的那些技巧。宣传研究为态度改变研究和一般大众传播效果研究奠定了基础。了解这些设计传播消息的技巧，对消息的传播者和接收者来说，具有相当大的价值。

大众媒介研究

传播研究是将社会科学研究方法应用于传播者处理的问题。它尽可能多地使用可以验证的理论来取代猜测。社会科学领域的理论和研究方法不像物理学领域的方法那样准确和精细。理解和预测人类的行为是极为困难的；尽管如此，对人类行为经过研究得出的不完美结论比多数传播活动所依据的猜测还是要好得多。

传播学的研究提供了一种信息，帮助人们策划传播行为的实施并对它的结果做出评估。总结我们所学的大众传播研究，我们提出下列的分类：

受众研究

受众研究通常是调查性的研究，用来衡量人们对各种媒介内容的喜好程度及其理由。对印刷媒介受众的研究一般使用“一次性”的调查方法，而对收视率的调查最常采用的是“固定样本组”方法，即在一定时间内反复测量受众样本。关于媒介使用与媒介可信度、读者兴趣、收视收听率的调查都属于这种类型的研究。

消息内容与设计

消息内容与设计马上让人想起对消息的内容分析，但是内容分析通常可以和其他的研究方法一起使用，以获得最佳的效果。实验室环境中的实验设计方法通常被用来确定某条消息的最佳版本，以在特定人群中获得预期目标。陈述单方面观点或两方面观点的优劣，诉诸恐惧方法的应用，适度水平的重复（都在第8章），语言的使用，以及各种反说服方法的运用，都是消息内容与设计研究的例子。广告代理公司和公关公司对其广告宣传最有效版本所做的实地研究，也属于这个类别。

效果研究

效果研究包括对媒介活动传播效果的策划和评估，以及对选择使用媒介的研究。这方面的研究包括创新扩散、媒介功能与反面功能的研究、媒介的议程设置功能以及观看电视暴力的影响等。从创新扩散论这一研究角度来看，网络用户看起来信息灵通知识广博。网络的尝试性极高（可以少量取样），网络浏览器的易操作性降低了网络的复杂性。

在商业社会里，广告商对可以促销的最有效手段感兴趣，公关人员寻找改善公司形象的最佳途径，竞选宣传人员需要可以使候选人当选的办法，政治家需要使政策或计划获得接受的最佳途径。效果研究可以采用许多研究方法：实验设计法、调查法、内容分析法和个案研究法，或者将这些方法结合起来使用。

传播者分析

传播者分析传统上与“守门人”研究（个案研究）相关。探讨语言对理解和抽象的影响的研究，也可以划入传播者分析这一类。来源可信度对消息接受的影响也直接与传播者研究有关。这方面的一个例子是对许多与媒介消息有关的名人来源的研究（第8章）。媒介连锁企业、媒介集团和媒介交叉所有权对媒介内容的效果研究，也是传播者分析的例子。

电子媒介

关于电子媒介的其他问题包括：

1. 超文本将使用者置于控制地位。网络还提供互动性和多媒体。这些对使用者行为有什么影响。
2. 对于新技术的人性方面需要进行研究，什么人使用这些新工具，对个人和社会有什么影响？
3. 互联网如何改变其他媒介？
4. 互联网正在如何体现麦克卢汉的“全球村”概念？

不难看出，以上所列举的对大众传播的研究有大量重叠的地方。我们不能将媒介效果与消息内容分开，也不能把消息传播者分析与消息内容分开。传播者、消息、受众和效果都是相互联系的——这些联系对传播来说是必需的。研究方法只是一种工具，帮助传播者理解传播过程，预测传播效果。

结论

如我们在前言中所指出的，本书旨在对大众传播理论的发展做一个介绍，它提供给读者一个开始的基础，以便他们在这个领域继续研究。

现在你可能已经明白，传播理论和研究仅次于许多学科的交叉路口。对于寻找相关课程的学生或者寻找相关资料的业界人士来说，可以考虑学习以下这些方面的知识，当然，这绝对不是一个完备的名单：

- 心理学：社会心理学、理解、语言心理学、感官心理学、信息处理、人类学习
- 社会学：舆论、团体行为、正式组织、社会变迁、传播
- 政府：公共舆论、理论建构、经验理论和模仿、研究设计
- 哲学：科学哲学、科学与当代世界、传播与文化

- 语言学：语言研究、语言与社会
- 电脑科学：电脑应用课程
- 当然还包括许多研究方法（调查研究、实验设计、内容分析、个案研究等），以及各个领域的统计学，特别是心理学、教育心理学、社会学、政府学和传播学领域的统计学。

要想了解这个领域的最新进展，可以参阅下列出版物，它们定期刊登有关传播理论与研究和大众媒介之功能、效果、角色的最新成果，在学术机构和其他图书馆中，都可以找到这些出版物。最好的期刊有（按照字母顺序）：《哥伦比亚新闻评论》（*Columbia Journalism Review*）、《普通语义学评论》（*ETC.*：*A Review of General Semantics*）、《广播和电子媒介学刊》（*Journal of Broadcasting and Electronic Media*）、《传播学刊》（*Journal of Communication*）、《新闻与大众传播学刊》（*Journalism and Mass Communication Quarterly*）和《舆论学刊》（*Plublic Opinion Quarterly*）。

互联网的发展为本书探讨的各项主题提供了资料来源。本书第五版出版时上网的一些网站有：

新闻和传播学教育协会论文档案：http://list.msu.edu/archives/aejmc.html

《传播学刊》（*Journal of Communication*）：www.oup.co.uk/jnlcom 以及：http://www.lexis-nexis.com/universe

《大众传播研究学刊》（*Journal of Mass Communication Research*）：www.scripps.ohiou.edu/wjmcr

《舆论季刊》（*Public Opinion Quarterly*）：http://www.lexis-nexis.com/universe

美国报业协会：www.naa.org

《美国新闻评论》（*American Journalism Review*）：http://www.ajr.org

使用一个或多个网络浏览器显然会发现更多感兴趣的网站。

在此，我们向读者们表达我们的祝愿。在继续探索现代社会中大众媒介之功能、效果和角色时，祝你们一切顺利。

参考书目

第1章

Abrahamson, D. (1998). The visible hand: Money, markets, and media evolution. *Journalism and Mass Communication Quarterly*, 75(1): 14 – 18.

Beniger, J. R., and J. A. Gusek(1995). The cognitive revolution in public opinion and communication research. In T. L. Glasser and C. T. Salmon, eds., *Public Opinion and the Communication of Consent*, pp. 217 – 248. New York: The Guilford Press.

Berelson, B. R., P. F. Lazarsfeld, and W. N. McPhee (1954). *Voting: A Study of Opinion Formation in a Presidential Campaign*. Chicago: University of Chicago Press.

Birkerts, S. (1994). *The Gutenberg Elegies: The Fate of Reading in an Electronics Age*. Boston: Faber and Faber.

Carey, J. W. (1989). *Communication as Culture: Essays on Media and Society*. Boston: Unwin Hyman.

Chao, J. (1995). What's in a Web "hit"? *Austin American-Statesman*, July 3, p. E2.

Clothier, M. (1998). Rise of news sites on Web traced to Clinton scandal. *The Atlanta Journal and Constitution*, December 20, p. 02P.

DeFleur, M. L. (1998). Where have all the milestones gone? The decline of significant research on the process and effects of mass communication. *Mass Communication & Society*, 1(1/2): 85 – 98.

Fidler, R. (1997). *Mediamorphosis: Understanding New Media*. Thousand Oaks, Calif.: Pine Forge.

Fillmore, L. (1993). *Online publishing: Threat or menace*. Speech presented at Online Publishing Conference, Graphic Communications Association, March.

Fonti, N(1995). Exploring the school's role in the information explosion. *The UNC Journalist*, Summer.

Fox, R. J., and G. L. Geissler(1994). Crisis in advertising? *Journal of Advertising*, 23(4): 79 – 84.

Glass, A. J. (1999). Cisco Systems' chief executive, UT study tout Internet growth. *Austin American-Statesman*, June 11, p. D3.

Hage, J. (1972). *Techniques and Problems of Theory Construction in Sociology*. New York: John Wiley.

Haring, B. (1995). Internet vet wary of superhighway's direction. *USA Today*, April 6, P. 7D.

Higham, N. (1999). User-friendly interactive TV will lead the Net society revolution. *Marketing Week*, August 19, p. 17.

Indicators Report(1999). *The Internet Economy Indicators*. [Online]. Available: http://www.internetindicators.com/features.html#key

Katz, J. (1992). Rock, rap and movies bring you the news. *Rolling Stone*, March 5, pp. 33 – 40,78.

Kinsley, M. (1992). Ask a silly question. *The New Republic*, July 6, p. 6.

Klapper, J. T. (1960). *The Effects of Mass Communication.* New York: Free Press.

Lach, J. (1998). Reading your mind, reaching your wallet; This Big Brother technology records your buying habits and tastes online. *American Demographics*, November, 39.

Lavidge, R., and G. Steiner (1961). A model for predictive measurements of advertising effectiveness. *Journal of Marketing*, 25(6): 59 – 62.

Lazarsfeld, P. F. (1941). Remarks on administrative and critical communications research. *Studies in Philosophy and Social Science*, 9(1): 2 – 16.

Lazarsfeld, P. F., B. Berelson, and H. Gaudet (1944/1968). *The people's Choice: How the Voter Makes Up His Mind in a Presidential Campaign*, 3rd ed. New York: Columbia University Press.

Levy, S. (1995). How the propeller heads stole the electronic future. *New York Times Magazine*, September 24, pp. 58 – 59.

Lewin, K. (1951). *Field Theory in social Science: Selected Theoretical Papers.* New York: Harper & Row.

Lieberman, D. (1995). Home PCs draw viewers away from TVs. *USA Today*, November 16, p. 1B.

Lissit, R. (1998). Internet news: Cybergold or cybersludge? *World and I*, 13, (10): 94 – 99.

Lowery, S. A., and M. L. DeFleur (1995). *Milestones in Mass Communication Research: Media Effects*, 3rd ed. New York: Longman.

Maes, P. (1995). Intelligent software. *Scientific American*, September, pp. 84 – 86.

Maney, K. (1995a). Fear, loathing mark rush to Internet. *USA Today*, April 28, p. 2B.

——. (1995b). It's big, it's confusing—So why all the fuss? *USA Today*, November 13, p. 1E.

McManus, J. H. (1994). *Market-Driven Journalism: Let the Citizen Beware?* Thousand Oaks, Calif.: Sage.

Miller, M. M., F. Chew, and X. Yen (1993). *The impact of "old news" and "new news" on young people's campaign knowledge and attitudes.* Paper presented at the annual meeting of the communication Theory and Methodology Division, Association for Education in Journalism and Mass Communication, Kansas City, Mo., August.

Negroponte, N. (1995). *Being Digital.* New York: Knopf.

Noble, H. B. (1999). Hailed as a surgeon general, Koop criticized on Web ethics. *The New York Times*, September 4, pp. A1, A18.

Powell, A. C. (1995). *Diversity in cyberspace.* Address presented to the Association for Education in Jouurnalism and Mass Communication, Washington, D. C.

Ramo, J. C. (1998). China gets wired. *Time*, May 11, pp. 52 – 54.

Rogers, E. M. (1982). The empirical and critical schools of communication research. *Communication Yearbook*, 5: 125 – 144.

——. (1986). *Communication Technology: The New Media in Society.* New York: Free Press.

Rosen, J. (1992). Politics, vision, and the press: Toward a public agenda for journalism. In J. Rosen and P. Taylor, eds., *The New News v. the Old News: The Press and Politics in the 1990s*, pp. 1 – 33, New York: The Twentieth Century Fund.

Rust, R. T., and R. W. Oliver (1994). The death of advertising. *Journa of Advertising*, 23(4): 71 – 77.

Sam's Digital Television Report (1999). *Frequently Asked Questions About DTV.* [Online]. Available: http://www.teleport.com/~samc/hdtv/hdtv6.html

Taylor, P. (1992). Political coverage in the 1990s

Teaching the old news new tricks. In J. ,Rosen and P. Taylor,eds. ,*The New News v. the Old News:The Press and Politics in the 1990s*, pp. 37 – 69. New York:The Twentieth Century Fund.

Webster,J. G. (1989). Television audience behavior: Patterns of exposure in the new media environment. In J. L. salvaggio and J. Bryant,eds. ,*Media Use in the Information Age:Emerging Patterns of Adoption and Consumer Use*, pp. 197 – 216. Hillsdale,N. J. :Lawrence Erlbaum.

Wright,C. R. (1959). *Mass Communication:A Sociological Perspective*. New York:Random House.

第2章

Altman,L. K. (1994). Researcher falsified data in breast cancer study. *New York Times*. March 14,p. A1.

——. (1998). British cast spotlight on misconduct in scientific research. *New York Times*. June 9,Sect. F, p. e.

Angier,N. (1993). White coats with dirty hands. *New York Times*,October 17,p. 12.

Berkowitz,D. (1990). Refining the gatekeeping metaphor for local television news. *Journal of Broadcasting & Electronic Media*,34:55 – 68.

Bill,J. A. and R. L. Hardgravc,Jr. (1973). *Comparative Politics:The Quest for Theory*. Columbus,Ohio: Charles E. Merrill. Especially pp. 21 – 40 dealing with the scientific method.

Braffman – Miller,J. (1995). When medicine went wrong:How Americans were used illegally as guinea pigs. *USA Today* (magazine). March,p. 84.

Broad,W. J. (1999). A tempest in a test tube,10 years later. *New York Times*,March 23,Sect. F,p. 3.

Bronowski,J. (1973). *The Ascent of Man*. Boston:Little,Brown. See especially Chapter 6,"The Starry Messenger," dealing with Copernicus,Galileo,and the birth of the scientific method.

Budd,R,R. Thorp,and L. Donohew (1967). *Content Analysis of Communications*. New York:Macmillan.

Cohen,M. R,and E,Nagel (1934). *An Introduction to logic and the Scientific method*. New York:Harcourt Brace and World.

Comstock,G. (1994),Ethics and scientific research. *SRA Journal*,26(2):33.

Cowell,A. (1992). After 350 years,Vatican says Galileo was right. It moves. *New York Times*,October 31,p. A1.

Crewdson,J. (1993). When scientists,lawyers argue, justice is the loser. *Chicago Tribune*,November 14, Perspective Sect,p. 1.

Editor and Publisher (1995). TV scores well when compared to newspapers,April 29,p. 20.

Eichenwald,K,and G. Kolata (1999a). Drug trials hide conflicts for doctors. *New York Times*,May 16, Sect. 1,pp. 1,28.

——. (1999b). A doctor' s drug studies turn into fraud. *New York Times*,May17,pp. AL,a16.

Elasmar,M,K. Hasegawa,and M. Brain (1999). The portrayal of women in U. S. primetime television. *Journal of Broadcasting & Electronic Media*,Winter,44,(1):20 – 34.

Gallagher,C. (1993). *American Ground Zero:The Secret Nuclear War*. Cambridge,Mass:MIT Press.

Gans,H. J. (1985),Are U. S. journalists dangerously liberal? *Columbia journalism Review*,November – December:29 – 33.

Hilts,p. J. (1994a). Scientists lament inaction on abuse. *New York Times*,February 6,p. A23.

——. (1994b). Inquiry decides researcher faked experimental data. *New York Times*,November 27,p. A15.

——. (1999). V. A. Hospital is told to halt all research. *New York Times*,March 25,p,A25.

Hovland, C. (1959). Reconciling conflicting results derived from experimental and survey studies of attitude change. *The American Psychologist*, 14:8 – 17. Reprinted in W. Schramm and D. Roberts, eds. (1971), *The Process and Effects of Mass communication*, rev, ed, pp. 495 – 515, Urbana: University of Illinois Press.

Hovland, C, and W. Weiss (1951). The influence of source credibility on communication effectiveness. *Public Opinion Quarterly*, 15:635 – 650.

Hovland, C. I. L. Janis, and H. H. Kelley (1953). *Communication and Persuasion*. New Haven, Conn: Yale University Press.

Kane, J. (1992). What Galileo actually proved and disproved. *New York Times*. November 17. p. A14.

Kolata, G. (1998). A child's paper poses a medical challenge. *New York Times*, Aprill, p. A1.

Levy, D, (1994). Medical research/Fighting Fraud/ Science only as strong as its integrity. *USA Today*, March 16, p. 1A.

McDowell, E. (1987). Agent for Hite resigns amid a controversy. *New york Times*, November 13, p. 45.

Montalbano, W. (1992), Catholic Church clears Galileo of heresy charges. *Houston Chronicle*, November 1, p. A29.

Neuman, W. R. (1989). Parallel content analysis: Old paradigms and new proposals. *Public Communication and Behavior*, Vol. 2, pp. 205 – 289.

New York Times (1967). Napalm inventor discounts guilt. December 27, p. 8.

——. (1989). Does ideology stop at the laboratory door? A debate on science and the real world. October 22, p. 22.

Newsbytes (1995). e Works, Medialink to offer Internet clipping service. *Newsbytes News Network*, August 15.

Park, R. L. (1995). The danger of voodoo science. *New York Times*, July 9, p. E15.

Powers, R. (1999). Eyes wide open. *New York. Times*, April 18, Magazine, PP. 80 – 83.

Reston, J. Jr. (1994). *Galileo: A Life*. New York; Harper Collins Publishers.

Roberts, J. A. (1994). Sad state of affairs: Colorado residents frustrated, cynical, poll finds. *Denver Post*, December 1, P. 1A.

Salisbury, H. (1976). Trofim L. Lysenko is dead at 78; Was science overlord under Stalin. *New York Times*, November 24, p. 36.

Shabecoff, P. (1989). Scientist says U. S. agency altered his testimony on global warming. *New York Times*, May 8, p. 1.

Shaw, D. , and S. Brauer (1969). Press freedom and war constraints: Case – testing Siebert's Proposition II. *Journalism Quarterly*, 46: 243 – 254.

Siebert, F. S. (1952). *Freedom of the Press in England* 1476 – 1776. Urbana: University of Illinois Press.

Stolberg, S. G. (1998). Gifts to science researchers have strings, study finds. *New York Times*, April 1, Sect. A, p. 17.

Tan, A. S. (1981). *Mass Communication Theories and Research*. Columbus, Ohio: Grid Publishing.

Tankard, J. , and M. Ryan (1974). News source perceptions of accuracy of science coverage. *Journalism Quarterly*, 51: 219 – 225.

Udall, S. (1994). *The Myths of August*. New York: Pantheon.

Westley, B. (1958). Journalism research and scientific method. *Journalism Quarterly*, 35: 161 – 169, 307 – 316. Reprinted in R. O. Nafziger and D. M. White, eds. (1963), *Introduction to Mass Communication Research* as "Scientific Method and Communication Research" (Chapter 9). Baton Rouge: Louisiana State University Press.

Whitely, W. P., D. Rennie, and A. W. Hafner (1994). The scientific community's response to evidence of fraudulent publication. *JAMA* (*The Journal of the American Medical Association*), 272 (2): 170.

Whitman, A. (1976). Newton's other law is hailed on its tercentenary. *New York Times*, February, 6, p. 21.

Wilcox, G. (1985). The effect of price advertising on alcoholic beverage sales. *Journal of Advertising Research*, 25 (October – November): 33 – 38.

Willwerth, J. (1994). Madness in fine print. *Time*, November 2, p. 62.

第3章

Axelrod, Robert (1973). Schema theory: An information processing model of perception and cognition. *American Political Science Review*, 67 (Spring): 1251.

Burks, Arthur W. (1951). The mathematical theory of communication , *The Philosophical Review*, 60 (July): 398 – 400.

Deutsch, K. (1952). On communication models in the social sciences. *Public Opinion Quarterly*, 16: 356 – 380.

Fantel, H. (1989). The advance was digital , and it's just a beginning. *New York Times*, December 31, Sect. 2, p. 28.

Finn, S, and D, Roberts (1984). Source, destination, and entropy: Reassessing the role of information theory in communication research. *Communication Research*, 11: 453 – 476.

Gerbner, G. (1956). Toward a general model of communication. *Audio Visual Communication Review*, 4: 171 – 199.

Graber, Doris (1984). *Processing the News: How People Tame the Information Tide*. New York: Longman.

Krull, R, J. H. Watt, and L. W. Lichty (1977). Entropy and structure: Two measures of complexity in television programs. *Communication Research*, 4: 61 – 86.

Lasswell, H. D.. (1948). The structure and function of communication in society. In L. Bryson, ed., *The Communication of Ideas*. New York: harper & Bros, Also reprinted in W. Schramm, ed. (1960), Mass Communications, pp. 117 – 130. Urbana: University of Illinois Press.

McMillan, B. (1953): Mathematical aspects of information theory. In B. McMillan et al., eds., *Current Trends in Information Theory*, pp. 1 – 18. Pittsburgh: University of Pittsburgh Press.

Negroponte, *Nicholas* (1995). *Being Digital*. New York: Knopf.

Newcomb, T. M. (1953). An approach to the study of communicative acts. *Psychological Review*, 60: 393 – 404.

Osgood, C. E., ed. (1954). Psycholinguistics: A survey of theory and research problems. *Journal of Abnormal and Social Psychology*, 49 (October). Morton Prince Memorial Supplement.

Paistey, W, J. (1966). The effects of authorship, topic, structure, and time of , composition on letter redundancy in English texts, *Journal of Verbal Learning and Verbal Behavior*, 5: 28 – 34.

Pollack, A. (1990). 2 stereo makers promise digital tape in 1990. *New York Times*, *January* 8, pp. 1, 25.

Ritchie, D. (1986). Shannon and Weaver: Unraveling the paradox of information. *Communication Research*, 13: 278 – 298.

Schramm, W., ed. (1954). How communication works. *The Process and Effects of Mass Communication*, Ch. 1. Urbana: University of Illinois Press. Also in rev. ed., 1971, W. Schramm and D. Roberts, eds.

Schramm, W. (1955). Information theory and mass

communication. *Journalism Quarterly*, 32: 131 – 146. Also in B. Berelson and M. Janowitz, eds. (1953), *Reader in Public Opinion and Communication*, 2nd ed. New York: Free Press. Also in A. Smith, ed. (1966), *Communication and Culture*. New York: Holt, Rinehart and Winston.

Shannon, C., and W. Weaver (1949). *The Mathematical Theory of Communication*. Urbana: University of Illinois Press.

Taylor, W. (1953). Cloze procedure: A new tool for measuring readability. *Journalism Quarterly*, 30: 415 – 433.

Watt, J. H., and A. Welch (1982). Visual complexity and young children's learning from television. *Human Communication Research*, 8: 133 – 145.

Weaver, W. (1949). Recent contributions to the mathematical theory of communication. In C. E. Shannon and W. Weaver, *The Mathematical Theory of Communication*, pp. 95 – 117. Urbana: University of Illinois Press.

Westley, B. H. (1976). MacLean and I and "The Model." In L. Manca, ed., *Journal of Communication Inquiry* (Spring): 26 – 34. Essays in Honor of Malcolm S. MacLean, Jr.

Westley, B. H., and M. MacLean (1957). A conceptual model for communication research. *Journalism Quarterly*, 34: 31 – 38.

Wiener, N. (1948). *Cybernetics*. New York: John Wiley.

第4章

Allport, G. W., and L. Postman (1947). *The Psychology of Rumor*. New York: Henry Holt.

Bagby, J. W. (1957). A cross – cultural study of perceptual predominance in binocular rivalry. *Journal of Abnormal and Social Psychology*, 54: 331 – 334.

Bargh, J. A. (1999). The most powerful manipulative messages are hiding in plain sight. *The Chronicle of Higher Education*, *January* 29, p. B6.

Beatty, S. E., and D. I. Hawkins (1989). Subliminal stimulation: Some new data and interpretation. *Journal of Advertising*, 18: 4 – 8.

Bennett, B. M., D. D. Hoffman, and C. Prakash (1989). *Observer Mechanics: A Formal Theory of Perception*. San Diego, Calif.: Academic Press.

Berelson, B., and G. A. Steiner (1964). *Human Behavior: An Inventory of Scientific Findings*. New York: Harcourt, Brace & World.

Chomsky, N. (1975). *Reflections on Language*. New York: Pantheon.

Christopher, A. (1998). Blink of an eye: Zap this! TV advertisers try the one – second sell. *Time*, August 3, 51.

Cohen, A. A. (1998). Between content and cognition: on the impossibility of televisionnews. *Communications*, 23 (4): 447 – 461.

Cooper, E., and M. Jahoda (1947). The evasion of propaganda: How prejudiced people respond to anti – prejudice propaganda. *Journal of Psychology*, 23: 15 – 25.

Cotton, J. L. (1985). Cognitive dissonance in selective exposure. In D. Zillmann and J. Bryant, eds., *Selective Exposure to Communication*, pp. 11 – 33. Hillsdale, N. J.: Lawrence Erlbaum.

Cotton, J. L., and R. A. Hieser (1980). Selective exposure to information and cognitive dissonance. *Journal of Research in Personality*, 14: 518 – 527.

Cousins, N. (1957). Smudging the subconscious. *Saturday Review*, October 5, p. 20.

Fiske, S. T., and D. R. Kinder (1981). Involvement, expertise, and schema use: Evidence from political cognition. In N. Cantor and J. F. Kihlstrom, eds., *Personality, Cognitions, and Social Interaction*, pp. 171 – 190. Hillsdale, N. J.: Lawrence Erlbaum.

Gale, A. G. (1997). Human response to visual stimuli. In W. R. Hendee and P. N. T. Wells, eds., *The Perception of Visual Information*, 2nd ed., pp. 127 – 147. New York: Springer – Verlag.

Graber, D. A. (1988). *Processing the News: How People Tame the Information Tide*, 2nd ed. New York, Longman.

Gross, L. (1975). Do the bigots miss the message? *TV Guide*, November 8, pp. 14 – 18.

Hastorf, A. H., and H. Cantril (1954). They saw a game: A case study. *Journal of Abnormal and Social Psychology*, 49: 129 – 134.

Hoffman, D. D. (1998). Visual Intelligence. New York: Norton.

Jones, E. E., and R. Kohler (1958). The effects of plausibility on the learning of controversial statements. *Journal of Abnormal and Social Psychology*, 57: 315 – 320.

Keck, G. L., and B. Mueller. (1994). Intended vs. unintended messages: Viewer perceptions of United States Army television commercials. *Journal of Advertising Research*, 34 (2): 70 – 78.

Key, W. B. (1972). *Subliminal Seduction: Ad Media's Manipulation of a Not So Innocent America*. Englewood Cliffs, N. J.: Prentice – Hall.

——. (1976). *Media Sexploitation*. Englewood Cliffs, N. J.: Prentice – Hall.

Lahlry, S. (1991). A blueprint for perception training. *Journal of Training and Development*, 45 (8): 21 – 25.

Leuba, C., and C. Lucas (1945). The effects of attitudes on descriptions of pictures. *Journal of Experimentsal Psychology*, 35: 517 – 524.

Levine, J. M., and G. Murphy (1958). The learning and forgetting of controversial material. In E. E. Maccoby, T. M. Newcomb, and E. L. Hartley, eds., *Readings in Social Psychology*, 3rd ed., pp. 94 – 101. New York: Holt, Rinehart and Winston.

McClelland, D. C., and J. W. Atkinson (1948). The projective expression of needs: I. The effect of different intensities of the hunger drive on perception. *Journal of Psychology*, 25: 205 – 222.

Parascope. (1999). *Vicary Tells All*. [Online]. Available: http://www.parascope.com/articles/0397/sublim3.htm

"Persuaders" get deeply "hidden" tool: Subliminal projection. (1957). *Advertising Age*, 28 (37): 127.

Pratkanis, A. R., and A. G. Greenwald (1988). Recent perspectives on unconscious processing: Still no marketing applications. *Psychology and Marketing*, 5 (4): 337 – 353.

Raft, U. (1997). Visual data formatting. In W. R. Hendee and P. N. T. Wells, eds., *The Perception of Visual Information*, 2nd ed., pp. 177 – 222. New York: Springer – Verlag.

Romeny, B. M. T. H., and L. Florack (1997). A multiscale geometric model of human vision. In W. R. Hendee and P. N. T. Wells, eds., *The Perception of Visual Information*, 2nd ed., pp. 87 – 126. New York: Springer – Verlag.

Scott, L. M. (1994). Images in advertising: The need for a theory of visual rhetoric. *Journal of Consumer Research*, 21 (2): 252 – 273.

Sears, D. O., and J. L. Freedman (1967). Selective exposure to information: A critical review. *Public Opinion Quarterly*, 31: 194 – 213.

Spangenberg, E. R., C. Obermiller, and A. G. Greenwald (1992). A field test of subliminal self – help audiotapes: The power of expectancies. *Journal of Public Policy & Marketing*, 11 (1): 26 – 36.

Toch, H., and M. S. MacLean, Jr. (1962). Perception, communication and educational research: A transactional view. *Audio Visual Communication Research*, 10 (5) 55 – 77.

Vidmar, N., and M. Rokeach (1974). Archie Bunker's bigotry: A study in selective perception and exposure. *Journal of Communication*, 24 (1): 36 – 47.

Wiener, M., and P. H. Schiller (1960). Subliminal perception or perception of partial cues. *Journal of Abnormal and Social Psychology*, 61: 124 – 137.

第5章

Associated Press (1999). With world opening up, languages are losers. *New York Times*, May 16, p. A12.

Bronowski, J. (1951). *The Common Sense of Science*. London: William Heinemann.

Brown, H. (1988). *A Father's Book of Wisdom*. Nashville, Tenn.: Rutledge Hill Press.

Chang, I. (1997). *The Rape of Nanking: The Forgotten Holocaust of World War II*. New York: Basic Books.

Fedler, F., M. Meeske, and J. Hall (1979). *Time* magazine revisited: Presidential stereotypes persist. *Journalism Quarterly*, 56: 353 – 359.

Fedler, F., R. Smith, and M. Meeske (1983). *Time and Newsweek* favor John F. Kennedy, criticize Robert and Edward Kennedy. *Journalism Quarterly*, 60: 489 – 496.

Fein, E. B. (1998). Calling infertility a disease, couples battle with insurers. *New York Times*, February 22, Sect. 1, p. 1.

Hayakawa, S. I. (1964). *Language in Thought and Action*, 2nd ed. New York: Harcourt, Brace and World.

Johnson, K. G. (1960). *General Semantics, An Outline Survey*. Madison, Wisc.: The Extension Division, University of Wisconsin.

Johnson, W. (1946). *People in Quandaries: The Semantics of Personal Adjustment*. New York: Harper & Row.

——. (1972). The communication process and general semantic principles. In W. Schramm, ed., *Mass Communication*, 2nd ed., pp. 301 – 315. Urbana: University of Illinois Press.

Kamal, M. (1987). Why tar Arabs and Islam? *New York Times*, February 16, p. 17.

Kelley, E. (1947). *Education for What Is Real*. New York: Harper.

Korzybski, A. (1958). *Science and Sanity: An Introduction to Non – Aristotelian Systems and General Semantics*, 4th ed. Lakeville, Conn.: The International Non – Aristotelian Library Publishing Co.

Lowry, D. T. (1971). Agnew and the network TV news: A before – after content analysis. *Journalism Quarterly*, 48: 205 – 210.

Mann, L. (1974). Counting the crowd: Effects of editorial policy on estimates. *Journalism Quarterly*, 51: 278 – 285.

Merrill, J. C. (1965). *How Time* stereotyped three U. S. presidents. *Journalism Quarterly*, 42: 563 – 570.

Miller, G. A. (1963). *Language and Communication*. New York: McGraw – Hill.

Rothstein, E. (1997). The black history exhibit; museums that tell what to think. *New York Times*, April 20, Sect. 4, p. 3.

Suro, R. (1991). Where America is growing: The suburban cities. *New York Times*, February 23, p. A1.

Toffier, A. (1989). The relevance of general semantics. *Et. cetera*, 46: 197 – 199.

Weisbord, R., and N. Hedderich (1993). Max Schmeling: Righteous ring warrior? *History Today*, 43 (January): 36.

Whorf, B. (1952). Language, mind, and reality. *ETC.*, 9: 167 – 188.

第6章

Anrig, G. Jr., and E. MacDonald (1992). Managing the Clinton's finances. *Denver Post*, July 27, pp. C1, C8.

Asch, S. E. (1958). Effects of group pressure upon the modification and distortion of judgments. In E. E. Maccoby, T. M. Newcomb, and E. L. Hartley, eds., *Readings in Social Psychology*, 3rd ed., pp. 174 – 183. New York: Holt, Rinehart and Winston.

Associated Press (1999). Bush sticks to broad campaign issues. *Daily Texan*, (Austin) June 16, p. 1.

Bell, D. (1976). *The Cultural Contradictions of Capitalism*. New York: Basic Books.

Berlo, D. (1960). *The Process of Communication: An Introduction to Theory and Practice*. San Francisco: Rinehart Press. Bet' nays, E. L. 0928). Propaganda. New York: Liveright.

Bird, W., Jr. (1999). *Better Living: Advertising, Media and the New vocabulary of Business Leadership*, 1935 – 1955. Evanston, Ill.: Northwestern University Press.

Bramsted, E. K. (1965). *Goebbels and National Socialist Propaganda*: 1925 – 1945. East Lansing: Michigan State University Press.

Brinkley, J. (1988). The stubborn strength of Yitzhak Shamir. *New York Times*, Magazine, August 21, pp. 27 – 29, 68 – 77.

Brooks, G. (1988). Israelis are divided over the meetings between U. S., PLO. *Wall Street Journal*, December 12, pp. A1, A8.

Brown, R. (1958). *Words and Things*. New York: Free Press.

Butterfield, F. (1982). *China: Alive in a Bitter Sea*. New York: Bantam.

Cantril, H. (1965). Foreword in M. Choukas, *Propaganda Comes of Age*. Washington, D. C.: Public Affairs Press.

Chang, J. (1991). *Wild. Swans: Three Daughters of China*. New York: Simon & Schuster.

Chavarria Chairez, B. (1995). Can just one Betty Crocker do the job? *Dallas Morning News*, September 25, p. 9A.

DeFleur, M., and S. Ball – Rokeach (1989). *Theories of Mass Communication*, 5th ed. New York: Longman.

Dulles, F. R. (1928). Problems of war and peace. *Bookman*, 67: 105 – 107.

Edelstein, A. (1997). *Total Propaganda*. Mahwah, N. J.: Erlbaum Associates, Inc., Publishers.

Eidson, T. (1992). P. R. firm had no reason to question Kuwaiti' s testimony. *New York Times*, January 17, p. A28.

Eisenhower, J. (1992). The Norman conquest. *New York Times*, October 18, Book Review, Sect. 7, pp. 3, 49.

Ellul, J. (1973). *Propaganda: The Formation of Men's Attitudes*. New York: Vintage.

Farrell, B. (1975). Celebrity market. *Harper's*, December, pp. 108 – 110.

Fleming, L. (1980). Pope considers clearing Galileo of heresy. *Austin American – Statesman*, October 26, p. A10.

Grant, M. N. (1978). I got my swimming pool by choosing Prell over brand X. In R. Atwan, B. Orton, and W. Vesterman, eds., *American Mass Media: Industries and Issues*, pp. 61 – 67. New York: Random House.

Greenhouse, S. (1995). U. S., protesting rights abuses, ends military aid to Guatemala. *New York Times*, March 11, p. 3.

Gruson, L. (1990a). Guerrilla war in Guatemala heats up, fueling criticism of civilian rule. *New York Times*, June 3, Sect. 1, p. 4.

——. (1990b). Voting isn't helping in Guatemala. *New York Times*, June 3, Sect. 4, p. 5.

Haberman, C. (1992). Words, war and sensibility: Linguistic fog in the mideast. *New York Times*, August 29 p. A1.

Hays, C. (1999). Math book salted with brand names raises new alarm. *New York Times*, March 21, Sect. 1, p. 1.

Herbert, B. (1998). In America, war games. *New York Times* February 22, Sect. 4, p. 17.

Hitchens, C. (1989). Terrorism: A cliché in search of a meaning. *Et cetera*, 45 (Summer): 147 – 152.

Hovland, C. I., and W. Weiss (1951). The influence of source credibility on communication effectiveness. *Public Opinion Quarterly*, 15: 635 – 650.

Hovland, C. I., A. A. Lumsdaine, and F. D. Sheffield (1949). *Experiments on Mass Communication.* New York: John Wiley.

Kelly, M. (1992). The making of a first family: A blueprint. *New York Times*, November 14, p. A1.

Kris, E., and H. Speier (1944). *German Radio Propaganda: Report on Home Broadcasts During the War.* London: Oxford University Press.

Lasswell, H. D. (1927). *Propaganda Technique in the World War.* New York: Peter Smith.

——. (1937). Propaganda. In E. R. A. Seligman and A. Johnson, eds., *Encyclopedia of the Social Sciences*, vol. 12, pp. 521 – 528. New York: Macmillan.

Lee, A. M., and E. B. Lee, eds. (1939). *The Fine Art of Propaganda: A Study of Father Coughlin's Speeches.* New York: Harcourt, Brace and Company.

Livingstone, N. C. and T. E. Arnold, eds. (1986). Fighting Back: Winning the War against Terrorism. Lexington, Mass.: Lexington Books.

Lumsdaine, A. A., and I. L. Janis (1953). Resistance to "counterpropaganda" produced by one – sided and two – sided "propaganda" presentations. *Public Opinion*, 17: 311 – 318.

MacArthur, J. (1992). Remember Nayirah, witness for Kuwait? *New York Times*, January 6, p. A17.

Manning, S. (1999). Classrooms for sale. *New York Times*, March 24, p. 27.

Manyon, J. (1994). Reporting from the Chechen Republic. *The MacNeil/Lehrer NewsHour*, December 16.

Marchand, R. (1999). *Creating the Corporate Soul: The Rise of Public Relations and Corporate Imagery in American Big business.* Berkeley: University of California Press.

Maslin, J. (1998). When phrases that flatter are misused. *New York Times*, August 23, Sect. 2, p. 9

McCann, T. (1976). *An American Company: The Tragedy of United Fruit.* New York: Crown.

McGrory, M. (1992). Capitol Hill & Knowlton. *Washington Post*, January 12, p. C1.

Millett, R. (1994). Central America—An overview. *Jane's Intelligence Review Year Book*, December 31, Sect.: International, p. 152.

Mock, J. R., and C. Larson (1939). *Words That Won the War: The Story of the Committee on Public Information* 1917 – 1919. Princeton, N. J.: Princeton University Press.

Nichols, B. (1995). Clinton rides "just plain folks" image in West. *USA Today*, June 2, p. 8A.

Quirk, B. (1995). Betty of '90s: Soup on apron? *Capital Times*, Madison, Wisc., October 3, p. 1D.

Read, J. M. (1941). *Atrocity Propaganda*, 1914 – 1919. New Haven, Conn.: Yale University Press.

Robinson, F. (1999). Run it up the flagpole. *New York Times*, March 14, Sect. 7, p. 21.

Rogers, E. (1983). *Diffusion of Innovations*, 3rd ed. New York: Free Press.

Schramm, W. (1971). The nature of communication between humans. In W. Schramm and D. Roberts, eds., *The Process and Effects of Mass Communication*, rev. ed., pp. 3 – 53. Urbana: University of Illinois Press.

Scott, W. (1982). Personality parade. *Parade*, November 14 p. 9.

Seelye, K. (1999). The Clintons' vacation has political overtones. *New York Times*, May 22, pp. A1, A17.

Sherif, M. (1958). Group influences upon the formation of norms and attitudes. In E. E. Maccoboy, T. M. Newcomb, and E. L. Hartley, eds., *Readings in Social Psychology*, 3rd ed., pp. 219 – 232. New York: Holt, Rinehart and Winston.

Simpson, C. (1972). *The Lusitania*. Boston: Little, Brown.

Sonenclar, B. (1991). The VNR top ten. *Columbia Journalism Review*, March/April, p. 14.

Steinhauer, J. (1999). That's not a skim latte. It's a way of life. *New York Times*, March 21, www.nytimes.com

Stone, I. F. (1966). The provocations behind the Tonkin Gulf clash two years ago. *I. F. Stone's Weekly*, September 12, p. 3.

——. (1968a). *In a Time of Torment*. New York: Random House, Vintage Books.

——. (1968b). Special eight – page issue documenting the Tonkin Gulf fraud. *I. F. Stone's Weekly*, March 4.

Tindol, R. (1988). Capitalism by any other name... *On Campus*, The University of Texasat Austin, June, p. 22.

Tye, L. (1998). *The Father of Spin: Edward L. Bernays and the Birth of Public Relations*. New York: Crown Publishers.

Wells, S. (1995). Hey, Betty! It's time to lighten up. St. *Louis Post – Dispatch*, October 5, p. 2.

Westheimer, R. (1990). Women know how to fight. *New York Times*, February 10, p. 15.

Wilke, J., ed. (1998). *Propaganda in the Twentieth Century*. Cresskill, N. J.: Hampton Press, Inc.

第7章

Abelson, R. P., E. Aronson, W. J. McGuire, T. M. Newcomb, M. H. Rosenberg, and P. H. Tannenbaum, eds, (1968). *Theories of Cognitive Consistency: A Sourcebook*. Skokie, Ill.: Rand – McNally.

Associated Press (1998). War or invasion. *Daily Texan*, Austin, September 10, p. 8.

——. (1999). WWII museum debate incites lawsuit. *Daily Texan*, Austin, June 29, page 1.

Bird, T. (1990). Man and boy confront the images of war. *New York Times*, May 27, Sect. 2, pp. 11, 16.

Brehm, J. W. (1956). Postdecision changes in the desirability of alternatives. *Journal of Abnormal and Social Psychology*, 52: 384 – 389.

Brehm, J. W., and A. R. Cohen (1962). *Explorations in Cognitive Dissonance*. New York: John Wiley.

Brigham, J., and S. Cook (1969). The influence of attitude on the recall of controversial material: A failure to confirm. *Journal of Experimental Social Psychology*, 5: 240 – 243.

Brock, T. C., and J. L. Balloun (1967). Behavioral receptivity to dissonant information. *Journal of Personality and Social Psychology*, 6: 413 – 428.

Bryant, J., and D. Zillmann (1984). Using television to alleviate boredom and stress: Selective exposure as a function of induced excitational states. *Journal of Broadcasting*, 28: 1 – 20.

Carvajal, D. (1999). History's shadow foils Nanking chronicle. *New York Times*, May 20, pp. B1, B7.

Chang, I. (1997). *The Rape of Nanking*. New York: Basic Books.

Chira, S. (1985). Japanese confront history at Pearl Harbor attack site. *Austin American-Statesman*, December 8, p. A16.

——(1988a). For Japanese, textbook drops a lesson on war. *New York Times*, October 5, p. 19.

——. (1988b). Despite new efforts, Japan avoids making peace with the war. *New York Times*, December 25, p. E12.

Convery, P. (1998). Living a footstep away from death. *Guardian Weekly*, October 4, p. 25.

Cotton, J. L. (1985). Cognitive dissonance in selective exposure. In D. Zillmann and J. Bryant, eds., *Selective Exposure to Communication*, pp. 11 – 33. Hillsdale, N. J.: Lawrence Erlbaum.

Dowd, M. (1998). Liberties; the slander strategy. *New York Times*, January 28, Sect. A, p. 25.

Ehrlich, D., I. Guttman, P. Schonbach, and J. Mills (1957). Postdecision to relevant information. *Journal of Abnormal and Social Psychology*, 54: 98 – 102.

Ferguson, D. (1992). Channel repertoire in the presence of remote control devices, VCRs and cable television. *Journal of Broadcasting & Electronic Media*, 36 (1, Winter): 83 – 91.

Festinger, L. A. (1957). *A Theory of Cognitive Dissonance*. Stanford, Calif.: Stanford University Press.

Freedman, J. L., and D. Sears (1965). Selective exposure. In L. Berkowitz, ed., *Advances in Experimental Social Psychology*, pp. 57 – 97. New York: Academic Press.

Gantz, W., and L. Wenner (1991). Men, women, and sports: Audience experiences and effects. *Journal of Broadcasting and Electronic Media*, 35 (2, Spring): 233 – 243.

Gordon, R. (1999). One act, many meanings. *Media Studies Journal*, 13 (1, Winter): 82.

Greenwald, A., and J. Sakamura (1967). Attitude and selective learning: Where are the phenomena of yesteryear? *Journal of Personality and Social Psychology*, 7: 387 – 397.

Haberman, C. (1988). Japanese remove sequence from film *Last Emperor*. *New York Times*, January 21, p. 8.

Heider, F. (1946). Attitudes and cognitive organization. *Journal of Psychology*, 21: 107 – 112.

——. (1958). *The Psychology of Interpersonal Relations*. New York: John Wiley.

Kiesler, C. A., B. E. Collins, and N. Miller (1969). *Attitude Change*. New York: John Wiley.

Kleinhesselink, R., and R. Edwards (1975). Seeking and avoiding belief – discrepant information as a function of its perceived refutability. *Journal of Personality and Social Psychology*, 31: 787 – 790.

Lehner, U. (1988). More Japanese deny nation was aggressor during World War II. *Wall Street Journal*, September 8, p. 1.

Lowin, A. (1969). Further evidence for an approach – avoidance interpretation of selective exposure. *Journal of Experimental Social Psychology*, 5: 265 – 271.

Marquardt, K. (1999). Survey's rankings methods flawed, according to UT officials. *Daily Texan*, Austin, March 23, p. 1.

McGuire, W. J. (1968). Selective exposure: A summing up. In R. Abelson et al., eds., *Theories of Cognitive Consistency: A Sourcebook*, pp. 797 – – 800. Skokie, Ill.: Rand – McNally.

Mills, J. (1968). Interest in supporting and discrepant information. In R. Abelson et al., eds., *Theories of Cognitive Consistency: A Sourcebook*, pp. 771 – 776. Skokie, III.: Rand – McNally.

Mydans, S. (1999). Vietnam sees war's legacy in its young. *New York Times*, May 16, p. A 12.

Newcomb, T. M. (1953). An approach to the study of communicative acts. *Psychological Review*, 60: 393 – 404.

Osgood, C., G. Suci, and P. Tannenbaum (1957). *The Measurement of Meaning*. Urbana: Universitv of Illinois Press.

Paul, R. (1999). Large number of UT students join Peace Corps. *Daily Texan*, Austin, January 19, p. 1.

Sears, D. O. (1968) The paradox of de facto selective

exposure without preferences for supportive information. In R. Abelson et al., eds., *Theories of Cognitive Consistency: A Sourcebook*, pp. 777 – 787. Skokie, III.: Rand – McNally.

Southan, R. (1999). UT rankings rancor hypocritical. *Daily Texan*, Austin, April 6, p. 7.

Strong, B. (1989). Slavery and colonialism make up the true legacy of Columbus. *New York Times*, November 4, p. 14.

Woodward, A. (1987). In search of Watergate in the textbooks. *New York Times*, March 11, p. 26.

Zajonc, R. B. (1960). The concepts of balance, congruity and dissonance. *Public Opinion Quarterly*, 24: 280 – 296.

Zillmann, D. (1980). Anatomy of suspense. In P. H. Tannenbaum, ed., *The Entertainment Functions of Television*, pp. 133 – 163. Hillsdale, N. J.: Lawrence Erlbaum.

Zillmann, D., and J. Bryant (1985). Affect, mood, and emotion as determinants of selective exposure. In D. Zillmann and J. Bryant, eds., *Selective Exposure to Communication*, pp. 157 – 190. Hillsdale, N. J.: Lawrence Erlbaum.

——. (1986). Exploring the entertainment experience. In J. Bryant and D. Zillmann, eds., *Perspectives on Media Effects*, pp. 303 – 324. Hillsdale, N. J.: Lawrence Erlbaum.

Zillman, D., R. T. Hezel, and N. J. Medoff (1980). The effect of affective states on selective exposure to televised entertainment fare. *Journal of Applied Social Psychology*, 10: 323 – 339.

第8章

Ajzen, I. (1971). Attitudinal vs. normative messages: An investigation of the differential effects of persuasive communications on behavior. *Sociometry*, 34: 263 – 280.

Ajzen, I., and M. Fishbein (1970). The prediction of behavior from attitudinal and normative variables. *Journal of Experimental Social Psychology*, 6: 466 – 487.

Allport, G. W. (1954). The historical background of moderm social psychology. In G. Lindzey, ed., *Handbook of Social Psychology*, vol. 1, pp. 3 – 56. Reading, Mass.: Addison Wesley.

Brown, R. (1958). *Words and Things*. New York: Free Press.

Chaiken, S., A. Liberman, and A. H. Eagly (1989). Heuristic and systematic information processing within and beyond the persuasion context. In J. S. Uleman and J. A. Bargh, eds., *Unintended Thought*, pp. 212 – 252. New York: Guilford Press.

Chen, W. (1933). The influence of oral propaganda material upon students' attitudes. *Archives of Psychology*, 150: 1 – 43.

Cook, T. D., and B. R. Flay (1978). The persistence of experimentally induced attitude change. In L. Berkowitz, ed., *Advances in Experimental Social Psychology*, vol. 11, pp. 2 – 57. New York: Academic Press.

Dillard, J. P., C. A. Plotnick, L. C. Godbold, V. S. Freimuth, and T. Edgar (1996). The multiple affective outcomes of AIDS PSAs: Fear appeals do more than scare people. *Communication Research*, 23, (1): 44 – 72.

Eagly, A. H. (1992). Uneven progress: Social psychology and the study of attitudes. *Journal of Personality and Social Psychology*, 63, (5): 693 – 710.

English, H. B., and A. C. English (1958). *A Comprehensive Dictionary of Psychological and Psychoanalytical Terms: A Guide to Usage*. New York: Longmans, Green.

Evans, R. I., R. R. Rozelle, T. M. Lasater, T. M. Dembroski, and B. P. Allen (1970). Fear arousal, persuasion and actual versus implied behavioral change: New perspective utilizing a real – life dental hygiene program. *Journal of Personality and Social Psychology*, 16:220 – 227.

Festinger, L. (1964). Behavioral support for opinion change. *Public Opinion Quarterly*, 28:404 – 417.

Fishbein, M. (1973). Introduction: The prediction of behaviors from attitudinal variables. In C. D. Mortensen and K. K. Sereno, eds., *Advances in Communication Research*, pp. 3 – 31. New York: Harper & Row.

Gillig, P. M., and A. G. Greenwald (1974). Is it time to lay the sleeper effect to rest? *Journal of Personality and Social Psychology*, 29:132 – 139.

Greenwald, A. G. (1968). Cognitive learning, cognitive response to persuasion, and attitude change. In A. G. Greenwald and T. C. Brock, eds., *Psychological Foundations of Attitudes*, pp. 147 – 170. New York: Academic Press.

Hale, J. L., and J. P. Dillard (1995). Fear appeals in health promotion campaigns: Too much, too little, or just right? In E. Maibach and R. L. Parrott, eds., *Designing Health Messages: Approaches from Communication Theory and Public Health Practice*, pp. 65 – 80. Thousand Oaks, Calif.: Sage.

Hilgard, E. R., and G. H. Bower (1966). *Theories of Learning*. New York: Appleton – Century Crofts.

Hill, R. P. (1988). An exploration of the relationship between AIDS – related anxiety and the evaluation of condom advertisements. *Journal of Advertising*, 17:35 – 42.

Hovland, C. I., I. L. Janis, and H. H. Kelley (1953). *Communication and Persuasion*. New Haven, Conn.: Yale University Press.

Hovland, C. I., A. A. Lumsdaine, and F. D. Sheffield (1949). *Experiments on Mass Communication.* New York: Wiley.

Hovland, C. I., and W. Weiss (1951). The influence of source credibility on communication effectiveness. *Public Opinion Quarterly*, 15:633 – 650.

Insko, C. A. (1967). *Theories of Attitude Change*. New York: Appleton – Century – Crofts.

Janis, I. (1967). Effects of fear arousal on attitude change: Recent developments in theory and experimental research. In L. Berkowitz, ed., *Advances in Experimental Social Psychology*, vol. 3, pp. 166 – 224. New York: Academic Press.

Katz, D. (1960). The functional approach to the study of attitudes. *Public Opinion Quarterly*, 24: 163 – 204.

Krech, D., R. S. Crutchfield, and E. L. Ballachey (1962). *Individual in Society: A Textbook of Social Psychology*. New York: McGraw – Hill.

Krisher, H. P., III, S. A. Darley, and J. M. Darley (1973). Fear – provoking recommendations, intentions to take preventive actions, and actual preventive actions. *Journal of Personality and Social Psychology*, 26:301 – 308.

LaPiere, R. T. (1934). Attitudes vs. actions. *Social Forces*, 13:230 – 237.

Lefebvre, R. C., and L. Rochlin (1997). Social marketing. In K. Glanz, F. M. Lewis, and B. K. Rimer, eds. *Health Behavior and Health Education*, 2nd ed., pp. 384 – 402. San Francisco: Jossey – Bass.

Leventhal, H., and P. Niles (1964). A field experiment on fear arousal with data on the validity of questionnaire measures. *Journal of Personality*, 32: 459 – 479.

Lumsdaine, A., and I. Janis. (1953). Resistance to "counterpropaganda" produced by onesided and two – sided "propaganda" presentations. *Public Opinion Quarterly*, 17:316.

Maccoby, N., and J. W. Farquhar (1975). Communicating for health: Unselling heart disease*Journal of*

Communication, 25 (3): 114 – 126.

McGuire, W. J. (1968). Personality and attitude change: An information – processing theory. In A. C. Greenwald, T. C. Brock, and T. M. Ostrom, eds., *Psychological Foundations of Attitudes*, pp. 171 – 196. San Diego, Calif.: Academic Press.

——. (1976). Some internal psychological factors influencing consumer choice. *Journal of Consumer Research*, 2: 302 – 319.

——. (1989). Theoretical foundations of campaigns. In R. E. Rice and C. K. Atkin, eds., *Public Communication Campaigns*, 2nd ed., pp. 43 – 65. Newbury Park, Calif.: Sage.

——. (1996). The Yale Communication and Attitude – Change Program in the 1950s. In E. E. Dennis and E. Wartella, eds., *American Communication Research: The Remembered History*, pp. 39 – 59. Mahwah, N. J.: Erlbaum.

McGuire, W., and D. Papageorgis (1961). The relative efficacy of various types of priorbelief defense in producing immunity against persuasion. *Journal of Abnormal and Social Psychology*, 62: 327 – 337.

Meyerowitz, B. E., and S. Chaiken (1987). The effect of message framing on breast selfexamination attitudes, intentions, and behaviors. *Journal of Personality and Social Psychology*, 52: 500 – 510.

Millar, J. G., and K. U. Millar (1990). Attitude change as a function of attitude type and argument type. *Journal of Personality and Social Psychology*, 59 (2): 217 – 228.

Murphy, G., L. B. Murphy, and T. M. Newcomb (1937). *Experimental Social Psychology: An Interpretation of Research upon the Socialization of the Individual*, rev. ed. New York: Harper and Brothers.

O'Keefe, D. J. (1990). *Persuasion: Theory and Research*. Newbury Park, Calif.: Sage.

Olson, J. M., and M. P. Zanna (1993). Attitudes and attitude change. *Annual Review of Psychology*, 44: 117 – 154.

Papageorgis, D., and W. McGuire (1961). The generality of immunity to persuasion produced by pre – exposure to weakened counterarguments. *Journal of Abnormal and Social Psychology*, 62: 475 – 481.

Petty, R. E., and J. T. Cacioppo (1986). *Communication and Persuasion: Central and Peripheral Routes to Attitude Change*. New York: Springer – Verlag.

Pfau, M. (1995). Designing messages for behavioral inoculation. In E. Maibach and R. L. Parrott, eds., *Designing Health Messages: Approaches from Communication Theory and Public Health Practice*, pp. 99 – 113. Thousand Oaks, Calif.: Sage.

Reardon, K. K. (1989). The potential role of persuasion in adolescent AIDS prevention. In R. E. Rice and C. K. Atkin, eds., *Public Communication Campaigns*, 2nd ed., pp. 273 – 289. Newbury Park, Calif.: Sage.

Rogers, R. W. (1975). A protection motivation theory of fear appeals and attitude change. *Journal of Psychology*, 91: 93 – 114.

Slater, M. D. (1995). Choosing audience segmentation strategies and methods for health communication. In E. Maibach and R. L. Parrott, eds., *Designing Health Messages: Approaches from Communication Theory and Public Health Practice*, pp. 186 – 198. Thousand Oaks, Calif.: Sage.

Staats, A. W. (1968). *Learning, Language, and Cognition*. New York: Holt, Rinehart, and Winston.

Staats, A. W., and C. K. Staats (1958). Attitudes established by classical conditioning. *Journal of Abnormal and Social Psychology*, 57: 37 – 40.

Staats, C. K., and A. W. Staats (1957). Meaning established by classical conditioning. *Journal of Experimental Psychology*, 5474 – 80.

Staats, A. W., C. K. Staats, and H. L. Crawford (1962). First – order conditioning of meaning and the parallel conditioning of a GSR. *Journal of General Psychology*, 67: 159 – 167.

Tanner, J. F., J. B. Hunt, and D. R. Eppright (1991). The protection motivation model: A normative model of fear appeals. *Journal of Marketing*, 55: 36 – 45.

Tripp, C., T. D. Jensen, and L. Carlson. (1994). The effects of multiple product endorsements by celebrities on consumers' attitudes and intentions. *Journal of Consumer Research*, 20: 535 – 547.

Whitehead, J. L. (1968). Factors of source credibility. *Quarterly Journal of Speech*, 54: 59 – 63.

Worden, J. K., B. S. Flynn, L. J. Solomon, R. H. Secker – Walker, G. J. Badger, and J. H. Carpenter (1996). Using mass media to prevent cigarette smoking among adolescent girls. *Health Education Quarterly*, 23 (4): 453 – 468.

第9章

Alcoholics Anonymous World Services, Inc. (1967). *The A. A. Way of Life: A Reader by Bill.* New York: Author.

Asch, S. E. (1955). Opinions and social pressure. *Scientific American*, November, pp. 31 – 35.

——. (1956). Studies of independence and conformity. I. A minority of one against a unanimous majority *Psychological Monographs*, 70 (9): 1 – 70.

——. (1958). Effects of group pressure upon the modification and distortion of judgments. In E. E. Maccoby, T. M. Newcomb, and E. L. Hartley, eds., *Readings in Social Psychology*, 3rd ed., pp. 174 – 183. New York: Holt, Rinehart and Winston.

Berelson, B. R., P. F. Lazarsfeld, and W. N. McPhee (1954). *Voting: A Study of Opinion Formation in a Presidential Campaign.* Chicago: University of Chicago Press.

Bettenhausen, K., and J. K. Murnighan (1985). The emergence of norms in competitive decision – making groups. *Administrative Science Quarterly*, 30: 350 – 372.

Birch, D. (1995). Antismoking ads can work, experts say. *The Baltimore Sun*, August 12, p. 1A.

Flay, B. R. (1987). *Selling the Smokeless Society: Fifty – Six Evaluated Mass Media Programs and Campaigns Worldwide.* Washington, D. C.: American Public Health Association.

Frankenberger, K. D., and A. S. Sukhdial (1994). Segmenting teens for AIDS preventive behaviors with implications for marketing communications. *Journal of Public Policy & Marketing*, 13: 133 – 150.

Kornblum, J. (1997, March 27). *Web Ties to Mass Suicide Probed.* CNET News. [Online]. Available: http://www.news.com/News / Item/0, 4, 9192, 00.html

Lazarsfeld, P. F., B. Berelson, and H. Gaudet (1968). *The People's Choice: How the Voter Makes Up His Mind in a Presidential Campaign*, 3rd ed. New York: Columbia University Press.

Lewin, K. (1958). Group decision and social change. In E. E. Maccoby, T. M. Newcomb, and E. L. Hartley, eds., *Readings in Social Psychology*, 3rd ed., pp. 197 – 211. New York: Holt, Rinehart and Winston.

Maccoby, N., and J. W. Farquhar (1975). Communicating for health: Unselling heart disease. *Journal of Communication*, 25 (3): 114 – 126.

——. (1976). Bringing the California health report up to date. *Journal of Communication*, 26 (1): 56 – 57.

Marrow, A. J. (1977). *The Practical Theorist: The Life and Work of Kurt Lewin.* New York: Teachers College Press.

McAlister, A., A. G. Ramirez, C. Galavotti, and K. J.

Gallion (1989). Antismoking campaigns: Progress in the application of social learning theory. In R. E. Rice and C. K. Atkin, eds., *Public Communication Campaigns*, 2nd ed., pp. 291 – 307. Newbury Park, Calif.: Sage.

McBurney, D. H., and V. B. Collings (1977). *Introduction to Sensation/Perception*. Englewood Cliffs, N. J.: Prentice – Hall.

Melton, J. G. (1986). *Encyclopedic Handbook of Cults in America*. New York: Garland.

Pelz, E. B. (1958). Some factors in "group decision." In E. E. Maccoby, T. M. Newcomb, and E. L. Hartley, eds., *Readings in Social Psychology*, 3rd ed., pp. 212 – 219. New York: Holt, Rinehart and Winston.

Price, V. (1988). On the public aspects of opinion: Linking levels of analysis in public opinion research. *Communication Research*, 15 (6): 659 – 679.

Reno, R. R., R. B. Cialdini, and C. A. Kallgren (1993). The transsituational influence of social norms. *Journal of Personality and Social Psychology*, 64 (1): 104 – 112.

Roser, C., J. A. Flora, S. H. Chaffee, and J. W. Farquhar (1990). Using research to predict learning from a PR campaign. *Public Relations Review*, 16 (2): 61 – 77.

Sherif, M. (1936). *The Psychology of Social Norms*. New York: Harper & Brothers.

——. (1937). An experimental approach to the study of attitudes. *Sociometry*, 1: 90 – 98.

Skedgell, R. A. (1966). How computers pick an election winner. *Transaction*, 4 (1): 42 – 46.

Solomon, D. S. (1989). A social marketing perspective on communication campaigns. In R. E. Rice and C. K. Atkin, eds., *Public Communication Campaigns*, 2nd ed., pp. 87 – 104. Newbury Park, Calif.: Sage.

Turner, J. C. (1982). Towards a cognitive redefinition of the social group. In H. Tajfel, ed., *Social Identity and Intergroup Relations*, pp. 15 – 40. Cambridge, Eng.: Cambridge University Press.

Vogel, A. (1994). Model aids in cost – effective communications *Public Relations Journal*, 50 (2): 8 – 11.

Worden, J. K., B. S. Flynn, L. J. Solomon, R. H. Secker – Walker, G. J. Badger, and J. H. Carpenter (1996). Using mass media to prevent cigarette smoking among adolescent girls. *Health Education Quarterly*, 23, (4): 453 – 468.

第 *10* 章

De Fleur, M. L. (1988). Diffusing information. *Society*, 25: 72 – 81.

De Fleur, M. L., and O. Larsen (1958). *The Flow of Information*. New York: Harper.

Katz, E. (1957). The two – step flow of communication: An up – to – date report of an hypothesis. *Public Opinion Quarterly*, 21: 61 – 78. Also in W. Schramm, ed. (1960), *Mass Communications*. Urbana: University of Illinois Press.

Katz, E., and P. F. Lazarsfeld (1955). *Personal Influence: The Part Played by People in the Flow of Mass Communications*. Glencoe, III.: Free Press.

Lazarsfeld, P. F., and H. Menzel (1963). Mass media and personal influence. In W. Schramm, ed., *The Science of Human Communication*. New York: Basic Books.

Lazarsfeld, P. F., B. R. Berelson, and H. Gaudet (1948). *The People's Choice*. New York: Columbia University Press.

Lerbinger, O. (1972). *Designs for Persuasive Communication*. Englewood Cliffs, N. J.: Prentice – Hall.

Lin, N. (1971). *The Study of Human Communication*.

Indianapolis, Ind. : Bobbs – Merrill.

Rogers, E. (1995). *Diffusion of Innovations*, 4th ed. New York: Free Press.

Rogers, E., and F. Shoemaker (1971). *Communication of Innovations*. New York: Free Press.

Rosen, L. D., and M. M. Weil (1995). Adult and teenage use of consumer, business, and entertainment technology: Potholes on the information superhighway? *Journal of Consumer Affairs*, 29 (1, June 22): 55.

Rosenberg, N. (1995). Why technology forecasts often fail. *The Futurist*, 29 (4, July): 16.

Ryan, B., and N. Gross (1943). The diffusion of hybrid seed corn in two Iowa communities. *Rural Sociology*, 8: 15 – 24.

Troldahl, V., and R. Van Dam (1965). Face – to – face communication about major topics in the news. *Public Opinion Quarterly*, 29: 626 – 634.

Valente, T. W., and W. P. Saba (1998). Mass media and interpersonal influence in a reproductive health communication campaign in Bolivia. *Communication Research*, 25 (1), pp. 96 – 124.

Weinraub, B. (1991). India peers at its future with a sense of gloom. *New York Times*, July 14, p. E2.

Westley, B. (1971). Communication and social change. *American Behavioral Scientist*, 14: 719 – 742.

Westmyer, S. A., R. DiCioccio, and R. Rubin (1998). Appropriateness and effectiveness of communication channels in competent interpersonal communication. *Journal of Communication*, 48 (3, Summer), pp. 27 – 48.

Zwerdling, D. (1994). Philippine farmers learning to return to green. *National Public Radio*, *All Things Considered*, August 7, Transcript #1567 – 5. (Available in Lexis/Nexis news data bank.)

第11章

Bare, J. (1990). The war on drugs: A case study in opinion formation. *The Public Perspective*, November/December: 29 – 31.

Broder, D. S. (1990). Five ways to put some sanity back in elections. *The Washington Post*, Outlook Sect., January 14, p. B1.

Brosius, H. B., and G. Weimann (1996). Who sets the agenda?: Agenda – setting as a twostep flow. *Communication Research*, 23 (5): 561 – 580.

Carter, R. F., K. R. Stamm, and K. Heintz – Knowles (1992). Agenda setting and consequentiality. *Journalism Quarterly*, 69: 868 – 877.

Cohen, B. C. (1963). *The Press and Foreign Policy*. Princeton, N. J. : Princeton University Press.

Crouse, T. (1973). *The Boys on the Bus*. New York: Random House.

Danielian, L. H., and S. D. Reese (1989). A closer look at intermedia influences on agenda setting: The cocaine issue of 1986. In P. J. Shoemaker, ed., *Communication Campaigns About Drugs: Government, Media, and the Public*, pp. 47 – 66. Hillsdale, N. J. : Lawrence Erlbaum.

Funkhouser, G. R. (1973a). The issues of the sixties: An exploratory study in the dynamics of public opinion. *Public Opinion Quarterly*, 37: 62 – 75.

—— (1973b). Trends in media coverage of the issues of the '60s. *Journalism Quarterly*, 50: 533 – 538.

Ghanem, S. (1997). Filling in the tapestry: The second level of agenda setting, In M. McCombs, D. L. Shaw, and D. Weaver, eds., *Communication and Democracy: Exploring the Intellectual Frontiers in Agenda – Setting Theory*, pp. 3 – 14. Mahwah, N. J. : Lawrence Erlbaum.

Ghanem, S., and D. Evatt (1995). *The paradox of public concern about crime: An interim report*. Paper presented at the annual meeting of the Association for Education in Journalism and Mass Communication, Washington, D. C., August.

Gilberg, S., C. Eyal, M. McCombs, and D. Nicholas (1980). The State of the Union Address and the press agenda. *Journalism Quarterly*, 57: 584 – 588.

Gurevitch, M., and J. G. Blumler (1990). Political communication systems and democratic values. In J. Lichtenberg, ed., *Democracy and the Mass Media*, pp. 269 – 289. Cambridge, Eng.: Cambridge University Press.

Iyengar, S., and D. R. Kinder (1987). *News That Matters: Television and American Opinion*. Chicago: The Universify of Chicago Press.

Iyengar, S., and A. Simon (1993). News coverage of the Gulf crisis and public opinion: A study of agenda setting, priming and framing. *Communication Research*, 20: 365 – 383.

Iyengar, S., M. D. Peters, and D. R. Kinder (1982). Experimental demonstrations of the "not – so – minimal" consequences of television news programs. *American Political Science Review*, 76: 848 – 858.

King, P. T. (1997). The press, candidate images, and voter perceptions. In M. McCombs, D. L. Shaw, and D. Weaver, eds., *Communication and Democracy: Exploring the Intellectual Frontiers in Agenda – Setting Theory*, pp. 29 – 40. Mahwah, N. J.: Lawrence Erlbaum.

Klapper, J. T. (1960). *The Effects of Mass Communication*. New York: Free Press.

Lang, G. E., and K. Lang (1983). *The Battle for Public Opinion: The President, the Press, and the Polls During Watergate*. New York: Columbia University Press.

Lang, K., and G. E. Lang (1959). The mass media and voting. In E. Burdick and A. J. Brodbeck, eds., *American Voting Behavior*, pp. 217 – 235. Glencoe, Ill.: Free Press.

——. (1972). The unique perspective of television and its effect: A pilot study. In W. Schramm, ed., *Mass Communications*, 2nd ed., pp. 544 – 560. Urbana: University of Illinois Press.

Lippmann, W. (1922, reprinted 1965). *Public Opinion*. New York: Free Press.

Long, N. E. (1958). The local community as an ecology of games. *American Journal of Sociology*, 64: 251 – 261.

McCombs, M. E. (1981). Setting the agenda for agenda – setting research: An assessment of the priority ideas and problems. In G. C. Wilhoit and H. de Bock, eds., *Mass Communication Review Yearbook*, vol. 2, pp. 209 – 211. Beverly Hills, Calif.: Sage.

——. (1992). Explorers and surveyors: Expanding strategies for agenda – setting research. *Journalism Quarterly*, 69: 813 – 824.

McCombs, M., and G. Estrada (1997). The news media and the pictures in our heads. In S. Iyengar and R. Reeves, eds., *Do the Media Govern? Politicians, Voters, and Reporters in America*, pp. 237 – 247. Thousand Oaks, Calif.: Sage.

McCombs, M. E., and D. L. Shaw (1972). The agenda – setting function of mass media. *Public Opinion Quarterly*, 36: 176 – 187.

McCombs, M., S. Gilbert, and C. Eyal (1982). *The State of the Union Address and the press agenda: A replication*. Paper presented at the annual meeting of the International Communication Association, Boston.

Neisser, U. (1967). *Cognitive Psychology*. New York: Appleton – Century – Crofts.

Reese, S. D., and L. J. Danielian (1989). Intermedia influence and the drug issue: Converging on cocaine. In P. J. Shoemaker, ed., *Communication Campaigns About Drugs: Government, Media, and the Public*, pp. 29 – 45. Hillsdale, N. J. : Lawrence Erlbaum.

Rosen, J. (1992). Politics, vision, and the press: Toward a public agenda for journalism. In J. Rosen and P. Taylor, *The New News v. the Old News: The Press and Politics in the 1990s*, pp. 1 – 33. New York: The Twentieth Century Fund.

——. (1993). *Community Connectedness: Passwords for Public Journalism*. St. Petersburg, Fla. : The Poynter Institute for Media Studies.

Shaw, D. L., and S. E. Martin (1992). The function of mass media agenda setting. *Journalism Quarterly*, 69:902 – 920.

Shaw, D. L., and M. E. McCombs, eds. (1977). *The Emergence of American Political Issues: The Agenda – Setting Function of the Press*. St. Paul, Minn. : West.

Shepard, A. C. (1994). The gospel of public journalism. *American Journalism Review*, 16:28 – 35.

Shoemaker, P. J., and E. K. Mayfield (1984). *Mass media content as a dependent variable: Five media sociology theories*. Paper presented at the annual meeting of the Communication Theory and Methodology Division, Association for Education in Journalism and Mass Communication, Gainesville, Fla., August.

Shoemaker, P. J., and S. D. Reese (1991). *Mediating the Message: Theories of Influences on Mass Media Content*. New York: Longman.

Shoemaker, P. J., W. Wanta, and D. Leggett (1989). Drug coverage and public opinion, 1972 – 1986. In P. J. Shoemaker, ed., *Communication Campaigns About Drugs: Government, Media and the Public*, pp. 67 – 80. Hillsdale, N. J. : Lawrence Erlbaum.

Skinner, B. F. (1957). *Verbal Behavior*. New York: Appleton – Century – Crofts.

Steffens, L. (1931). *The Autobiography of Lincoln Steffens*. New York: Harcourt, Brace and Company.

Stone, G. C., and M. E. McCombs (1981). Tracing the time lag in agenda setting. *Journalism Quarterly*, 58:51 – 55.

Sumpter, R., and J. W. Tankard, Jr. (1994). The spin doctor: An alternative model of public relations. *Public Relations Review*, 20:19 – 27.

Tipton, L., R. D. Haney, and J. R. Baseheart (1975). Media agenda setting in city and state election campaigns. *Journalism Quarterly*, 52:15 – 22.

Wanta, W., and R. E. Miller (1995). *Sources of the public agenda: The president – press – public relationship*. Paper presented at the annual meeting of the International Communication Association, Albuauerque, N. M.

Wanta, W., and M. J. Roy (1995). *Memory decay and the agenda – setting effect: An examination of three news media*. Paper presented at the annual meeting of the Association for Education in Tnnrnalism and Mass Communication. Washington. D. C.

Wanta, W., and Y. C. Wu (1992). Interpersonal communication and the agenda – setting process, *Journalism Quarterly*. 69:847 – 855.

Weaver, D. H. (1977). Political issues and voter need for orientation. In D. L. Shaw and M. E. McCombs, eds., *The Emergence of American Political Issues: The Agenda – Setting Function of the Press*, pp. 107 – 119. St. Paul, Minn. : West.

Westley, B. H. (1976). What makes it change? *Journal of Communication*, 26 (2):43 – 47.

——. (1978). Review of "The emergence of American political issues: The agenda – setting function of the press." *Journalism Quarterly*, 55:172 – 173.

Winter, J. P., and C. H. Eyal (1980). *An agenda – setting timeframe for the civil rights issue*. Paper presented at the annual meeting of the International Communication Association, Acapulco, Mexico.

Yagade, A., and D. M. Dozier (1990). The media agenda – setting effect of concrete versus abstract issues. *Journalism Quarterly*, 67:3 – 10.

Zucker, H. G. (1978). The variable nature of news media influence. In B. D. Ruben, ed., *Communication Yearbook*, vol. 2, pp. 225 – 240. New Brunswick, N. J.: Transaction.

第12章

Ball, S., and G. A. Bogatz (1970). *The First Year of* Sesame Street: *An Evaluation*. Princeton, N. J.: Educational Testing Service.

Bishop, G. F., R. W. Oldendick, and A. J. Tuchfarber (1978). Debate watching and the acquisition of political knowledge. *Journal of Communication*, 28(4):99 – 113.

Childers, T., and J. Post (1975). *The Information – Poor in America*. Metuchen, N. J.: Scarecrow Press.

Cook, T. D., H. Appleton, R. F. Conner, A. Shaffer, G. Tamkin, and S. J. Weber (1975). "*Sesame Street*" *Revisited: A Case Study in Evaluation Research*. New York: Russell Sage Foundation.

Dervin, B. (1980). Communication gaps and inequities: Moving toward a reconceptualization. In B. Dervin and M. J. Voight, eds., *Progress in Communication Sciences*, vol. 2, pp. 73 – 112. Norwood, N. J.: Ablex.

Donohue, G. A., P. J. Tichenor, and C. N. Olien (1975). Mass media and the knowledge gap: A hypothesis reconsidered. *Communication Research*, 2: 3 – 23.

Evatt, D. S. (1998). Measuring public knowledge through open – ended questioning. *Southwestern Mass Communication Journal*, 14(1):61 – 71.

Frankenberger, K. D., and A. S. Sukhdial (1994). Segmenting teens for AIDS preventive behaviors with implications for marketing communications. *Journal of Public Policy & Marketing*, 13:133 – 150.

Gaziano, C. (1997). Forecast 2000: Widening knowledge gaps. *Journalism & Mass Communication Quarterly*, 74(2):237 – 264.

Genova, B. K. L., and B. S. Greenberg (1981). Interests in news and the knowledge gap. In G. C. Wilhoit and H. de Bock, eds., *Mass Communication Review Yearbook*, vol. 2, pp. 494 – 506. Beverly Hills, Calif.: Sage.

Griffin, R. J. (1987). *Energy, education, and media use: A panel study of the knowledge gap*. Paper presented at the annual meeting of the Communication Theory and Methodology Division, Association for Education in Journalism and Mass Communication, San Antonio, Texas, August.

——. (1990). Energy in the eighties: Education, communication, and the knowledge gap. *Journalism Quarterly*, 67:554 – 566.

Katzman, N. (1974). The impact of communication technology: Promises and prospects. *Journal of Communication*, 24(4):47 – 58.

Lazarsfeld, P. F. (1940). *Radio and the Printed Page*. New York: Duell, Sloan and Pearce.

Lepper, M. R. (1985). Microcomputers in education: Motivational and social issues. *American Psychologist*, 40(1):1 – 18.

Lesser, G. S. (1974). *Children and Television*. New York: Random House (Vintage Books).

McLeod, D. M., and E. M. Perse (1994). Direct and indirect effects of socioeconomic status on public affairs knowledge. *Journalism Quarterly*, 71:433 – 442.

Pan, Z., and J. M. McLeod (1991). Multilevel analysis in mass communication research. *Communication Research*, 18:140 – 173.

Parker, E. B., and D. A. Dunn (1972). Information technology: Its social potential. *Science*, 176:1392 – 1398.

Rogers, E. M. (1976). Communication and development: The passing of the dominant paradigm. *Communication Research*, 3: 213 – 240.

Sharp, E. B. (1984). Consequences of local government under the klieg lights. *Communication Research*, 11: 497 – 517.

Tichenor, P., G. Donohue, and C. Olien (1970). Mass media flow and differential growth in knowledge. *Public Opinion Quarterly*, 34: 159 – 170.

Viswanath, K., E. Kahn, J. R. Finnegan, J. Hertog, and J. D. Potter (1993). Motivation and the knowledge gap: Effects of a campaign to reduce diet – related cancer risk. *Communication Research*, 20: 546 – 563.

Wanta, W., and W. R. Elliott (1995). Did the "Magic" work? Knowledge of HIV/AIDS and the knowledge gap hypothesis. *Journalism Quarterly*, 72: 312 – 321.

Zandpour, F., and A. R. Fellow (1992). Knowledge – gap effects: Audience and media factors in alcohol – related communications. *Mass Comm Review*, 19 (3): 34 – 41.

第13章

Altheide, D. L. (1984). Media hegemony: A failure of perspective. *Public Opinion Quarterly*, 48: 476 – 490.

Ausubel, D. P. (1960). The use of advance organizers in the learning and retention of meaningful verbal material. *Journal of Educational Psychology*, 51: 267 – 272.

Ball – Rokeach, S. J., M. Rokeach, and J. W. Grube (1984a). The Great American Values Test. *Psychology Today*, November, pp. 34 – 41.

——. (1984b). *The Great American Values Test: Influencing Behavior and Belief Through Television*. New York: Free Press.

Bandura, A. (1977). *Social Learning Theory*. Englewood Cliffs, N. J.: Prentice – Hall.

——. (1994). Social cognitive theory of mass communication. In J. Bryant and D. Zillmann, eds., *Media Effects: Advances in Theory and Research*, pp. 61 – 90. Hillsdale, N. J.: Erlbaum.

Bleske, G. L. (1995). *Schematic frames and reader learning: The effect of headlines*. Paper presented at the annual meeting of the Communication Theory and Methodology Division of the Association for Education in Journalism and Mass Communication, Washington, D. C., August.

Bogart, L. (1991). The pollster & the Nazis. *Commentary*, August, pp. 47 – 49.

Chaffee, S. H. (1977). Mass media effects: New research perspectives. In D. Lerner and L. M. Nelson, eds., *Communication Research—a Half – Century Appraisal*, pp. 210 – 241. Honolulu: University Press of Hawaii.

Chaffee, S. H., and J. L. Hochheimer (1985). The beginnings of political communication research in the United States: Origins of the "limited – effects model." In M. Gurevitch and M. R. Levy, eds., *Mass Communication Review Yearbook*, vol. 5, pp. 75 – 104. Beverly Hills, Calif.: Sage.

David, P., and M. A. Johnson (1998). The role of self in third – person effects about body image. *Journal of Communication*, *Autumn*: 37 – 58.

Davison, W. P. (1983). The third – person effect in communication. *Public Opinion Quarterly*, 47: 1 – 15.

DeFleur, M. L., and S. Ball – Rokeach (1982). *Theories of Mass Communication*, 4th ed. New York: McKay.

Deutsch, K. W. (1986). What do we mean by advances in the social sciences? In K. W. Deutsch, A. S. Markovits, and J. Platt, eds., *Advances in the*

Social Sciences, 1900 – 1980: *What, Who, Where, How?*, pp. 1 – 12. Cambridge, Mass. : Abt Books.

Dobrow, J. R. (1990). Patterns of viewing and VCR use: Implications for cultivation analysis. In N. Signoricllі and M. Morgan, eds., *Cultivation Analysis: New Directions in Media Effects Research*, pp. 71 – 83. Newbury Park, Calif. : Sage.

Entman, R. M. (1993). Framing: Toward clarification of a fractured paradigm. *Journal of Communication*, 43(4): 51 – 58.

Eveland, W. P., A. I. Nathanson, B. H. Detenber and D. M. McLeod (1999). Rethinking the social distance corollary: Perceived likelihood of exposure and the third – person perception. *Communication Research*, 26(3): 275 – 302.

Gamson, W. A., D. Croteau, W. Hoynes, and T. Sasson (1992). Media images and the social construction of reality. *Annual Review of Sociology*, 18: 373 – 393.

Gerbner, G., and L. P. Gross (1976a). Living with television: The violence profile. *Journal of Communication*, 26(2): 172 – 199.

——. (1976b). The scary world of TV' s heavy viewer. *Psychology Today*, April, pp. 41 – 45, 89.

Gerbner, G., L. Gross, M. Morgan, and N. Signorielli (1980). The "mainstreaming" of America: Violence profile no. 11. *Journal of Communication*, 30 (3): 10 – 29.

——. (1986). Living with television: The dynamics of the cultivation process. In J. Bryant and D. Zillmann, eds., *Perspectives on Media Effects*, pp. 17 – 40. Hillsdale, N. J. : Lawrence Erlbaum.

——. (1994). Growing up with television: The cultivation perspective. In J. Bryant and D. Zillmann, eds., *Media Effects: Advances in Theory and Research*, pp. 17 – 41. Hillsdale, N. J. : Lawrence Erlbaum.

Goffman, E. (1959). *The presentation of self in everyday life*. Garden City, N. Y. : Doubleday.

Goode, E. (1999). Study finds TV trims Fijian girls' body image and eating habits. *The New York Times*, May 20, p. A13.

Gunther, A. (1991). What we think others think: Cause and consequence in the thirdperson effect. *Communication Research*, 18: 35 – 372.

——. (1995). Overrating the X – rating: The third – person perception and support for censorship of pornography. *Journal of Communication*, 45(1): 27 – 38.

Hackett, R. A. (1984). Decline of a paradigm? Bias and objectivity in news media studies. In M. Gurevitch and M. R. Levy, eds., *Mass Communication Review Yearbook*, vol. 5, pp. 251 – 274. Beverly Hills, Calif. : Sage.

Harrison, K., and J. Cantor (1997). The relationship between media consumption and eating disorders. *Journal of Communication*, 47(1): 40 – 67.

Hawkins, R. P., and S. Pingree (1990). Divergent psychological processes in constructing social reality from mass media content. In N. Signorielli and M. Morgan, eds., *Cultivation Analysis: New Directions in Media Effects Research*, pp. 35 – 50. Newbury Park, Calif. : Sage.

Hirsch, P. (1980). The "scary world" of the nonviewer and other anomalies: A reanalysis of Gerbner et al.'s findings on cultivation analysis. Communication Research, 7: 403 – 456.

Iyengar, S. (1991). *Is Anyone Responsible? How Television Frames Political Issues*. Chicago: The University of Chicago Press.

Katz, E. (1980). On conceptualizing media effects. In T. McCormack, ed., *Studies in Communications*, vol. 1, pp. 119 – 141. Greenwich, Conn. : JAI Press.

Kepplinger, H. M. (1997). Political correctness and academic principles: A reply to Simpson *Journal of*

Communication,47(4):102 – 117.

Klapper,J. T. (1960). *The Effects of Mass Communication*. New York:Free Press.

Lang,K. ,and G. E. Lang (1968). *Politics and Television*. Chicago:Quadrangle.

Lasorsa,D. L. (1991). Political outspokenness:Factors working against the spiral of silence. *Journalism Quarterly*,68:13 – 140.

Lefkowitz,M. M. ,L. D. Eron,L. O. Walder,and L. R. Huesmann (1972). Television violence and child aggression:A follow – up study. In G. A. Comstock and E. A. Rubinstein, eds. , *Television and Social Behavior*,vol. 3,pp. 35 – 135. Washington,D. C. : U. S. Government Printing Office.

Liebert,R. M. (1972). Television and social learning: Some relationships between viewing violence and behaving aggressively (overview). InJ. P. Murray, E. A. Rubinstein,and G. A. Comstock,eds. ,*Television and Social Behavior*,vol. 2,pp. 1 – 42. Washington, D. C. :U. S. Government Printing Office.

Liebert,R. M. ,and R. A. Baron (1972). Short – term effects of televised aggression on children's aggressive behavior. In J. P. Murray,E. A. Rubinstein,and G. A. Comstock,eds. ,*Television and Social Behavior*,vol. 2,pp. 181 – 201. Washington,D. C. :U. S. Government Printing Office.

Maccoby,N. ,and J. W. Farquhar (1975). Communication for health:Unselling heart disease. *Journal of Communication*,25(3):114 – 126.

Maher,M. (1995). *Media framing and salience of the population issue:A multimethod approach*. Unpublished dissertation,The University of Texas at Austin.

Manheim,J. B. (1976). Can democracy survive television? *Journal of Communication*,26(2):84 – 90.

McLeod,D. M. ,W. P. Eveland,and A. I. Nathanson (1997). Support for censorship of violent and misogynic rap lyrics:An analysis of the third – person effect. *Communication Research*,24(2):153 – 174.

McLeod,J. M. ,K. Daily,W. Eveland,Z. Guo,K. Culver,D. Kurpius,P. Moy,E. Horowitz,and M. Zhong (1995). *The synthetic crisis:Media influences on perceptions of crime*. Paper presented at the annual meeting of the Communication Theory and Methodology Division of the Association for Education in Journalism and Mass Communication,Washington, D. C. ,August.

McLuhan,M. (1965). *Understanding Media:The Extensions of Man*. New York:McGraw – Hill.

——. (1978). The brain and the media:The "western" hemisphere. *Journal of Communication*,28 (4):54 – 60.

McQuail,D. ,and S. Windahl (1981). *Communication Models for the Study of Mass Communication*. London:Longman.

Mendelsohn,H. (1973). Some reasons why information campaigns can succeed. *Public Opinion Quarterly*,37:50 – 61.

Meyrowitz,J. (1985). *No Sense of Place*. New York: Oxford University Press.

Morgan,M. ,and N. Signorielli (1990). Cultivation analysis:Conceptualization and methodology. In N. Signorielli and M. Morgan,eds. ,*Cultivation Analysis:New Directions in Media Effects Research*,pp. 13 – 34. Newbury Park,Calif. :Sage.

National Assessment of Educational Progress (1975). *Writing Mechanics*,1969 – 75:*A Capsule Description of Changes in Writing Mechanics*. Washington,D. C. :U. S. Government Printing Office.

National Institute of Mental Health (1983). Television and behavior:Ten years of scientific progress and implications for the eighties. In E. Wartella and D. C. Whitney,eds. ,*Mass Communication Review Yearbook*,vol. 4,pp. 23 – 35. Beverly Hills,Calif. Sage.

National Television Violence Study (1996). Studio City, Calif.: Mediascope.

Noelle-Neumann, E. (1973). Return to the concept of powerful mass media. In H. Eguchi and K. Sata, eds., *Studies of Broadcasting: An International Annual of Broadcasting Science*, pp. 67-112. Tokyo: Nippon Hoso Kyokai.

——. (1980). Mass media and social change in developed societies. In G. C. Wilhoit and H. de Bock, eds., *Mass Communication Review Yearbook*, vol. 1, pp. 657-678. Beverly Hills, Calif.: Sage.

——. (1993). *The Spiral of Silence: Public Opinion—Our Social Skin*, 2nd ed. Chicago: University of Chicago Press.

Perry, D. K. (1988). Implications of a contextualist approach to media-effects research. *Communication Research*, 15:246-264.

Perse, E. M., D. A. Ferguson, and D. M. McLeod (1994). Cultivation in the newer media environment. *Communication Research*, 21:79-104.

Potter, W. J. (1993). Cultivation theory and research: A conceptual critique. *Human Communication Research*, 19:564-601.

Preston, E. H. (1990). Pornography and the construction of gender. In N. Signorielli and M. Morgan, eds., *Cultivation Analysis: New Directions in Media Effects Research*, pp. 107-122. Newbury Park, Calif.: Sage.

Putnam, R. D. (1995). Bowling alone: America's declining social capital. *Journal of Democracy*, 6(1): 65-78.

——. (1996). The strange disappearance of civic America, *The American Prospect*, 24 (Winter 1996). [Online] Available: http://epn.org/prospect/24/24putn.html

Rimmer, T., and M. Howard (1990). Pluralistic ignorance and the spiral of silence: A test of the role of the mass media in the spiral-of-silence hypothesis. *Mass Comm Review*, 17:47-56.

Rubin, A. M., E. M. Perse, and D. S. Taylor (1988). A methodological examination of cultivation. *Communication Research*, 15:107-134.

Saito, S. (1995). *Cultivation theory revisited: Another look at the theory and implications for future research.* Paper presented at the annual meeting of the Communication Theory and Methodology Division of the Association for Education in Journalism and Mass Communication, Washington, D. C., August.

Sallach, D. L. (1974). Class domination and ideological hegemony. *Sociological Quarterly*, 15(1):38-50.

Salwen, M. B. (1998). Perceptions of media influence and support for censorship: The thirdperson effect in the 1996 presidential election. *Communication Research*, 25(3):259-285.

Salwen, M. B., C. Lin, and F. R. Matera (1994). Willingness to discuss "Official English": A test of three communities. *Journalism Quarterly*, 71:282-290.

Shah, D., and D. Domke (1995). *Manipulating the media frame of electoral issues: An examination of voters' issue interpretations and decision making.* Paper presented at the annual meeting of the Communication Theory and Methodology Division of the Association for Education in Journalism and Mass Communication, Washington, D. C., August.

Shapiro, M. (1995). Discussant's remarks at the annual meeting of the Communication Theory and Methodology Division of the Association for Education in Journalism and Mass Communication, Washington, D. C., August.

Shoemaker, P. J., and E. K. Mayfield (1984). *Mass media content as a dependent variable: Five media sociology theories* Paper presented at the annual meeting of the Communication Theory and Methodology Division of the Association for Education in Journalism and Mass Communication, Gainesville, Fla. , August.

Signorielli, N. (1990). Television's mean and dangerous world: A continuation of the cultural indicators perspective. In N. Signorielli and M. Morgan, eds. , *Cultivation Analysis: New Directions in Media Effects Research*, pp. 85 – 106. Newbury Park, Calif. : Sage.

Simpson, C. (1996). Elisabeth Noelle – Neumann's "spiral of silence" and the historical context of communication theory. *Journal of Communication*, 46 (3): 149 – 171.

Steinfeld, J. L. (1973). TV violence is harmful. *Reader's Digest*, April, pp. 7 – 38, 40, 43, 45.

Surgeon General's Scientific Advisory Committee on Television and Social Behavior (1972). *Television and Growing Up: The Impact of Televised Violence.* Washington, D. C. : U. S. Government Printing Office.

Tankard, J. W. , L. Hendrickson, J. Silberman, K. Bliss, and S. Ghanem (1991). *Media frames: Approaches to conceptualization and measurement.* Paper presented at the annual meeting of the Communication Theory and Methodology Division of the Association for Education in Journalism and Mass Communication, Boston, August.

Walters, R. H. , and E. Llewellyn – Thomas (1963). Enhancement of punitiveness by visual and audiovisual displays. *Canadian Journal of Psychology*, 17: 244 – 255.

第14章

Anderson, D. R. , P. A. Collins, K. L. Schmitt, and R. S. Jacobvitz (1996). Stressful life events and television viewing. *Communication Research*, 23 (3): 243 – 260.

Ball – Rokeach, S. J. , and M. L. DeFleur (1976). A dependency model of mass media effects. *Communication Research*, 3: 3 – 21.

Bauer, R. A. (1964). The obstinate audience: The influence process from the point of view of social communication. *American Psychologist*, 19: 319 – 328.

Berelson, B. (1959). The state of communication research. *Public Opinion Quarterl3/*, 23: 1 – 6.

——. (1965). What "missing the newspaper" means. In W. Schramm, ed. , *The Process and Effects of Mass Communication*, pp. 36 – 47. Urbana: University of Illinois.

Blumler, J. G. , and D. McQuail (1969). *Television in Politics: Its Uses and Influence*. Chicago: ersity of Chicago Press.

Bryant. J. , and R. L. Street, Jr. (1988). From reactivity to activity and action: An evolving concept and Weltanschauung in mass and interpersonal communication. In R. P. Hawkins, J. M. Wiemann, and S. Pingree, eds. , *Advancing Communication Science: Merging Mass and Interpersonal Processes*, pp. 162 – 190. Newbury Park, Calif. : Sage.

Bryant, J. , and D. Zillmann (1984). Using television to alleviate boredom and stress: Selective exposure as a function of induced excitational states. *Journal of Broadcasting*, 28: 1 – 20.

Canary, D. J. , and B. H. Spitzberg (1993). Loneliness and media gratifications. *Communication Research*, 20: 800 – 821.

Dervin, B. (1980). Communication gaps and inequities: Moving toward a reconceptualization. In B. Dervin and M. J. Voight, eds. , *Progress in Communication Sciences*, vol. 2, pp. 73 – 112. Norwood, N. J. : Ablex.

Donohew, R. L. , M. Nair, and S. Finn (1984). Automaticity, arousal, and information exposure. In R. N. Bostrom, ed. , *Communication Yearbook* 8, pp.

267 – 284. Beverly Hills, Calif. : Sage.

Elliott, P. (1974). Uses and gratifications research: A critique and a sociological alternative. In J. G. Blumler and E. Katz, eds., *The Uses of Mass Communications: Current Perspectives on Gratifications Research*, pp. 249 – 268. Beverly Hills, Calif. : Sage.

Elliott, W. R., and W. L. Rosenberg (1987). The 1985 Philadelphia newspaper strike: A uses and gratifications study. *Journalism Quarterly*, 64: 679 – 687.

Gamson, W. A., D. Croteau, W. Hoynes, and T. Sasson (1992). Media images and the social construction of reality. *Annual Review of Sociology*, 18: 373 – 393.

Greenberg, B. S. (1974). Gratifications of television viewing and their correlates for British children. In J. G. Blumler and E. Katz, eds., *The Uses of Mass Communications: Current Perspectives on Gratifications Research*, pp. 71 – 92. Beverly Hills, Calif. : Sage.

Heeter, C., and B. Greenberg (1985). Cable and program choice, in D. Zillmann and J. Bryant, eds., *Selective Exposure to Communication*, pp. 203 – 224. Hillsdale, N. J. : Lawrence Erlbaum.

Herzog, H. (1944). Motivations and gratifications of daily serial listeners. In W. Schramm, ed., *The Process and Effects of Mass Communication*, pp. 50 – 55. Urbana: University of Illinois Press.

Hill, A. (1997). *Shocking Entertainment: Viewer Response to Violent Movies*. Luton, Bedfordshire, England: University of Luton Press.

Katz, E. (1959). Mass communication research and the study of popular culture: An editorial note on a possible future for this journal. *Studies in Public Communication*, 2: 1 – 6.

Katz, E., J. G. Blumler, and M. Gurevitch (1974). Utilization of mass communication by the individual. In J. G. Blumler and E. Katz, eds., *The Uses of Mass Communications: Current Perspectives on Gratifications Research*, pp. 19 – 32. Beverly Hills, Calif. : Sage.

Katz, E., M. Gurevitch, and H. Haas (1973). On the use of the mass media for important things. *American Sociological Review*, 38: 164 – 181.

Kim, J., and A. M. Rubin (1997). The variable influence of audience activity on media effects. *Communication Research*, 24, (2): 107 – 135.

Kubey, R., and M. Csikszentmihalyi (1990). *Television and the Quality of Life: How Viewing Shapes Everyday Experience*. Hillsdale, N. J. : Lawrence Erlbaum.

Levy, M. R. (1978a). The audience experience with television news. *Journalism Monographs*, 55, April.

——. (1978b). Television news uses: A cross – national comparison. *Journalisrm Quarterly*, 55: 334 – 337.

——. (1980). Home video recorders: A user survey. *Journal of Communication*, 30(4): 23 – 25.

——. (1987). VCR use and the concept of audience activity. *Communication Quarterly*, 35: 267 – 275.

Lometti, G. E., and T. Addington (1992). *Testing opposing views of the audience: How the active television viewer seeks programs*. Paper presented at the annual meeting of the Communication Theory and Methodology Division of the Association for Education in Journalism and Mass Communication, Montreal, Canada, August.

Lometti, G. E., B. Reeves, and C. R. Bybee (1977). Investigating the assumptions of uses and gratifications research. *Communication Research*, 4: 321 – 338.

McQuail, D., J. G. Blumler, and J. R. Brown (1972). The television audience: A revised perspective. In D. McQuail, ed. *Sociology of Mass Communica-*

tions, pp. 135 – 165. Harmondsworth, Eng. : Penguin.

Palmgreen, P. , and J. D. Rayburn, II (1982). Gratifications sought and media exposure: An expectancy value model. *Communication Research*, 9: 561 – 580.

Perse, E. M. , and J. A. Courtright (1993). Normative images of communication media: Mass and interpersonal channels in the new media environment. *Human Communication Research*, 19: 485 – 503.

Perse, E. M. , and D. G. Dunn (1995). *The utility of home computers: Implications of multimedia and connectivity*. Paper presented at the annual meeting of the Communication Theory and Methodology Division of the Association for Education in Journalism and Mass Communication, Washington, D. C. , August.

Riley, M. W. , and J. W. Riley, Jr. (1951). A sociological approach to communications research. *Public Opinion Quarterly* 15: 445 – 460.

Rubin, A. M. (1994). Media uses and effects: A uses – and – gratifications perspective. In J. Bryant and D. Zillmann, eds. , *Media Effects: Advances in Theory and Research*, pp. 417 – 436. Hillsdale, N. J. : Lawrence Erlbaum.

Rubin, A. M. , and S. Windahl (1986). The uses and dependency model of mass communication. *Critical Studies in Mass Communication*, 3: 184 – 199.

Schramm, W. , J. Lyle, and E. B. Parker (1961). *Television in the Lives of Our Children*. Stanford, Calif. : Stanford University Press.

Stanford, S. W. (1983). Comments on Palmgreen and Rayburn, "Gratifications sought and media exposure." *Communication Research*, 10: 247 – 258.

Stone, G. , and D. B. Stone (1990). Lurking in the literature: Another look at media use habits. *Mass Comm Review*, 17 (1,. 2): 25 – 33, 46.

Swanson, D. L. (1977). The uses and misuses of uses and gratifications. *Human Communication Research*, 3: 214 – 221.

——. (1979). Political communication research and the uses and gratifications model: A critique. *Communication Research*, 6: 37 – 53.

Weiss, W. (1971). Mass communication. *Annual Review of Psychology*, 22: 309 – 336.

White, R. A. (1994). Audience "interpretation" of media: Emerging perspectives. *Communication Research Trends*, 14 (3): 3 – 36.

Zillmann, D. , and J. Bryant (1985). Affect, mood, and emotion as determinants of selective exposure. In D. Zillmann and J. Bryant, eds. , *Selective Exposure to Communication*, pp. 157 – 190. Hillsdale, N. J. : Lawrence Erlbaum.

第15章

Abelson, R. (1998). Charities use for – profit units to avoid disclosing finances. *New York Times*, February 9, p. A1.

Altschull, J. H. (1984). *Agents of Power: The Role of the News Media in Human Affairs*. New York: Longman.

——. (1995). *Agents of Power: The Media and Public Policy*. New York: Longman.

Arenson, K. W. (1995). Former United Way president is sentenced to 7 years for fraud. *New York Times*, June 23, p. A14.

Associated Press (1992). Top salaries at foundations reported. *New York Times*, September 8, p. 14D.

——. (1998). Study: Justices took millions from lawyers. *Daily Texan*, February 24, p. 1.

Barbanel, J. (1992). Arrested, a judge prepares to step down in New York. *New York Times*, November 9, p. A13.

Barringer, F. (1992a). Charity presidents' generous

salaries and benefits raise uneasy questions. *New York Times*, March 16, p. C10.

——. (1992b). United Way stops paying ex – leader. *New York Times*, March 18, p. C20.

Boyer, P. J. (1986). Trauma times on network TV. *New York Times*, November 2, Sect. 3, pp. 1, 28.

Breed, W. (1955). Social control in the newsroom. Social Forces, May: 326 – 335. Also in W. Schramm, ed. (1960), *Mass Communication*, 2nd ed. Urbana: University of Illinois Press.

——(1958). Mass communication and sociocultural integration. *Social Forces*, 37: 109 – 116. Reprinted in L. Dexter and D. White, eds. (1964), *People, Society, and Mass Communications*. New York: Free Press.

Breyer, R. M. (1995). Austin's bright future. *Austin American – Statesman*, March 25, pp. A1, E1, E5.

Burns, J. F. (1999). Arab TV gets a new slant: Newscasts without censorship. *New York Times*, July 4, Sect. 1, p. 1, 6.

Caro, R. (1990). *Means of Ascent*. New York: Knopf.

Carter, B. (1995). 60 *Minutes* says it held story due to management pressure. New York Times, November 13, p. C8.

Chang, T., J. Wang, and C. Chen (1998). The social construction of international imagery in the post – cold war era: A comparative analysis of U. S. and Chinese national TV news. *Journal of Broadcasting & Electronic Media*, 42 (3): 277 – 296.

Creed, J. (1990). Exxon's slick trick. *New York Times*, November 4, Sect. 4, p. 19.

Curtis, T. (1988). Altered statesman. *Texas Monthly*, April, p. 176.

Eichenwald, K. (1999). Three sentenced in Archer Daniels Midland case. *New York Times* July 10, pp. BI, B14.

Elliott, D. (1995). Private lives of public people; dividing line blurred by erosion of principles. *Arizona Republic*, June 4, p. E1.

Facts on File (1995). United Way ex – chief sentenced. *World News Digest*, June 29, p. 471 D1.

Forrest, H. (1989). Media clips. *Austin Chronicle*, November 17, p. 4.

Fortune (1995). Less than charitable behavior. October 30, p. 24.

Gans, H. J. (1979). The messages behind the news. *Columbia Journalism Review*, January – February: 40 – 45.

——. (1985). Are U. S. journalists dangerously liberal? *Columbia Journalism Review*, November – December: 29 – 33.

Gendel, M. (1986). CBS's new lineup pleases sponsors. *Austin American – Statesman*, May 18, Show World (insert), p. 15.

Gladstone, B. (1995). *Reporters give corporate report cards a Iow grade*. National Public Radio, *Morning Edition*, December 18, Transcript 1761 – 8.

Goodman, W. (1998). Image doctors who even deliver news reports. *New York Times*, August 19, p. E2.

Jehl, D. (1999). The Internet's "open sesame" is answered warily. *New York Times*, March 18, p. A4.

Johnston, D. (1994). U. S. Treasurer under Bush pleads guilty to 3 felonies. *New York Times*, February 18, p. A11.

——. (1996). Former Interior Secretary avoids trial with a guilty plea. *New York Times*, January 3, p. A7.

Jones, A. S. (1990). At U. S. newspaper editors' talks, criticism and 1960's headliners. *New York Times*, April 6, p. A12.

Ladendorf, K. (1990). Controversy greets chamber tenure of publisher Kintzel. *Austin American – Statesman*, March 4, pp. H1, H5.

Landler, M. (1999). China cracks down on foreign

satellite transmissions. *New York Times*, May 8, p. A8.

Larson, S. G., and M. Bailey (1998). ABC's "Person of the Week": American values in television news. *Journalism & Mass Communication Quarterly*, 75 (3): 487–499.

Lasswell, H. (1948/1960). The structure and function of communication in society. In L. Bryson, ed. (1948), *The Communication of Ideas*. New York: Institute for Religious and Social Studies. Reprinted in W. Schramm, ed. (1960), *Mass Communications*. Urbana: University of Illinois Press.

Lazarsfeld, P., and R. Merton (1948/1960). Mass communication, popular taste, and organized social action. In L. Bryson, ed. (1948), *The Communication of Ideas*. New York: Institute for Religious and Social Studies. Reprinted in W. Schramm, ed. (1960), *Mass Communications*. Urbana: University of Illinois Press.

Lippmann, W. (1922). *Public Opinion*. New York: Macmillan. Chapter 1 reprinted in W. Schramm, ed. (1960), *Mass Communications*. Urbana: University of Illinois Press.

MacNair, J. (1993). Awareness overdose. *U. Magazine: The National College Magazine*, October, p. 12.

Mill, J. (1859, reprinted 1956). *On Liberty*. Indianapolis, Ind.: Bobbs–Merrill.

National Advisory Commission on Civil Disorders (1968). *Report of the National Advisory Commission on Civil Disorders* (*The Kerner Report*). New York: Bantam Books.

Nerone, John C., ed. (1995). *Last Rights: Revisiting Four Theories of the Press*. Urbana: University of Illinois Press.

Niebuhr, G. (1995). Episcopal Church says former treasurer misappropriated $2.2 million. *New York Times*, May 2, p. A17.

Plafker, T. (1998). Via e–mail, expatriate Chinese professor sends uncensored news back home. *Chronicle of Higher Education*, December 4, p. A43.

Rich, F. (1998). The price is right. *New York Times*, January 10, p. A15.

Rosenthal, E. (1999). New gray market in China loosens grip on publishing. *New York Times*, June 27, pp. A1, A6.

Schemo, D. J. (1993). 15–month prison term for New York's ex–chief judge. *New York Times*, September 10, p. A16.

Shahin, J. (1988). Austin redux: The Kathleen Sullivan mystery. *Columbia Journalism Review*, July–August, p. 14.

Shahin, J., and H. Forest (1988). *Austin Chronicle*, July 1, p. 4.

Shepard, P. (1995). NAACP convention hampered by scandal. (Cleveland) *Plain Dealer*, July 8, p. 6A.

Siebert, F. S., T. B. Peterson, and W. Schramm (1956). *Four Theories of the Press*. Urbana: University of Illinois Press.

Stein, J. A. (1995). Four probes endanger the executive branch. *National Law Journal*, June 19, p. A21.

Sullins, W. S., and P. Parsons (1992). Roscoe Dunjee: Crusading editor of Oklahoma's *Black Dispatch*, 1915–1955. *Journalism & Mass Communication Quarterly*, 69 (1): 204–213.

Trueheart, C. (1989). LBJ embroidered scanty record in war, his biographer says. *San Francisco Chronicle*, November 2, p. A22.

Tuchman, G. (1978). *Making News: A Study in the Construction of Reality*. New York: Free Press.

Verhovek, S. H. (1992). Top New York judges won't seek to oust court's chief over arrest. *New York Times*, November 11, p. A1.

——. (1999). Across 10 years, *Exxon Valdez* casts a

shadow. *New York Times*, March 6, p. A1.

Walsh, S. (1995). Parkinson's Association director accused of embezzling $800,000. *Washington Post*, October 31, p. D1.

Wicklein, J. (1986). The assault on public television. *Columbia Journalism Review*, January – February: 27 – 34.

Wright, C. (1959). *Mass Communication*. New York: Random House.

第16章

Andrews, E. L. (1995). F. C. C. approval seen today for Westinghouse – CBS deal. *New York Times*, November 22, p. D2.

Anon (1995). Gannett, Multimedia will merge Monday. *Palm Beach Post*, December 2, p. B7.

Anon (1999). Chattanooga newspaper shuts down; *Times merges with Evening Free Press. Washington Post*, January 4, p. A9.

Aug, Lisa (1995). New paths or old? *Columbia Journalism Review*, November – December: 5.

Bagdikian, B. (1990). *The Media Monopoly*. Boston: Beacon Press.

——. (1997). *The Media Monopoly*. Boston: Beacon Press.

Barboza, D. (2000). A New Approach to Old Media. *New York Times*, March 14, pp. C 1, C 17.

Barringer, F. (1999). Media. *New York Times*, August 16, p. C12.

Barringer, F., and L. M. Holson (2000). Tribune Company Agrees to Buy Times Mirror. *New York Times*, March 14, pp. A1, C 16.

Bendavid, N. (1995). Gannett Co./Multimedia Inc. *Times*, August 7, p. 17.

Breed, W. (1955). Social control in the newsroom. *Social Forces*, May: 326 – 335.

Broadcasting & Cable Yearbook (1995). Washington, D. C.: Broadcasting Publications, Inc.

Business Week (1977). The big money hunts for independent newspapers. February 21, pp. 56 – 60, 62.

Busterna, J. C. (1988). Trends in daily newspaper ownership. *Journalism & Mass Communication Quarterly*, 65: 831 – 838.

Carter, B. (1999). F. C. C. will permit owning 2 stations in big TV markets. *New York Times*, August 6, pp. A1, C5.

Carvajal, D. (1999). Cross – media deals mean bonanzas for publishers. *New York Times*, January 25, p. Cl.

Coulson, D., and A. Hansen (1995). The *Louisville Courier – Journal's* news content after purchase by Gannett. *Journalism & Mass Communication Quarterly*, 72 (Spring): 205 – 215.

Demers, D. P. (1996). *The Menace of the Corporate Newspaper, Fact or Fiction?* Ames, Iowa: Iowa State University Press.

Fabrikant, G. (1995). Walt Disney to acquire ABC in $19 billion deal to build a giant for entertainment. *New York Times*, August 1, p. A1.

——. (1998). Fox drops drama based on charge against Justice Thomas. *New York Times*, September 14, p. C1.

Faison, S. (1996). Disney fears Tibet film could sour lucrative China deals. *New York Times*, November 26, p. A1.

Fitzgerald, M. (1995). Houston Post closes. *Editor and Publisher*, April 22, p. 14.

Glaberson, W. (1995a). Times Mirror will close the *Baltimore Evening Sun. New York Times*, May 26, p. D4.

——. (1995b). *The Miami Herald's* ninefold path to reader enlightenment raises some journalists' eyebrows. *New York Times*, October 23, p. C7.

——. (1995c). Another city faces cuts at its papers.

New York Times, November 6, pp. C1, C6.

Goodman, W. (1999). "Free Speech for Sale": The issue of free speech, the voice of big money. *New York Times*, June 8, p. B8.

Hall, C. T., and E. Hallissy (1995). East bay newspaper chain sold, Knight – Ridder buys *Contra Costa Times. San Francisco Chronicle*, August 29, p. A1.

Hansell, S. (2000). American Online Agrees to Buy Times Warner for $165 billion; Media Deal is Richest Merger. *New York Times*, January 11, pp. A 1, C 11.

Harwood, R. (1995). The media's healthy dinosaurs. *Washington Post*, September 13, p. A19.

Hass, N. (1999). It's synergy, baby. Groovy! Yeah! *New York Times*, May 2, Sect. 2, p. 30.

Hendren, J. (1995). Baltimore evening newspaper will close. Associated Press, in *Austin American – Statesman*, May 26, p. D8.

Hickey, N. (1998). Money lust: How pressure for profit is perverting journalism. *Columbia Journalism Review*, July/August, pp. 28 – 36.

Hoge, W. (1998). Murcoch halts a book critical of China. *New York Times*, February 28, p. A5.

Howard, H. H. (1989). Group and cross – media ownership of TV stations: A 1989 update. *Journalism & Mass Communication Quarterly*, 66: 785 – 792.

——. (1995). TV station group and cross – media ownership: A 1995 update. *Journalism & Mass Communication Quarterly*, 72: 390 – 401.

Hoyt, M. (1995). Are you now, or will you ever be, a civic journalist? *Columbia Journalism Review*, September – October: 27.

James, C. (1999). He Said, She Said, Everyone Listened. *New York Times*, August 27, p. B28.

Landler, M. (1995). Times Mirror sets more cuts and closings. *New York Times*, July 20, p. D5.

Lowry, T. (1995). Westinghouse plans heavy cuts at CBS. New York Daily News Service, in *Austin* (Texas) *American – Statesman*, November 17, p. C7.

McCord, R. (1996). *The Chain Gang, One Newspaper Versus the Gannett Empire*. Columbia, Mo., and London: University of Missouri Press.

McDowell, E. (1983). Censorship raised in book dispute. *New York Times*, April 9, p. 19.

McManus, J. H. (1994). *Market Driven Journalism: Let the Citizen Beware?* Thousand Oaks, Calif.: Sage.

Mifflin, L. (1998a). Big 3 networks forced to revise news – gathering methods. *New York Times*, October 12, p. C1.

——. (1998b). An ABC reporter tests the boundaries of investigating Disney and finds them. *New York Times*, October 19, p. C8.

——. (1999). Viacom to buy CBS, forming 2nd largest media company. *New York Times*, September 8, pp. A1, C15.

Moskowitz, M., M. Katz, and R. Levering, eds. (1980). *Everybody's Business*. New York: Harper & Row.

Randolph, E. (1999). San Francisco's memorable newspaper wars. *New York Times*, August 15, Sect. 4, p. 14.

Rips, G. (1988). All the news that's fit to print. *Texas Observer*, February 12, pp. 12 – 16.

Rosse, J. (1980). The decline of direct newspaper competition. *Journal of Communication*, 30: 65 – 71.

Sack, K. (1998). Newspaper in Nashville dies at 102. *New York Times*, February 17, p. A10.

Tate, C. (1981). Gannett in Salem: Protecting the franchise. *Columbia Journalism Review*, July – August: 51 – 56.

Underwood, D. (1993). The very model of the reader

– driven newsroom? How the Olympian got to the pinnacle of Gannett's News 2000 pyramid. *Columbia Journalism Review*, November – December: 42.

Verhovek, S. H. (1995). *Houston Post* bought and closed by rival. *New York Times*, April 19, p. C6.

Warren, M. (1999). Newspaper rivalry in peril. *Denver Post*, August 7, p. 3C.

Weinraub, B. (1996). Disney will defy China on film about the Dalai Lama. *New York Times*, November 27, p. B1.

Wharton, D., and J. Flint (1995). Kidding aside, FCC OKs eye deal. *Variety*, November 27 – December 3, p. 96.

Williams, S. M. (1995). Times Mirror to cut 1000 newspaper jobs. *New York Times*, July 20, p. F1.

Winski, J. (1981). Case study: How Gannett took Oregon. *Advertising Age*, 52, July 6: 1. Reprinted in M. Emery and T. Smythe, *Readings in Mass Communication: Concepts and Issues in the Mass Media*, 6th ed. (1986), pp. 50 – 61; 5th ed. (1983), pp. 69 – 79. Dubuque, Iowa.: Wm. C. Brown.

Woodhull, N. J., and R. Snyder (1998). *Media Mergers*. New Brunswick, N. J.: Transaction Publishers.

第17章

Alvear, J. (1998). *Web Developer. com: Guide to Streaming Multimedia*. New York: John Wiley.

Benedikt, M. (1991). Cyberspace: Some proposals. In M. Benedikt, ed., *Cyberspace: First Steps*, pp. 119 – 224. Cambridge, Mass.: MIT Press.

Bush, V. (1945). As we may think. *The Atlantic Monthly*, 176 (1): 101 – 108.

Caruso, D. (1998). Critics are picking apart a professor's study that linked Internet use to loneliness and depression. *The New York Times*, September 14, Sect. C, p. 5.

Chang, Y. – M. (1998). *Audience analyses of online news: Who uses online news and why do people use online news?* Unpublished master's thesis, The University of Texas at Austin.

Clemente, P. C. (1998). *State of the Net: The New Frontier*. New York: McGraw – Hill.

Dennett, D. (1991). *Consciousness Expanded*. Boston: Little, Brown and Co.

Devlin, J., and Berk, E. (1991). Why hypertext? In E. Berk and J. Devlin, eds., *Hypertext/ Hypermedia Handbook*, pp. 9 – 11. New York: McGraw – Hill.

Dillon, P. M., and D. C. Leonard (1998). *Multimedia and the Web from A to Z*, 2nd ed. Phoenix, Ariz.: Oryx Press.

Fidler, R. (1997). *Mediamorphosis: Understanding New Media*. Thousand Oaks, Calif.: Pine Forge.

Foner, L. (1993). *What's an Agent, Anyway? A Sociological Case Study*. [Online]. Available: http:/ / foner. www. media. mit. edu /people / foner /Julia / Julia. html

Gay, G. (1991). Structuring interactive multimedia fiction. In E. Berk and J. Devlin, eds., *Hypertext/ Hypermedia Handbook*, pp. 165 – 178. New York: McGraw – Hill.

Gibson, W. (1984/1994). *Neuromancer*. New York: Ace Books.

Goldberg, M. (1996). Junk collage, nodal points, and cognitive dissonance: William Gibson takes the pulse of the late twentieth century. *Addicted to Noise*, 2. 10. [Online]. Available: http:/ / www. addict, com / issues / 2. 10 / html / hifi / Cover_ Story /

Greenberg, B. S. (1974). Gratifications of television viewing and their correlates for British children. In J. G. Blumler and E. Katz, eds., *The Uses of Mass Communications: Current Perspectives on Gratifications Research*, pp. 71 – 92. Beverly Hills, Calif.: Sage.

Gregory, S. S. (1993). Heartbreak in cyberspace (romantic relationships formed through computer networks). *Time*, 142, No. 3 (July 19), p. 58.

Grice, R. A., L. S. Ridgway, and E. J. See (1991). Hypertext: Controlling the leaps and bounds. *Technical Communication*, 38: 48 – 56.

Gubman, J., and J. Greer (1997). *An analysis of online sites produced by U. S. newspapers: Are the critics right?* Paper presented to the Newspaper Division, Association for Education in Journalism and Mass Communication annual convention, July 30 – August 2, Chicago.

Ha, L., and E. L. James (1998). Interactivity reexamined: A baseline analysis of early business websites. *Journal of Broadcasting & Electronic Media*, 42(4): 457 – 474.

Hanssen, L., N. W. Jankowski, and R. Etienne (1996). Interactivity from the perspective of communication studies. In N. J. Jankowski and L. Hanssen, eds., *The Contours of Multimedia: Recent Technological, Theoretical, and Empirical Developments*, pp. 61 – 73. Luton: University of Luton Press.

IntelliQuest (1999). *IntelliQuest Internet Study Shows* 100 *Million Adults Online in* 2000. March 3. [Online] Available: http://www. intelliquest. com/press/release72. asp

Johnson, T. J., and B. K. Kaye (1998). Cruising is believing?: Comparing Internet and traditional sources on media credibililty measures. *Journalism & Mass Communication Quarterly*, 75 (2): 325 – 340.

Jones, T., and C. Berger (1995). Students' use of multimedia science instruction: Designing for the MTV generation? *Journal of Educational Multimedia and Hypermedia*, 4 (4): 305 – 320.

Kiernan, V. (1998). Some scholars question research methods of expert on Internet addiction. *The Chronicle of Higher Education*, May 29, pp. A25 – A27.

Kraut, R., M. Patterson, V. Lundmark, S. Kiesler, T. Mukopadhyay, and W. Scherlis (1998). Internet paradox: A social technology that reduces social involvement and psychological well – being? *American Psychologist*, 53(9): 1017 – 1031.

Lee, M. J. (1998). *The effects of hypertext on readers' recall based on gender*. Paper presented to the Association for Education in Journalism and Mass Communication, August, Baltimore, Maryland.

Levy, S. (1996). Breathing is also addictive: "Internet addiction" does not exist. *Newsweek*, 128, No. 27 (December 30), pp. 52 – 53.

McDonald, S., and R. J. Stevenson (1998). Effects of text structure and prior knowledge of the learner on navigation in hypertext. *Human Factors*, 40(1): 18 – 27.

McLuhan, M. (1964). *Understanding Media: The Extensions of Man*. New York: McGraw – Hill.

McLuhan, M., and Q. Fiore (1967). *The Medium Is the Massage*. New York: Bantam.

——. (1968). *War and Peace in the Global Village*. New York: Bantam.

McMillan, S. J., and E. J. Downes (1998). *Interactivity: A qualitative exploration of definitions and models*. Paper presented to the Association for Education in Journalism and Mass Communication, August, Baltimore, Maryland.

Moon, Y., and C. Nass (1996). How "real" are computer personalities? Psychological responses to personality types in human – computer interaction. *Communication Research*, 23(6): 651 – 674.

Nando Times (1998). Survey: Generation gap exists in Internet use. *The Nando Times*. [Online]. Available: http://www. techserver. com/newsroom/ntn/info/032298/ info3_18800_noframes. html

Nash, K. S. (1997). Psychologist calls "net mania"

an illness. *Computerworld*, October 6, pp. 45, 48.

Nelson, T. H. (1987). *Literary Machines*. Edition 87. 1. South Bend, Ind.: The Distributors.

Network Wizards (1999). *Internet Domain Survey*, January. [Online]. Available: http://www.nw.com/zone/WWW/report.html

Novak, T. P., and D. L. Hoffman (1998). *Bridging the Digital Divide: The Impact of Race on Computer Access and Internet Use*. Project 2000, Vanderbilt University. [Online]. Available: http://www2000.ogsm.vanderbilt.edu/papers/race/science.html

Perse, E. M., and D. G. Dunn (1995). *The utility of home computers: Implications of multimedia and connectivity*. Paper presented to the Association for Education in Journalism and Mass Communication, Washington, D. C., August.

Putnam, R. D. (1995). Bowling alone: America's declining social capital. *Journal of Democracy*, 6(1): 65 – 78.

Rafaeli, S. (1988). Interactivity: From new media to communication. In R. P. Hawkins, J. M. Wiemann, and S. Pingree, *Advancing Communication Science: Merging Mass and Interpersonal Processes*, pp. 110 – 134. Newbury Park, Calif.: Sage.

Rheingold, H. (1993). *The Virtual Community: Homesteading on the Electronic Frontier*. Reading, Mass.: Addison – Wesley.

Roberts, N. (1998). Out of the doldrums on to the Net. *New Statesman*, 127, No. 4399 (August 21), p. 24.

Rogers, E. (1995). *Diffusion of Innovations*, 4th ed. New York: The Free Press.

Scherer, K. (1997). College life online: Healthy and unhealthy Internet use. *Journal of College Student Development*, 38(6): 655 – 665.

Sellers, L. (1999). Warning: Shameless advertising disguised as editorial content will kill your credibility, alienate your customers, and you may burn in hell. *New Media*, 9(3): 26 – 33.

Stanley D. (1997). Hooked on the net; Is the Internet addictive or are addicts using the Internet? *The Tampa Tribune*, November 10, p. 1.

Sundar, S. S., and C. B. Wagner (1998). *The tease effect of slow downloading: Arousal and excitation transfer in online communication*. Paper presented to the Association for Education in Journalism and Mass Communication, August, Baltimore, Maryland.

Sundar, S. S., S. Narayam, R. Obregon, and C. Uppal (1998). Does Web advertising work? Memory for print vs. online media. *Journalism & Mass Communication Quarterly*, 75(4): 822 – 835.

Tankard, J. W., and H. Ban (1998). *Online newspapers: Living up to their potential?* Paper presented to the Association for Education in Journalism and Mass Communication, August, Baltimore, Maryland.

Thompson, M. (1999). My how we've grown. *The Industry Standard: The Newsmagazine of the Internet Economy*. [Online]. Available: http://www.thestandard.net/metrics/ display/0,1283,880,00.html

Tremayne, M. W. (1997). *The Internet: Is the medium the message?* Paper presented to the Association for Education in Journalism and Mass Communication, August, Chicago.

Turkle, S. (1984). *The Second Self: Computers and the Human Spirit*. New York: Simon and Schuster.

——(1995). *Life on the Screen: Identity in the Age of the Internet*. New York: Simon and Schuster.

Walther, J. B. (1996). Computer – mediated communication: Impersonal, interpersonal, and hyperpersonal interaction. *Communication Research*, 23(1): 3 – 43.

Wang, T. (1999). *Agenda setting online: An experiment testing the effects of hyperlinks* Unpublished manuscript, The University of Texas at Austin.

Wearden, S. T., R. Fidler, A. B. Schierhorn, and C. Schierhorn (1998). *Portrait vs. landscape: Potential users' preferences for screen orientation*. Paper presented to the Association for Education in Journalism and Mass Communication, August, Baltimore, Maryland.

Weir, T. (1998). *Innovators or news hounds? A study of early adopters of the electronic newspaper*. Paper presented to the Association for Education in Journalism and Mass Communication, August, Baltimore, Maryland.

Williams, F., R. E. Rice, and E. M. Rogers (1988). *Research Methods and the New Media*. New York: The Free Press.

Yoon, M. (1998). *Testing the agenda – setting function of World Wide Web newspapers*. Unpublished master's thesis, The University of Texas at Austin.

Young, K. S. (1996). Psychology of computer use. XL. Addictive use of the Intemet: A case that breaks the stereotylpe. *Psychological Reports*, 79: 899 – 902.

第18章

Westley, B., and M. MacLean (1957). A conceptual model for communication research. *Journalism Quarterly*, 34: 31 – 38.

译后记

《传播理论——起源、方法与应用》第五版的中译本又出版了。这次是由中国传媒大学出版社出版的。本人作为英文第四版的主要译者，此次再度学习了这个新的版本。

新版本有一些变化。最明显的变化是，删去了上一版本专业性极强、也是最难翻译的一章，即“易读性测量”，加上了新的“电子传播的理论”一章（第17章），这种变化显示了作者不断追随时代潮流，不断扩大理论视野的创新精神。此外，段落、章节、词句的调整也不少，说明第五版的确是一个新的版本，而不是一次新的重印。

这个版本也是两位美国作者最后的一次合作成果。当我8月初与作者之一的沃纳·赛佛林博士（Dr. Werner J. Severin）联系，请他为新的中译本再写几句话时，赛佛林博士告诉我，就在不到一周之前（2005年8月12日），此书的另一位作者小詹姆斯·坦卡德博士（Dr. James W. Tankard, Jr.）在与癌症搏斗五年之后，刚刚不幸去世。因此，在这个新版本的译本中，我们特地印制了两位作者的照片与简介，既是对他们的感谢，也是对此书、特别是对坦卡德博士的纪念。当我与坦卡德博士的妻子伊莱恩·坦卡德（Ms. Elaine F. Tankard）女士接触，请她提供相关资料时，坦卡德女士在失去亲人的悲痛中，仍不厌其烦，一次又一次地传送不同系统的照片与文本。我非常感谢她，但当时拙于表达，只能借写“译后记”这个机会，表示对她的同情和敬意。所幸年纪更长一些的作者沃纳·赛佛林博士看来还很硬朗，在此也祝愿他健康长寿。

翻译者也有变化。参加第四版翻译的孟颖、赵丽芳、邓理峰、郑宇虹等几位研究生早已毕业，他们如今在各自的工作岗位上，为事业、为前途奔波劳碌。这次重译，博士生徐培喜几乎逐字逐句重新翻译和校对了几遍文本，本人则从头至尾进行了修订。不过，由于时间紧，编辑催得急，难免会有疏漏。记得上次译本出版后，就接到几位仔细的读者特别认真的批评，非常感谢他们！确实，翻译本来就是要求甚高的工作，要做到准确传神，谈何容易；“信、达、雅”的标准更是难以企及。因此，这个译本仍然会有不少缺点，恳切地希望读者提出宝贵的批评意见。

感谢中国传媒大学出版社及时地引进了这个新版本（第五版）。我相信，广大新闻传播学的学子会从这本介绍以科学方法研究媒介和传播现象的理论著作中获益。

郭镇之

2005. 10. 12.

读 者·作 者·编 者

1. 您对本书的综合评价如何?

内容的系统性____

____。

内容的全面性____

____。

需要做何改进____

____。

其 他 建 议____

____。

2. 请列出您正在使用的新闻传播学方面的教材(请写上书名、作者、出版社、出版时间)。

3. 我社正在推出“21 世纪新闻传播学基础教材”，其中有如下选题：

新闻学原理

传播学原理

舆论学原理、方法及应用

中国新闻史

新闻采访

新闻写作

新闻编辑

新闻评论

新闻摄影

新闻分析

新闻理论及其流派

传播理论及其流派

国际传媒集团

中国传媒集团

传播理论：来源、方法及应用

大众传播

组织传播

人际传播

……

您认为还需要开发哪些教材？您心目中的好教材应该是怎样的？

4. 我社已陆续推出如下丛书：

21 世纪新闻传播学基础教材

21 世纪广告学基础教材

21 世纪播音主持艺术基础教材

21 世纪影视艺术基础教材

21 世纪编辑出版基础教材

21 世纪艺术设计基础教材

21 世纪动漫基础教材

好的教材需要博采众议，广泛吸收专家学者的建议及意见。您对这几套丛书有什么好的建议？您是否愿意共襄其事？

5. 您曾经出版过什么教材？正在编写什么教材？请告知我们，共商出版事宜。

6. 您还有什么想法与建议？

还望您百忙之中给予指教，为共同打造具有中国特色与中国风格的传媒类教材而努力！

联系方式：中国传媒大学出版社（来信必复）

地　　址：北京市朝阳区定福庄东街一号

电　　话：010－65783284

邮　　箱：1091104926@qq.com

邮　　码：100024

图书在版编目(CIP)数据

传播理论:起源、方法与应用/(美)赛佛林,(美)坦卡德著;郭镇之,徐培喜等译.—5版.
--北京:中国传媒大学出版社,2006.1(2021.6重印)

21世纪新闻传播学基础教材

(书名原文:Communication theories:origins,methods,and uses in the mass media)

ISBN 978-7-81085-563-1

Ⅰ.①传… Ⅱ.①赛… ②坦… ③郭… ④徐… Ⅲ.①传播学—高等学校—教材 Ⅳ.①G206

中国版本图书馆CIP数据核字(2006)第156250号

ISBN 0-8013-3335-0

北京市版权局著作权合同登记图字:01-2005-1492

传播理论——起源、方法与应用(第5版)

CHUANBO LILUN—QIYUAN、FANGFA YU YINGYONG(DI-WU BAN)

著　　者　〔美〕沃纳·J.赛佛林(Werner J. Severin)
　　　　　〔美〕詹姆士·W.坦卡德(James W. Tankard,Jr.)
译　　者　郭镇之　徐培喜 等
责任编辑　蔡开松
封扉设计　风得信书籍装帧
责任印制　李志鹏

出版发行　中国传媒大学出版社
社　　址　北京市朝阳区定福庄东街1号　　邮　　编　100024
电　　话　86-10-65450528　65450532　　传　　真　65779405
网　　址　http://cucp.cuc.edu.cn
经　　销　全国新华书店

印　　刷　三河市东方印刷有限公司
开　　本　730mm×988mm　1/16
印　　张　25.5
字　　数　573千字
版　　次　2006年1月第5版
印　　次　2021年6月第15次印刷

书　　号　ISBN 978-7-81085-563-1/G·563　　定　　价　48.00元